自治体担当者のための
公会計の統一的な基準による財務書類の作成実務

はじめに

　筆者は、平成21年7月に（株）ぎょうせいから『自治体担当者のための公会計基準モデル財務書類4表作成の実務』を出版した。その後7年が経過し、かつ、その間に多くの実務経験を重ねてきたことから、実務的な取扱いを加えた改訂版を出版する予定でいた。
　しかし、総務省の公会計制度が「統一的な基準」として公表されたこともあり、今回、「統一的な基準に関する実務書」を出版することとした。

　筆者は、平成19年2月に総務省が行った「新地方公会計制度研究報告書」基準モデル財務書類等の作成作業の倉敷市における試行に参加し、同年10月に総務省から公表された「同実務研究会報告書」の作成に協力し、平成20年10月に公表された「総務省Q&A」の作成過程にも協力させていただき、研究を行うことができた。

　このような倉敷市・総務省における研究実績を踏まえ、基準モデルの財務書類作成ソフトを考案し、平成19年度決算における基準モデルによる財務書類作成支援において、全国の自治体に先駆けて倉敷市、富山市において実施し、それ以降他の自治体においても支援を行った。
　また、統一的な基準の財務書類作成ソフトも考案し、平成26年度決算における統一的な基準に基づく作成支援において、これも全国の他の自治体に先駆けたもので旭川市、倉敷市において実施し、それ以降その他の自治体に対しても支援を行ってきており、いずれも、筆者の会計専門家としての成果であると自負するところである。

　本書を出版する理由は次の2点にある。

　第1は、統一的な基準は、これまでの基準モデル等の研究会報告書の考え方を踏襲しているので、考え方の継続性を確保するために、筆者が本書を出版する必要があったからである。
　第2は、これまでの支援業務の過程で、公会計を担当する自治体の担当者から数多くの質問、疑問、課題等が寄せられてきた。前著で指摘した個々の課題等については、今回の統一的な基準のマニュアル

において取り入れられているが、今後も実務経験を踏まえた質問・疑問・課題等について公会計の普及のために指摘する必要があるからである。

　筆者は、会計専門家として「作成は手間をかけずに正確に迅速に、分析活用は慎重に。」という信念を持って業務執行している。新地方公会計制度実務研究会報告書において提案し、かつ、前著においても説明してきているが、筆者が考案した予算科目単位の集計値を積極的に活用する考え方が、公会計に携わった会計専門家の方々に実務において普及していることは、筆者の喜びとするところである。

　当該方法は、多額といわれているシステム投資を必要としないことと、作成過程が「見える化」され、仕訳作業・検証作業が少なくなるので、最低限の複式簿記の知識の習得により、多くの地方自治体における統一的な基準の迅速な導入に役立つものと思われる。

　今後も、実務経験を踏まえて、「よりわかりやすく、より作成しやすく、より詳細な」実務書として充実させていきたいと考えている。

　平成29年3月吉日

落合公認会計士事務所
公認会計士
落　合　幸　隆

本書を公認会計士中嶋敬雄先生の御霊に捧げる

本書の特長と利用方法

総務省公表の報告書等を横断的にわかりやすく編集

　本書は、総務省から公表された下記の報告書等に則って、各自治体が、平成28年度ないし平成29年度から、統一的な基準に基づく一般会計等・全体・連結財務書類を容易に作成できるように、わかりやすくまとめたものである。
　○「新地方公会計制度研究会報告書」（平成18年5月公表）
　○「新地方公会計制度実務研究会報告書」（平成19年10月公表）
　○「今後の新地方公会計の推進に関する研究会報告書」（平成26年4月公表）
　○「統一的な基準による地方公会計マニュアル」（平成27年1月公表）
　　・「財務書類作成にあたっての基礎知識」
　　・「財務書類作成要領」
　　・「資産評価及び固定資産台帳整備の手引き」
　　・「連結財務書類作成の手引」
　　・「財務書類等活用の手引き」
　　・「Q&A集」

必要に応じて報告書等の原文をそのまま掲載

　これまでの研究会報告書の考え方を踏襲して「地方公会計マニュアル」を基本として整理してあるが、記載のない事項については基準を拠りどころにしながら判断していくことが求められる。したがって、必要に応じて「研究会報告書」「実務研究会報告書」及び「地方公会計マニュアル（以下マニュアルという）」等については原文をそのまま掲載した。

わかりやすく解説を集約

　勘定科目の解説等については、現在、複数の報告書等に分散して記載されていて探しやすいように筆者の判断で集約して掲載した。また、必要に応じてわかりやすい留意点を付け、実務的な取扱いが参考になるものを掲載した。

全7部の主な内容

「第1部：新地方公会計制度について」

　公会計制度は、予算・決算制度補完するものとして整備するのであり、複式簿記の制度が置きかわるものではない。また、統一的な基準は、約10年前に公表された新「地方公会計制度」の2つの報告書を「基本」としている。すなわち、その「基本」となる考え方は、住民から拠出される税収は、所有者からの拠出に該当するとして「持分説」を採用していること、並びに、地方公共団体の役割は、民間の利益目的でなく、資源配分、所得再配分、経済安定化という3つの機能にある、というものである。

「第2部：財務書類の基礎知識」

　民間の制度との相違、複式簿記とは何なのか？　どのように作成するのか？　マニュアルの「財務書類の基礎知識」がわかりやすい具体例を例示しているので、それに基づき示していく。また、財務書類を理解していただくために、わかりやすい言葉を使用しながらＱ＆Ａ方式とした。

「第3部：財務書類の勘定科目の説明」

　統一的な基準の意義と各勘定科目の内容等をマニュアル「財務書類作成要領」の原文を可能な限り掲載し、かつ筆者が経験した実務的な留意点等を追加して記載した。そのため、規則集としての読み方もできるようになっている。

「第4部：固定資産台帳整備の手引き」

　これから固定資産整備を行う地方自治体のために、固定資産とは何か、その整備の手順、固定資産台帳の記載小項目の説明、その算出の仕方等について解説した。

「第5部：官庁会計・企業会計から統一的な基準の財務書類を作成」

　一般会計・国保会計等の現金主義による「官庁会計数値」から、どのようにして統一的な基準による財務書類を作成するのかについて、マニュアル「財務書類作成要領」に基づく作成の説明、並びに同要領29段落後半の「整合性を検証できる場合に、集計値を活用する」という簡易作成法の考え方に基づく作成の説明、そして仮数字を使用しながら作成過程を解説した。

　また、水道事業、第三セクター等発生主義による「企業会計数値」からは、どのように読み替えて、統一的な基準による財務書類を作成するのか、また、一部事務組合・広域連合においては、どのように比例連結用の統一的な基準による財務書類を作成するのか、について解説した。

「第6部：一般会計等・全体・連結財務書類の作り方」

　第5部で、官庁会計・企業会計の数値から、「作成」または「読替」により統一的な基準による財務書類を各会計単位毎に作成したが、どのような連結手続により相殺消去を施して一般会計等・全体・連結財務書類を作成するのか、について解説した。

「第7部：新地方公会計制度の今後の活用」

　公表上の留意点、固定資産データの活用という観点から、また、財務書類データの活用という観点から、活用方法についての説明、最後に、健全化法と今後の各指標、公認会計士監査との関係について説明した。

「用語集」
本書を利用するにあたり、必要と思われる用語の解説をまとめた。

ホームページによるご購読後のフォローアップ

本書は今後も適時に改訂版を発行していく予定であるが、その間、読者の実務上の便宜を図るため、総務省から公表される最新の実務情報の解説等を下記ホームページにおいて掲載していくので、ぜひ活用されたい。

http://www.opcc.jp

本書で用いた主な略記号

以下は、基準モデルに関するもの
  「報」………新地方公会計制度「**研究会報告書**」
  「実」………新地方公会計制度「**実務研究会報告書**」

以下は、統一的な基準に関するもの
  「研」………今後の新地方公会計の推進に関する「**研究会報告書**」
  「財」………統一的な基準による地方公会計マニュアル「**財務書類作成要領**」
  「固」………統一的な基準による地方公会計マニュアル
          「**資産評価及び固定資産台帳整備の手引き**」
  「連手引」……統一的な基準による地方公会計マニュアル「**連結財務書類作成の手引き**」

その他
  Q&A ……総務省ホームページにあるQ&A
  Q&A ……本書独自のQ&A

はじめに ……………… 1

本書の特長と利用方法 ……………… 4

第1部 新地方公会計制度について

第1部の内容　20

第1章 地方公会計制度はなぜ必要なのか ……………… 21

第1節 制度整備の目的 ……………… 21
第2節 これまでの取組 ……………… 22
第3節 新しい地方公会計制度の基本的な考え方 ……………… 22
第4節 統一的な基準の設定について ……………… 23

第2章 統一的な基準の意義 ……………… 25

第1節 公会計の基礎概念 ……………… 25
第1項 報告主体は誰か、何を作成するのか ……………… 25
第2項 財務書類利用者は誰か ……………… 26
第3項 財務書類の作成目的とは ……………… 26
第4項 財務書類の質的特性とは ……………… 26
第5項 財務書類の構成要素 ……………… 27
第6項 資産・負債アプローチ ……………… 29
第7項 構成要素の認識及び測定 ……………… 29
第2節 財政の3機能 ……………… 29
第3節 発生主義及び純資産変動計算書の活用について ……………… 30
第4節 持分説と収益説について ……………… 31

第2部 財務書類の基礎知識

第2部の内容　34

第1章 地方公共団体と民間企業の会計制度　35

第1節　単式簿記と複式簿記　35
第2節　現金主義会計と発生主義会計　36
第3節　地方公共団体と民間企業の会計　37

第2章 財務書類作成の基礎知識　39

第1節　財務書類の作成手順　39
第2節　複式簿記の構成　41
　　第1項　複式簿記の基本　41
　　第2項　複式簿記の方法　42
第3節　具体的な作成例　44
　　第1項　仕訳帳の作成　44
　　第2項　総勘定元帳の作成　46
　　第3項　合計残高試算表の作成　49
　　第4項　統一的な基準による財務書類の作成　50

第3章 財務書類Q&A　55

第1節　財務書類全般　55
　　第1項　財務書類　55
　　第2項　貸借対照表　62
　　第3項　行政コスト計算書　62
　　第4項　純資産変動計算書　63
　　第5項　資金収支計算書　64
第2節　財務書類3つの視点　66
　　第1項　連結決算　66
　　第2項　発生主義会計　67
　　第3項　基礎的財政収支　68

第3節　複式簿記……… 69
　　第4節　財務書類の活用……… 70

第3部　財務書類の勘定科目の説明

第3部の内容　72

第1章　基本事項 ……… 73

第2章　貸借対照表（略称BS：Balance Sheet）……… 75

　　第1節　総　則……… 75
　　第2節　固定資産……… 77
　　　　第1項　総　則……… 77
　　　　第2項　有形固定資産……… 78
　　　　第3項　無形固定資産……… 81
　　　　第4項　投資その他の資産……… 82
　　第3節　流動資産……… 90
　　第4節　固定負債……… 93
　　第5節　流動負債……… 97
　　第6節　引当金……… 99
　　第7節　純資産……… 106
　　　　第1項　総　則……… 106
　　　　第2項　固定資産等形成分……… 107
　　　　第3項　余剰分（不足分）……… 107

第3章　行政コスト計算書（略称PL：Profit and Loss Statement）……… 108

　　第1節　総　則……… 108
　　第2節　経常費用……… 108
　　　　第1項　総　則……… 108

　　　　　　第2項　業務費用 ………… 109
　　　　　　第3項　移転費用 ………… 110
　　　第3節　経常収益 ………… 114
　　　第4節　臨時損失 ………… 114
　　　第5節　臨時利益 ………… 115

第4章　純資産変動計算書（略称NW：Net Worth Statement） ………… 116

　　　第1節　総　　則 ………… 116
　　　第2節　純行政コスト ………… 117
　　　第3節　本年度差額 ………… 117
　　　第4節　財　　源 ………… 118
　　　第5節　固定資産等の変動（内部変動） ………… 120
　　　第6節　資産評価差額 ………… 121
　　　第7節　無償所管換等 ………… 121
　　　第8節　そ の 他 ………… 121

第5章　資金収支計算書（略称CF：Cash Flow Statement） ………… 123

　　　第1節　総　　則 ………… 123
　　　第2節　業務活動収支 ………… 124
　　　第3節　投資活動収支 ………… 125
　　　第4節　財務活動収支 ………… 126

第4部　固定資産台帳整備の手引き

第4部の内容　128

第1章　固定資産台帳とは ………… 129

　　　第1節　整備目的 ………… 129
　　　　　　第1項　公有財産台帳と法定台帳 ………… 129

第2項　固定資産台帳 ……………… 130
第2節　記載項目 ……………… 131
第1項　基本項目 ……………… 131
第2項　追加項目 ……………… 132
第3節　記載対象範囲 ……………… 133
第4節　記載単位 ……………… 134
第5節　整備基準日 ……………… 135

第2章　整備手順 ……………… 136

第1節　初年度の整備 ……………… 136
第1項　総　　則 ……………… 136
第2項　庁内の体制整備 ……………… 137
第3項　整備手順の実務 ……………… 140
第4項　資産の棚卸 ……………… 143
第2節　2年度目以降の手順 ……………… 143
第3節　固定資産台帳の既整備団体の取扱い ……………… 146

第3章　固定資産台帳の主な記載項目の説明 ……………… 147

第1節　勘定科目 ……………… 147
第2節　耐用年数 ……………… 149
第3節　取得年月日 ……………… 150
第4節　取得価額等 ……………… 151
第1項　開始時の記載 ……………… 151
第2項　開始後の記載 ……………… 152
第3項　取得価額・付随費用 ……………… 152
第4項　資本的支出と修繕費の区分 ……………… 154
第5節　増減移動前簿価（帳簿価額） ……………… 156
第6節　減価償却 ……………… 157
第7節　売却可能資産・時価等 ……………… 158

第4章　取得価額・再調達原価の具体的な算定方法 ……… 161

第1節　土　　地 ……… 161
第1項　開始時評価 ……… 161
第2項　開始後評価 ……… 161
第3項　評価に当たっての考慮事項 ……… 161

第2節　立　木　竹 ……… 164
第1項　開始時評価 ……… 164
第2項　開始後評価 ……… 165
第3項　評価に当たっての考慮事項 ……… 165

第3節　建　　物 ……… 166
第1項　開始時評価 ……… 166
第2項　開始後評価 ……… 166
第3項　評価に当たっての考慮事項 ……… 166

第4節　工　作　物（道路） ……… 167
第1項　開始時評価 ……… 167
第2項　開始後評価 ……… 167
第3項　評価に当たっての考慮事項 ……… 168

第5節　船舶、浮標等（浮標・浮桟橋・浮ドック）、航空機、物品 ……… 169
第1項　開始時評価 ……… 169
第2項　開始後評価 ……… 169
第3項　評価に当たっての考慮事項 ……… 169

第6節　建設仮勘定 ……… 171
第1項　開始時・開始後評価 ……… 171
第2項　評価に当たっての考慮事項 ……… 171

第7節　リース資産 ……… 172
第1項　開始時・開始後評価 ……… 172
第2項　評価に当たっての考慮事項 ……… 172

第8節　ＰＦＩ等 ……… 176
第1項　開始時・開始後評価 ……… 176
第2項　評価に当たっての考慮事項 ……… 176

第9節　ソフトウェア ……… 177
第1項　開始時評価 ……… 177

第2項　開始後評価 …………… 177
第3項　評価に当たっての考慮事項 …………… 177
第10節　その他の無形固定資産 …………… 178
第1項　開始時評価 …………… 178
第2項　開始後評価 …………… 178

第5部　官庁会計・企業会計から統一的な基準の財務書類を作成

第5部の内容　188

第1章　財務書類作成の概略 …………… 189

第1節　どのように作成するのか …………… 189
　第1項　官庁会計からの作成 …………… 189
　第2項　企業会計からの読替 …………… 193
　第3項　一部事務組合・広域連合の作成 …………… 193
第2節　地方公会計マニュアルの作成用フォーマット …………… 193
第3節　どの部署が作成するのか …………… 194
第4節　重要性の原則を押さえる …………… 194
第5節　資産負債内訳簿の作成が重要 …………… 195
　第1項　作成目的 …………… 195
　第2項　債権債務等整理表 …………… 196
　第3項　投資その他の資産明細表 …………… 197
　第4項　有形・無形固定資産等明細表 …………… 198
　第5項　地方債明細表 …………… 199
　第6項　引当金明細表 …………… 200

第2章　官庁会計決算から作成 …………… 201

第1節　開始貸借対照表の作成 …………… 201
第2節　財務書類3表の作成準備 …………… 201

第1項　資金仕訳変換表と非資金仕訳例 ……………… 201
第2項　現金主義取引の仕訳帳の作成 ……………… 210
第3項　発生主義取引の仕訳帳の作成 ……………… 214
第4項　純資産変動計算書の
　　　　固定資産等形成分の列の作成 ……………… 216
第3節　財務書類の作成 ……………… 217
第1項　資金収支計算書の読替 ……………… 217
第2項　財務書類3表の作成 ……………… 217

第3章　企業会計決算書からの読替 ……………… 220

第1節　作成準備 ……………… 220
第1項　開始貸借対照表の作成 ……………… 220
第2項　財務書類3表の読替 ……………… 220
第3項　資金収支計算書の作成準備 ……………… 220
第4項　純資産変動計算書の
　　　　固定資産等形成分の列の作成 ……………… 225
第2節　法定決算書類の読替方法 ……………… 225
第1項　特定の科目の増減整理表の作成が重要 ……………… 226
第2項　水道事業の場合 ……………… 228
第3項　下水道事業の場合 ……………… 235
第4項　病院事業の場合 ……………… 242
第5項　土地開発公社の場合 ……………… 249
第6項　第三セクター（株式会社）の場合 ……………… 256
第7項　第三セクター等（公益社団・財団法人）の場合 ……………… 263

第4章　一部事務組合・広域連合の場合 ……………… 272

第1節　作成義務 ……………… 272
第1項　官庁会計決算の場合の作成 ……………… 272
第2項　企業会計決算の場合の作成 ……………… 273
第2節　構成団体へ報告する比例連結数値 ……………… 273

# 第6部 一般会計等・全体・連結財務書類の作り方

第6部の内容　278

第1章 連結一般原則 …… 279

第1節 作成目的 …… 279

第2節 連結財務書類の対象範囲 …… 279

第3節 連結決算日 …… 280

第2章 連結対象となる会計・団体・法人の決定 …… 281

第3章 一般会計等・全体・連結財務書類の作成手順 …… 286

第1節 連結財務書類作成の概略 …… 286

　第1項 連結精算表への記入 …… 286

　第2項 作成手順 …… 287

　第3項 作成上の留意点 …… 287

　第4項 開始貸借対照表の作成 …… 288

第2節 相殺消去データの抽出 …… 290

第3節 連結仕訳帳（連結修正等）の作成 …… 291

　第1項 資産・負債等決算数値の修正 …… 291

　第2項 出納整理期間中の現金の受払い等の調整 …… 291

　第3項 他団体出資等分の算定 …… 294

　第4項 2年度目以降に作成する際に生ずる「開始仕訳」 …… 294

第4節 連結仕訳帳（内部間取引の相殺消去）の作成 …… 296

　第1項 投資と資本の相殺消去 …… 299

　第2項 貸付金と借入金等の債権債務の相殺消去 …… 300

　第3項 補助金支出と補助金収入の相殺消去 …… 301

　第4項 繰入金と繰出金の相殺消去 …… 301

　第5項 資産購入と売却の相殺消去 …… 301

　第6項 委託料の支払と受取の相殺消去 …… 302

　　　　　第7項　利息の支払と受取の相殺消去 303
　　　　　第8項　負担金支出と長期前受金で処理された
　　　　　　　　　負担金収入の相殺消去 303
　　　　　第9項　そ の 他 304
　　　第5節　連結精算表への記入 305
　　　第6節　一般会計等・全体・連結財務書類の完成 312

第4章　連結財務書類の体系 313
　　　第1節　連結財務書類の様式 313
　　　第2節　注　　記 313
　　　　　第1項　重要な会計方針 314
　　　　　第2項　重要な会計方針の変更 315
　　　　　第3項　重要な後発事象 316
　　　　　第4項　偶発債務 316
　　　　　第5項　追加情報 316
　　　第3節　当面の取扱い 318

第5章　連結精算表への記載の仕方 321

第7部　新地方公会計制度の今後の活用

第7部の内容　332

第1章　財務書類公表に当たり留意すべき点 333
　　　第1節　開示に当たり留意すべき点 333
　　　第2節　財務書類の説明・分析のあり方 334
　　　　　第1項　財務書類が示す情報の意味 334
　　　　　第2項　分析の視点 334

第2章 固定資産データの活用 ……… 335

第1節 将来の施設更新必要額の推計 ……… 335
第2節 施設別収支の活用 ……… 337
- 第1項 概論 ……… 337
- 第2項 予算編成への活用 ……… 337
- 第3項 施設の統廃合への活用 ……… 337
- 第4項 受益者負担の適正化への活用 ……… 338
- 第5項 行政評価との連携への活用 ……… 338
- 第6項 人件費等の按分基準の設定 ……… 338

第3節 施設別収支表の作成方法 ……… 345

第3章 財務書類データの活用 ……… 348

第1節 財政指標の設定 ……… 348
第2節 財務書類分析比率の計算 ……… 350
- 第1項 財務書類分析の視点 ……… 350
- 第2項 資産形成度 ……… 351
- 第3項 世代間公平性 ……… 352
- 第4項 持続可能性(健全性) ……… 352
- 第5項 効率性 ……… 354
- 第6項 弾力性 ……… 355
- 第7項 自律性 ……… 355

第3節 行政外部での活用(アカウンタビリティ) ……… 356
- 第1項 住民への公表や地方議会での活用 ……… 356
- 第2項 地方債ＩＲへの活用 ……… 356
- 第3項 ＰＰＰ／ＰＦＩの提案募集への活用 ……… 357

第4章 その他の活用 ……… 363

第1節 健全化判断指標 ……… 363
- 第1項 計算式 ……… 363
- 第2項 計算式の分母に用いる基準値 ……… 363

第2節 監査との関係 ……… 364

用語集 ……………… 365

あとがき ……………… 369

第1部 新地方公会計制度について

第1部の内容

　第1章では、統一的な基準による公会計制度について説明している。

　公会計制度は、**予算・決算制度を補完するものとして整備するもの**であり、複式簿記による制度に置き換わるものではない、ということである。

　統一的な基準は、これまでの「新地方公会計制度研究会報告書（平成18年5月）」及び「新地方公会計制度実務研究会報告書（平成19年10月）」（以下あわせて「両研究会報告書」という）の内容を基本として、**再整理の必要なものを中心に整理したもの**である、という理解が重要である。

　したがって、「今後の新地方公会計の推進に関する研究会報告書（平成26年4月）」、「統一的な基準による地方公会計マニュアル（平成27年1月）」において、特段の記載のない事項については、**両研究会報告書における考え方を踏襲する**、ということであり、基本的な考え方に変更があったわけではない。

　第2章では、地方公共団体の財務書類作成上の「基本となる考え方」について説明している。

　第1点が、住民から地方公共団体への拠出である「税収」は、所有者からの拠出に該当するとして、当該収入は、行政コスト計算書に計上するのではなく、純資産変動計算書に計上することになる。これを「持分説」という。

　第2点が、地方公共団体の財政は、**資源の配分・所得再分配・経済安定化という3つの機能を持っている**、ということである。

　地方公共団体は、税収・補助金収入・地方債を財源として、「現役世代に対する資源配分」と「将来世代に対する資源配分」を行っている。地方公共団体にとってこの**2つの資源配分は、同等の位置づけにある**ので、公会計上は、前者が純行政コストとして、後者は固定資産等の変動（固定資産等形成分）として、行政コスト計算書ないし純資産変動計算書において両者が表示されている。

　「3つの機能」についての説明は重要な点である。第2章第2節において「新地方公会計制度実務研究会報告書（平成19年10月）」第2部補論1「純資産変動計算書の補足説明」から全文を掲載している。

第1章 地方公会計制度はなぜ必要なのか

第1節 制度整備の目的

(1) 現金主義の採用

　地方公共団体の会計は、国の会計と同じく、住民から徴収された対価性のない税財源の配分を、議会における議決を経た予算を通じて事前の統制の下で行うという点で、営利を目的とする企業会計とは根本的に異なっている。すなわち、税金を活動資源とする国・地方公共団体の活動は、国民・住民福祉の増進等を目的としており、予算の議会での議決を通して、議会による統制の下に置かれている（財政民主主義）わけである。そのため、国・地方公共団体の会計においては、予算の適正・確実な執行に資する現金主義が採用されている。（報5）

(2) 発生主義の推進

　一方、国・地方においては、厳しい財政状況の中で、財政の透明性を高め、国民・住民に対する説明責任をより適切に果たし、財政の効率化・適正化を図ることが求められており、発生主義（第2部4項）等の企業会計手法を活用した財務書類の開示が推進されている。（報6）

　地方公共団体における公会計の整備は、「簡素で効率的な政府」を実現し、債務の増大を圧縮する観点から、「行政改革の重要方針」（平成17年12月24日閣議決定）、「簡素で効率的な政府を実現するための行政改革の推進に関する法律」（平成18年6月2日法律第47号）、「財政運営と構造改革に関する基本方針2006について」「経済財政改革の基本方針2007について」等において、地方においても国と同様に資産・債務改革に積極的に取り組むものとされており、資産・債務の適正な管理や資産の有効活用等に資するバランスシート等の整備を推進することが要請されてきている。（報11）

　今後、地方分権の進展に伴い、これまで以上に自由でかつ責任ある地域経営が地方公共団体に求められており、そうした経営を進めていくためには、内部管理強化と外部へのわかりやすい財務情報の開示が不可欠である。

　したがって、新たな公会計制度整備の具体的な目的は以下の点にある。（報－総括）

① 資産・債務管理
② 費用管理
③ 財務情報のわかりやすい開示
④ 政策評価・予算編成・決算分析との関係付け
⑤ 地方議会における予算・決算審議での利用

第2節 これまでの取組

　平成12年及び平成13年に地方公共団体における企業会計の考え方及び手法を活用した財務書類の整備については、総務省において、普通会計のバランスシート、行政コスト計算書及び地方公共団体全体のバランスシートの総務省方式モデルとして示され、取組の推進が始まった。（研9）

　その後、「簡素で効率的な政府」を実現し、債務の増大を圧縮する観点から、「行政改革の重要方針」（平成17年12月24日閣議決定）及び「簡素で効率的な政府を実現するための行政改革の推進に関する法律」（平成18年法律第47号）が制定され、地方においても国と同様に、資産・債務改革に積極的に取り組むこととされた。（研10）

　このような状況の下、総務省では、新地方公会計制度として、「新地方公会計制度研究会」及び「新地方公会計制度実務研究会」を立ち上げ、地方公共団体における財務書類の整備促進に向けて、総務省モデルの検討を進め、平成18年度より、地方公共団体に対し、新地方公会計モデル（基準モデル及び総務省方式改訂モデル。以下「総務省モデル」という）を示してその整備を要請してきたところである。（研1）

【研究会の推進】
　その後、平成22年9月には、地方公共団体における財務書類の作成についての検証を行うとともに、国際公会計基準（IPSAS）及び国の公会計等の動向を踏まえた新地方公会計の推進方策等を検討するため、総務省に「今後の新地方公会計の推進に関する研究会」（以下「研究会」）が設置された。研究会では、国際公会計基準や国の公会計の状況、地方公共団体における取組状況等のヒアリングを行いながら、今後の新地方公会計の推進方策や基準のあり方等について議論を進めてきた。（研2）

第3節 新しい地方公会計制度の基本的な考え方

【両研究会報告書が基本】
　「今後の新地方公会計の推進に関する研究会報告書（平成26年4月30日）」は、これまでの「新地方公会計制度研究会報告書（平成18年5月18日公表）」及び「新地方公会計制度実務研究会報告書（平成19年10月17日公表）」（以下あわせて「両研究会報告書」という）の内容を基本として**再整理の必要なものを中心に整理**したものである。したがって、**特段の記載のない事項については、両研究会報告書における考え方を踏襲**するものとする。また、検討事項のうち、さらに実務的な検証が必要とされるものについては、今後の詳細かつ実務的な検討を踏まえて、要領等において整理する。（研6）

【統一的な基準とは】
　「研究会報告書」において示された統一的な地方公会計基準は、公的特性を踏まえた上で、
　・発生主義・複式簿記の導入を前提としていること
　・固定資産台帳の整備を前提としていること

・比較可能性の確保の観点から、全ての地方公共団体を対象とした統一的な財務書類の作成基準であること、

といった特徴があり、現金主義会計（官庁会計）の補完として整備するものである。（☞ **Q全体1**）

【予算・決算制度の補完】

地方公共団体における現行の予算・決算制度は、現金収支を議会の民主的統制下に置くことで、予算の適正・確実な執行を図るという観点から、確定性、客観性、透明性に優れた現金主義会計を採用している。

地方公会計は、前述のとおり、発生主義により、ストック情報（ある一時点の財産残高）やフロー情報（一会計期間の取引高）を総体的・一覧的に把握することにより、現金主義会計による**予算・決算制度を補完**するものとして整備するものである。

具体的には、発生主義に基づく財務書類において、現金主義会計では見えにくいコストやストックを把握することで、中長期的な財政運営への活用の充実が期待できることや、そのような発生主義に基づく財務書類を、現行の現金主義会計による決算情報等と対比させて見ることにより、財務情報の内容理解が深まるものと考えられる。（研16　☞ **Q全体2**）

【説明責任の履行と財政の効率化・適正化】

個々の地方公共団体における地方公会計整備の意義としては、住民や議会等に対し、財務情報をわかりやすく開示することによる説明責任の履行と、資産・債務管理や予算編成、行政評価等に有効に活用することで、マネジメントを強化し、財政の効率化・適正化を図ることが挙げられる。（研17）

【地方公共団体全体の開示】

また、地方公会計の整備は、個々の地方公共団体だけでなく、地方公共団体全体としての財務情報のわかりやすい開示という観点からも必要があるものである。（研18）

第4節　統一的な基準の設定について

これまでの地方公会計の取組の経緯や現在の各地方公共団体における財務書類の作成状況等を踏まえると、今後、更なる地方公会計の整備促進を図るためには、すべての地方公共団体において適用できる標準的な基準を示すことが必要である。（研19）

【分析・説明・活用の充実】

標準的な基準を設定することによって、それぞれの地方公共団体において、財務書類の作成と開示及びその活用を行うことのみならず、他の地方公共団体との比較を容易とし、その財政構造の特徴や課題をより客観的に分析することで、住民等に対するわかりやすい説明、財政運営や行政評価等への活用を充実させることが可能となる。（研20）

【地方公共団体全体・国との連携】

　本基準の設定が、例えば国と地方をあわせた財務情報の開示など、今後、国と連携を図る上でも必要となると考えられる。(📄研22)

【創意と工夫】

　統一的な基準は、各地方公共団体がそれぞれの創意と工夫により、住民等への説明責任や行政経営に資する財務書類を作成することを妨げるものではない。(📄研24　☞財9)

　統一的な基準及び本作成要領は、地方財政制度の改正や企業会計基準の変更等に応じて随時改善を重ねていく。(📄財8)

第2章 統一的な基準の意義

第1節 公会計の基礎概念

第1項 報告主体は誰か、何を作成するのか

本基準が対象とする報告主体は、
・都道府県
・市町村（特別区を含む）
・地方自治法第284条第1項の一部事務組合及び広域連合
とする（以下「地方公共団体」という）。（研25）

（注）基準モデルや総務省方式改訂モデルの報告主体は、都道府県及び市町村のみであったが、一部事務組合及び広域連合について報告主体として追加した。

ただし、地方公営企業法を適用している公営企業会計のみによって構成される一部事務組合等については、既に発生主義・複式簿記による法定決算書類が作成されているため、統一的な基準による財務書類については作成しないことも許容することとしている。なお、連結時には、法定決算書類の読替を要する。
（Q&A財1・2）

【一般会計等財務書類の作成】

地方公共団体は、
・一般会計
・地方公営事業会計以外の特別会計
からなる一般会計等（地方公共団体の財政の健全化に関する法律第2条第1号に規定する「一般会計等」に同じ）を基礎として財務書類を作成する。

なお、普通会計との関係を示す観点から、一般会計等と普通会計の対象範囲等の差異に関して注記する。
（研26）

【全体・連結財務書類の作成】

また、公的資金等によって形成された資産の状況、その財源とされた負債・純資産の状況さらには行政サービス提供に要した費用や資金収支の状況等を総合的に明らかにするため、
・一般会計等に地方公営事業会計を加えた全体財務書類
・全体財務書類に地方公共団体の関連団体を加えた連結財務書類

をあわせて作成する。(研26・財6)

なお、全体財務書類と連結財務書類の具体的な取扱いについては、「第6部　連結財務書類の作成」において整理する。

第2項　財務書類利用者は誰か

この財務書類の利用者としては、①住民、②地方債等への投資者、③その他外部の利害関係者（取引先、国、格付け機関等）及び④地方公共団体の内部者（首長、議会、補助機関等）等が挙げられる。(研27)

上記の情報利用者のニーズは様々であるが、例えば、住民であれば、将来世代と現役世代との負担の分担は適切か、行政サービスは効率的に提供されているかといったことや選挙でどの候補者に投票するかといった政治的意思決定を行うための情報に関心を持つと考えられ、投資者であれば、財政に持続可能性があるかといった観点から地方債等へ投資すべきか否かといった経済的意思決定を行うための情報に関心を持つと考えられる。さらに、地方公共団体の内部者（首長、議会、補助機関等）であれば、特に予算編成過程における具体的な政策決定の資料としての活用といった意思決定に必要な情報に関心を持つと考えられる。(研28)

第3項　財務書類の作成目的とは

地方公共団体において財務書類を作成する目的は、経済的または政治的意思決定を行う上記の情報利用者に対し、意思決定に有用な情報をわかりやすく開示することによる説明責任の履行と、資産・債務管理や予算編成、行政評価等に有効に活用することで、マネジメントを強化し、財政の効率化・適正化を図ることにある。

具体的には、地方公共団体の①「財政状態」、②「発生主義による一会計期間における費用・収益」、③「純資産の変動」及び④「資金収支の状態」に関する情報の提供を意味する。(研29)

第4項　財務書類の質的特性とは

地方公共団体における財務書類の質的特性とは、上記の財務書類を作成する目的を達成する上で、財務情報として具備すべき定性的な要件をいう。その内容に応じて、大きくは以下の6つ（「理解可能性の原則」、「完全性の原則」、「目的適合性の原則」、「信頼性の原則」、「比較可能性の原則」及び「重要性の原則」）に分類される。(研30)

(1) 理解可能性の原則

理解可能性の原則とは、地方公共団体の財務書類は、利用者が会計の専門知識を持った人々に限られず、一般の住民にも理解できるようなものでなければならないため、できるだけ簡潔にわかりやすいものとしなければならないという原則をいう。(研31)

（2）完全性の原則

完全性の原則とは、地方公共団体の財務書類は、すべての情報を含んでいなければならないという原則をいう。具体的には、ストック情報（ある一時点の財産残高）としてすべての経済資源を網羅すべきことはもちろん、フロー情報（一会計期間の取引高）としても、損益取引（費用及び収益）のみならず、純資産及びその内部構成を変動させる損益外のすべての取引（資本取引等）をも網羅すべきことを意味する。完全性の原則は、地方公共団体の予算等の政策形成上の意思決定を住民の利益に合致させる上で、公会計において特に重要な質的特性である。（研32）

（3）目的適合性の原則

目的適合性の原則とは、情報利用者の意思決定に有用でわかりやすい財務情報の提供と　説明責任の履行という目的を達成する上で、財務書類がその利用者にとってどれだけ有用性があるかを意味する。目的適合性の有無を判断するためには、①情報利用者が事後的に地方公共団体の財務情報を評価することに役立つか（事後的評価可能性）、②情報利用者が地方公共団体の財政状態等について将来予測やシミュレーションを行うことに役立つか（予測・シミュレーション可能性）、③財務書類が遅延なく適時に作成されているか（適時性）という点等が考慮されるべきである。（研33）

（4）信頼性の原則

信頼性の原則とは、地方公共団体における財務書類の目的である決算情報の開示と住民による財政規律を達成する上で、その情報がどれだけ信頼に値する正確性と真実性を有するかを意味する。信頼性の有無を判断するためには、①財務情報が取引事象の法律的形式よりもその実質と経済的実態を反映しているか（実質優先主義）、②情報利用者の意思決定を歪めることはないか（中立性）、③財務書類の表示が取引事象を忠実に反映するものとなっているか（表示の忠実性）という点等が考慮されるべきである。（研34）

（5）比較可能性の原則

比較可能性の原則とは、財務情報が会計期間または他の会計主体との間で比較し得るものかを意味し、このような比較が可能かという点等が考慮されるべきである。（研35）

（6）重要性の原則

重要性の原則とは、企業会計の場合と同様、財務情報に省略または誤表示があれば情報利用者の意思決定に影響を及ぼすが、どの程度の省略または誤表示ならば許容し得るかを意味し、財務書類に情報を盛り込むべきか否かという点等が考慮されるべきである。（研36）

なお、一般的特性のうち「重要性の原則」については、第5部第1章第4節「重要性の原則を押さえる」（136ページ）を参照されたい。

また、統一的な基準または本作成要領に記載のない事項については、公会計の目的を踏まえつつ、「一般に公正妥当と認められる企業会計の慣行」（会社法431条参照）を援用することとされている。（実32）

第5項　財務書類の構成要素

財務書類の構成要素は、それぞれ異なる属性を有する大項目、すなわち、「資産」、「負債」、「純資産」、「費

用」、「収益」、「その他の純資産減少原因」及び「財源及びその他の純資産増加原因」を意味する。(研37)

（1）資　産
　資産とは、過去の事象の結果として、特定の会計主体が支配するものであって、将来の経済的便益が当該会計主体に流入すると期待される資源、または当該会計主体の目的に直接もしくは間接的に資する潜在的なサービス提供能力を伴うものをいう。(研38)

（2）負　債
　負債とは、過去の事象から発生した、特定の会計主体の現在の義務であって、これを履行するためには経済的便益を伴う資源が当該会計主体から流出し、または当該会計主体の目的に直接もしくは間接的に資する潜在的なサービス提供能力の低下を招くことが予想されるものをいう。(研39)

（3）純資産
　純資産とは、資産から負債を控除した正味の資産をいい、租税等の拠出及び当該会計主体の活動等によって獲得された余剰（または欠損）の蓄積残高を意味する。(研40)

（4）費　用
　費用とは、一会計期間中の活動のために費消された、資産の流出もしくは減損、または負債の発生の形による経済的便益またはサービス提供能力の減少であって、純資産の減少原因をいう。(研41)

（5）収　益
　収益とは、一会計期間中における活動の成果として、資産の流入もしくは増加、または負債の減少の形による経済的便益またはサービス提供能力の増加であって、純資産の増加原因をいう。(研42)

（6）その他の純資産減少原因
　その他の純資産減少原因とは、当該会計期間中における資産の流出もしくは減損、または負債の発生の形による経済的便益またはサービス提供能力の減少をもたらすものであって、費用に該当しない純資産（またはその内部構成）の減少原因をいう。その他の純資産減少原因は、その発生形態の別によって、「固定資産等の増加（余剰分（不足分））」、「固定資産等の減少（固定資産等形成分）」及び「その他の純資産の減少」に細分類される。(研43)

（7）財源及びその他の純資産増加原因
　財源及びその他の純資産増加原因とは、当該会計期間中における資産の流入もしくは増加、または負債の減少の形による経済的便益またはサービス提供能力の増加をもたらすものであって、収益に該当しない純資産（またはその内部構成）の増加原因をいう。財源及びその他の純資産増加原因は、その発生形態の別によって、「財源」、「固定資産等の増加（固定資産等形成分）」、「固定資産等の減少（余剰分（不足分））」及び「その他の純資産の増加」に細分類される。このうち財源とは、収益の定義に該当しない税収等及び国県等補助金をいう。(研44)

第6項　資産・負債アプローチ

　地方公共団体を対象とする本基準においては、予算等の政策形成上の意思決定を規律するため、フローの財務情報として、損益取引のみならず、純資産及びその内部構成を変動させる損益外のすべての取引（資本取引等）をも網羅する必要がある。

　したがって、財務書類の構成要素の定義付けについては、原則として、損益外の取引事象をもカバーすることができる「資産・負債アプローチ」（資産及び負債を基本的構成要素とした上で、これらを基礎としてその他の構成要素の定義付けを行う考え方）を採用する。（研45）

第7項　構成要素の認識及び測定

　構成要素の認識とは、ある取引事象を財務書類に計上するか否かを判断する過程を意味する。具体的には、当該取引事象が、①構成要素の定義に該当し、かつ、②一定以上の信頼性を持って測定できる場合に、これを認識し、財務書類に計上することとなる。（研46）

　これに対して、構成要素の測定とは、構成要素を認識した上で、財務書類に計上する金額を決定する過程を意味する。（研48～50）

第2節　財政の3機能

　統一的な基準による財務書類の中で純資産変動計算書は重要な位置付けにあるため、公認会計士・桜内文城氏がまとめた実務報告書補論1を引用する。

　公会計は、政府の財政活動を対象として、これを会計的に記録・処理することを主たる任務とする。財政学上、政府の財政活動には3つの機能があるとされるが、かかる財政の3機能に関する取引事象は、以下のとおりである。

① 資源配分

　資源配分のための政府支出は、収益的支出（費用）の他、公共財の供給を目的とする資本的支出（生産要素の投下）を含む。前者（収益的支出）は純資産の総額の変動を伴う損益取引であり、損益計算書（行政コスト計算書）での処理及び表示が可能であるが、後者（資本的支出）は純資産の総額の変動は伴わないものの、純資産の内部構成の変動を伴う損益外の取引であり、純資産変動計算書でなければ処理及び表示を行うことができない。

　他方、どこからそのような政府支出のファイナンス（負債または純資産の発行による資源の調達）を行うかについても、損益計算書（行政コスト計算書）では処理及び表示を行うことができない損益外の取引であ

り、これを処理及び表示するうえで純資産変動計算書が必要不可欠である。

② 所得再分配

所得再分配のための社会保障給付（扶助費）や補助金（移転的収支）等は、会計上、対価がないか、または、十分な対価を伴わない「非交換性取引」（Non-exchange transaction）に該当する。かかる非交換性取引の性質及び会計処理については様々な考え方があり得るが、非交換性取引が、マネジメント・レベル（組織の実質的所有者から経営資源を受託した者）の権限と責任の範囲に属する取引と解釈するか否かによって、損益取引として損益計算書（行政コスト計算書）で処理及び表示を行うべきか、損益外の取引として純資産変動計算書で処理及び表示を行うべきかが判断されることとなる。

この点、包括利益概念を採用する国際会計基準（IAS/IFRS）や米国基準（U.S GAAP）の場合、投資対象の保有する富の増減または経済的資源に対する支配量の増減のすべてを把握することを目指すことから、非交換性取引についても損益計算書で処理及び表示すべきこととなる。他方、我が国の企業会計においては伝統的に純利益概念が採用されている。これは、損益計算書の対象をマネジメント・レベルの権限と責任の範囲内の取引及び会計事象に限定することにより、損益計算書の機能をマネジメント・レベルの業績評価に特化させることを目指すものであり、この場合、一般にマネジメント・レベルの権限と責任の範囲外とされる非交換性取引は、損益計算書で処理または表示を行うべき取引事象ではなく、純資産変動計算書で処理及び表示を行うべきものとされる。

③ 経済安定化

経済安定化のため、裁量的財政政策（fiscal policy）として、不況時の政府支出拡大と好況時の財政引き締め（財政余剰の蓄積）が組み合わされる。これは、政府の会計を経常勘定と資本勘定に区分する複会計予算（double budget）を前提としつつ、特に後者（資本勘定）において、公共事業（固定資産形成）や余剰金の積立（金融資産形成）、地方債（負債）の発行等の管理を目指すものである。かかる公共事業（固定資産形成）や余剰金の積立（金融資産形成）等は、すべて損益外の取引事象であるから、損益計算書で処理または表示を行うことはできず、純資産変動計算書で処理及び表示する他はない。

公会計として、上記財政の3機能のすべてを処理及び表示することができない勘定体系や財務諸表体系はおよそ無意味といえる。上記のとおり、財政の3機能に関する取引事象は、そのほぼすべてが損益外の取引事象であり、これらをすべて会計的に処理及び表示することができる純資産変動計算書の重要性が理解されよう。

第3節　発生主義及び純資産変動計算書の活用について

上記のように、複式簿記・発生主義会計の下で財政の3機能に関する取引事象をすべてカバーするためには、純資産変動計算書の導入が必要不可欠である。他方、単式簿記・現金主義会計の下では、少なくとも現金の流出入を伴う取引である限り、上記財政の3機能をカバーすることができる。このことが単式簿記・現金主義会計の長所であり、伝統的に公会計として単式簿記・現金主義会計が維持されてきた理由でもある。

しかし、単式簿記・現金主義会計の短所は、文字どおり現金の流出入やその残高の管理しかできないことにある。複式簿記・発生主義会計であれば把握可能な取引事象、例えば、退職手当引当金の他、金融商品の時価評価等、現在の財政活動においては厳密な財務管理が必要不可欠といえる取引事象について、単式簿記・現金主義会計では認識することすらできない。また、国や他の地方公共団体を相手方とする固定資産の無償所管換の他、PFI事業にかかるリース資産及びリース債務についても、単式簿記・現金主義会計では認識されていないため、適切な財務管理を行うことは著しく困難である。

したがって、政府の財政活動の適切な管理を行ううえで、単なる現金の増減に着目するだけでなく、広くすべての政府資産と負債をも対象としつつ、純資産及びその内部構成の変動を管理することのできる複式簿記・発生主義会計を導入することこそ、必要不可欠である。もっとも、単に企業会計と同様の複式簿記・発生主義会計を形式的に真似ただけではかえって有害ですらある。政府の財政活動の特殊性に考慮し、上記のような財政の3機能をすべてカバーし得る勘定体系や財務諸表体系を備えた公会計制度を導入すべきである。かかる趣旨に鑑み、統一的な基準では、様々な活用が期待できる純資産変動計算書を提示している。（研47）

第4節　持分説と収益説について

統一的な基準は、住民から地方公共団体への拠出である税収について、「**所有者からの拠出**」（contribution from owners）に該当することに鑑み、行政コスト計算書上の収益ではなく、純資産変動計算書上の損益外純資産増加原因として処理・表示することとしている。この立場は、税収について、行政コスト計算書を経由しない純資産（持分）の直接の増加原因と位置付けることから、税収の位置付けに関する「持分説」と呼ばれる。（報286）

この点に関しても異論が多いようであるが、自治体は、**税収等を財源にして、資源配分・所得再分配・経済安定化という3つの役割を果たしている**ので、経常的コストと公共事業は同等の位置付けにある。したがって、税収、社会保険料、移転収入等の財源に対して、経常的コストと公共事業費（固定資産形成への財源措置）等の使途を対応して表示する純資産変動計算書は、その役割に沿ったものであるので、自治体の財政実態を把握しやすい様式であるといえよう。

これに対して、住民を地方公共団体の外部に存在する**第三者としての顧客として位置付ける**ことにより、税収は地方公共団体が顧客としての住民に対して財・サービスを提供した対価として獲得する収益であると解する立場があり、これは税収の位置付けに関する「収益説」と呼ばれている。（報287）

この収益説を採用する場合、地方公共団体が財務書類を作成するにあたり、国際公会計基準（IPSAS）に準拠する等の理由により、税収の位置付けに関する収益説を採用する場合、行政コスト計算書（様式第2号）及び純資産変動計算書（様式第3号）に代わり両者を一体化した様式第2-3号（結合）の記載による。様式第2-3号（結合）は、行政コスト計算書及び純資産変動計算書を一体として表示することにより、持分説と収益説の差異を表示面で解消するものである。（報288）

第2部

財務書類の基礎知識

第2部の内容

　説明にあたって、総務省による「統一的な基準による地方公会計マニュアル（平成27年1月）」に記載されている「財務書類作成にあたっての基礎知識」がわかりやすいので、多くについて、そのまま引用する。

　第1章では、地方公共団体と民間企業の会計制度の違いを、簡潔に説明する。
　地方公共団体は、正確な現金収支の計算が目的なので、**単純で透明性のある単式簿記が適している。**
　民間企業の会計の目的は、現金主義数値と発生主義数値が混在した利益の計算にあるので、単式簿記では対応できず、複式簿記という手法により利益の計算を行う。

　第2章では、マニュアルの財務書類の作成手順と具体的な作成例を引用している。
・民間の企業会計の場合、取引開始時から「複式仕訳処理」をしていく。
・地方公共団体の場合、
　⇒資金取引に関しては、歳入歳出データ（単式簿記データ）に基づき「仕訳変換処理」を行う。
　⇒非資金取引に関しては、発生主義データに基づき、民間と同様に「複式仕訳処理」を行う。
　⇒集計作業は、会計ソフト・表計算ソフトが行うので、手間が掛らず財務書類が完成する。
・財務書類の作成目的は活用にあり、複式簿記は作成のための集計技術に過ぎないので、本末転倒することなく、会計関係者の創意工夫により、合理的な作成方式が考えられることが望ましい。

　第3章では、統一的な基準による財務書類について、Q&A方式により理解が容易になるように説明している。

第1章 地方公共団体と民間企業の会計制度

　民間の企業会計は、複式簿記による発生主義会計を採用しているが、地方公共団体における予算・決算に係る会計制度（官庁会計）は、現金収支を議会の民主的統制下に置くことで、予算の適正・確実な執行を図るという観点から、確定性、客観性、透明性に優れた単式簿記による現金主義会計を採用している。

第1節　単式簿記と複式簿記

　簿記とは、「特定の経済主体の活動を、貨幣単位といった一定のルールに従って帳簿に記録する手続き」であり、報告書（決算書等）を作成するための技術であるが、記帳方法により、「単式簿記」と「複式簿記」に区分される。

単式簿記と複式簿記

単式簿記	経済取引の記帳を現金の収入・支出として一面的に行う簿記の手法（官庁会計）
複式簿記	経済取引の記帳を借方と貸方に分けて二面的に行う簿記の手法（企業会計）

（例）現金100万円で車を1台購入した場合

　〈単式簿記〉現金支出100万円を記帳するのみ
　〈複式簿記〉現金支出とともに資産増を記帳

資産の増加	資産の減少
（借方）車両100万円	（貸方）現金100万円

※仕訳の考え方については41ページで解説

「**単式簿記**」に加えて「**複式簿記**」を採り入れることで、
資産等のストック情報が「**見える化**」

上記のとおり、複式簿記では、ストック情報（資産・負債）の総体の一覧的把握が可能となる。また、複式簿記では、上記記帳と同時に、固定資産台帳に車が1台増加したことを記録する。これまでも公有財産台帳等において現物管理してきたが、固定資産台帳では「いくらで買ったか」という金額情報もあわせて記録することとなる。このような金額情報を記録し、会計年度末で資産と負債を一覧表に集約した貸借対照表を作成すると、対象項目の貸借対照表の残高と固定資産台帳の残高が一致するはずであり、互いを照合することで、どちらかの間違いが発見されるといった検証機能の効果も期待される。このように、複式簿記は、「ストック情報の把握」とともに、「検証機能を持つこと」に意義がある。

第2節　現金主義会計と発生主義会計

　会計とは、「経済主体が行う取引を認識（いつ記録するか）・測定（いくらで記録するか）した上で、帳簿に記録し、報告書を作成する一連の手続き」をいうが、取引の認識基準の考え方には、「現金主義会計」と「発生主義会計」がある。

現金主義会計と発生主義会計

現金主義会計　現金の収支に着目した会計処理原則（官庁会計）
- 〇　現金の収支という客観的な情報に基づくため、公金の適正な出納管理に資する
- ✕　現金支出を伴わないコスト（減価償却費、退職手当引当金等）の把握ができない

発生主義会計　経済事象の発生に着目した会計処理原則（企業会計）
- 〇　現金支出を伴わないコスト（減価償却費、退職手当引当金等）の把握ができる
- 〇　投資損失引当金といった主観的な見積りによる会計処理が含まれる

「**現金主義会計**」に加えて「**発生主義会計**」を採り入れることで、
減価償却費、退職手当引当金等のコスト情報が「**見える化**」

　上記のとおり、発生主義会計では、減価償却費等といった見えにくいコストも含む正確なコストの認識が可能となり、経済的事実の発生に基づいた「適正な期間損益計算」を行うことができる。
　例えば車は、複数年の利用が可能なため、取得年度に一括で費用を計上せず、利用可能な年度（耐用年数）にわたって費用を配分する（「費用配分の原則」）。上記の会計手続きを「減価償却」といい、車を例にとると、次のとおりとなる。

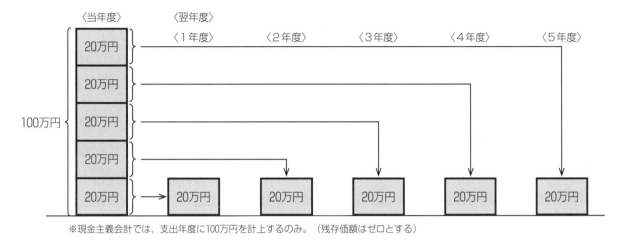

発生主義会計における減価償却のイメージ（車100万円、耐用年数5年）

※現金主義会計では、支出年度に100万円を計上するのみ。（残存価額はゼロとする）

第3節 地方公共団体と民間企業の会計

地方公共団体と民間企業の会計の主な違いは次のとおりである。

地方公共団体と民間企業の会計

項　目	地方公共団体（官庁会計）	民間企業（企業会計）
作成目的	住民の福祉の増進	利益の追求
報告主体	首　長	取締役
報告先	住　民（提出先は議会）	株　主（提出先は株主総会）
説明責任	議会の承認・認定（予算・決算） →事前統制（予算）の重視	株主総会の承認（決算） →事後統制（決算）の重視
簿記方式	単式簿記	複式簿記
認識基準	現金主義会計	発生主義会計
出納整理期間	あ　り	な　し
決算書類	・歳入歳出決算書 ・歳入歳出決算事項別明細書 ・実質収支に関する調書 ・財産に関する調書	・貸借対照表 ・損益計算書 ・株主資本等変動計算書 ・キャッシュ・フロー計算書

地方公共団体における予算・決算に係る会計制度（官庁会計）は、予算の適正・確実な執行を図るという観点から、単式簿記による現金主義会計を採用している。

　一方で、財政の透明性を高め、説明責任をより適切に図る観点から、単式簿記による現金主義会計では把握できない情報（ストック情報（資産・負債）や見えにくいコスト情報（減価償却費等））を住民や議会等に説明する必要性が一層高まっており、そのためには、**その補完として複式簿記による発生主義会計の導入が重要**である。

　複式簿記による発生主義会計を導入することで、上記のとおりストック情報と現金支出を伴わないコストも含めたフルコストでのフロー情報の把握が可能となるため、公共施設等の将来更新必要額の推計や、事業別・施設別のセグメント分析など、公共施設等のマネジメントへの活用充実につなげることも可能となる。さらに、財務書類の作成過程で整備される固定資産台帳を公開することで、民間企業からＰＰＰ／ＰＦＩに関する積極的な提案がなされることも期待されることから、これらを意識して統一的な基準による財務書類等の作成を進めることが、地方公会計の第一歩となる。

第2章 財務書類作成の基礎知識

第1節 財務書類の作成手順

仕訳処理から始まる財務書類作成の流れは、図表にすると、以下のとおりである。

財務書類作成の流れ

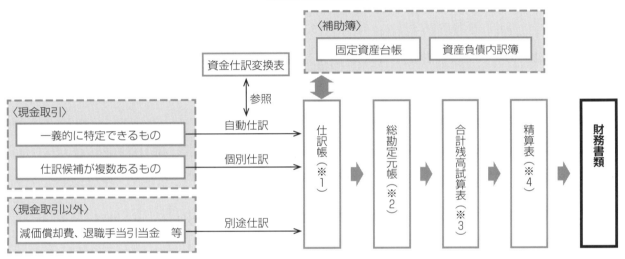

※1 仕訳帳：取引を仕訳して記録する帳簿
※2 総勘定元帳：勘定科目ごとに金額の増減を記録・計算する帳簿
※3 合計残高試算表：総勘定元帳の勘定科目ごとの残高と合計額を表示した一覧表
※4 精算表：合計残高試算表の残高について財務書類ごとに表示した一覧表

資金仕訳変換表
〜仕訳候補が複数ある工事請負費（予算科目・節）の例〜

	借 方		貸 方	
	財務書類	勘定科目	財務書類	勘定科目
建物工事	貸借対照表	建物	資金収支計算書	公共施設等整備費支出
維持補修支出	行政コスト計算書	維持補修費	資金収支計算書	物件費等支出

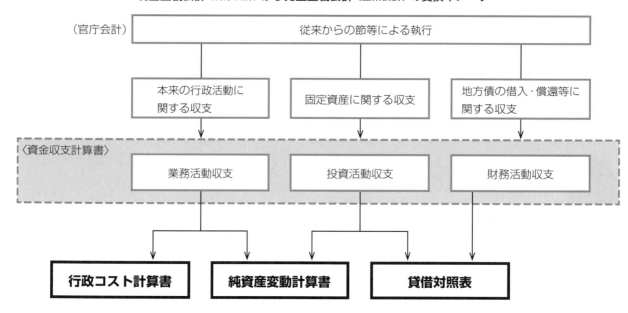

現金主義会計（官庁会計）から発生主義会計（企業会計）の変換イメージ

（1）上表の流れの中では、「仕訳帳」の作成が、ポイントとなる。
　①現金取引（資金取引）に関しては、単式簿記で記帳された歳入歳出データから「統一的な基準の勘定科目」へ仕訳変換処理する。
　　ⅰ）「一義的に特定できる取引」とは、固定資産関係以外の取引である。
　　ⅱ）「仕訳候補が複数あるもの」とは、工事請負費のような固定資産関係の取引である。
　②現金取引以外（非資金取引）に関しては、発生主義データに基づき仕訳処理する。（財29）

（2）仕訳帳の作成が終了したら、総勘定元帳から財務書類まで、会計ソフトまたは表計算ソフトシステムが計算・転記してくれる。

（3）資金仕訳変換表は、予算科目から統一的な基準による勘定科目に変換するための表であり、仕訳帳の役割もある。ただし、仕訳は、一般的な複式簿記の仕訳と異なり、資金収支計算書を作成することを兼ねた官庁会計特有の仕訳帳となっていることに留意する必要がある。

第2節 複式簿記の構成

第1項 複式簿記の基本

複式簿記による仕訳処理については、それぞれ計上されることになる財務書類に応じて、8要素の組合せに区分される。そのイメージは次のとおりである。

貸借対照表、行政コスト計算書及び純資産変動計算書のイメージ

〈貸借対照表〉
借方	貸方
資産	負債
	純資産

〈行政コスト計算書〉
借方	貸方
費用	収益

〈純資産変動計算書〉
借方	貸方
	前期末残高
純資産の減少	純資産の増加
当期末残高	

※「行政コスト計算書」は、借方（左側）と貸方（右側）の大きさにより差額が生じるが、「貸借対照表」は、必ず「資産＝負債＋純資産」となる。（このことを、「貸借平均の原理」という。「純資産変動計算書」の当期末残高は、「貸借対照表」の純資産と一致する）

取引の8要素（よくあるパターン）

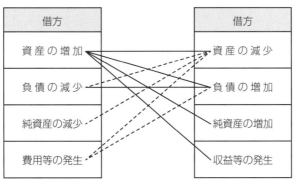

※統一的な基準では、効率的に資金収支計算書を作成する観点から、仕訳上は、資産「現金預金」を同計算書の勘定科目に置き換えて処理することとしていることに留意。
※統一的な基準では、要素として「資産」、「負債」、「純資産」、「費用等（費用、その他の純資産減少原因）」及び「収益等（収益、財源及びその他の純資産増加原因）」に区分されている。

すべての現金及び非現金取引は、「資産」「負債」「資本」というストック情報か、「収益」「費用」というフロー情報のいずれかに関わる。

例えば、土地を無償で受け入れた場合、資産をタダでもらったことになるため、タダでもらったことによる利益（収益の増加）により、資産が取得された（資産の増加）と解して仕訳処理をするので、ストック情報とフロー情報に影響を与える。

次の例としては、地方債を償還した場合であるが、資産を減少させて負債も減少させるということになるため、ストック情報にのみ影響する。

このように、発生主義による複式簿記の仕訳形態は非常に多いので、簿記を理解するには、頭で考えるより体で慣れろということをいわれる理由がそこにある。

第2項　複式簿記の方法

（1）仕訳変換処理のタイミング

①現行においては、複式簿記の方法として、以下のⅰ）～ⅲ）がある。（研294）

ⅰ）日々仕訳……原則として、取引の都度、伝票単位ごとに仕訳を行うもの。

ⅱ）期末一括仕訳……日々の取引の蓄積を、期末に一括して仕訳を行うもの（基本的に、伝票単位ごとに仕訳を行う）。

ⅲ）期末一括仕訳（簡便作成法※）……日々の取引の蓄積を、あらかじめ一定の予算科目単位ごとに集計して、期末に一括して仕訳を行うもの。

※「新地方公会計制度実務研究会報告書」（平成19年10月総務省）（以下「実務研究会報告書」という。）の54～56段落及び補論2による手法。

②民間では、毎月の利益の状況を把握する必要があるので、日々、「仕訳記帳」を行って月次試算表を作成するが、地方自治体においては、どの部署がいかなる目的で月次・四半期・半期試算表の作成を必要とするのか、誰が見るのか、明確に議論する必要がある。

③実務研究会報告書補論2の「簡便作成法」は、効率的な方法なので広く実務に取り入れられ、財務書類作成要領29段落にも次のように取り入れられている。「仕訳帳は、歳入歳出データを単位として、伝票単位毎に作成することを、原則とするが、歳入歳出データとの整合性が検証できる場合には、予算科目単位で集計した歳入歳出データに仕訳を付与し、仕訳帳の1単位とすることも妨げない。」

現在、公会計ソフト、表計算ソフトシステムを使った実務においては、期末一括仕訳によりⅱ）とⅲ）の併用方式で行うようになっている。

（2）一般的な複式簿記による仕訳

《仕訳の方法》

複式簿記の仕訳は、前ページに記載された取引の8要素の組み合わせにより、貸借対照表・行政コスト計算書・純資産変動計算書を作成するために記帳するものであって、資金収支計算書を作成するものではない。

官庁会計の財務書類を統一的な基準で作成する場合、「第5部第2章資金仕訳変換表・非資金仕訳例」の中から勘定項目を選択して仕訳を起票する。

《仕訳例》

一般会計から国民健康保険特別会計に、本年度50の繰出しがあった。歳入歳出データでは、（節）繰出金

で歳出し、（項）一般会計繰入金で歳入して、単式簿記で記帳されている。複式簿記に基づく仕訳は、下記のとおりである。

①一般会計側における処理

（借）他会計への繰出金（ＰＬ）　50　　（貸）現金預金（ＢＳ）　50

②国民健康保険特別会計側における処理

（借）現金預金（ＢＳ）　50　　（貸）税収等（ＮＷ）　50

《資金収支計算書への計上》

官庁会計では、資金収支計算書は、一般に複式簿記の仕訳で作成することはなく、貸借対照表・行政コスト計算書・純資産変動計算書の数値を基礎とし、資金仕訳変換表等に基づいて勘定科目を選択し、仕訳処理を経ずして直接作成される。仕訳処理をしないが、連結仕訳時には相殺消去をするので、「**収入は貸方**」、「**支出は借方**」という複式簿記の基本を忘れないようにしておく必要がある。

③一般会計側における処理

（ＣＦ）資金収支計算書の業務支出の「他会計への繰出支出」に計上する。

④国民健康保険特別会計側における処理

（ＣＦ）資金収支計算書の業務収入の「税収等収入」に計上する。

《参考連結仕訳》

全体財務書類では、内部取引なので、相殺消去する。

⑤連結財務書類作成時のＰＬ・ＮＷの相殺消去仕訳

（借）税収等（ＮＷ）50　　（貸）他会計への繰出金（ＰＬ）　50

⑥連結財務書類作成時のＣＦの相殺消去仕訳

各会計で「支出は借方」に計上され、「収入は貸方」に計上されているので、連結相殺消去は次の仕訳となる。

（借）税収等収入（ＣＦ）　50　（貸）他会計への繰出支出（ＣＦ）　50

（3）マニュアル「財務書類作成要領」の資金仕訳変換表等に基づく複式簿記の仕訳の特徴

《仕訳の方法》

（2）の《仕訳例》によれば、現金預金の増減仕訳は、①②のように「現金預金勘定」を使用して複式簿記の仕訳を行い、資金収支計算書は別途③④のように直接作成するが、「財務書類作成要領」では（2）における①～④の仕訳を合体させ、「現金預金勘定」を使用せず、同勘定を資金収支計算書の勘定科目に置き換えて処理することに留意する必要がある。

⑦一般会計側における処理

（借）他会計への繰出金（ＰＬ）　50　　（貸）他会計への繰出支出（ＣＦ）　50

⑧国民健康保険特別会計側における処理

（借）税収等収入（ＣＦ）　50　　（貸）税収等（ＮＷ）　50

《連結仕訳》

マニュアル「連結財務書類作成の手引き」では相殺消去仕訳をせずに、単式簿記的に「増加」または「減少」という説明となっている。

そのため、そのまま仕訳に表すと⑨⑩の仕訳となる。この場合ＰＬ・ＮＷの相殺消去仕訳である⑨と⑤は同じとなるが、ＣＦの相殺消去仕訳である⑩と⑥は、**貸借逆の仕訳となるのが特徴**である。

⑨連結財務書類作成時のＰＬ・ＮＷの相殺消去仕訳

（借）税収等（NW）　50　　　（貸）他会計への繰出金（PL）　50
　⑩連結財務書類作成時のCFの相殺消去仕訳
　　（借）他会計への繰出支出（CF）　50　　　（貸）税収等収入（CF）　　50

（4）本書における仕訳の方法

「マニュアル財務書類作成要領」に示された仕訳の方法は、資金仕訳変換表等による仕訳変換により、効率的に資金収支計算書が作成されるので、工夫された仕訳処理であり、充分な複式簿記の知識を有する人に向いている方法である。

しかし、第5部の「財務書類の作成」では、一般的な「現金預金勘定」を使用する①並びに②の方法により説明する。

【理　　由】

⇒全国の自治体の担当者が統一的な基準に基づく財務書類の作成を容易に行うためには、地方公営企業法適用会計並びに民間企業において一般的に行われている「現金預金勘定」を使用する複式簿記から始めることが良いと考えられるからである。

⇒「資金収支科目」を使用する場合、連結仕訳が⑩の仕訳となり、一般的な相殺仕訳と貸借逆になり、連結仕訳で想定外の不一致・不明点があった場合、複式簿記の知識と異なるので実務的な対処が難しくなる。
　そのため、第6部の「連結財務書類の作成」では、複式簿記により相殺消去仕訳により行う。

⇒発生主義会計における複式簿記の導入は、数値の正確性の確保と検証可能性を高めることにあるので、一般会計の財務書類作成時のみならず、連結財務書類作成時においても**連結相殺消去仕訳を複式簿記で行う**ことは、後付けを容易にすることから、複式簿記に不慣れな担当者のためには必須である。

第3節　具体的な作成例

充分な複式簿記の知識を有する方は、マニュアル「財務書類作成要領」に基づく具体例を読んでいただきたい。

第1項　仕訳帳の作成

仕訳帳は、財務書類を作成する上での最小基本単位で、日々の取引を発生順に記録した仕訳伝票の綴り、またはこれを転記した帳簿であり、1件ごとに借方・貸方に仕訳される。

なお、本作成要領においては、期末に一括して仕訳を生成する処理方法を採用することも認めている。(財27)

この場合、期末の一括仕訳1件ごとに借方・貸方に仕訳される。

以上を踏まえると、仕訳のイメージは次のようになる。

なお、45ページの表は「財務書類作成要領」に基づいた仕訳であるため、複式簿記の仕訳ではあるが、資金収支計算書の勘定科目が使用されている。

【取引】

(単位：百万円)

番号	項目	日付	金額
①-1	住民税の調定	2月3日	500
①-2	住民税の収入	3月3日	450
②-1	道路の建設（検査確認）	3月5日	500
②-2	国補助金収入（道路関係）	3月6日	100
②-3	地方債発行（道路関係）	3月10日	300
②-4	道路の建設（支払い）	3月14日	500
③	職員給与支払い	3月17日	150
④	Ａ法人へ長期貸付	3月24日	50
⑤	財政調整基金積立て	3月27日	50
⑥-1	消耗品の購入（納品）	3月28日	20
⑥-2	消耗品の購入（支払い）	3月31日	20
⑦	公共施設使用料の収入	3月31日	50
⑧	退職手当引当金の引当て	3月31日	250
⑨	賞与等引当金の引当て	3月31日	200

【仕訳例】

(単位：百万円)

番号	日付	借方 勘定科目	借方 金額	貸方 勘定科目	貸方 金額
①-1	2月3日	[ＢＳ]未収金	500	[ＮＷ]税収等	500
①-2	3月3日	[ＣＦ]税収等収入	450	[ＢＳ]未収金	450
②-1	3月5日	[ＢＳ]工作物（インフラ資産）	500	[ＢＳ]未払金	500
②-2	3月6日	[ＣＦ]国県等補助金収入	100	[ＮＷ]国県等補助金	100
②-3	3月10日	[ＣＦ]地方債発行収入	300	[ＢＳ]地方債	300
②-4	3月14日	[ＢＳ]未払金	500	[ＣＦ]公共施設等整備費支出	500
③	3月17日	[ＰＬ]職員給与費	150	[ＣＦ]人件費支出	150
④	3月24日	[ＢＳ]長期貸付金	50	[ＣＦ]貸付金支出	50
⑤	3月27日	[ＢＳ]財政調整基金	50	[ＣＦ]基金積立金支出	50
⑥-1	3月28日	[ＰＬ]物件費	20	[ＢＳ]未払金	20
⑥-2	3月31日	[ＢＳ]未払金	20	[ＣＦ]物件費等支出	20
⑦	3月31日	[ＣＦ]使用料及び手数料収入	50	[ＰＬ]使用料及び手数料	50
⑧	3月31日	[ＰＬ]退職手当引当金繰入額	250	[ＢＳ]退職手当引当金	250
⑨	3月31日	[ＰＬ]賞与等引当金繰入額	200	[ＢＳ]賞与等引当金	200

第2項 総勘定元帳の作成

　仕訳帳は借方・貸方の勘定科目・金額を記載するのに対し、総勘定元帳は、仕訳の借方・貸方を勘定口座ごとに並べ替えて集約したものであり、仕訳帳から転記して作成される。(📄財31)

　統一的な基準では、「財務書類は、公会計に固有の会計処理も含め、総勘定元帳等の会計帳簿から誘導的に作成」することとしている。(📄研57・財22)

　具体的には、以下のように仕訳表を勘定項目別に整理する。

【総勘定元帳】

貸借対照表関係

〈インフラ資産・工作物〉

(単位：百万円)

日　付	勘定科目(番号)	借　方	貸　方	残　高
3月5日	[ＢＳ]未払金(②-1)	500		500

〈長期貸付金〉

日　付	勘定科目(番号)	借　方	貸　方	残　高
3月24日	[ＣＦ]貸付金支出(④)	50		50

〈現金預金〉

日　付	勘定科目(番号)	借　方	貸　方	残　高
3月3日	[ＢＳ]未収金(①-2)	450		450
3月6日	[ＮＷ]国県等補助金(②-2)	100		550
3月10日	[ＢＳ]地方債(②-3)	300		850
3月14日	[ＢＳ]未払金(②-4)		500	350
3月17日	[ＰＬ]職員給与費(③)		150	200
3月24日	[ＢＳ]長期貸付金(④)		50	150
3月27日	[ＢＳ]財政調整基金(⑤)		50	100
3月31日	[ＢＳ]未払金(⑥-2)		20	80
3月31日	[ＰＬ]使用料及び手数料(⑦)	50		130

〈未収金〉

日　付	勘定科目(番号)	借　方	貸　方	残　高
2月3日	[ＮＷ]税収等(①-1)	500		500
3月3日	[ＣＦ]税収等収入(①-2)		450	50

〈財政調整基金〉

日　付	勘定科目(番号)	借　方	貸　方	残　高
3月27日	[ＣＦ]基金積立金支出(⑤)	50		50

〈地方債〉

日　付	勘定科目（番号）	借　方	貸　方	残　高
3月10日	［ＣＦ］地方債発行収入（②-3）		300	300

〈退職手当引当金〉

日　付	勘定科目（番号）	借　方	貸　方	残　高
3月31日	［ＰＬ］退職手当引当金繰入額（⑧）		250	250

〈未払金〉

日　付	勘定科目（番号）	借　方	貸　方	残　高
3月5日	［ＢＳ］工作物（インフラ資産）（②-1）		500	500
3月14日	［ＣＦ］公共施設等整備費支出（②-4）	500		0
3月28日	［ＰＬ］物件費（⑥-1）		20	20
3月31日	［ＣＦ］物件費等支出（⑥-2）	20		0

〈賞与等引当金〉

日　付	勘定科目（番号）	借　方	貸　方	残　高
3月31日	［ＰＬ］賞与等引当金繰入額（⑨）		200	200

行政コスト計算書

〈職員給与費〉　　　　　　　　　　　　　　　　　　　　　　　　　　　　　　　　　　　（単位：百万円）

日　付	勘定科目（番号）	借　方	貸　方	残　高
3月17日	［ＣＦ］人件費支出（③）	150		150

〈賞与等引当金繰入額〉

日　付	勘定科目（番号）	借　方	貸　方	残　高
3月31日	［ＢＳ］賞与等引当金（⑨）	200		200

〈退職手当引当金繰入額〉

日　付	勘定科目（番号）	借　方	貸　方	残　高
3月31日	［ＢＳ］退職手当引当金（⑧）	250		250

〈物件費〉

日　付	勘定科目（番号）	借　方	貸　方	残　高
3月28日	［ＢＳ］未払金（⑥-1）	20		20

〈使用料及び手数料〉

日　付	勘定科目（番号）	借　方	貸　方	残　高
3月31日	［ＣＦ］使用料及び手数料収入（⑦）		50	50

純資産変動計算書

〈税収等〉

(単位：百万円)

日　付	勘定科目（番号）	借　方	貸　方	残　高
2月3日	［ＢＳ］未収金（①-1）		500	500

〈国県等補助金〉

日　付	勘定科目（番号）	借　方	貸　方	残　高
3月6日	［ＣＦ］国県等補助金収入（②-2）		100	100

資金収支計算書

〈人件費支出〉

(単位：百万円)

日　付	勘定科目（番号）	借　方	貸　方	残　高
3月17日	［ＰＬ］職員給与費（③）		150	150

〈物件費等支出〉

日　付	勘定科目（番号）	借　方	貸　方	残　高
3月31日	［ＢＳ］未払金（⑥-2）		20	20

〈税収等収入〉

日　付	勘定科目（番号）	借　方	貸　方	残　高
3月3日	［ＢＳ］未収金（①-2）	450		450

〈使用料及び手数料収入〉

日　付	勘定科目（番号）	借　方	貸　方	残　高
3月31日	［ＰＬ］使用料及び手数料（⑦）	50		50

〈公共施設等整備費支出〉

日　付	勘定科目（番号）	借　方	貸　方	残　高
3月14日	［ＢＳ］未払金（②-4）		500	500

〈基金積立金支出〉

日　付	勘定科目（番号）	借　方	貸　方	残　高
3月27日	［ＢＳ］財政調整基金（⑤）		50	50

〈貸付金支出〉

日　付	勘定科目（番号）	借　方	貸　方	残　高
3月24日	［ＢＳ］長期貸付金（④）		50	50

〈国県等補助金収入（投資活動収支）〉

日　付	勘定科目（番号）	借　方	貸　方	残　高
3月6日	［ＮＷ］国県等補助金（②-2）	100		100

〈地方債発行収入〉

日　付	勘定科目（番号）	借　方	貸　方	残　高
3月10日	［ＢＳ］地方債（②-3）	300		300

※借方の合計（900）と貸方の合計（770）の差額130が「［BS］現金預金」となる。

次に、総勘定元帳の勘定科目ごとの残高と合計額を一覧に整理する。(合計残高試算表の作成)

第3項　合計残高試算表の作成

合計残高試算表とは、仕訳帳から総勘定元帳への転記が正確に行われているかどうかを検証するために、総勘定元帳を集計したものである。(財41)

具体的には、以下のように総勘定元帳の勘定科目ごとの残高と合計額を一覧に整理する。

【合計残高試算表】

(単位:百万円)

	勘定科目	前年度末残高		本年度計上額		本年度末残高	
		借方	貸方	借方	貸方	借方	貸方
BS	工作物(インフラ資産)			500		500	
BS	長期貸付金			50		50	
BS	現金預金			900	770	130	
BS	未収金			500	450	50	
BS	財政調整基金			50		50	
BS	地方債				300		300
BS	退職手当引当金				250		250
BS	未払金			520	520		
BS	賞与等引当金				200		200
PL	職員給与費			150		150	
PL	賞与等引当金繰入額			200		200	
PL	退職手当引当金繰入額			250		250	
PL	物件費			20		20	
PL	使用料及び手数料				50		50
NW	税収等				500		500
NW	国県等補助金				100		100
	合計			3,140	3,140	1,400	1,400

【資金収支計算書関係(現金預金の内訳)】

(単位:百万円)

	勘定科目	前年度末残高		本年度計上額		本年度末残高	
		借方	貸方	借方	貸方	借方	貸方
CF	人件費支出				150		150
CF	物件費等支出				20		20
CF	税収等収入			450		450	
CF	使用料及び手数料収入			50		50	
CF	公共施設等整備費支出				500		500
CF	基金積立金支出				50		50
CF	貸付金支出				50		50
CF	国県等補助金収入(投資活動収支)			100		100	
CF	地方債発行収入			300		300	
	合計			900	770	900	770

第4項　統一的な基準による財務書類の作成

　一般会計等財務書類、全体財務書類および連結財務書類の構造・体系は同じであるため、統一的な基準による財務書類の様式として、連結財務書類を以下に記載する。なお、一般会計等財務書類および全体財務書類の勘定科目が連結財務書類のそれと異なる場合は、財務書類の脚注で説明を行っている。

連結貸借対照表　【様式第1号】
（平成×年〇月△日現在）

（単位：百万円）

科　目	金　額	科　目	金　額
【資産の部】		【負債の部】	
固定資産	550	固定負債	550
有形固定資産	500	地方債等	300
事業用資産		長期未払金	
土　　地		退職手当引当金	250
立　木　竹		損失補償等引当金	
建　　物		その他	
建物減価償却累計額		流動負債	200
工　作　物		1年内償還予定地方債等	
工作物減価償却累計額		未　払　金	
船　　舶		未払費用	
船舶減価償却累計額		前　受　金	
浮　標　等		前受収益	
浮標等減価償却累計額		賞与等引当金	200
航　空　機		預　り　金	
航空機減価償却累計額		その他	
その他		負債合計	750
その他減価償却累計額		【純資産の部】	
建設仮勘定		固定資産等形成分	600
インフラ資産	500	余剰分（不足分）	△570
土　　地		他団体出資等分（注2）	
建　　物			
建物減価償却累計額			
工　作　物	500		
工作物減価償却累計額			
その他			
その他減価償却累計額			
建設仮勘定			
物　　品			
物品減価償却累計額			
無形固定資産			
ソフトウェア			
その他			
投資その他の資産	50		
投資及び出資金			
有価証券			
出　資　金			
その他			
投資損失引当金（注1）			
長期延滞債権			
長期貸付金	50		
基　　金			
減債基金			
その他			
その他			
徴収不能引当金			
流動資産	230		
現金預金	130		
未　収　金	50		
短期貸付金			
基　　金			
財政調整基金	50		
減債基金			
棚卸資産			
その他			
徴収不能引当金			
繰延資産（注2）		純資産合計	30
資産合計	780	負債及び純資産合計	780

（注1）一般会計等貸借対照表及び全体貸借対照表で使用する勘定科目
（注2）連結貸借対照表でのみ使用する勘定科目

【様式第2号】

連結行政コスト計算書

自　平成○年□月◇日
至　平成×年○月△日

（単位：百万円）

科　目	金　額
経常費用	620
業務費用	620
人件費	600
職員給与費	150
賞与等引当金繰入額	200
退職手当引当金繰入額	250
その他	
物件費等	20
物件費	20
維持補修費	
減価償却費	
その他	
その他の業務費用	
支払利息	
徴収不能引当金繰入額	
その他	
移転費用	
補助金等	
社会保障給付	
他会計への繰出金(注1)	
その他	
経常収益	50
使用料及び手数料	50
その他	
純経常行政コスト	△570
臨時損失	
災害復旧事業費	
資産除売却損	
投資損失引当金繰入額(注1)	
損失補償等引当金繰入額	
その他	
臨時利益	
資産売却益	
その他	
純行政コスト	△570

（注1）一般会計等行政コスト計算書及び全体行政コスト計算書で使用する勘定科目

【様式第3号】

連結純資産変動計算書

自　平成〇年□月◇日
至　平成×年〇月△日

(単位：百万円)

科　目	合　計	固定資産等形成分	余剰分（不足分）	他団体出資等分(注1)
前年度末純資産残高				
純行政コスト（△）	△570		△570	
財　源	600		600	
税　収　等	500		500	
国県等補助金	100		100	
本年度差額	30		30	
固定資産等の変動（内部変動）		600	△600	
有形固定資産等の増加		500	△500	
有形固定資産等の減少				
貸付金・基金等の増加		100	△100	
貸付金・基金等の減少				
資産評価差額				
無償所管換等				
他団体出資等分の増加（注1）				
他団体出資等分の減少（注1）				
比例連結割合変更に伴う差額（注1）				
そ の 他				
本年度純資産変動額	30	600	△570	
本年度末純資産残高	30	600	△570	

(注1) 連結純資産変動計算書のみで使用する勘定科目

【様式第2号及び第3号】

連結行政コスト及び純資産変動計算書

自　平成〇年□月◇日
至　平成×年〇月△日

(単位：百万円)

科　目	金　額
経常費用	620
業務費用	620
人　件　費	600
職員給与費	150
賞与等引当金繰入額	200
退職手当引当金繰入額	250
そ　の　他	
物件費等	20
物　件　費	20
維持補修費	
減価償却費	
そ　の　他	
その他の業務費用	
支払利息	
徴収不能引当金繰入額	
そ　の　他	
移転費用	
補助金等	
社会保障給付	
他会計への繰出金(注1)	
そ　の　他	
経常収益	50
使用料及び手数料	50
そ　の　他	
純経常行政コスト	△570
臨時損失	
災害復旧事業費	
資産除売却損	
投資損失引当金繰入額(注1)	
損失補償等引当金繰入額	
そ　の　他	
臨時利益	
資産売却益	
そ　の　他	

科　目	金　額	金　額		
		固定資産等形成分	余剰分(不足分)	他団体出資等分
純行政コスト	△570		△570	
財　　源	600		600	
税　収　等	500		500	
国県等補助金	100		100	
本年度差額	30		30	
固定資産等の変動(内部変動)		600	△600	
有形固定資産等の増加		500	△500	
有形固定資産等の減少				
貸付金・基金等の増加		100	△100	
貸付金・基金等の減少				
資産評価差額				
無償所管換等				
他団体出資等分の増加(注2)				
他団体出資等分の減少(注2)				
比例連結割合変更に伴う差額(注2)				
そ　の　他				
本年度純資産変動額	30	600	△570	
前年度末純資産残高				
本年度末純資産残高	30	600	△570	

(注1)一般会計等行政コスト及び純資産変動計算書・全体行政コスト及び純資産変動計算書で使用する勘定科目
(注2)連結行政コスト及び純資産変動計算書でのみ使用する勘定科目

【様式第4号】

連結資金収支計算書

自　平成〇年□月◇日
至　平成×年〇月△日

（単位：百万円）

科　目	金　額
【業務活動収支】	
業務支出	170
業務費用支出	
人件費支出	150
物件費等支出	20
支払利息支出	
その他の支出	
移転費用支出	
補助金等支出	
社会保障給付支出	
他会計への繰出支出 (注1)	
その他の支出	
業務収入	500
税収等収入	450
国県等補助金収入	
使用料及び手数料収入	50
その他の収入	
臨時支出	
災害復旧事業費支出	
その他の支出	
臨時収入	
業務活動収支	330
【投資活動収支】	
投資活動支出	600
公共施設等整備費支出	500
基金積立金支出	50
投資及び出資金支出	
貸付金支出	50
その他の支出	
投資活動収入	100
国県等補助金収入	100
基金取崩収入	
貸付金元金回収収入	
資産売却収入	
その他の収入	
投資活動収支	－500
【財務活動収支】	
財務活動支出	
地方債等償還支出 (注2)	
その他の支出	
財務活動収入	300
地方債等発行収入	300
その他の収入	
財務活動収支	300
本年度資金収支額	130
前年度末資金残高	
比例連結割合変更に伴う差額 (注3)	
本年度末資金残高	130

前年度末歳計外現金残高	
本年度歳計外現金増減額	
本年度末歳計外現金残高	
本年度末現金預金残高	130

（注1）一般会計等資金収支計算書及び全体資金収支計算書で使用する勘定科目
（注2）一般会計等資金収支計算書では「地方債償還支出」
（注3）連結資金収支計算書でのみ使用する勘定科目

第3章 財務書類Q&A

第1節 財務書類全般

第1項 財務書類

Q1 新地方公会計制度導入の経緯は？

経緯を順にまとめると、下記のとおりとなる。
1. 予算の適正・確実な執行という「おカネの出し入れ」の視点で財政運営をしてきたが、債務が肥大化した。
2. 債務の圧縮のためには、財政の効率化・適正化を図ることが必要であり、歳入の増加、歳出の減少のみならず、資産に手を付ける必要が生じた。
3. 資産に手を付けるといっても、公有財産台帳等には金額情報が含まれていないため、手を付けやすいように固定資産台帳を作成することにした。つまり、固定資産の「金額管理」を行ったのである。
4. 固定資産台帳の作成により、固定資産の「現在価値」とその劣化を表す「減価償却費」が算出されるようになった。
5. 固定資産の「現在価値」と「減価償却費」が計算されるようになったため、企業会計のように、資産・債務という「ストック情報」を含んだ「財務書類」の作成が可能となった。
6. 作成した財務書類の開示による説明責任の履行、マネジメントへの積極的活用により財務改革の推進が期待される。

Q2 財務書類とは何か？

財務書類とは、自治体の「立ち位置」・「身の丈」を表す書類で、次の2つの情報から構成される。
①ストック情報
　・貸借対照表
　　発生主義データ（見えないお金）を含んで、年度末時点の財政状態を示すものである。
②フロー情報
　（a）発生主義データを含む
　　・行政コスト計算書

　　　　減価償却費・将来の退職金等の発生主義データを含んだ１年間の現役世代に対する資源の配分の状況を示すコストの明細というものである。
　　・純資産変動計算書
　　　　現役世代に対する資源の配分と固定資産形成・貯金等の将来世代に対する資源の配分と持分説に基づく財源との関係を示したもの。但し、財源には、地方債を含まないことが特徴的である。
　（b）発生主義データを含まない
　　・資金収支計算書
　　　　現金主義により、資金収支による財政状況を示すものである。個別の財源と歳出を示すものでなく、業務活動・投資活動・財務活動という３つの区分の収支をみるものである。
③ストック情報とフロー情報の関係は、次の計算式となる。
　・当年度末のストック情報＝前年度末のストック情報＋本年度のフロー情報
　・実生活で例えれば、前年度末の財布の中身に本年度の使い道を足したものが、年度末の財布の中身となるということである。
④財務書類は、１年間の財政状態と運営状況を表すので、実生活に置き換えれば健康診断書ということになる。普段気がつかない情報が提供される。

 Q3　財務書類作成の考え方の基礎は？

A　財務書類の作成指針として、民間の「利益目的」ではなく、財政の「３つの機能つまり、資源配分機能・所得再分配機能・経済調整機能」を基礎にしている（第１部第２章29ページ参照）。
　税収と補助金収入と地方債という財源からみると、行政コストの支出も固定資産形成支出も、同等の位置づけにある、ということになる。
　そのため、財務書類においては、「財源」に対比させる「コスト」とは、**現役世代に対する行政コストだけでなく将来世代に対する固定資産形成支出等も含めて対比させないと、均衡が取れない**。
　念を押すが、行政では民間の目的とは異なり「コスト」には、固定資産形成支出等（将来世代に対する資源配分）を含むため、純資産変動計算書が重要になるのである。

 Q4　４表と３表の違いは？　そして相互関係は？

A　第１部第２章第４節「持分説と収益説について」に記載のとおり、税収について所有者からの拠出という「持分説」に基づく様式が、純資産変動計算書と行政コスト計算書を分けた４表形式である。住民を顧客として位置づける収益説と持分説の差異を表示面で解消するのが、純資産変動計算書と行政コスト計算書を結合させた３表形式である。
　このように理論的な差異はあるが、公表に当たってはページ数程度の差異があるだけなので、各自治体毎の考え方に従い作成すればよく、どちらでも構わない。
　統一的な基準の財務書類４表や３表の相互関係を示すと、以下のとおりとなる。（財20・21）

【参考】財務書類の体系（4表形式）

財務書類のイメージを示す資料であり、勘定科目の名称・体系は仮のものである。

（単位：百万円）

【貸借対照表】

科　目	金　額	科　目	金　額
固定資産	25,177	固定負債	5,197
有形固定資産	23,134	地方債	4,332
事業用資産	7,561	その他	865
土　地	1,924	流動負債	670
建物等	11,274	1年内償還予定地方債等	670
減価償却累計額	△5,637	負債合計	5,867
インフラ資産	15,573		
土　地	2,781		
建物等	25,584	固定資産等形成分	25,185
減価償却累計額	△12,792	余剰分（不足分）	△5,509
投資その他の資産	2,043		
基金等	2,043		
流動資産	366		
現金預金	152		
その他	214	純資産合計	19,676
資産合計	25,543	負債及び純資産合計	25,543

【行政コスト計算書】

科　目	金　額
1. 経常費用	3,996
業務費用	2,757
人件費	965
減価償却費	897
その他	895
移転費用	1,239
2. 経常収益	175
使用料及び手数料等	175
3. 純経常行政コスト（1－2）	3,821
4. 臨時損失	－
資産除売却損等	－
5. 臨時利益	－
資産売却益等	－
6. 純行政コスト（3＋4－5）	3,821

【資金収支計算書】

科　目	金　額
【業務活動収支】	
支出合計	3,038
収入合計	4,442
業務活動収支①	1,404
【投資活動収支】	
支出合計	1,221
収入合計	156
投資活動収支②	△1,065
【財務活動収支】	
支出合計	928
収入合計	607
財務活動収支③	△321
本年度資金収支額④（①＋②＋③）	18
前年度末資金残高⑤	134
本年度末資金残高⑥（④＋⑤）	152

【純資産変動計算書】

科目	合計	固定資産等形成分	余剰分（不足分）
1. 前年度末純資産残高	19,253	24,964	△5,711
2. 純行政コスト（△）	△3,821		△3,821
3. 財　源	4,244		4,244
税収等	3,465		3,465
国県等補助金	779		779
4. 本年度差額（2＋3）	423		423
5. 固定資産等の変動（内部変動）		221	△221
有形固定資産等の増加		756	△756
有形固定資産等の減少		△897	897
貸付金・基金等の増加		519	△519
貸付金・基金等の減少		△157	157
6. 資産評価差額	－	－	
7. 無償所管換等	－	－	
8. その他	－	－	－
9. 本年度純資産変動額（4～8の合計）	423	221	202
10. 本年度末純資産残高（1＋9）	19,676	25,185	△5,509

【参考】財務書類の体系（3表形式）

財務書類のイメージを示す資料であり、勘定科目の名称・体系は仮のものである。

(単位：百万円)

【貸借対照表】

科目	金額	科目	金額
固定資産	25,177	固定負債	5,197
有形固定資産	23,134	地方債	4,332
事業用資産	7,561	その他	865
土地	1,924	流動負債	670
建物等	11,274	1年内償還予定地方債等	670
減価償却累計額	△5,637	負債合計	5,867
インフラ資産	15,573		
土地	2,781		
建物等	25,584	固定資産等形成分	25,185
減価償却累計額	△12,792	余剰分（不足分）	△5,509
投資その他の資産	2,043		
基金等	2,043		
流動資産	366		
現金預金	152		
その他	214	純資産合計	19,676
資産合計	25,543	負債及び純資産合計	25,543

【行政コスト及び純資産変動計算書】

科目	金額	固定資産等形成分	余剰分（不足分）
1.経常費用	3,996		
業務費用	2,757		
人件費	965		
減価償却費	897		
その他	895		
移転費用	1,239		
2.経常収益	175		
使用料及び手数料等	175		
3.純経常行政コスト（1－2）	3,821		
4.臨時損失	－		
資産除売却損等	－		
5.臨時利益	－		
資産売却益等	－		
6.純行政コスト（3+4－5）	3,821		3,821
7.財源	4,244		4,244
税収等	3,465		3,465
国県等補助金	779		779
8.本年度差額（7－6）	423		423
9.固定資産等の変動（内部変動）		221	△221
有形固定資産等の増加		756	△756
有形固定資産等の減少		△897	897
貸付金・基金等の増加		519	△519
貸付金・基金等の減少		△157	157
10.資産評価差額	－	－	
11.無償所管換等	－	－	
12.その他	－	－	
13.本年度純資産変動額（8～12の合計）	423	221	202
14.前年度末純資産残高	19,253	24,964	△5,711
15.本年度末純資産残高（13+14）	19,676	25,185	△5,509

【資金収支計算書】

科目	金額
【業務活動収支】	
支出合計	3,038
収入合計	4,442
業務活動収支①	1,404
【投資活動収支】	
支出合計	1,221
収入合計	156
投資活動収支②	△1,065
【財務活動収支】	
支出合計	928
収入合計	607
財務活動収支③	△321
本年度資金収支額④（①+②+③）	18
前年度末資金残高⑤	134
本年度末資金残高⑥（④+⑤）	152

Q5 統一的な基準による財務書類は基準モデルや総務省方式改訂モデルとどう違う？

A

基準モデルからの変更点（別紙1-1）

項　目	主な変更点
報告主体	○一部事務組合及び広域連合も対象に追加
財務書類の体系	○4表と3表の選択制に 　・貸借対照表 　・行政コスト計算書 　・純資産変動計算書 　・資金収支計算書 ※行政コスト計算書及び純資産変動計算書は、別々の計算書としても、結合した計算書としても差し支えないことに
貸借対照表	○報告式から勘定式に ○流動性配列法から固定性配列法に ○金融資産・非金融資産から固定資産・流動資産の区分に ○流動負債・非流動負債から固定負債・流動負債の区分に ○勘定科目の見直し（繰延資産の廃止、投資損失引当金の新設、インフラ資産の内訳や公債の名称変更等） ○純資産の部の内訳について、財源・調達源泉別の資産形成充当財源・その他の純資産の区分から、固定資産等形成分・余剰分（不足分）の区分に簡略化 ○償却資産について、その表示を直接法から間接法に（減価償却累計額の明示）
行政コスト計算書	○経常費用・経常収益の区分に、臨時損失・臨時利益の区分を追加
純資産変動計算書	○内訳の簡略化（固定資産台帳の財源情報が任意に）
資金収支計算書	○業務活動収支・投資活動収支・財務活動収支に区分の名称変更 ○固定資産等形成に係る国県等補助金収入を投資活動に ○支払利息の計上箇所を財務的収支から業務活動収支に
その他の様式	○注記事項、附属明細書の充実
有形固定資産の評価基準	○これまで原則として再調達原価で評価し、事業用資産の土地は再評価を行うこととしていたが、原則として取得原価で評価し、再評価は行わないことに ○基準モデル等により評価している資産については、これまでの評価額を許容するが、新たに取得した資産については取得原価により評価
資産関係の会計処理	○事業用資産とインフラ資産の区分について再整理 ○繰延資産について、勘定科目として計上しないことに
負債関係の会計処理	○連結対象団体及び会計の投資及び出資金は減損方式から投資損失引当金として引当金計上方式に ○貸倒引当金から徴収不能引当金に名称変更 ○賞与等引当金として、法定福利費も含めることに
費用・収益関係	○インフラ資産の減価償却費・直接資本減耗相当は減価償却費として行政コスト計算書に計上することに ○使用の当月または翌月からの償却を可能に
耐用年数	○その取扱いに合理性・客観性があるものについては、耐用年数省令よりも長い期間の耐用年数を設定することも可能に
取替法・減損処理	○その有用性等を検証する観点から、適用している地方公共団体が今後も取扱いを継続することが可能に

総務省方式改訂モデルからの変更点（別紙1-2）

項　　目	主な変更点
報告主体	○一部事務組合及び広域連合も対象に追加
財務書類の体系	○4表と3表の選択制に 　・貸借対照表 　・行政コスト計算書 　・純資産変動計算書 　・資金収支計算書 ※行政コスト計算書及び純資産変動計算書は、別々の計算書としても、結合した計算書としても差し支えないことに ○固定資産台帳の整備と複式簿記の導入が前提
貸借対照表	○公共資産・投資等・流動資産から固定資産・流動資産の区分に ○勘定科目の見直し（有形固定資産について行政目的別（生活インフラ・国土保全、教育等）から性質別（土地、建物等）の表示に変更等） ○純資産の部の内訳について、公共資産等整備国県補助金等・公共資産等整備一般財源等・その他一般財源等・資産評価差額から、固定資産等形成分・余剰分（不足分）の区分に簡略化 ○償却資産について、その表示を直接法から間接法に（減価償却累計額の明示）
行政コスト計算書	○経常行政コスト・経常収益の区分から経常費用・経常収益・臨時損失・臨時利益の区分に ○性質別・目的別分類の表示から性質別分類のみの表示に（目的別分類は附属明細書で表示）
純資産変動計算書	○内訳の簡略化（財源情報の省略）
資金収支計算書	○業務活動収支・投資活動収支・財務活動収支に区分の名称変更 ○区分ごとの支出と財源の対応関係の表示から活動区分別の表示に（地方債発行の例：改訂モデルではその性質に応じた区分に計上していたが、統一的な基準では財務活動収支に計上）
その他の様式	○注記事項、附属明細書の充実
有形固定資産の評価基準	○これまで決算統計データから取得原価を推計（売却可能資産は時価）することとしていたが、原則として取得原価で評価することに
資産関係の会計処理	○有形固定資産等の分類について、有形固定資産・売却可能資産から事業用資産・インフラ資産・物品の区分に（売却可能資産は注記対応）
負債関係の会計処理	○回収不能見込額から徴収不能引当金に名称変更 ○賞与等引当金として、法定福利費も含めることに
費用・収益関係	○使用の当月または翌月からの償却を可能に
耐用年数	○決算統計の区分に応じた耐用年数から、原則として耐用年数省令の種類の区分に基づく耐用年数に変更 ○その取扱いに合理性・客観性があるものについては、耐用年数省令よりも長い期間の耐用年数を設定することも可能に

Q6 統一的な基準による財務書類を作成する根拠は？

A

別紙1

総財務第14号
平成27年1月23日

各都道府県知事　各指定都市市長　殿

総　務　大　臣
（公印省略）

統一的な基準による地方公会計の整備促進について

　地方公会計については、これまで、各地方公共団体において財務書類の作成・公表等に取り組まれてきたところですが、人口減少・少子高齢化が進展している中、財政のマネジメント強化のため、地方公会計を予算編成等に積極的に活用し、地方公共団体の限られた財源を「賢く使う」取組を行うことは極めて重要であると考えております。

　今後の地方公会計の整備促進については、「今後の地方公会計の整備促進について」（平成26年5月23日付総務大臣通知総財務第102号）のとおり、平成26年4月30日に固定資産台帳の整備と複式簿記の導入を前提とした財務書類の作成に関する統一的な基準を示したところです。その後、「今後の新地方公会計の推進に関する実務研究会」を設置して議論を進めてきましたが、平成27年1月23日に「統一的な基準による地方公会計マニュアル」を取りまとめております。

　当該マニュアルにおいては、統一的な基準による財務書類の作成手順や資産の評価方法、固定資産台帳の整備手順、連結財務書類の作成手順、事業別・施設別のセグメント分析をはじめとする財務書類の活用方法等を示しております。

　つきましては、当該マニュアルも参考にして、統一的な基準による財務書類等を原則として平成27年度から平成29年度までの3年間で全ての地方公共団体において作成し、予算編成等に積極的に活用されるよう特段のご配慮をお願いします。

　特に、公共施設等の老朽化対策にも活用可能である固定資産台帳が未整備である地方公共団体においては、早期に同台帳を整備することが望まれます。

　なお、統一的な基準による財務書類等を作成するためには、ノウハウを修得した職員の育成やICTを活用したシステムの整備が不可欠であり、平成27年度には関係機関における研修の充実・強化や標準的なソフトウェアの無償提供も行う予定です。また、固定資産台帳の整備等に要する一定の経費については、今年度から特別交付税措置を講じることとしております。

　各都道府県知事におかれては、貴都道府県内の指定都市を除く市町村長に対してこの通知について速やかにご連絡いただき、通知の趣旨について適切に助言いただくようお願いします。

　なお、地域の元気創造プラットフォームにおける調査・照会システムを通じて、各市町村に対して、この通知についての情報提供を行っていることを申し添えます。

第2項　貸借対照表

Q1　貸借対照表とは何か？

A　貸借対照表は、基準日時点において、地方公共団体が住民サービスを提供するために、どれほどの資産や債務を有するかについて情報を示すものである。資産と財源となる負債及び純資産の合計は必ず一致する。負債は、将来世代の負担を意味し、純資産は、現在までの世代の負担ととらえる。また、固定資産を「将来の経済的便益の流入が見込まれる資産」、「経済的便益の流入は見込まれないものの、行政サービス提供能力を有する」に区分し、公正価値により評価し、その保有状況を住民に開示することができる。

Q2　貸借対照表から何を読み取れば良いか？

A　資産規模がどの程度あり（資産合計）、それに対する将来世代の負担（負債合計）が何％有るのか、また、一般会計等、全体会計、連結会計のそれぞれの区分毎にどの程度あるのか把握することが重要である。財務書類は、各自治体の立ち位置を表すものであるが、健康診断書ともいわれ身長と体重を把握するようなものである。もう少し詳細に見ると、資産については、金融資産がどの程度で固定資産がどの程度か、負債については、地方債がどの程度で、退職手当引当金がどの程度あるのか、と言うことになる。

Q3　民間企業では、財務安全性の比率として流動比率が利用されているがなぜか？

A　流動比率の計算式は、流動資産÷流動負債×100である。公会計では、同じように利用することは難しい。なぜならば、手持ちの金融資産について、民間では、基本的に使途の特定はせずに「現金預金」として流動資産に含めるが、公会計では、基本的に使途の特定をして「基金」として固定資産に含めるからである。また、民間では、手持ち資金は多ければ多いほどよいことであるが、公会計においては、そうとは言えないことから、資産の区分については、固定資産と流動資産よりも、固定資産と金融資産の区分のほうが見やすいという声が多い。

第3項　行政コスト計算書

Q1　行政コスト計算書とは？

A　行政コスト計算書は、行政コストという経費明細という位置づけにあり、発生主義数値を含んだ現役世代に対する資源の配分の状況を示すものである。行政コストの面では、人にかかるコストである人件費、物にかかるコストである物件費等、移転的な支出である移転費用等といった区分を設けており、住民への説明にあたっては当該コストの性質について、簡潔な説明がしやすい。

Q2 「使用料及び手数料等の収入」は、なぜ「財源」に計上しないのか？

地方公共団体の基本的な役割は、税収、補助金収入を財源としたインフラ整備にある。
事業用資産や行政サービス利用の対価である使用料及び手数料は、純資産変動計算書に計上するのでなく、行政コスト計算書に計上すべきものである。

第4項　純資産変動計算書

Q1 純資産変動計算書とは？

一会計期間に、税収と補助金収入を財源として、現役世代に対してどの程度資源配分したのか、また、将来世代に対してどの程度資源配分したのか、つまり、発生主義数値ではあるが住民から拠出された税収等が、どのように配分されたのかということを表すものである。貸借対照表との関係では、貸借対照表の純資産が一会計期間においてどのように変動したかを示す財務書類である。

地方債は、予算上は財源だが、公会計では財源には含めないため、地方債を除いた財源から、現役世代に対する資源配分と将来世代に対する資源配分がどのように賄われたのかを表すのが、公会計なのである。

Q2 本年度差額って、企業会計の利益と同じ意味か？

計算式は同じだが、「本年度差額」は単に「財源」と「純行政コスト」の計算差額のことをいう。「財源」には、税収等が含まれるが、「純行政コスト」には、主として、本年度現役世代に資源配分した歳出と、過去に行った将来世代に対する資源配分（固定資産形成）の本年度負担額（減価償却費）が含まれる。

この「本年度差額」は、一般的行政コストが税収等でどの程度賄われているか、行政が効果的、効率的に運営されているかを表していると考えられる。当該差額は、マイナス数値になるところが多いと想定されているが、地方公共団体の財務書類が出そろってから5年程度で何らかの意味が明らかになり、指標として生き始めるものと考えている。なお、マスコミから「本年度差額」ランキングが公表される場合は、マスコミや住民のための十分な説明が必要になる。

Q3 注記で求められている「業務活動収支（A）」と「本年度差額（B）」の差額の内訳とは？

ともに、税収、補助金収入から現役世代に対する支出を控除した数値で、前者は、現金主義データによる資金収支計算書上の数値で、後者は、発生主義データによる純資産変動計算書の数値である。

差額の内訳は、主として下記の数値となる。

① 業務活動収支（A）　　　　　　　　　　　＋）＊＊＊
② 投資収入に含めた国県等補助金収入　　　　＋）＊＊＊
③ 減価償却費　　　　　　　　　　　　　　　－）＊＊＊
④ 賞与等・退職手当引当金増減額　　　　　　＋－）＊＊＊
⑤ 徴収不能引当金繰入額　　　　　　　　　　－）＊＊＊

⑥　臨時損失の投資評価損　　　　　　　　　　　　　　－）＊＊＊
⑦　その他
　　　　　　　　　　　　　　　　　　　　　本年度差額（B）　＊＊＊

（注）資産評価差額と無償所管換等は、無関係。

Q4 歳入歳出決算書の「歳入歳出差引額（A）」と純資産変動計算書の「本年度差額（B）」の関係は？

A 歳入歳出決算書の「歳入歳出差引額」は、「歳入総額」から「歳出総額」を控除したもの（A）で、歳計現金のことである。

現金主義数値の差額と発生主義数値の差額の関係は、次のとおりである。

①　歳入総額－繰越金－地方債発行　　　　　　　　　　　　　　　＊＊＊
②　歳出総額－地方債償還金　　　　　　　　　　　　　　　　－）＊＊＊
　　　　利払後の基礎的財政収支　　　　　　　　　　　　　　（計）＊＊＊

（注）地方債が純増加した場合、通常マイナスとなる。

③　貸付金・基金等の純増加額(資産形成のうち金融資産の純増加額)　＋）＊＊＊

④　工事請負費等のうち資産計上されるもの－減価償却費　　　　　＋）＊＊＊
　　（資産形成のうち固定資産の純増加額）
⑤　各引当金の純増加額その他　　　　　　　　　　　　　　　　－）＊＊＊
　　　　　　　　　　　　　　　　　　　　　　本年度差額（B）　＊＊＊

③と④の合計は、純資産変動計算書の「固定資産等形成分」の列の「固定資産等の変動（内部変動）」の行の数値に等しくなる。

歳入歳出数値から分析すると、本年度差額は、地方債の増減額、固定資産と金融資産の資産形成額に影響を受けるが、通常、④の数値は劣化の方が多くマイナスになり、かつ金額も大きい場合が多いので、本年度差額が、マイナスになる場合が多いと考えられる。

他方、本年度差額（B）からの分析は、本年度差額から③と④を控除して、地方債の増減額等を調整すると可能となる。

第5項　資金収支計算書

 Q1 歳入歳出決算書と資金収支計算書の相違点は何か？

A どちらも現金収支に基づいて作成されることから、表示された数値の性質は同じである。

①「前年度から繰り越された資金」については、歳入歳出決算書では「繰越金」として「歳入」の内訳に含めて表示されるが、資金収支計算書では当該年度の収入には計上せず「前年度末資金残高」として開示する。

②次に「集計区分」についてであるが、歳入歳出決算書は「款、項、目」による目的別分類と「節」による性質別分類に従って予算科目順に配列するのに対し、資金収支計算書では一般に民間企業で使用する分類に準じて「業務活動収支、投資活動収支、財務活動収支」という分類を使用する。

新地方公会計制度では、資金収支計算書が、財政規律の確保、及び基礎的財政収支（プライマリー・バランス）の計算と開示に焦点を置いて作成するためである。

Q2 資金収支計算書において、「業務活動収支」「投資活動収支」「財務活動収支」という表示区分を設けて収支状況を開示するのはなぜか？

A 各区分の内容を研究会報告書の定義に沿って説明すると、次のとおりである。
①「業務活動収支」は、地方公共団体の経常活動に伴い、継続的に発生する資金収支をいう。
②「投資活動収支」は、地方公共団体の将来世代に対する投資活動に伴い発生する資金収支をいう。
③「財務活動収支」は、地方公共団体の負債の管理に係る資金収支（負債の発行及び償還）をいう。
上記の３区分をわかりやすく個人家計の収入・支出に例えると、それぞれ次のように対応する。
①「業務活動収支」　⇔　毎月の給料収入、毎月の生活費支出
②「投資活動収支」　⇔　持家の建築支出、自家用車の購入支出、応接セットの購入、TVの購入
③「財務活動収支」　⇔　住宅ローンの借入、返済支出

このように、業務活動収支は、税収と補助金収入を財源として、現役世代に対してどの程度資源配分したのか、を表す。業務活動収支と投資活動収支を合算して、プラスの場合借金が減少したことを意味し、マイナスの場合借金が増加したことを意味する。

歳入歳出決算書を上記の３区分に読み替えるだけで資金収支計算書が作成されるが、きわめて有用な情報を提供するものと筆者は理解している。

Q3 本年度資金収支額の意味について

A いうまでもなく本年度末資金残高と前年度末資金残高の差額であり、本年度と前年度の歳計現金の差額である。歳計現金は、民間で言えば、「釣り銭」みたいなものなので、「翌年度に繰り越すべき財源」がゼロの場合、毎年度一定の金額となるので、本年度資金収支額も、ゼロに近い金額となる。民間では、多ければ多いほど資金が増加していくのであるが、公会計の場合、上記の事情により、民間と同様の見方をしないように留意しなければいけない。

第2節 財務書類3つの視点

統一的な基準による財務書類作成に当たっては、「連結決算」、「発生主義会計」という2つの視点が特に重要となる。

また、「基礎的財政収支」は、統一的な基準では注記扱いとなり、取扱いが基準モデルから変更になっている。

第1項 連結決算

Q1 連結決算とは？

連結決算とは、一般会計等に地方公営企業会計と外郭団体の会計を加算して、連結内部の取引高及び残高を相殺消去した決算である。

構成は次のとおり。

　　全体決算＝一般会計等決算＋地方公営事業会計

　　連結決算＝一般会計等決算＋地方公営事業会計＋外郭団体（一部事務組合・広域連合＋関連団体）

民間の上場会社が公表している決算数値は、「連結」数値である。理由は、傘下に多くの会社を抱えた場合、親会社だけの決算数値ではその会社全体の実態が見えないからである。公会計においても同様の考え方を採用している。

Q2 予算を通じて管理しているのに、なぜ連結決算が必要なのか？

一般会計から多くの繰出金、負担金・補助及び交付金、委託費が支出されており取引関係が密接であり、金額的に規模の大きい水道事業、下水道事業等公営事業を含んだ「全体決算（つまり役所単位）」を公表する、また、同様の位置づけで自治体の行政サービスの一環として設立されている第三セクター等を含んだ「連結」という単位でも公表する、ということが理由である。

他の自治体と財政状況全般の比較を行う場合、全体決算または連結決算により行うことが肝要である。公営事業会計へ歳出する繰出金、負担金・補助及び交付金の歳出額によっては、一般会計の財政力が変わってくるからである。

Q3 どういう数字になるのか？

連結決算の導入により、普段見慣れている決算統計における普通会計集計数値と、一般会計等財務書類数値、全体財務書類数値及び連結財務書類数値の間に大幅な乖離が生じる。

経年比較、他の数値と組み合わせた比率分析等を通じて、健康診断書の範囲が広がる

第2項　発生主義会計

Q1 なぜ発生主義会計により財務書類を作成することが求められているのか？

　自治体の組織としての実態をより適切に読み手に伝達するためには、資金の出し入れだけでなく、将来の資金の流出入が見込まれる経済的事象を取り込んで決算書を作成することで、自治体の実態を正確に反映したコスト情報やストック情報等の有用かつ多面的な情報が提供されることとなり、自治体の意思決定者の的確かつ迅速な対応を促進することになると期待されるからである。

Q2 発生主義会計で認識する取引で現金主義にないものは何か？

　「みえないお金」とも言われるが、次の3種類に分類される。

①現在、資金の出し入れがなくとも、会計年度末現在において将来の資金の出し入れを伴うもので歳入歳出額が確定したもの（債権債務の確定）。

　⇒債権債務の確定した取引、たとえば収入未済額、リース債務等の取引をいう。ただし、財貨またはサービスの提供に対する対価を精算しない取引（対価性のない取引）、たとえば、地方債の発行、補助金、寄付金の受け入れ等については、決算書では収入未済額に計上されているが、公会計における債権債務の確定は資金の受け入れを基準に判定する。

②年度末現在で債権債務の確定はしていないが、確定に準じたもの

　⇒債務の確定はしていないが将来、資金の出し入れを伴う歳出が年度末において見込まれるものをいう。たとえば、賞与のように、翌年度の6月に支給されることから、勤労の対価として支給対象期間を基礎に、年度末までの勤労見合部分を、賞与等引当金として見込み計上する。さらに、退職金は、勤労の対価の後払い的性格をもち、現時点の在籍者を対象に支給されることから、年度末時点において退職すると仮定した場合に自治体が負担することとなる退職金の額を退職手当引当金として見込み計上する。

③保有する資産の価値の減少を推定する項目等

　⇒ストック情報である貸借対照表の資産の中には、貸し倒れにより不納欠損となる可能性のあるものが含まれており、一定の見積もりをしたうえで徴収不能引当金を計上する。また、資産の劣化等価値の減少を見込む減価償却費、出資金等について価値の下落により評価損を計上しなければいけない場合がある。

Q3 具体的に、発生主義会計による数値はどのように財務書類に反映されているのか？

　行政コスト計算書の下記の科目の数値は、発生主義データである。

①　人件費　　　　　（退職手当引当金繰入額・賞与等引当金繰入額）
②　物件費等　　　　（減価償却費）
③　その他の業務費用（徴収不能引当金繰入額）
④　臨時損失　　　　（資産除却損・投資損失引当金繰入額・損失補償等引当金繰入額）

歳入歳出決算書における「歳入の調停額」、「不納欠損額」、「収入未済額」、「還付未済額」等のデー

タは、発生主義の手法に基づくデータである。

発生主義数値の反映とは、歳入歳出数値に発生主義数値を合算して財務書類を作成することを意味するので、歳入歳出数値との間に発生主義数値相当額の乖離が生じる。

第3項　基礎的財政収支

Q1　統一的な基準では、資金収支計算書から除外されて、注記扱いとなったが？

A　基礎的財政収支とは、歳入・歳出から繰越金と公債発行と公債費を除外した収支であり、借金に依存しなかった場合の収支ともいう。健全化の指標である。

赤字国債に大きく依存する国家財政の場合、基礎的財政収支の黒字化は政府債務のＧＤＰ比の低下を意味し、国や国・地方を通じた財政状況の分析のための財政指標として有益だが、建設公債主義の下にある地方財政では、基礎的財政収支の黒字化は、投資的経費の減額を意味するだけとなるため、地方のみの財政状況を分析するための指標としては、必ずしも有益ではない。（地方財政の健全化の見直しに関する研究会報告書）このような誤解を招く可能性もあるため本表から除外した。

資金収支計算書（ＣＦ）上の業務活動収支（支払利息支出を除く）及び投資活動収支の合算額を算出することにより、地方債等の元利償還額を除いた歳出と、地方債等発行収入を除いた歳入のバランスを示す指標となる。当該バランスが均衡している場合には、経済成長率が長期金利を下回らない限り経済規模に対する地方債等の比率は増加せず、持続可能な財政運営であるといえる（活用の手引）。

Q2　予算・決算制度を補完する財務書類の情報といえるか？

A　地方債は予算執行においては、重要な財源として位置づけられるが、公会計の財務書類においては、純資産変動計算書の財源には含まれない。資金収支計算書においても、地方債の収支を別区分としている。つまり、公会計においては地方債に依存しない収支が重要な情報なのである。

地方債は、地方公共団体においては、下記の点において重要である。
①財政運営上、借金は、現役世代と将来世代をつなぐ、重要な架け橋である。
②予算編成上、借金は、税収・補助金収入と同様に、重要な財源である。

筆者は、予算執行データ（借金を財源と見た場合の収支）と、公会計財務書類データ（借金を財源と見ない場合の収支）という２つのデータを把握することは、官庁会計の補完として、財政運営上、有意義なことと考えている。

財務書類は、自治体の立ち位置、身の丈を表しており、人間で言えば健康診断書に相当するので、各自治体が標準的な基礎的財政収支（体力）を認識しながら財政運営することは重要である。

Q3　財務活動収支との関係について

A　本年度資金収支額が、ゼロに近いということは、業務活動収支と投資活動収支を合算した利払後の基礎的財政収支と財務活動収支の金額は、表裏の関係にあることになる。つまり、財務活動収支の金額が仮にプラス10億ということは、利払後の基礎的財政収支は、概ねマイナス10億ということになる。

第3節 複式簿記

Q1 民間企業及び地方公共団体では、どのように簿記が導入されているか？

 民間企業は、毎月の利益の状況の把握、年度末の納税・配当という社外流出に備えるために、複式簿記により「日々仕訳」を行い、毎月試算表を作成するのが一般的である。

他方、地方公共団体では、予算の適正・確実な執行に資する観点から、現金の授受の事実を「款項目節」毎に、単式簿記により「日々仕訳」を行っている。

Q2 官庁会計は「単式簿記」であるが、民間企業の「複式簿記」より劣っているのか？

 自治体は、予算の適正・確実な執行に資する現金主義会計が採用されている。住民から預かった税金の適正な配分と正確な計算が重要であり、1円たりとも不足が生じてはならないことを考えると、複式簿記を採用するわけにはいかず、シンプルで現金残高との照合がしやすい、単式簿記が優れている。

しかし、統一的な基準により発生主義データ（見えないお金）が含まれてくると、単式簿記での処理では限界がくる。

そのため現金残高のみならず、他の資産負債の残高等発生主義データを取り込んで財務書類を作成する場合、正確性を担保するためには、「複式簿記」が必要となる。

Q3 複式簿記の導入について

・現金取引に関しては、「款項目節」という現金主義数値による単式簿記データから「統一的な基準の勘定科目」へ仕訳変換処理する仕訳。
・現金取引以外に関しては、発生主義データに基づき、発生主義仕訳をする。
・仕訳帳を作成したら、会計ソフトまたは表計算ソフトが計算・転記し、財務書類が完成する。
このように、仕訳変換処理と仕訳処理が異なることに留意しなければならない。

Q4 発生主義の財務書類の作成のために、仕訳変換処理のタイミングはいつが良いか？

 民間企業では、月次の状況を示す試算表が必要なので日々仕訳を行う。公会計においては期末一括仕訳が現実的である。全庁的に日々仕訳変換するためには、職員全体に複式簿記と固定資産の知識を持ってもらうことになると考えられる。出納の入出金処理程度ならまだしも、本来の仕事を持ちながらそのような簿記の知識を求めるなど、**職員全体に過度の負担を強いることになり、民間企業では考えられない**。精度の高い固定資産データを確保したいのならば、固定資産担当者を設けて日々固定資産仕訳してもらった方が、経費の負担も軽減されるのではないか。

Q5　仕訳変換処理の「単位」とは？

A　基本的には、歳入歳出データの伝票単位毎に行うが、「財務書類作成要領29」では、歳入歳出データとの整合性を検証できる場合には、伝票単位毎でなく、予算科目単位で集計した歳入歳出データ毎に仕訳することも認めている。

実務的に、伝票単位毎に行うのは、委託費、請負工事費、公有財産購入費等のように、資産計上される歳出と行政コスト処理される歳出が混在している「節・細節」だが、それ以外について集計値による場合が多い。ただし、実務としては、集計値で仕訳変換するとしても、実際には、「伝票単位ごと」に検証を行いながら作成する場合が多いと思われる。

Q6　公会計の担当者は、複式簿記の勉強が必要か？

A　財務書類作成のうち集計作業は会計ソフトが行うが、大事なことは仕訳を記帳・読み取る知識となる。官庁会計の仕訳の難易度は低いので、簿記が嫌いでない公会計担当者であれば、数ヶ月勉強すれば、仕訳記帳できるようになる。

ただし、水道等企業会計の決算書から統一的な基準への勘定科目の読替等があり、連結時の相殺消去等の知識も要求される。

公会計の普及のためには、勉強会の実施よりも担当者の固定化が効果的である。

第4節　財務書類の活用

Q1　大事なことは作成後の活用と思うが、どのように活用するのか？

A　（1）固定資産データの活用

① 固定資産台帳データについて、公共施設等総合管理計画の作成のためのデータの活用よりも、施設の更新、統廃合、長寿命化等について、その後リストアップして議論する段階で、フルコストによる「施設別収支」を作成し、数値情報を提供することに意義があると思われる。

② 同様にフルコストによる「施設別収支」を作成し、受益者負担割合算定のための、数値情報を提供することに意義があるものと考えている。

（2）財務書類データの活用

① 完成した財務書類は、自分の健康診断書であり、自分の健康状態（立ち位置・身の丈）を知れば、自ずから今後の適切な健康管理（予算編成）に反映されていくはずである。

② また、下記の指標により、財政運営上の目標設定を行い、今後の予算編成に活用できる。

・基礎的財政収支並びに地方債償還可能年数
・一人当たり資金及び基金残高並びに一人当たり地方債残高

③ 統一的な基準による財務書類等によって団体間での比較を行い、行政評価に活用できる。

第3部
財務書類の勘定科目の説明

第3部の内容

　統一的な基準による財務書類、すなわち「貸借対照表」「行政コスト計算書」「純資産変動計算書」「資金収支計算書」の基本的事項、作成目的、使用される勘定科目、様式及び関連用語の定義等について説明している。

　本文中に記載した内容は、原則として、総務省が公表した「研究会報告書」「実務研究会報告書」「今後の新地方公会計の推進に関する研究会報告書」「統一的な基準による地方公会計マニュアル（財務書類作成要領）」に記述されている内容をそのまま抜粋したものである。しかし、読者が内容をできるだけ容易に理解できるように配慮して、筆者の裁量により適宜見出しを挿入することとした。

　筆者はこれまでの実務経験を踏まえた上で、各勘定科目に関連付けて記載することが有用と考えた事項を、「留意点」として取りまとめて記載している。

　主として貸借対照表項目については参考となるデータを含めて、連結基礎データの集計シートの様式を掲載している。このような集計シートを利用する目的は、次の3つである。

① 勘定科目の主な内容を記載することで、データを視覚的にコントロールすることが容易になり、一般会計等・全体・連結財務書類を作成する過程で生じうるミスや誤謬を検証できる。
② 財務書類の各勘定科目の内容説明用、連結作業時の相殺消去の参考資料用になる。なお、記載金額の単位は、これらを考慮して各自治体が決定する。
③ 企業会計と同様に、統一的な基準においても「附属明細書」の開示が求められており、その基礎資料として役立つことから有用である。

　なお、第2章第2節に記載されている有形固定資産、無形固定資産に関する記載については、第4部の固定資産台帳整備に関する記載と重複している場合がある。

第1章 基本事項

【本作成要領の趣旨】

　地方公会計マニュアルに含まれる「財務書類作成要領」は、「今後の新地方公会計の推進に関する研究会報告書」（平成26年4月30日公表。以下「研究会報告書」）に記載された統一的な基準（以下「統一的な基準」）に基づく地方公共団体の財務書類を実務的に作成するための作成要領である。

　地方公共団体の会計では、予算を議会による民主的統制のもとに置き、予算の適正かつ確実な執行に資する単式簿記・現金主義会計を採用しているが、複式簿記・発生主義会計に基づく財務書類を作成することで、単式簿記・現金主義会計を補完することとなる。（財1）

　本作成要領は、「簡素で効率的な政府を実現するための行政改革の推進に関する法律」（平成18年法律第47号）第62条第2項に基づき、「地方公共団体に対し、（中略）企業会計の慣行を参考とした貸借対照表その他の財務書類の整備に関し必要な情報の提供、助言その他の協力を行う」ことを目的としている。（財2）

　また、「今後の地方公会計の整備促進について」（平成26年5月23日総務大臣通知）において、「今後の新地方公会計の推進に関する研究会」を開催して議論を進め、平成26年4月30日に報告書を取りまとめた。この報告書により、固定資産台帳の整備と複式簿記の導入を前提とした財務書類の作成に関する統一的な基準が示された。

　「今後、平成27年1月頃までに具体的なマニュアルを作成した上で、原則として平成27年度から平成29年度までの3年間で全ての地方公共団体において統一的な基準による財務書類等を作成するよう要請する予定」とされているが、本作成要領は、係る「具体的なマニュアル」の一部を構成するものである。（財3）

【統一的な基準の特徴】

　統一的な基準による財務書類は、主に以下のような特徴を有している。（財4）

①会計処理方法として複式簿記・発生主義会計を採用し、一般会計等の歳入歳出データから複式仕訳を作成することにより、現金取引（歳入・歳出）のみならず、すべてのフロー情報（期中の収益・費用及び純資産の内部構成の変動）及びストック情報（資産・負債・純資産の期末残高）を網羅的かつ誘導的に記録・表示すること。

②「経済財政運営と改革の基本方針2014～デフレから好循環拡大へ～」（平成26年6月24日閣議決定）において、「各地方公共団体の財政状況が一層比較可能となるよう、統一的な基準による地方公会計の整備を促進する。あわせて、ＩＣＴを活用して、固定資産台帳等を整備し、事業や公共施設等のマネジメントも促進する」とされたことを踏まえ、決算情報（決算分析のための情報）の作成・開示のみならず、事業や公共施設等のマネジメントの促進をも可能とする勘定科目体系を備えていること。

【財務書類の体系】

　地方公共団体の財務書類の体系は、貸借対照表、行政コスト計算書、純資産変動計算書、資金収支計算書

及びこれらの財務書類に関連する事項についての附属明細書とする。なお、行政コスト計算書及び純資産変動計算書については、別々の計算書としても、その２つを結合した計算書としても差し支えない。（📄研55）

【作成単位】

財務書類の作成単位は、一般会計等を基礎とし、さらに一般会計等に地方公営事業会計を加えた全体財務書類、全体財務書類に地方公共団体の関連団体を加えた連結財務書類とする。なお、全体財務書類と連結財務書類の具体的な取扱いについては、要領等において整理する。（📄研56）

【複式簿記】

財務書類は、公会計に固有の会計処理も含め、総勘定元帳等の会計帳簿から誘導的に作成する。（📄研57）

【作成基準日】

財務書類の作成基準日は、会計年度末（３月31日）とする。ただし、出納整理期間中の現金の受払い等を終了した後の計数をもって会計年度末の計数とする。その場合、その旨及び出納整理期間に係る根拠条文（地方自治法235条の５等）を注記する。（📄研58・財15）

【表示単位】

財務書類の表示金額単位は、百万円を原則とする。ただし、地方公共団体の財政規模に応じて千円単位とすることもできる。また、同単位未満は四捨五入するものとし、四捨五入により合計金額に齟齬が生じる場合、これを注記する。なお、単位未満の計数があるときは「０」を表示し、計数がないときは「－」を表示する。（📄研59・財16）

【勘定科目の改廃】

比較可能性を確保する観点から、原則として「研究会報告書」等で示した勘定科目を用いるが、財務上の管理の必要に応じて勘定科目を追加等することを妨げるものではない（例えば、財務書類の「その他」に計上されているもので、重要性の高い項目について、特定の勘定科目で表示することが考えられる）。（☞ Q&A財務５）

> **留意点**
>
> 全体及び連結財務書類で計上される「その他の固定負債」には、水道等法適用会計で計上される国県等補助金の「長期前受金」が含まれている。金額が大きい場合が多く、今後、特定の勘定科目で表示することが考えられる。

第2章 貸借対照表
（略称BS：Balance Sheet）

第1節 総則

【目　　的】
　貸借対照表は、基準日時点における地方公共団体の財政状態（資産・負債・純資産の残高及び内訳）を明らかにすることを目的として作成する。（研62・財78）

【様　　式】
　貸借対照表は、様式第1号（第2部第2章50ページ）のとおりとする。（研63・財79）

【貸借対照表の区分】
　貸借対照表は、「資産の部」、「負債の部」及び「純資産の部」に区分して表示する。（研64・財80）

【資産・負債の扱い】
　資産は、資産の定義に該当するものについて、その形態を表す科目によって表示する。また、資産の貸借対照表価額の測定については、それぞれの資産の性質及び所有目的に応じた評価基準及び評価方法を用いる。（研69・財89）
　負債は、負債の定義に該当するものについて、その形態を表す科目によって表示する。また、負債の貸借対照表価額の測定については、それぞれの負債の性質に応じた評価基準及び評価方法を用いる。（研130・財120）

【資産・負債の区分】
　資産は、「固定資産」及び「流動資産」に分類して表示する。なお、繰延資産については、経過的に計上する場合を除き、原則として計上しない。（研70・財90）
　負債は、「固定負債」及び「流動負債」に分類して表示する。（研131・財121）

【総額主義】
　資産、負債及び純資産は、総額によって表示することを原則とし、資産の項目と負債または純資産の項目とを相殺することによって、その全部または一部を除去してはならない。（研65・財81）

【固定性配列法による1年基準】
　資産及び負債の科目の配列については固定性配列法によるものとし、資産項目と負債項目の流動・固定分

類は１年基準とする。(📄研67・財83)

なお、企業会計の正常営業循環基準の考え方に準じて、例えば棚卸資産（販売用土地等）については、１年基準の例外として流動資産とする。(☞ Q&A 7)

【資産の定義】

資産とは、過去の事象の結果として、特定の会計主体が支配するものであって、①将来の経済的便益が当該会計主体に流入すると期待される資源、または②当該会計主体の目的に直接もしくは間接的に資する潜在的なサービス提供能力を伴うものをいう。(📄報43)

【繰延資産の定義】

繰延資産は、将来の期間に影響する特定の費用で、すでに代価の支払が完了しまたは支払義務が確定し、これに対応する役務の提供を受けたにもかかわらず、その効果が将来にわたって発現するものと期待される費用をいう。地方債発行費、開発費、試験研究費等の費用は、その効果が及ぶ数期間に合理的に配分するため、経過的に貸借対照表上繰延資産として計上することができる。(📄報132)

> **留意点**
> 一般会計等では計上しないが、企業会計の団体で計上した場合には、財務書類に計上される。

【負債の定義】

負債とは、過去の事象から発生した、特定の会計主体の現在の義務であって、①これを履行するためには経済的便益を伴う資源が当該会計主体から流出し、または②当該会計主体の目的に直接もしくは間接的に資する潜在的なサービス提供能力の低下を招くことが予想されるものをいう。(📄報45)

【純資産の定義】

純資産とは、①特定の会計主体の実質的所有者から当該会計主体に対する拠出及び②当該会計主体の活動等によって獲得された余剰（または欠損）の蓄積残高をいい、その金額は資産と負債の差額として計算される。(📄報47)

第2節 固定資産

第1項 総則

【固定資産の区分】
　固定資産は、「有形固定資産」、「無形固定資産」及び「投資その他の資産」に分類して表示する。(研71・財91)

【減損会計の適用】
　なお、有形固定資産及び無形固定資産に係る減損処理については、今後の検討課題とし、当面は適用しないこととするが、その有用性と費用対効果を検証する観点から、既に減損処理を適用している地方公共団体が今後も取扱いを継続することを妨げない。(研84)

【リース資産・リース債務】
Q16　貸借対照表に計上するリース資産やリース債務について、具体的にどの勘定科目で処理すればよいのか。

A　リース資産については、固定資産の性質に応じた勘定科目（建物、工作物、物品等）に計上する（減価償却累計額も同様）。リース債務については、1年以内に支払期限の到来するものは流動負債の「その他」、1年を超えて支払期限の到来するものは固定負債の「その他」に計上する。

【土地信託】
　委託者（＝地方自治体）が受託者（＝信託銀行）に自己所有の土地を信託に供し、信託受益権を取得した場合、信託した土地は、「有形固定資産」の区分に「土地」として表示することが考えられる。
　信託法上信託された土地は受託者名義となるが、委託者と受益者がいずれも地方自治体である場合、経済的実態は委託者の所有関係に変化がなく、委託者名義の資産と同様、固定資産の性質に応じた勘定科目に計上することが適当と考えられるためである。これは、リース資産の表示方法と整合している。
　また、受託者が土地の上に建物を建設した場合、その建物も信託財産に組み込まれるため、「有形固定資産」の区分に「建物」として表示することになろう。
　建物の取得原価は、受託者の作成する決算書に基づき計上するが、建物の減価償却は受託者の決算書に計上されていないため、地方自治体が自ら減価償却計算を行い仕訳を起票することになる。
　建物建設のために受託者が借入を行った場合、「地方債」または「1年内償還予定地方債」として表示することが考えられる。受託者が行った借入は委託者に帰属する債務となり、信託事業に伴う一切の負債は委託者である地方自治体が負担することになるためである。
　同様の考えに基づき、その他の不動産信託に伴う収支も、信託会社の決算書に基づき計上することになると考えられる。
　信託不動産または関連する負債等に重要性がある場合は、重要な会計方針として信託不動産・借入および

収支の表示方法を記載することになろう。加えて、利害関係者への情報提供及び地方自治体の説明責任の観点から、信託不動産の勘定別残高、借入残高、収支計上額等を追加情報として記載することが重要になってくる。

なお、信託財産に係る減損処理は、有形固定資産及び無形固定資産に係る減損処理が導入された時に適用されることに注意が必要である。

第2項　有形固定資産

【有形固定資産の区分】

有形固定資産は、「事業用資産」、「インフラ資産」及び「物品」に分類して表示する。（研85・財92）

【評価方法】

有形固定資産の資産評価については、原則として取得原価により評価し立木竹を除いて、再評価は行わない。

【事業用資産の定義】

事業用資産は、インフラ資産及び物品以外の有形固定資産をいう。（研88・財94）

【事業用資産の科目表示】

事業用資産としての有形固定資産は、その種類ごとに表示科目を設けて計上する。具体的には、「土地」、「立木竹」、「建物」、「工作物」、「船舶」、「浮標等」、「航空機」、「その他」及び「建設仮勘定」の表示科目を用いる。

減価償却の方法について注記する。

売却を目的として保有している資産については、有形固定資産ではなく、棚卸資産として計上する。（研89・財95）

【インフラ資産の定義】

インフラ資産は、システムまたはネットワークの一部であること、性質が特殊なものであり代替的利用ができないこと、移動させることができないこと、処分に関し制約を受けることといった特徴の一部またはすべてを有するものであり、例えば道路ネットワーク、下水処理システム、水道等が該当する。（研93・財96）

【事業用資産とインフラ資産の区分表】

事業用資産とインフラ資産の区別については、《別表8　事業用資産とインフラ資産の区分表》に従うこととする。ただし、事業用資産とインフラ資産の区分表においては、原則として上記のような基本的考え方を踏まえつつも、地方公共団体における現実の財産管理上の権限と責任の配分等をも勘案し、事業用資産とインフラ資産の区別に一定の修正を加えたものとしているので、留意すること。（79ページ参照）（財99）

事業用資産とインフラ資産の区分表

分類				例　示	注	資産の区分	
						事業用資産	インフラ資産
行政財産							
	公用財産						
		庁　舎		本庁、支所		○	
		その他公用施設		職員宿舎		○	
	公共用財産						
		福祉施設					
			社会福祉施設	老人ホーム、母子福祉センター		○	
			児童福祉施設	保育所、児童館、児童自立施設		○	
		公衆衛生施設					
			公衆衛生施設	診療所、保健所		○	
			清掃施設	じん芥処理施設、し尿処理施設		○	
		農林水産業施設					
			農業関係施設	農業試験場、ポンプ施設	農道を除く	○	
			林業関係施設		林道を除く	○	
			水産業関係施設		漁港を除く	○	
		商工観光施設					
			商工施設			○	
			観光施設			○	
		道　路		地方道、農道、林道、橋りょう			○
		河　川		河川、池沼			○
		港　湾		港湾、漁港			○
		公　園		都市公園、児童公園			○
		住　宅		公営住宅		○	
		防　災		護岸、治山	消防施設を除く		○
		教育施設					
			学　校	小学校、中学校、高校、幼稚園		○	
			社会教育施設	図書館、市民会館		○	
			給食施設			○	
		公営事業					
			上水道施設	簡易水道、飲料水供給施設			○
			下水道施設	公共下水道、集落排水施設			○
			病　院			○	
			その他公営事業関係施設	公営競技施設、観光施設	電気・ガスは除く	○	
普通財産							
	土　地					○	
	その他普通財産					○	

【インフラ資産の科目表示】

インフラ資産は、その種類ごとに表示科目を設けて計上する。具体的には、「土地」、「建物」、「工作物」、「その他」及び「建設仮勘定」の表示科目を用いる。また、減価償却の方法について注記する。(研94・財97)

【減価償却累計額の表示】

各有形固定資産に対する減価償却累計額は、当該各有形固定資産の項目に対する控除項目として、減価償却累計額の項目をもって表示しなければならない（間接法の適用）。ただし、これらの有形固定資産に対する控除項目として一括して表示することを妨げない。

各有形固定資産に対する減価償却累計額は、当該各有形固定資産の金額から直接控除し、その控除して得た額を当該各有形固定資産の金額として表示することができる（直接法の許容）。ただし、当該減価償却累計額は、当該各有形固定資産の科目別に、または一括して注記しなければならない。(研82)

【附属明細書の有形固定資産の明細】

①有形固定資産の明細

(単位：円)

区 分	前年度末残高 (A)	本年度増加額 (B)	本年度減少額 (C)	本年度末残高 (A)＋(B)－(C) ＝(D)	本年度末 減価償却累計額 (E)	本年度償却額 (F)	差引本年度末残高 (D)－(E)＝(G)
事業用資産							
土　地							
立木竹							
建　物							
工作物							
船　舶							
浮標等							
航空機							
その他							
建設仮勘定							
インフラ資産							
土　地							
建　物							
工作物							
その他							
建設仮勘定							
物　品							
合　計							

有形固定資産の明細については、資産負債内訳簿に基づき記載する。(財86)

②有形固定資産の行政目的別明細

(単位:円)

区　分	生活インフラ・国土保全	教　育	福　祉	環境衛生	産業振興	消　防	総　務	合　計
事業用資産								
土　地								
立木竹								
建　物								
工作物								
船　舶								
浮標等								
航空機								
その他								
建設仮勘定								
インフラ資産								
土　地								
建　物								
工作物								
その他								
建設仮勘定								
物　品								
合　計								

(参考)

決算統計上の区分	土木費	教育費	民生費	衛生費	農林水産業費 労働費・商工費	消防費・警察費	総務費・その他	

有形固定資産の行政目的別明細については、固定資産台帳に基づき作成する。(財87)

> **留意点**
> 有形固定資産の各科目毎の評価については、第4部第4章第1節～第7節において説明する。

第3項　無形固定資産

【表　示】
　無形固定資産は、その種類ごとに表示科目を設けて計上する。具体的には、「ソフトウェア」及び「その他」の表示科目を用いる。また、減価償却の方法について注記する。(研100・財100)
　その他は、ソフトウェア以外の無形固定資産をいう。(研103・財102)

【評　価】
　無形固定資産は、原則として取得原価で評価する。(研101)

【ソフトウェアの定義】
　ソフトウェアは、研究開発費に該当しないソフトウェア制作費であって、当該ソフトウェアの利用により

将来の費用削減が確実であると認められるものをいう。

【計上価額】
　計上価額は、当該ソフトウェアの取得に要した費用を資産価額とし、定額法による減価償却を行い、当該減価償却費相当額を控除した後の価額とする。

> ソフトウェアについては、第4部第4章第9節において説明する。

【仮勘定】
　無形固定資産における仮勘定（その取得が一会計年度を超えるもの）は、ソフトウェアの仮勘定であれば「ソフトウェア」、それ以外であれば無形固定資産の「その他」に含めて計上する。（⇒Q&A財務8）

第4項　投資その他の資産

【表示】
　投資その他の資産は、「投資及び出資金」、「投資損失引当金」、「長期延滞債権」、「長期貸付金」、「基金」、「その他」及び「徴収不能引当金」に分類して表示する。（研104・財103）
　「投資及び出資金」は、その種類ごとに「有価証券」、「出資金」及び「その他」の表示科目を用いる（有価証券の評価基準及び評価方法は注記する）。（研105・財）

【現物確認】
　投資及び出資金、貸付金や各種基金については、これまでも財産に関する調書を作成する必要性から、一定水準以上の管理が行われているが、現物確認等が十分になされていない場合がある。このような事例も踏まえ、投資及び出資金、貸付金や各種基金については、現物確認等を改めて実施し、台帳の数量及び金額との一致を確かめるなど台帳整備を厳格に行うとともに、附属明細書においてその内訳を開示するなど、貸借対照表との整合性を図るべきである。（実223、224）

（1）有価証券
【定義】
　有価証券は、地方公共団体が保有している債券等をいう。（研106・財105）

【金銭信託】
　金銭信託は、委託者（＝地方自治体）が受託者（＝信託銀行）に資金の運用及び管理を委託する金融商品である。金銭信託の目的が金融商品等への投資・運用によって得られた収益の分配であることから、原則として「有価証券」に計上することが適当であると考えられる。

> **留意点**
> 政策目的をもって保有する有価証券は、基準モデルでは出資金として表示したが、統一的な基準では、有価証券として表示する。

【区　　分】

　有価証券は、満期保有目的有価証券及び満期保有目的以外の有価証券に区分し、それぞれ以下のとおり貸借対照表価額を測定する。(研107・財106)

【満期保有目的有価証券の評価】

　満期保有目的有価証券は、満期まで所有する意図をもって保有している債券をいう。

　満期保有目的有価証券の貸借対照表価額の測定は、償却原価法によって算定された価額を用いる。

　ただし、満期保有目的有価証券で市場価格があるものについて、市場価格が著しく下落した場合には、「回復する見込みがあると認められる場合」を除き、市場価格をもって貸借対照表価額とする。

　なお、債券の市場価格の下落率が30％以上である場合には、「著しく下落した場合」に該当するものとする。

　この強制評価減に係る評価差額については、行政コスト計算書の臨時損失（その他）として計上する。

　回復する見込みがあると認められ、市場価格によって評価しない場合には、その旨、その理由及び市場価格との差額を注記する。(研108・固92)

【市場価格のある満期保有目的以外の有価証券の評価】

　市場価格のあるものについては、基準日時点における市場価格をもって貸借対照表価額とし、この市場価格での評価替えに係る評価差額については、洗替方式により、純資産変動計算書の資産評価差額として計上する。

　また、市場価格が著しく下落した場合にも、「回復する見込みがあると認められる場合」を除き、市場価格をもって貸借対照表価額とするが、この強制評価減に係る評価差額については、行政コスト計算書の臨時損失（その他）として計上する。

　なお、有価証券の市場価格の下落率が30％以上である場合には、「著しく下落した場合」に該当するものとする。

　回復する見込みがあると認められ、市場価格によって評価しない場合には、その旨、その理由及び市場価格との差額を注記する。(研109・固93)

【市場価格のない満期保有目的以外の有価証券の評価】

　市場価格のないものについては、取得原価または償却原価をもって貸借対照表価額とする。ただし、市場価格のない株式について、発行会社の財政状態の悪化により実質価額が著しく低下した場合には、「相当の減額」を行う。なお、実質価額の低下割合が30％以上である場合には、「著しく低下した場合」に該当するものとする。

　連結対象団体及び会計に対するもの以外のこの強制評価減に係る評価差額については、行政コスト計算書の臨時損失（その他）として計上する。(研110・固94)

連結対象団体及び会計に対するものについては、「投資損失引当金」を計上する。

【実質価額の計算】

　実質価額については、日本公認会計士協会が公表している「金融商品会計に関する実務指針」第92項の規定を参考に、以下の計算式（例）による算定が望まれるが、作業負担を踏まえ、当該会計もしくは法人の純資産額（資産合計額から負債合計額を控除した額）に、当該団体の出資割合を乗じたものとすることもできることとする。（⇒Q&A 固7）

○計算式（例）

・「1株（口）あたり純資産額」
　＝（一般に公正妥当と認められる会計基準に準拠して作成された相手先の直近の決算書の純資産額＋資産等の時価評価に基づく評価差額＋決算日後の後発事象の重要な影響）
　　÷（発行済株式数（出資口数））

・「実質価額」＝（1株あたり純資産額）×（所有株式数）

（注）純資産がマイナスの場合はゼロ。

> **留意点**
>
> ・現金主義会計を採用している官庁会計の場合、財産に関する調書の「公有財産の有価証券」等を利用して記載する。
> ・発生主義会計を採用している企業会計の場合、決算書の科目内訳書等から記載する。
> ・債券等満期保有目的の有価証券であっても、株式等満期保有目的以外の有価証券であって市場価格があるものについても、「回復する見込みがあると認められる場合」を除き、市場価格をもって貸借対照表価額とする、とあるが、「回復見込み」に関して回復可能と認められると判断した場合には、その根拠を明確に文書化しておく必要がある。
> ・債券等満期保有目的の場合、償却原価法により算定するが、株式等満期保有目的以外の有価証券の場合、3月31日時点における市場価格、つまり時価評価により算定する。
> ・株式等満期保有目的以外の有価証券で市場価格のないものについては、「相当の減額」が必要になる。「相当の減額」に関して判断を行った場合、その根拠を明確に文書化しておく必要がある。
> ・官庁会計の一部事務組合・広域連合においても、同様の考え方を採ることはいうまでもない。

【附属明細書の市場価格のある投資及び出資金の明細】

有価証券シート

(単位:円)

銘　柄　名	株数・口数など (A)	時価単価 (B)	貸借対照表計上額 (A)×(B) =(C)	取得単価 (D)	取得原価 (A)×(D) =(E)	評価差額 (C)−(E) =(F)	(参考) 財産に関する調書
合　　　計							

（2）出 資 金

【定　義】

　出資金は、公有財産として管理されている出資等をいう。なお、出捐金は、地方自治法第238条第1項第7号の「出資による権利」に該当するため、出資金に含めて計上する。（📄研111・財107・固95）

【市場価格のある出資金】

　出資金のうち、市場価格があるものについては、基準日時点における市場価格をもって貸借対照表価額とし、この市場価格での評価替えに係る評価差額については、洗替方式により、純資産変動計算書の資産評価差額として計上する。

　また、市場価格が著しく下落した場合にも、「回復する見込みがあると認められるとき」を除き、市場価格をもって貸借対照表価額とするが、この強制評価減に係る評価差額については、行政コスト計算書の臨時損失（その他）として計上する。

　なお、市場価格の下落率が30％以上である場合には、「著しく下落した場合」に該当するものとする。回復する見込みがあると認められ、市場価格によって評価しない場合には、その旨、その理由及び市場価格との差額を注記する。（📄研112・固96）

【市場価格のない出資金】

　出資金のうち、市場価格がないものについては、出資金額をもって貸借対照表価額とする。ただし、市場価格のないものについて、出資先の財政状態の悪化により出資金の価値が著しく低下した場合には、「相当の減額」を行う。

　なお、出資金の価値の低下割合が30％以上である場合には、「著しく低下した場合」に該当するものとする。連結対象団体及び会計に対するもの以外のこの強制評価減に係る評価差額については、行政コスト計算書の臨時損失（その他）として計上する（連結対象団体及び会計に対するものついては、86ページを参照）。（📄研113・財103・固97）

> **留意点**
> - 現金主義会計を採用している官庁会計の場合、財産に関する調書の「出資による権利」を利用して記載する。
> - 発生主義会計を採用している企業会計の場合、科目内訳書等から記載する。
> - 公営企業への出資金、関連団体への出資金について、前年度までの累積残高、本年度の出資金は、いずれも、全体財務書類、連結財務書類作成の段階で相殺消去される。

【附属明細書の市場価格のない連結対象団体（会計）に対するものの明細】

連結対象シート

(単位：円)

相手先名	出資金額（貸借対照表計上額）(A)	資　産(B)	負　債(C)	純資産額(B)−(C)=(D)	資　本　金(E)	出資割合(%)(A)／(E)=(F)	実質価額(D)×(F)=(G)	投資損失引当金計上額(H)	(参考)財産に関する調書記載額
合　計									

【附属明細書の市場価格のない連結対象団体（会計）以外に対するものの明細】

連結非対象シート

(単位：円)

相手先名	出資金額(A)	資　産(B)	負　債(C)	純資産額(B)−(C)=(D)	資　本　金(E)	出資割合(%)(A)／(E)=(F)	実質価額(D)×(F)=(G)	強制評価減(H)	貸借対照表計上額(A)−(H)=(I)	(参考)財産に関する調書記載額
合　計										

（3）その他の投資及び出資金

【定　義】

その他は、上記以外の投資及び出資金を計上する。（研114・財108）

（4）長期延滞債権

【定　義】

長期延滞債権は、滞納繰越調定収入未済の収益及び財源をいう。なお、長期延滞債権の内訳に係る附属明細書を作成する。（📖研116・財109）

長期延滞債権及び未収金シート

【長期延滞債権の明細】　　　　　　　　　　　　　　（単位：円）

相手先名または種別	貸借対照表計上額	徴収不能引当金計上額
【貸付金】		
第三セクター等		
（株）○○		
・・・・・		
その他の貸付金		
○○貸付金		
・・・・・		
小　　計		
【未収金】		
税等未収金		
固定資産税		
・・・・・		
その他の未収金		
使用料・手数料		
・・・・・		
小　　計		
合　　計		

【未収金の明細】　　　　　　　　　　　　　　　　　（単位：円）

相手先名または種別	貸借対照表計上額	徴収不能引当金計上額
【貸付金】		
第三セクター等		
（株）○○		
・・・・・		
その他の貸付金		
○○貸付金		
・・・・・		
小　　計		
【未収金】		
税等未収金		
固定資産税		
・・・・・		
その他の未収金		
使用料・手数料		
・・・・・		
小　　計		
合　　計		

長期延滞債権は滞納繰越分の明細で、未収金は現年度分の明細なので、対比して作成すると見やすい。

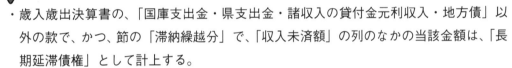

> - 歳入歳出決算書の、「国庫支出金・県支出金・諸収入の貸付金元利収入・地方債」以外の款で、かつ、節の「滞納繰越分」で、「収入未済額」の列のなかの当該金額は、「長期延滞債権」として計上する。
> - 歳入歳出決算書の、款の「諸収入」の項の「貸付金元利収入」の収入未済額のなかに、滞納繰越調停された元本部分が入っているが、当該金額は、貸付金として計上せずに「長期延滞債権」として計上する。
> - 一般会計以外では、国民健康保険事業特別会計、後期高齢者医療特別会計及び介護保険事業特別会計における社会保険料収入の「収入未済額」のうち、滞納繰越分は「長期延滞債権」に当該金額を記載する。

（5）長期貸付金

【定　義】

　長期貸付金は、地方自治法第240条第1項に規定する債権である貸付金（以下「貸付金」という）のうち、流動資産に区分されるもの以外のものをいう。（研117・財110）

留意点

- 歳入歳出決算書の附属書類である財産に関する調書の「債権」のうち、貸付金に関して記載する。
- 貸付金のうち回収期限が到来したが延滞しているものは、歳入歳出決算書の款の「諸収入」、項の「貸付金元利収入」の「収入未済額」の列に計上される。統一的な基準では、現年度分は、「未収金」として表示され、滞納繰越分は、「長期延滞債権」として表示される。
- 一般会計以外では、通常、貸付金は存在しないが、希に計上されている場合がある。その場合はグループ内に対する資金援助の性格を持つ貸付金である場合が多いので、連結財務書類作成時に相殺消去することを忘れないようにする。

【附属明細書の貸付金の明細】

貸付金シート

(単位：円)

相手先名または種別	長期貸付金		短期貸付金		(参考)貸付金計
	貸借対照表計上額	徴収不能引当金計上額	貸借対照表計上額	徴収不能引当金計上額	
地方公営事業					
病　　院					
・・・・					
一部事務組合・広域連合					
○○組合					
・・・・					
地方独立行政法人					
○○大学					
・・・・					
地方三公社					
○○土地開発公社					
・・・・					
第三セクター等					
(株)○○清掃サービス					
・・・・					
その他の貸付金					
○○貸付金					
・・・・					
合　　計					

(6) 基　金

【定　義】
基金は、基金のうち流動資産に区分されるもの以外のものをいう。

【表　示】
「減債基金」及び「その他」の表示科目を用いる。なお、繰替運用を行った場合、基金残高と借入金残高を相殺して表示する。ただし、その内容を注記する。(研118・財111)

【評　価】
基金の評価基準は、基金を構成する資産の種類に応じて適用する（各資産の評価基準を適用）。また、基金の内訳に係る附属明細書を作成する。なお、減債基金については、積立不足の有無及び不足額を注記する。
(研119・財111・固99)

> **留意点**
> - 地方自治法第233条の2の決算剰余金の基金への積立が、前年度に行われた場合、本年度の増加として「基金」に含めることを忘れないようにする。
> - 地方公共団体により、本年度の歳入歳出決算書での歳入の「繰越金」が、異なる場合があるので注意すること。
>   - イ）前年度の利益処分を、本年度歳出に記載する。よって、本年度の繰越金は前年度の歳計現金と一致する。
>   - ロ）前年度の利益処分後の数値を本年度の繰越金とする。ただし、この場合、基金繰入仕訳が漏れる可能性があるので、下記の仕訳が必要となる。
>   （借方）基金　＊＊＊　　（貸方）資金　＊＊＊
> - 現金主義会計を採用している官庁会計の場合、財産に関する調書の「基金」等を利用して記載する。
> - 発生主義会計を採用している企業会計の場合、科目内訳書等から記載する。
> - 一般会計以外の財団法人等関係団体において、積立目的が団体任意の基金の積立が見られる。これらも「その他の基金」として記載する。

【固定と流動の区分基準】
減債基金のうち固定資産となるものと流動資産となるものの区分方法について以下のとおり例示する。
〔固定資産〕
・繰上償還相当額を減債基金に積み立てるもの
・満期一括償還に備えて毎年一定率ずつ減債基金に積み立てているもの
〔流動資産〕
・歳計剰余金処分により積み立てたもの等、特定の地方債との紐付けがないもの

なお、1年以内に償還予定の満期一括償還地方債の償還のために減債基金に積み立てたものについては、当該満期一括償還地方債を流動負債に振り替えるのに合わせて、流動資産に振り替えることも考えられる。
(Q&A 追12)

【附属明細書の基金の明細】

基金シート

(単位：円)

種　類	現金預金	有価証券	土　地	その他	合計（貸借対照表計上額）	（参考）財産に関する調書記載額
財政調整基金						
減債基金						
．．．						
． ． ．						
合　計						

（7）その他の固定資産

【定　義】

その他は、上記及び徴収不能引当金以外の投資その他の資産をいう。（研120・財112）

> **留意点**
> ・財産に関する調書の「債権」のうち、貸付金以外の差入れ保証金等に関して記入する。
> ・企業会計の決算書からの読替により計上されるものには、長期前払費用、繰延税金資産、敷金、保証金がある。

第3節　流動資産

【区　分】

流動資産は、「現金預金」、「未収金」、「短期貸付金」、「基金」、「棚卸資産」、「その他」及び「徴収不能引当金」に分類して表示する。（研122・財113）

（1）現金預金

【定　義】

現金預金は、現金（手許現金及び要求払預金）及び現金同等物（3ヶ月以内の短期投資等）から構成される。このうち現金同等物は、短期投資のほか、出納整理期間中の取引により発生する現金預金の受払いも含み、各地方公共団体が資金管理方針等で歳計現金等の保管方法として定めた預金をいう。

【歳計外現金】

歳計外現金及びそれに対応する負債は、その残高を「現金預金」及び「預り金」として貸借対照表に計上する。（研123・財114）

> **留意点**
> - 貸借対照表の「現金預金」には歳計外現金を含むが、資金収支計算書の資金残高では歳計外現金は除かれる。
> - 全体及び連結財務書類を作成する場合、企業会計の決算書の「現金預金」が含まれる。
> - 地方自治法第233条の2の決算剰余金の基金への積立が行われている場合には基金に加算することを忘れないように。
> - 国民健康保険で見受けられる歳計現金のマイナスは、翌年度に繰上充用金として歳出処理されるが、支出されていないので無視する。また借入ではないので、短期借入金処理もしない。

【附属明細書（資金収支計算書）の資金の明細】

資金シート

(単位：円)

会計区分		内容	合計	内訳		
				歳計現金	現金預金	その他
全体	一般会計等	一般会計				
		特別会計				
	公営事業会計	公営企業会計				
		その他				
		法適用				
		全体単純合計				
		相殺消去				
		相殺消去後全体合計				
関係団体	一部事務組合					
	地方公社					
	民法法人					
	会社法人					
		全体＋関係団体合計				
		相殺消去				
		相殺消去後連結合計				

　資金収支計算書の収支尻（本年度末資金残高）に本年度末歳計外現金残高を加えたもの（本年度末現金預金残高）は、貸借対照表の資産の部の現金預金勘定と連動する。(財219)

(2) 未収金
【定　義】
　未収金は、現年調定現年収入未済の収益及び財源をいう。なお、未収金の内訳に係る附属明細書を作成する。(📖研124・財115)

留意点

- 歳入歳出決算書の、「国庫支出金・県支出金・諸収入の貸付金元利収入・地方債」以外の款で、かつ、節の「現年課税分」で、「収入未済額」の列の中の当該金額は、「未収金」として計上する。
- 歳入歳出決算書の款の「諸収入」の項の「貸付金元利収入」の収入未済額のなかに、現年度分として調停された元本部分が入っているが、当該金額は、貸付金として計上せずに「未収金」として計上するので、留意すること。
- 一般会計以外では、国民健康保険事業特別会計、後期高齢者医療特別会計及び介護保険事業特別会計における社会保険料収入の「収入未済額」のうち、現年度分は「未収金」として計上する。
- 歳入歳出決算書の款の「国庫支出金」、「県支出金」及び「地方債」の収入未済額は、繰越財源として、翌年の決算統計に財源の決算額として計上されるので二重計上を避けることに留意する。
- 一般会計以外では、内容を検討の上、未収金及び売掛金等として処理されているものを計上する。

(3) 短期貸付金
【定　義】
　短期貸付金は、貸付金のうち、翌年度に償還期限が到来するものをいう。(📖研125・財116)

(4) 流動基金
【定　義】
　基金は、財政調整基金及び減債基金のうち流動資産に区分されるものをいい、「財政調整基金」及び「減債基金」の表示科目を用いる。なお、評価基準等の取扱いについては、固定資産の基金の取扱いを準用する。(📖研126・財117)

(5) 棚卸資産
【定　義】
　棚卸資産は、商品・製品・半製品・原材料・仕掛品等をいい、売却を目的として所有する土地等も含まれ、原則として固定資産台帳とは別途管理することとするが、固定資産台帳での管理を妨げるものではない。(📖財118・固100)

【評　価】
　棚卸資産については、取得価額をもって貸借対照表価額とするが、会計年度末の帳簿価額と正味実現可能価額のいずれか低い額で測定することとする（低価法）。正味実現可能価額は、通常の事業の過程における予想売価から、完成までに要する見積原価及び販売に要する見積費用を控除した額とする。
　また、棚卸資産のうち販売を目的として所有する土地等の評価額については、「地方公共団体の財政の健全化に関する法律施行規則」（平成20年総務省令第8号）第4条第2項各号に掲げる方法により算定することができ、当該土地等であって売買契約の申し込みの勧誘を行っているものについても、同様に算定することができることとする。
　なお、重要性の乏しいものは低価法または算定の対象外とすることができる。（研127・固101）

（6）その他の流動資産
【定　義】
　その他の流動資産は、上記及び徴収不能引当金以外の流動資産をいう。（研128・財119）

> **留意点**
> ・財産に関する調書の「債権」のうち、貸付金以外の1年内返還予定の差入れ保証金等に関して記入する。
> ・一般会計等以外の会計単位における科目としては、債権ではないが未収収益、前払費用、前渡金、仮払金等として処理されているものを記入する。

第4節　固定負債

　固定負債は、「地方債」、「長期未払金」、「退職手当引当金」、「損失補償等引当金」及び「その他」に分類して表示する。（研132・財122）

（1）地　方　債
【定　義】
　地方債は、地方公共団体が発行した地方債のうち、償還予定が1年超のものをいう。（研133・財123）

【臨時財政対策債】
　臨時財政対策債の元利償還金相当額については、地方交付税法上、その全額が地方交付税の基準財政需要額に算入されることとなっているが、負債から控除することはできない。ただし、貸借対照表の読み手の適切な理解を促すため、臨時財政対策債の趣旨や現在高を注記で表示することは非常に重要なことである。
（⇒Q&A財務23）

【地方債発行差額】

　市場公募債を発行した場合で、券面額と差額がある場合、企業会計では、「金融商品に関する会計基準」（企業会計基準第10号）等により、発行価額で負債に計上し、原則として償却原価法を適用することとされているが、事務負担等を踏まえ、発行年度に一括費用処理することも妨げないこととする。

（☞ Q&A 財務20）

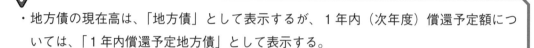

・地方債の現在高は、「地方債」として表示するが、1年内（次年度）償還予定額については、「1年内償還予定地方債」として表示する。

【附属明細書の地方債（借入先別）の明細】

(単位：円)

種類		地方債残高	うち1年内償還予定	政府資金	地方公共団体金融機構	市中銀行	その他の金融機関	市場公募債	うち共同発行債	うち住民公募債	その他
[通常分]	一般公共事業										
	公営住宅建設										
	災害復旧										
	教育・福祉施設										
	一般単独事業										
	その他										
[特別分]	臨時財政対策債										
	減税補てん債										
	退職手当債										
	その他										
合　計											

【附属明細書の地方債（利率別）の明細】

(単位：円)

地方債残高	1.5%以下	1.5%超2.0%以下	2.0%超2.5%以下	2.5%超3.0%以下	3.0%超3.5%以下	3.5%超4.0%以下	4.0%超	(参考)加重平均利率

【附属明細書の地方債（返済期間別）の明細】

(単位：円)

地方債残高	1年以内	1年超2年以内	2年超3年以内	3年超4年以内	4年超5年以内	5年超10年以内	10年超15年以内	15年超20年以内	20年超

いずれも、決算統計33表＝地方債現在高の状況、34表＝地方債借入先及び利率別現在高の状況、36表＝地方債年度別償還状況を活用して作成する。

【附属明細書の特定の契約条項が付された地方債の概要】

(単位：円)

特定の契約条項が付された地方債残高	契約条項の概要

政令指定都市等の地方財政状況調査表（決算統計）33表「地方債現在高の状況」において、満期一括償還に備えた減債基金の積立額を「元利償還額」に含めている場合、貸借対照表残高は、「同表9列差引現在高」の残高でなく、「同表10列（参考）」の残高に一致することに留意すること。財務書類は、決算統計から作成するのではなく歳入歳出データに基づき作成するからである。

（2）長期未払金
【定　義】
長期未払金は、地方自治法第214条に規定する債務負担行為で確定債務と見なされるもの及びその他の確定債務のうち流動負債に区分されるもの以外のものをいう。（研134・財124）

（3）その他の固定負債
【定　義】
その他の固定負債は、上記及び退職手当引当金、損失補償等引当金以外の固定負債をいう。（研138・財129）

・リース債務（1年内返済予定額を控除したもの）は「その他の固定負債」に計上する。
・そのうち1年内返済予定額は、「その他の流動負債」に計上する。
・企業会計の決算書からの読替では、公営企業法適用会計における収益化累計額控除後の「長期前受金」「預り保証金」「繰延税金負債」が該当する。

【リース債務の支払明細表】

リース債務残高を把握するため、基礎データとしてリース債務の支払明細表を作成しておくと効率的である。

リース債務シート

(単位：円)

会計単位			一般会計						
リース会社名					小　計			小　計	合　計
使　途									
当初借入日									
当初借入額									
前年度末残高									
新規借入									
返済	28	4							
	28	5							
	28	6							
	28	7							
	28	8							
	28	9							
	28	10							
	28	11							
	28	12							
	29	1							
	29	2							
	29	3							
	計								
本年度末残高									
新規借入									
返済	29	4							
	29	5							
	29	6							
	29	7							
	29	8							
	29	9							
	29	10							
	29	11							
	29	12							
	30	1							
	30	2							
	30	3							
	計								
次年度末残高									

(注1) 各会計単位からリースの支払予定表を入手し作成すると管理しやすい。
(注2) 内訳のわかる基礎データとして作成するので、円単位で記載すること。

第5節 流動負債

流動負債は、「1年内償還予定地方債」、「未払金」、「未払費用」、「前受金」、「前受収益」、「賞与等引当金」、「預り金」及び「その他」に分類して表示する。(📄研139・財130)

(1) 1年内償還予定地方債
【定　義】
　1年内償還予定地方債は、地方公共団体が発行した地方債のうち、1年以内に償還予定のものをいう。(📄研140・財131)

(2) 未払金
【定　義】
　未払金は、基準日時点までに支払義務発生の原因が生じており、その金額が確定し、または合理的に見積もることができるものをいう。(📄研141・財132)

- 一般会計では、通常、市民税及び固定資産税等の発生主義情報である「還付未済額」が該当するが、これは歳入歳出決算書の「備考」欄より記載することが合理的である。
- 企業会計の決算書からの読替では、未払法人税等、未払消費税等が該当する。

(3) 未払費用
【定　義】
　未払費用は、一定の契約に従い、継続して役務提供を受けている場合、基準日時点において既に提供された役務に対して未だその対価の支払を終えていないものをいう。(📄研142・財133)

(4) 前受金
【定　義】
　前受金は、基準日時点において、代金の納入は受けているが、これに対する義務の履行を行っていないものをいう。(📄研143・財134)

- 一般会計では、計上すべき重要な前受金はないようである。
- 前受金は、商品の販売代金の内金という意味なので、企業会計の決算書以外では該当するものはないようである。

（5）前受収益
【定　義】

　前受収益は、一定の契約に従い、継続して役務の提供を行う場合、基準日時点において未だ提供していない役務に対し支払を受けたものをいう。（研144・財135）

（6）預り金
【定　義】

　預り金は、基準日時点において、第三者から寄託された資産に係る見返負債をいう。（研146・財138）

- 一般会計では、歳計外現金の残高が、預り金になる。
- 歳計外現金には、給与関係以外に住宅用敷金や契約保証金の預り金も含まれている場合があるが、通常1年を超えて預かる内容のものなので、当該金額は固定負債の部の「その他の固定負債」に計上する。
- 企業会計の決算書からの読替では、預り金のほか1年内返還予定預り保証金が該当する。

（7）その他の流動負債
【定　義】

　その他の流動負債は、上記及び賞与等引当金以外の流動負債をいう。（研147・財139）

- 一般会計では、「その他の固定負債」に計上されたリース債務のうち1年内（次年度）返済予定額を記載する。
- 企業会計の決算書からの読替では、仮受金、その他が該当する。

第6節　引当金

【定　義】

引当金とは相当程度の見積もりを用いることによってのみ測定可能となるものであり、原則として、将来の特定の費用または損失であって、その発生が当該会計年度以前の事象に起因し、発生の可能性が高く、かつ、その金額を合理的に見積もることができると認められるものをいう。例えば、賞与等引当金及び退職手当引当金等が挙げられる。（📄補足）

> ◎企業会計原則注解18について
> 「将来の特定の費用又は損失であって、その発生が当期以前の事象に起因し、発生の可能性が高く、かつ、その金額を合理的に見積ることができる場合には、当期の負担に属する金額を当期の費用又は損失として引当金に繰入れ、当該引当金の残高を貸借対照表の負債の部又は資産の部に記載するものとする。」賞与等引当金、工事補償引当金、退職手当引当金、修繕引当金、特別修繕引当金、損失補償等引当金、損害補償損失引当金、徴収不能引当金等がこれに該当する。

（1）投資損失引当金

【定　義】

　市場価格のない投資及び出資金のうち、連結対象団体及び会計に対するものについて、実質価額が著しく低下した場合は、実質価額と取得原価との差額を両者の差額が生じた会計年度に臨時損失（投資損失引当金繰入額）として計上し、両者の差額を貸借対照表の投資損失引当金に計上する。なお、実質価額が30％以上低下した場合には、著しく低下したものとみなす。（📄研115・固98）

【仕訳例】

・連結対象団体に対する出資金の取得原価が500とし、年度末における実質価額が300としたときの、仕訳は次のとおりである。

　　（借方）投資損失引当金繰入額　200　　　（貸方）投資損失引当金　200

（2）徴収不能引当金

【算定方法】

　投資その他の資産または流動資産のうち、債権全体または同種・同類の債権ごとに、債権の状況に応じて求めた過去の徴収不能実績率など合理的な基準により算定する。具体的には、以下の不納欠損率を用いて算定する。

　ただし、徴収不能引当金の算定について、他の方法によることがより適当であると認められる場合には、当該方法により算定することができる。（📄研121・研129・固102）

例えば長期延滞債権に係る徴収不能引当金については、勘定科目の趣旨を踏まえ、個々の債権の事情に応じて算定することが考えられる。（☞Q&A 固8）

不納欠損率の算定方法

	不納欠損決定前年度末債権残高	不納欠損決定額	不納欠損率
4年前	A4	B4	(B4＋B3…＋B0)
3年前	A3	B3	／
…	…	…	(A4＋A3…＋A0)
当年度	A0	B0	

【計　算　表】

例えば、一般会計の計算について下記のシートを使うと、効率的である。他に国民健康保険事業特別会計等についても、同様である。

徴収不能シート

(単位：百万円)

会計	項　目		N－4年度	N－3年度	N－2年度	N－1年度	N年度
一般会計	合計	不能欠損額					
		収入未済額					
		合　計					
		不納欠損率					
		5年間平均					
		引当金残高					
	現年課税分	不能欠損額					
		収入未済額					
		合　計					
		不納欠損率					
		5年間平均					
		引当金残高					
	滞納繰越分	不能欠損額					
		収入未済額					
		合　計					
		不納欠損率					
		5年間平均					
		引当金残高					

（注1）金額は、決算書の各会計不能欠損額・収入未済額である。
（注2）徴収不能引当金は、当期末収入未済額　×　徴収不能率　で計算。
　　　　徴収不能率　＝　不能欠損額　／（不能欠損額＋収入未済額）
　　　　過去5年の徴収不能率の平均

【固定と流動の区分】

固定資産の部に計上された債権に対する引当金は、固定資産の部に計上する。
流動資産の部に計上された債権に対する引当金は、流動資産の部に計上する。

（3）退職手当引当金

【定　義】

退職手当引当金は、退職手当のうち既に労働提供が行われている部分について、期末要支給額方式で算定

したものをいう。また、退職手当引当金の計上基準及び算定方法について注記する。(📄研135)

【算定方法】

退職手当引当金については、原則として、期末自己都合要支給額により算定する。具体的には、一般職に属する職員については以下のAとBの合計額とし、特別職に属する職員についてはCで求めた額として、それらを合算したものを退職手当引当金として計上する。(📄財126)

A) 基本額
   勤続年数ごとの（職員数×平均給料月額×自己都合退職支給率）を合計したもの

B) 調整額
   次のいずれかとする。
   a) イ及びロに掲げる額を合計した額
      イ　勤続年数が25年以上の職員にあっては、該当職員区分の調整月額に50を、当該職員区分の次に低い職員区分の調整月額に10をそれぞれ乗じて得た額の合算額
      ロ　勤続年数が10年以上25年未満の職員にあっては、該当職員区分の調整月額に50を、当該職員区分の次に低い職員区分の調整月額に10をそれぞれ乗じて得た額との合算額に2分の1を乗じて得た額
   b) Aで求めた額に次の算式により算定した数値を乗じて得た額
      前年度に自己都合退職した者に支給した調整額の合計額を、前年度に自己都合退職した者について、現条例の基本額の算定方法に基づいて算定される額の合計額で除して得た額

C) 特別職に属する職員の退職手当引当金
   当該職員全員が当該年度の前年度の末日に自己都合退職するものと仮定した場合に支給すべき退職手当の額の合計額

> **留意点**
>
> ・一般会計の本年度末退職手当引当金残高の数値は、健全化判断比率に関する算定様式4⑤A表「退職手当支給予定額に係る負担見込額」の総括表の「将来負担額」とすることが、実務的である。
>
> ・当該数値は、一般会計等に係る職員を対象とした数値であるが、公営事業の職員の退職金を一般会計が負担する旨の扱いをしている場合、公営事業に係る職員を対象とした数値を計算する必要があるが、職員一人当たりの平均的な数値を基礎として下記の計算によることが考えられる。
>
>   公営事業職員に係る退職手当引当金残高　＝
>   公営事業職員数　×（将来負担額÷一般会計等職員数）
>
> ・この場合、一般会計で計上する方法と全体財務書類作成時に決算修正等の列で計上する方法が考えられる。
>   一般会計が負担しているとした場合、健全化判断比率の算定に含めるべきという考え方も成り立つが、その整合性並びに他の自治体との比較可能性を考慮すると、全体財務書類作成時に決算修正等の列で計上する方法が適当であると考えられる。

【退職手当組合加入時】

（A）退職手当引当金について、他の地方公共団体等と一部事務組合を設立し分担金等を負担している場合には、退職手当引当金繰入額は記載しないこととし、移転費用の補助金等において、その分担金等を記載する。（財125）

（B）退職手当組合に加入している場合、退職手当引当金はどのように計上するのか。

退職手当組合に加入している地方公共団体が計上すべき退職手当引当金の額は、当該地方公共団体の退職手当債務から、組合への加入時からの負担金の累積額から既に職員に対し退職手当として支給された額の総額を控除した額に組合における積立金額の運用益のうち当該地方公共団体へ按分される額を加算した額を控除した額とする。なお、組合への負担金は、移転費用・補助金等として計上し、退職手当引当金繰入額に計上しない（退職手当引当金としては計上しない）。（Q&A 財務9）

【退職手当組合加入時の引当金増減の内容】

健全化判断比率に関する算定様式4⑤A表～D表を基礎に、増減分析したものが下記の表である。

引当金増減　　　　　　　　　　　　　　　　　　　　　　　　　　　　　　　　　　　　　（単位：千円）

区　分	内　容	前年度末残高	負担金	給付金	運用益相当額	繰　入	本年度末残高
一般会計等	退職手当債務（①）	2,071,429		(142,857)		137,526	2,066,098
	積立金（②）	571,429	94,669	(142,857)	(57,143)		466,098
	将来負担額（③＝①－②）	1,500,000	(94,669)	0	57,143	137,526	1,600,000
全　体	退職手当債務（④）	2,175,000		(150,000)		147,051	2,172,051
	積立金（負担金累積額）	5,600,000	100,000				5,700,000
	積立金（給付金累積額）	(5,100,000)		(150,000)			(5,250,000)
	積立金（運用益相当額）	100,000			(60,000)		40,000
	積立金合計（⑤）	600,000	100,000	(150,000)	(60,000)	0	490,000
	将来負担額（⑥＝④－⑤）	1,575,000	(100,000)	0	60,000	147,051	1,682,051
職員数	一般会計等対象	200	（注）積立金（②）の負担金は、差額で算出。				195
	公営企業	10					10
	合　計（⑤）	210					205

一般会計等及び地方公共団体全体の将来負担額を整理し、退職手当引当金残高と負担金の整合性に留意すること。自治体により、予算科目が共済費の場合と負担金の場合と異なる。

なお、公営企業の推定計算では、特別職も含めて計算してある。

仕訳処理は、次のとおりである。

《例　示》本年度の退職手当引当金の増減等

・繰越額　600　＋　繰入額　100　－　負担金拠出額　130　－　運用益相当額　20　＝　年度末残高　550

負担金拠出時

　　（借方）共済費ｏｒ負担金（ＰＬ）　　130　　（貸方）現金預金（ＢＳ）　　　　130
　　　　　　退職手当引当金（ＢＳ）　　　130　　　　　　共済費ｏｒ負担金（ＰＬ）　130

決　算　時

・当期の退職手当債務の当年度発生額の繰入

　　（借方）退職手当引当金繰入額（ＰＬ）100　　（貸方）退職手当引当金（ＢＳ）　100

・運用益相当額の計上

（借方）退職手当引当金（BS） 20　　（貸方）退職手当引当金繰入額（PL） 20

【運用益相当額の増減分析】

　財務書類の作成に関係はしないが、健全化判断比率に関する算定様式4⑤D表（参考：簡便な算定方法）を基礎に、経年比較することが有益である。

運用益相当額　　　　　　　　　　　　　　　　　　　　　　　　　　　　　　　　　　　　　　（単位：千円）

項　目	N年度	N−1年度	増　減	備　考
累積差額プラス団体（C'）	9,000,000	8,700,000	300,000	
累積差額マイナス団体	(5,000,000)	(5,200,000)	200,000	
全構成団体の累積差額合計（C）	4,000,000	3,500,000	500,000	受け入れた金額
組合の積立金残高（X）	5,500,000	5,800,000	(300,000)	現在残高
運用益等按分対象積立金残高（Y＝X−C）	1,500,000	2,300,000	(800,000)	運用益相当額
A町から組合への負担金累積額（a）	6,000,000	5,800,000	200,000	負担金の支払い
組合からA町への給付金累積額（b）	5,000,000	4,600,000	400,000	
A町のプラス累積差額（c）①	1,000,000	1,200,000	(200,000)	
按分比率（c÷C'）	11.1%	13.8%	−2.7%	
計算上按分される運用益相当額（Y＊c÷C'）②	166,667	317,241	(150,575)	
組合積立額合計（①＋②）	1,166,667	1,517,241	(350,575)	

　運用益相当額は、計算上按分されるだけで、上表のように毎年度変動する。公会計では、当該変動額を会計処理することになる。

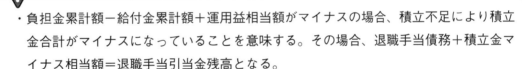

留意点

・負担金累計額−給付金累計額＋運用益相当額がマイナスの場合、積立不足により積立金合計がマイナスになっていることを意味する。その場合、退職手当債務＋積立金マイナス相当額＝退職手当引当金残高となる。
・退職手当債務＜積立金合計という関係になる場合、積立超過により退職手当債務よりも積立金残高が上回っていることを意味する。その場合、積立金から退職手当債務を控除した額を、投資その他の資産の「その他」に計上することが適当であると考えられる。

（4）損失補償等引当金

【定　義】

　損失補償等引当金は、履行すべき額が確定していない損失補償債務等のうち、地方公共団体の財政の健全化に関する法律上、将来負担比率の算定に含めた将来負担額（公社、第三セクター）を計上するとともに、同額を臨時損失（損失補償等引当金繰入額）に計上する。

　なお、前年度末に損失補償等引当金として計上されている金額がある場合には、その差額のみが臨時損失に計上されることとなる。

　計上する損失補償債務等の額の算定は、地方公共団体の財政の健全化に関する法律施行規則第12条第5号の規定に基づく「損失補償債務等に係る一般会計等負担見込額の算定に関する基準」（平成20年総務省告示

第242号）によるものとする。

　また、履行すべき額が確定していない損失補償債務等のうち、貸借対照表に計上した額を除く損失補償債務等額については、偶発債務としての注記を行う。なお、議決された債務負担行為額との関係を明確にするため、その総額もあわせて注記する。(📄研136・財127)

【仕 訳 例】

　将来負担額の確定額について、前年度末が200、本年度末が300とし、翌年度に履行した場合の仕訳は次のとおり。

　⇒繰入仕訳

　　（借方）前年度末純資産残高　　　　200　　（貸方）損失補償等引当金　　　300
　　　　　　損失補償等引当金繰入額　　100

　⇒履行時の仕訳

　　（借方）損失補償等引当金　　　　　300　　（貸方）その他の移転費用　　　300

　（注）節の「補償補填及び賠償金」で歳出し履行するので、統一的な基準では、「その他の移転費用」に仕訳変換されるので、その他の移転費用を相手勘定として損失補償等引当金を取り崩す。

【将来負担額が確定した場合】

　損失補償契約に基づき履行すべき額が確定したもの（確定債務）については、貸借対照表に負債（未払金等）として計上するとともに、同額を臨時損失（その他）に計上する。

　なお、前年度末に負債（未払金等）として計上されている金額がある場合には、その差額のみが臨時損失に計上されることとなる。(📄研137・財128)

> **留意点**
> ・土地開発公社、第三セクター等が連結対象の場合は、連結財務諸表上、損失補償等引当金は内部取引となり相殺消去される。しかし、損失補償等引当金を計上するに至った原因が当該連結対象法人の決算数値に含まれているので、当該原因を数値化して会計処理しないといけない。
> ・例えば連結対象である土地開発公社の土地等について、含み損がある場合には「損失補償等引当金」を戻し入れ処理する。

（5）賞与等引当金

【定　義】

　賞与等引当金は、基準日時点までの期間に対応する期末手当・勤勉手当及び法定福利費を計上する。また、賞与等引当金の計上基準及び算定方法について注記する。(📄研145・財136)

【算定方法】

　賞与等引当金の貸借対照表計上額は、在籍者に対する６月支給予定の期末・勤勉手当総額Ａとそれらに係

る法定福利費相当額Bを加算した額のうち、前年度支給対象期間X（対象期間開始日から3月31日まで）／全支給対象期間Y（6ヶ月）の割合を乗じた額を計上する。（📄財137）

$$賞与等引当金計上額 = (A + B) * X / Y$$

【計算表】

例えば、下記のシートを使うと、効率的である。

賞与等引当金シート

(単位：円)

	職層	一般会計	国保会計	後期高齢会計	介護会計
前年度末	一般職				
	特別職				
	計	0	0	0	0
	引当金計算式	4／6	4／6	4／6	4／6
	賞与引当金額	0	0	0	0
本年度末	職層	一般会計	国保会計	後期高齢会計	介護会計
	一般職				
	特別職				
	計	0	0	0	0
	引当金計算式	4／6	4／6	4／6	4／6
	賞与引当金額	0	0	0	0

※ 支給月は6、12月（基準日は、6月1日、12月1日）。
※ 6月の賞与は、12〜5月が対象と考え、賞与の4／6（12〜3月分）を、3月31日現在の賞与引当金とした場合。

（6）附属明細書の引当金の明細について

引当金シート

(単位：円)

区分	前年度末残高	本年度増加額	本年度減少額		本年度末残高
			目的使用	その他	
投資損失引当金					
徴収不能引当金					
退職手当引当金					
損失補償等引当金					
賞与等引当金					

〇徴収不能引当金の記載の仕方
・「前年度末残高」列と「本年度末残高」列に、合理的な基準に基づき算定した徴収不能見込額を、記入する。
・「本年度減少額（目的使用）」列に、歳入決算書の「不納欠損額」の数値を記入する。
・「本年度増加額」列に、「本年度末残高」－（「前年度末残高」－「本年度減少額」）の数値を記入する。しかし、当該数値がマイナスの場合、当該数値を「本年度減少額（その他）」に記入する。

○投資損失引当金の記載の仕方
・「前年度末残高」列と「本年度末残高」列に、実質価額と取得価額との差額を、記入する。
・「本年度減少額（目的使用）」列に、出資先で清算等あった場合に損失負担額を記入する。
・「本年度増加額」列に、「本年度末残高」－（「前年度末残高」－「本年度減少額」）の数値を記入する。しかし、当該数値がマイナスの場合、当該数値を「本年度減少額（その他）」に記入する。

○退職手当引当金の記載の仕方（退職手当組合加入団体除く）
・「前年度末残高」列と「本年度末残高」列に、退職手当負担見込額である期末要支給額を、記入する。
・「本年度減少額（目的使用）」列に、本年度退職者に支払った退職手当（決算統計15表「人件費の内訳」01行35列の数値）を記入する。
・「本年度増加額」列に、「本年度末残高」－（「前年度末残高」－「本年度減少額」）の数値を記入する。しかし、当該数値がマイナスの場合、当該数値を「本年度減少額（その他）」に記入する。

○損失補償等引当金の記載の仕方
・「前年度末残高」列と「本年度末残高」列に、将来負担額を、記入する。
・「本年度減少額（目的使用）」列に、債務負担行為の履行に基づく補償補填金等を記入する。
・「本年度増加額」列に、「本年度末残高」－（「前年度末残高」－「本年度減少額」）の数値を記入する。しかし、当該数値がマイナスの場合、当該数値を「本年度減少額（その他）」に記入する。

○賞与等引当金の記載の仕方
・「前年度末残高」列と「本年度減少額（目的使用）」列に、本年度夏に支払った賞与手当のうち前年度支給対象期間開始日から前年度末までに対応する金額（4／6）を、記入する。
・「本年度末残高」列と「本年の増加額」列に、次年度夏に支払い予定の賞与手当のうち本年度支給対象期間開始日から本年度末までに対応する金額を、記入する。
・夏の賞与の支払い予定がない場合には、計上しない。
・このように、他の引当金の作成方法と、考え方が異なっている。

第7節　純資産

第1項　総則

　純資産は、純資産の定義に該当するものについて、その形態を表す科目によって表示する。（研148・財140）

　純資産は、純資産の源泉（ないし運用先）との対応によって、その内部構成を「固定資産等形成分」及び「余剰分（不足分）」に区分して表示する。（研149・財141）

第2項　固定資産等形成分

【定　義】

　固定資産等形成分は、資産形成のために充当した資源の蓄積をいい、原則として金銭以外の形態（固定資産等）で保有される。換言すれば、地方公共団体が調達した資源を充当して資産形成を行った場合、その資産の残高（減価償却累計額の控除後）を意味する。（研150・財142）

第3項　余剰分（不足分）

【定　義】

　余剰分（不足分）は、地方公共団体の費消可能な資源の蓄積をいい、原則として金銭の形態で保有される。（研151・財143）

　貸借対照表における余剰分（不足分）には、流動資産（短期貸付金及び基金等を除く）から将来現金等支出が見込まれる負債を控除した額を計上する。貸借対照表における余剰分（不足分）はマイナスとなることが多く、この場合、基準日時点における将来の金銭必要額を示している。（Q&A 財務10）

第3章 行政コスト計算書
（略称PL：Profit and Loss Statement）

第1節 総則

【作成目的】
　行政コスト計算書は、会計期間中の地方公共団体の費用・収益の取引高を明らかにすることを目的として作成する。（研152・財144）

【様式】
　行政コスト計算書は、様式第2号（第2部第2章51ページ）のとおりとする。また、あわせて行政目的別のものを附属明細書等で作成することが望ましい。（研153・財145）

【総額主義の原則】
　費用及び収益は、総額によって表示することを原則とし、費用の項目と収益の項目とを直接に相殺することによってその全部または一部を除去してはならない。（研154・財146）

【PLの区分】
　行政コスト計算書は、「経常費用」、「経常収益」、「臨時損失」及び「臨時利益」に区分して表示する。（研155・財147）

第2節 経常費用

第1項 総則

【定義】
　経常費用は、費用の定義に該当するもののうち、毎会計年度、経常的に発生するものをいう。（研157・財155）
　経常費用は、「業務費用」及び「移転費用」に分類して表示する。（研158・財156）

第2項　業務費用

業務費用は、「人件費」、「物件費等」及び「その他の業務費用」に分類して表示する。（研159・財157）

（1）人件費
【定　義】

人件費は、「職員給与費」、「賞与等引当金繰入額」、「退職手当引当金繰入額」及び「その他」に分類して表示する。（研160・財158）

職員給与費は、職員等に対して勤労の対価や報酬として支払われる費用をいう。（研161・財159）

賞与等引当金繰入額は、賞与等引当金の当該会計年度発生額をいう。（研162・財160）

退職手当引当金繰入額は、退職手当引当金の当該会計年度発生額をいう。（研163・財161）

議員報酬は、「その他」に含める。（Q&A財務11）

その他は、上記以外の人件費をいう。（研164・財162）

予算科目の「賃金」は、人件費に計上されるものを除き、物件費とする。（別表6）

（2）物件費等
【定　義】

物件費等は、「物件費」、「維持補修費」、「減価償却費」及び「その他」に分類して表示する。（研165・財163）

物件費は、職員旅費、委託料、消耗品や備品購入費といった消費的性質の経費であって、資産計上されないものをいう。（研166・財164）

維持補修費は、資産の機能維持のために必要な修繕費等をいう。（研167・財165）

減価償却費は、一定の耐用年数に基づき計算された当該会計期間中の負担となる資産価値減少金額をいう。（研168・財166）

その他は、上記以外の物件費等をいう。（研169・財167）

【耐用年数変更等に伴う減価償却費の修正】

開始時の耐用年数が間違っていた場合：

本来の耐用年数により計算された減価償却累計額とこれまでの減価償却累計額の差額を全て当年度の「【行政コスト計算書】臨時損失または臨時利益（その他）」に計上する。

用途の変更をする場合：

変更時の簿価に、変更後の残存耐用年数に応じた償却率を乗じて算出した金額を当年度の減価償却費として「【行政コスト計算書】物件費等（減価償却費）」に計上する。

ただし、いずれの場合も、各地方公共団体の判断により、金額等による重要性の観点に照らして、耐用年数を修正しない取扱いも差し支えない。（Q&A追26）

【所有外資産に対する修繕費】

県が管理する国道等の所有外資産に対する修繕費等は、管理者として維持補修していることから、維持補修費として計上する。（Q&A追11）

（3）その他の業務費用

【定　義】

　その他の業務費用は、「支払利息」、「徴収不能引当金繰入額」及び「その他」に分類して表示する。（研170・財168）

　支払利息は、地方公共団体が発行している地方債等に係る利息負担金額をいう。（研171・財169）

　徴収不能引当金繰入額は、徴収不能引当金の当該会計年度発生額をいう。（研172・財170）

　その他は、上記以外のその他の業務費用をいう。（研173・財171）

留意点

- 官庁会計においては、歳出の節「償還金、利子および割引料」のうち「過年度分過誤納還付」にかかるものを記入する。
- 企業会計においては、「貸倒損失」、「棚卸減耗損」を読み替えて記入する。
- 保険料のうち、「火災保険」は「その他の業務費用」に記入し、「自動車損害保険」はその他の物件費に記入する。
- ファイナンス・リースに係る支払利息は、「支払利息」に含めて記入する。

第3項　移転費用

【定　義】

　移転費用は、「補助金等」、「社会保障給付」、「他会計への繰出金」及び「その他」に分類して表示する。（研174・財172）

（1）補助金等

　補助金等は、政策目的による補助金等をいう。（研175・財173）

【無償譲渡が前提の支出】

　県において市町村への無償譲渡が前提となっている土地改良事業や、県が管理する国道の新設などに係る委託料や工事請負費の支出については、補助金等に計上する。

　完成まで建設仮勘定とし無償所管換等に計上という考えもあるが、最終的に県の固定資産にならないものを完成まで建設仮勘定として計上する必要はない。（Q&A 追10）

　都道府県が支出する地方消費税交付金は、補助金等とする。（Q&A 追30）

留意点

- 官庁会計においては、歳出の節の「負担金・補助及び交付金」を記入する。
- 企業会計においては、補助金・負担金としての支出を読み替えて記入する。

（2）社会保障給付

社会保障給付は、社会保障給付としての扶助費等をいう。（研176・財174）

- 官庁会計においては、歳出の節の「扶助費」を記入する。国民健康保険・後期高齢者・介護保険の「負担金・補助及び交付金」は「補助金」でなく、「社会保障給付」に記入する。

（3）他会計への繰出金

他会計への繰出金は、地方公営事業会計に対する繰出金をいう。（研177・財175）

- 官庁会計においては、歳出の節の「繰出金」を記入する。
- 全体決算内で税収等に計上された他会計繰入金と繰出金が相殺されるので、他会計への繰出金の残高は残らない。

（4）その他の移転費用

その他は、上記以外の移転費用をいう。（研178・財176）

- 官庁会計においては、歳出の節の「補償・補填及び賠償金」、「寄附金」及び「公課費」を記入する。
- 企業会計においては、法人税・住民税等の支出を読み替える。

【附属明細書の補助金等の明細】

補助金シート

(単位：円)

区　　分	名　称	相　手　先	金　額	支出目的
他団体への公共施設等整備補助金等 （所有外資産分）				
	計			
その他の補助金等				
	計			
合　　計				

　名称は○○助成や○○分担金等と記載し、支出目的については、○○会計の健全運営や○○に係る法定負担金等と記載する。(**財151**)

　所有外資産とは、他団体及び民間への補助金等により整備された資産であり、他団体への公共施設等整備補助金等は資産形成にあたった分を記載する。(**財152**)

　当明細の金額の合計については、行政コスト計算書における「補助金等」と金額が一致する。(**財153**)

【附属明細書の行政コスト計算書に係る行政目的別の明細】

目的別ＰＬシート

(単位：円)

区　分	生活インフラ・国土保全	教　育	福　祉	環境衛生	産業振興	消　防	総　務	合　計
経常費用								
業務費用								
人件費								
職員給与費								
賞与等引当金繰入額								
退職手当引当金繰入額								
その他								
物件費等								
物件費								
維持補修費								
減価償却費								
その他								
その他の業務費用								
支払利息								
徴収不能引当金繰入額								
その他								
移転費用								
補助金等								
社会保障給付								
他会計への繰出金								
その他								
経常収益								
使用料及び手数料								
その他								
純経常行政コスト								
臨時損失								
災害復旧事業費								
資産除売却損								
投資損失引当金繰入額								
損失補償等引当金繰入額								
その他								
臨時利益								
資産売却益								
その他								
純行政コスト								

(参考)

決算統計上の区分	土　木　費	教　育　費	民　生　費	衛　生　費	農林水産業費・労働費・商工費	消防費・警察費	総務費・その他	

　行政目的別の情報の開示については、そのセグメントにどれだけのコストが使われているかを示すことは重要であることから、各団体の取組に応じて行政目的別のものを附属明細書等で表示することが望まれる。
(財154)

第3節 経常収益

【定　義】

経常収益は、収益の定義に該当するもののうち、毎会計年度、経常的に発生するものをいう。（📄研179・財177）

経常収益は、「使用料及び手数料」及び「その他」に分類して表示する。（📄研180・財178）

（1）使用料及び手数料

使用料及び手数料は、地方公共団体がその活動として一定の財・サービスを提供する場合に、当該財・サービスの対価として使用料・手数料の形態で徴収する金銭をいう。（📄研181・財179）

- 官庁会計においては、款の「使用料及び手数料」を記入する。
- 企業会計においては、公営企業法適用会計に係る主たる事業収益について読み替えて記入する。

（2）その他の経常収益

その他は、上記以外の経常収益をいう。（📄研182・財180）

- 官庁会計においては、歳入の項の「財産運用収入」、「雑入」等を記入する。
- 企業会計においては、公営企業法適用会計に係る主たる事業収益以外について読み替えて記入する。

第4節 臨時損失

【定　義】

臨時損失は、費用の定義に該当するもののうち、臨時に発生するものをいう。（📄研183・財181）

臨時損失は、「災害復旧事業費」、「資産除売却損」、「投資損失引当金繰入額」、「損失補償等引当金繰入額」及び「その他」に分類して表示する。（📄研184・財182）

（1）災害復旧事業費は、災害復旧に関する費用をいう。(研185・財183)

（2）資産除売却損は、資産の売却による収入が帳簿価額を下回る場合の差額及び除却した資産の除却時の帳簿価額をいう。(研186・財184)

（3）投資損失引当金繰入額は、投資損失引当金の当該会計年度発生額をいう。(研187・財185)

（4）損失補償等引当金繰入額は、損失補償等引当金の当該会計年度発生額をいう。(研188・財186)

（5）その他は、行政コスト計算書に係る過年度の修正（各種費用や使用料等）等、上記以外の臨時損失をいう。(研189・財187・(Q&A 17))

・災害復旧事業費は、歳出決算書の歳出の款の「災害復旧費」を記入する。

第5節 臨時利益

【定　義】

臨時利益は、収益の定義に該当するもののうち、臨時に発生するものをいう。(研190・財188)

臨時利益は、「資産売却益」及び「その他」に分類して表示する。(研191・財189)

（1）資産売却益は、資産の売却による収入が帳簿価額を上回る場合の差額をいう。(研192・財190)

（2）その他は、行政コスト計算書に係る過年度の修正（各種費用や使用料等）等、上記以外の臨時利益をいう。なお、基準変更に伴う影響額の内訳について注記する。(研193・財191、(Q&A 17))

・資産売却益は、歳入の款の「財産収入」の目の「不動産売払収入」を記入する。
・そして、固定資産台帳の簿価を差し引いて計上する。

第4章 純資産変動計算書
（略称NW：Net Worth Statement）

第1節　総　則

【目　的】
　純資産変動計算書は、会計期間中の地方公共団体の純資産の変動、すなわち政策形成上の意思決定またはその他の事象による純資産及びその内部構成の変動（その他の純資産減少原因・財源及びその他の純資産増加原因の取引高）を明らかにすることを目的として作成する。（研194・財192）

【様　式】
　純資産変動計算書は、様式第3号（第2部第2章52ページ）のとおりとする。また、一会計期間中の経常的事業及び投資的事業の内訳に係る附属明細書を作成する。（研195・財193・195）

【区　分】
　純資産変動計算書は、「純行政コスト」、「財源」、「固定資産等の変動（内部変動）」、「資産評価差額」、「無償所管換等」及び「その他」に区分して表示する。（研196・財194）

【純資産の変動】
【定　義】
　純資産の変動とは、政策形成上の意思決定またはその他の事象による純資産及びその内部構成の変動であって、純資産変動計算書上の構成要素（その他の純資産減少原因・財源及びその他の純資産増加原因）の期中取引高を意味する。
　地方公共団体が過去・現在・未来にわたる時間軸上の資源配分を行う会計主体であるとすれば、その純資産の変動こそが現世代と将来世代との間での資源の配分を意味することとなる。例えば、純資産の減少は、現世代が将来世代にとっても利用可能であった資源を費消して便益を享受する一方で、将来世代にその分の負担が先送りされたことを意味する。逆に純資産の増加は、現世代が自らの負担によって将来世代も利用可能な資源を蓄積したことを意味するので、その分、将来世代の負担は軽減されたこととなる。（補足）
　純資産が減少する原因としては、「費用」及び「その他の純資産減少原因」、純資産が増加する原因としては、「収益」及び「財源及びその他の純資産増加原因」がある。

【固定資産等形成分及び余剰分（不足分）】
【定　義】
　純資産変動計算書は、損益勘定（費用及び収益）で処理されないすべての取引事象、すなわち、当該会計

期間中の純資産及びその内部構成の変動を対象とする。かかる純資産及びその内部構成の変動は、金銭以外の形態をとる将来利用可能な資源の流出入であるか、当期に費消可能な資源の流出入であるかという発生形態の別によって、「固定資産等形成分」と「余剰分（不足分）」とに大きく二分される。

まず、「固定資産等形成分」とは、当該会計期間中の純資産及びその内部構成の変動であって、損益勘定に計上されない取引のうち、原則として金銭以外の形態をとる将来利用可能な資源の流出入をいう。換言すれば、固定資産等形成分とは、余剰分（不足分）が使用されて固定資産等に転化したもの、すなわち余剰分（不足分）が将来世代も利用可能な資産の形に変化したものを意味する。

これに対し、「余剰分（不足分）」とは、当該会計期間中の純資産及びその内部構成の変動であって、損益勘定に計上されない取引のうち、原則として当期に費消可能な資源の流出入をいう。具体的には、税収や国県等補助金のほか、費用の定義に該当しない資本的支出等に関連する資源の流出入がこれに当たる。（補足）

【その他の純資産減少原因の細分類】
その他の純資産減少原因は、その発生形態の別によって、「固定資産等の増加（余剰分（不足分））」、「固定資産等の減少（固定資産等形成分）」及び「その他の純資産の減少」に細分類される。（補足）

【財源及びその他の純資産増加原因の細分類】
財源及びその他の純資産増加原因は、その発生形態の別によって、「財源」、「固定資産等の増加（固定資産等形成分）」、「固定資産等の減少（余剰分（不足分））」及び「その他の純資産の増加」に細分類される。

【貸借対照表との関係】
純資産変動計算書の各表示区分（固定資産等形成分及び余剰分（不足分））の収支尻は、貸借対照表の純資産の部の各表示区分（固定資産等形成分及び余剰分（不足分））と連動する。

第2節　純行政コスト

純行政コストは、行政コスト計算書の収支尻である純行政コストと連動する。（研197・財201）

第3節　本年度差額

【定　義】
財源から純行政コストを控除した数値である。

第4節 財　源

【定　義】

当該会計期間中における純資産の増加であって、損益勘定に計上されない取引のうち、原則として金銭収入を伴う当期に費消可能な資源の流入をいう。具体的には、税収のほか、国県等補助金の受入等が含まれる。なお、地方債発行等（負債）による資金調達は、将来の償還を要するという意味で、将来の余剰分（不足分）を現時点で拘束するものであり、あくまでも純資産を増加させる取引とは認められないことから、「財源」には該当しないことに留意すべきである。（補足）

【分　類】

財源は、「税収等」及び「国県等補助金」に分類して表示する。（研198・財203）

【税収等】

税収等は、地方税、地方交付税及び地方譲与税等をいう。（研199・財204）

> **留意点**
> ・公営企業法適用会計における「長期前受金戻入」のうち「税収等」を財源とするものが該当する。

【国県等補助金】

国県等補助金は、国庫支出金及び都道府県支出金等をいう。（研200・財205）

> **留意点**
> ・公営企業法適用会計における「長期前受金戻入」のうち「国県等補助金」を財源とするものが該当する。

【附属明細書の財源の明細】

財源シート

(単位：円)

会　計	区　分		財源の内容	金　額
一般会計	税収等		地方税	
			地方交付税	
			地方譲与税	
			‥‥	
			小　計	
	国県等補助金	資本的補助金	国庫支出金	
			都道府県等支出金	
			‥‥	
			計	
		経常的補助金	国庫支出金	
			都道府県等支出金	
			‥‥	
			計	
			小　計	
			合　計	
特別会計				
第三セクター				

（1）財源の明細については、税収等及び国県等補助金の内訳を記載する。一般会計及び特別会計の金額の合計は純資産変動計算書における財源の金額と一致する。（財197）

特別会計について、一般会計からの繰出金等については、既に相殺消去されているので記載されないことに留意する。（財198）

【附属明細書の財源情報の明細】

財源情報シート

(単位：円)

区　分	金　額	内　訳			
		国県等補助金	地方債	税収等	その他
純行政コスト					
有形固定資産等の増加					
貸付金・基金等の増加					
その他					
合　計					

（2）財源情報の明細については、純行政コスト、有形固定資産等の増加、貸付金・基金等の増加及びその他における財源の内訳を記載する。このとき、国県等補助金の合計は純資産変動計算書における国県等補助金と一致する。一方、税収等の合計は純資産変動計算書における税収等とは、地方債の元本償還の計上の有無等により一致しない。（財199）

減価償却費は、内訳におけるその他として、純行政コストの行に記載する。(📄財200)
Q&A財務14によれば、以下のように記載する。

① 当該明細の「金額」列に「純資産変動計算書」の該当金額を計上する。
② それぞれの区分にあてた「国県等補助金」及び「地方債」を計上する。
　　→国県等補助金は「附属明細書3（1）財源の明細」を参考に計上
　　→地方債は当年度発行した地方債の区分に基づき計上
③ 純行政コストの「その他」に減価償却費等の非資金分を計上
④ ①～③を踏まえ、「税収等」に、「金額」から「国県等補助金」、「地方債」及び「その他」を合算した額を控除した金額を計上
⑤ 「合計」自体に意味はないので無視して良い。

第5節　固定資産等の変動（内部変動）

【固定資産等の増加（固定資産等形成分）】
　当該会計期間中における固定資産等の増加であって、損益勘定に計上されない取引のうち、原則として、金銭以外の形態をとる将来利用可能な資源の流入をいう。具体的には、固定資産増加額、貸付や基金の積立てによる貸付金・基金等増加額等を指す。(📄補足)

【固定資産等の減少（固定資産等形成分）】
　当該会計期間中における固定資産等の減少であって、損益勘定に計上されない取引のうち、原則として金銭以外の形態をとる将来利用可能な資源の流出をいう。具体的には、減価償却や除売却による固定資産減少額、貸付金の償還や基金の取崩しによる貸付金・基金等減少額等を指す。(📄補足)

【固定資産等の減少（余剰分（不足分））】
　財源以外の当該会計期間中における余剰分（不足分）の増加であって、損益勘定に計上されない取引のうち、原則として金銭収入を伴う当期に費消可能な資源の流入をいう。具体的には、固定資産の売却収入（元本分）、貸付金の償還収入（元本分）や基金の取崩し等の余剰分（不足分）の流入等を指す。(📄補足)

【固定資産等の増加（余剰分（不足分））】
　当該会計期間中における余剰分（不足分）の減少であって、損益勘定に計上されない取引のうち、原則として当期に費消可能な資源の流出をいう。具体的には、固定資産等形成への資本的支出に関連する余剰分（不足分）の流出等を指す。(📄補足)

【分　　類】
　固定資産等の変動（内部変動）は、「有形固定資産等の増加」、「有形固定資産等の減少」、「貸付金・基金等の増加」及び「貸付金・基金等の減少」に分類して表示する。(📄研201・財206)

【有形固定資産等の増減】

　有形固定資産等の増加は、有形固定資産及び無形固定資産の形成による保有資産の増加額または有形固定資産及び無形固定資産の形成のために支出（または支出が確定）した金額をいう。（研202・財207）

　有形固定資産等の減少は、有形固定資産及び無形固定資産の減価償却費相当額及び除売却による減少額または有形固定資産及び無形固定資産の売却収入（元本分）、除却相当額及び自己金融効果を伴う減価償却費相当額をいう。（研203・財208）

【貸付金・基金等の増減】

　貸付金・基金等の増加は、貸付金・基金等の形成による保有資産の増加額または新たな貸付金・基金等のために支出した金額をいう。（研204・財209）

　貸付金・基金等の減少は、貸付金の償還及び基金の取崩等による減少額または貸付金の償還収入及び基金の取崩収入相当額等をいう。（研205・財210）

第6節　資産評価差額

【定　義】

　資産評価差額は、その他有価証券等の評価差額をいう。（研206・財211）

第7節　無償所管換等

【定　義】

　無償所管換等は、無償で譲渡または取得した固定資産の評価額等をいう。（研207・財212）

【調査判明】

　固定資産が新たに判明した「調査判明」の場合にも計上する。（Q&A 17）

第8節　そ の 他

【定　義】

　純資産変動計算書に係る過年度の修正（税収等や国県等補助金等）等が計上対象となる。
（Q&A 12・17）

その他は、上記以外の純資産及びその内部構成の変動をいう。(📄研208・財213)

【その他の純資産の減少】

上記「固定資産等の増加（余剰分（不足分））」または「固定資産等の減少（固定資産等形成分）」に該当しない損益外での純資産の減少をいう。

【その他の純資産の増加】

上記「財源」、「固定資産等の増加（固定資産等形成分）」または「固定資産等の減少（余剰分（不足分））」に該当しない損益外での純資産の増加をいう。(📄補足)

第5章 資金収支計算書
(略称CF：Cash Flow Statement)

第1節 総則

【作成目的】
　資金収支計算書は、地方公共団体の資金収支の状態、すなわち地方公共団体の内部者（首長、議会、補助機関等）の活動に伴う資金利用状況及び資金獲得能力を明らかにすることを目的として作成する。(📄研209・財214)

【支出及び収入】
　会計全体から外部への資金の流出をいう。(📄補足)
　外部から会計全体への資金の流入をいう。(📄補足)

【直接法の採用】
　統一的な基準においては、資金収支計算書の作成（会計処理）及び表示ともに直接法を採用する。(📄研210・財215)
　直接法とは、利益から業務活動収支を導く（間接法）のではなく、主要な収入、支出毎に集計して表示する方法。

【様式】
　資金収支計算書は、様式第4号（第2部第2章54ページ）のとおりとする。(📄研211・財216)

【区分】
　資金収支計算書は、資金収支の性質に応じて「業務活動収支」、「投資活動収支」及び「財務活動収支」の3区分により表示する。(📄研212・財217・補足)

【資金】
　現金及び現金同等物をいう。現金とは、手許現金及び要求払預金を意味する。他方、現金同等物とは、①容易に換金可能であり、かつ、価値の変動について僅少なリスクしか負わない短期投資のほか、②出納整理期間中の取引により発生する資金の受払いを意味する。(📄補足)

【歳計外現金】
　歳計外現金は、資金収支計算書の資金の範囲には含めない。ただし、本表の欄外注記として、前年度末歳計外現金残高、歳計外現金増減額、会計年度末歳計外現金残高及び会計年度末現金預金残高を表示する。(📄

研213・財218)

第2節 業務活動収支

【作成目的】

地方公共団体の経常活動に伴い、継続的に発生する資金収支を意味する。(📄補足)

【分　類】

業務活動収支は、「業務支出」、「業務収入」、「臨時支出」及び「臨時収入」に分類して表示する。(📄研215・財222)

業務支出は、「業務費用支出」及び「移転費用支出」に分類して表示する。(📄研216・財223)

【業務費用支出】

業務費用支出は、「人件費支出」、「物件費等支出」、「支払利息支出」及び「その他の支出」に分類して表示する。(📄研217・財224)

人件費支出は、人件費に係る支出をいう。(📄研218・財225)

物件費等支出は、物件費等に係る支出をいう。(📄研219・財226)

支払利息支出は、地方債等に係る支払利息の支出をいう。(📄研220・財227)

その他の支出は、上記以外の業務費用支出をいう。(📄研221・財228)

> **留意点**
>
> 支払利息支出は、基準モデルでは、財務活動支出に含まれていたが、統一的な基準では業務活動収支に含められた。

【移転費用支出】

移転費用支出は、「補助金等支出」、「社会保障給付支出」、「他会計への繰出支出」及び「その他の支出」に分類して表示する。(📄研222・財229)

補助金等支出は、補助金等に係る支出をいう。(📄研223・財230)

社会保障給付支出は、社会保障給付に係る支出をいう。(📄研224・財231)

他会計への繰出支出は、他会計への繰出に係る支出をいう。(📄研225・財232)

その他の支出は、上記以外の移転費用支出をいう。(📄研226・財233)

【業務収入】

業務収入は、「税収等収入」、「国県等補助金収入」、「使用料及び手数料収入」及び「その他の収入」に分類して表示する。(📄研227・財234)

税収等収入は、税収等の収入をいう。(研228・財235)
国県等補助金収入は、国県等補助金のうち、業務支出の財源に充当した収入をいう。(研229・財236)
使用料及び手数料収入は、使用料及び手数料の収入をいう。(研230・財237)
その他の収入は、上記以外の業務収入をいう。(研231・財238)

【臨時支出】
臨時支出は、「災害復旧事業費支出」及び「その他の支出」に分類して表示する。(研232・財239)
災害復旧事業費支出は、災害復旧事業費に係る支出をいう。(研233・財240)
その他の支出は、上記以外の臨時支出をいう。(研234・財241)

【臨時収入】
臨時収入は、臨時にあった収入をいう。(研235・財242)

第3節 投資活動収支

【作成目的】
地方公共団体の資本形成活動に伴い、臨時・特別に発生する資金収支を意味する。(補足)

【区　分】
投資活動収支は、「投資活動支出」及び「投資活動収入」に分類して表示する。(研236・財243)

【投資活動支出】
投資活動支出は、「公共施設等整備費支出」、「基金積立金支出」、「投資及び出資金支出」、「貸付金支出」及び「その他の支出」に分類して表示する。(研237・財244)
公共施設等整備費支出は、有形固定資産等の形成に係る支出をいう。(研238・財245)
基金積立金支出は、基金積立に係る支出をいう。(研239・財246)
投資及び出資金支出は、投資及び出資金に係る支出をいう。(研240・財247)
貸付金支出は、貸付金に係る支出をいう。(研241・財248)
その他の支出は、上記以外の投資活動支出をいう。(研242・財249)

【投資活動収入】
投資活動収入は、「国県等補助金収入」、「基金取崩収入」、「貸付金元金回収収入」、「資産売却収入」及び「その他の収入」に分類して表示する。(研243・財250)
国県等補助金収入は、国県等補助金のうち、投資活動支出の財源に充当した収入をいう。(研244・財251)
基金取崩収入は、基金取崩による収入をいう。(研245・財252)
貸付金元金回収収入は、貸付金に係る元金回収収入をいう。(研246・財253)
資産売却収入は、資産売却による収入をいう。(研247・財254)
その他の収入には、投資活動支出の財源として充当した場合の「分担金及び負担金」を計上する。

(☞ Q&A 財務21)
その他の収入は、上記以外の投資活動収入をいう。(研248・財255)

> **留意点**
> ・建設事業に充てる国県等補助金収入は、決算統計のデータを記入するのではなく、固定資産の増減調査において財源別に調査した数値で計上する。
> ・投資及び出資金の返還による収入は、「その他」に計上する。

第4節 財務活動収支

【作成目的】
地方公共団体の負債の管理に係る資金収支（地方債の発行及び元本償還等）を意味する。(補足)

【分類】
財務活動収支は、「財務活動支出」及び「財務活動収入」に分類して表示する。(研249・財256)

【財務活動支出】
財務活動支出は、「地方債償還支出」及び「その他の支出」に分類して表示する。(研250・財257)
地方債償還支出は、地方債に係る元本償還の支出をいう。(研251・財258)
その他の支出は、上記以外の財務活動支出をいう。(研252・財259)

> **留意点**
> ・連結では、「地方債等償還支出」という科目になるが、借入金返済支出はここに含める。

【財務活動収入】
財務活動収入は、「地方債発行収入」及び「その他の収入」に分類して表示する。(研253・財260)
地方債発行収入は、地方債発行による収入をいう。(研254・財261)
その他の収入は、上記以外の財務活動収入をいう。(研255・財262)

> **留意点**
> ・連結では、「地方債等発行収入」という科目になるが、借入収入はここに含める。

第4部

固定資産台帳整備の手引き

第4部の内容

　第4部は、
「今後の新地方公会計の推進に関する研究会報告書」（平成26年4月30日公表。以下「研究会報告書」）に続いて、統一的な基準による地方公会計マニュアル「資産評価及び固定資産台帳整備の手引き」が示されたが、固定資産等の評価方法や固定資産台帳の整備手順等の実務的な取扱いを示したものである。（固1）

　第1章では、
　固定資産台帳とは、何なのか、について説明する。
　現行制度上、公有財産台帳や個別法に基づく道路台帳等の各種台帳を備えることとなっているが、現在価額が明確でなく、保有するすべての資産を網羅的に把握する固定資産台帳にはなっていない。
　現在価額が明確でないので、財務書類の作成ができず、また、他団体との比較可能性も確保できず、財務健全化にも活用されていなかった。

　第2章では、
　固定資産台帳の整備手順と、既整備団体における取扱いについて記載した。

　第3章では、
　固定資産台帳の勘定科目、耐用年数、取得年月日等、主な記載項目について説明する。特に、第4節の取得価額等については、統一的な基準の評価に対する考え方が出ている。

　第4章では、
　土地、建物、工作物等に関する、取得価額・再調達原価の具体的な計算方法について開始時の評価方法、開始後の評価方法等について説明している。

第1章 固定資産台帳とは

第1節 整備目的

第1項 公有財産台帳と法定台帳

【公有財産台帳とは】

　公有財産とは、普通地方公共団体の所有に属する財産のうち以下の①から⑧までの財産（基金に属するものを除く）をいい（地方自治法第238条第1項）、公有財産台帳は、個々の公有財産が、地方公共団体の所有に帰してから、それが、除却なり売却により地方公共団体の所有から離れていくまでの間における当該公有財産の取得、管理運用、維持保全及び処分の経緯の記録である。その当該公有財産の現況がわかるようにしておく必要があるため、固定資産台帳が必要となる。(研264)

①不動産
②船舶、浮標、浮桟橋及び浮ドック並びに航空機
③前二号に掲げる不動産及び動産の従物
④地上権、地役権、鉱業権その他これらに準ずる権利
⑤特許権、著作権、商標権、実用新案権その他これらに準ずる権利
⑥株式、社債（特別の法律により設立された法人の発行する債券に表示されるべき権利を含み、短期社債等を除く）、地方債及び国債その他これらに準ずる権利
⑦出資による権利
⑧財産の信託の受益権

【法定台帳とは】

　道路、河川、都市公園、港湾、公共下水道等のインフラ資産に係る法定台帳（例示のものについては、それぞれ道路法第28条、河川法第12条、都市公園法第17条、港湾法第49条の2、下水道法第23条において規定）は、現況把握がその主たる目的であり、帳簿（調書）及び図面の調製と保管が義務づけられている台帳である。(研265)

【財産の運用管理と現況把握が目的】

　現行制度上、各地方公共団体では、「地方自治法」（昭和22年法律第67号）に規定する公有財産を管理するための公有財産台帳や個別法に基づく道路台帳等の各種台帳を備えることとなっているが、主として財産の運用管理、現況把握を目的として備えることとされているものであり、固定資産台帳のように資産価値に係

る情報の把握が前提とされていない。資産・負債改革に基づき固定資産を洗い出して金額表示をした場合には、新たに管理資料が必要になる。これが固定資産台帳である。(研266)

第2項　固定資産台帳

【固定資産台帳とは】

　固定資産台帳とは、「固定資産の管理のために使用する補助簿であって、品目ごとに取得価額、償却額計算に必要な要素、償却額、同累計、償却後の帳簿残高、廃棄または売却に関する記録などを記入し、固定資産の種類別に土地台帳、建物台帳、機械台帳、備品台帳などにわけることができる。」(神戸大学会計学研究室編「第三版　会計学辞典」より)とされている。(研262)

　固定資産を、その取得から除売却処分に至るまで、その経緯を個々の資産ごとに管理するための帳簿で、所有するすべての固定資産（道路、公園、学校、公民館等）について、取得価額、耐用年数等のデータを網羅的に記載したものである。

　固定資産は、1年限りで費消される費用と異なり、その資産が除売却されるまで長期にわたり行政サービス等に利用されることから、会計上の価額管理を行う必要があり、その現在高は貸借対照表（償却資産は、原則として取得価額等と減価償却累計額を表示）に、その期中の増減は行政コスト計算書、純資産変動計算書に表示される。(固2)

　固定資産台帳は、すべての固定資産を1単位（口座）ごとに記帳した台帳であり、原則としてすべての保有固定資産について評価・整備するとともに、以後継続的に、購入、無償取得、除売却、科目の振替、減価償却等を含む増減を記録する。(財33・研275・固18)

> **留意点**
> ・固定資産台帳整備は、当該会計年度に異動した固定資産を含み、所有する固定資産の減価償却計算による現在価額の把握という目的をもつものであり、この点では「固定資産台帳兼減価償却計算書」といえる。
> ・今後の財政分析に有形固定資産減価償却率（資産老朽化率）が引用されていることから、総合的な財政分析を行うために活用することが期待される。

【固定資産台帳の公表】

　将来世代と現役世代の負担公平性に関する情報や施設別・事業別等のセグメント別の財務情報をあわせて示すこと等により、個別の行政評価や予算編成、公共施設等の維持管理・修繕・更新等に係る中長期的な経費の見込みを算出するためにも、同台帳の整備は重要であり、民間事業者によるＰＰＰ／ＰＦＩ事業への参入促進にもつながると考えられる。上記の観点等から、固定資産台帳については、公表を前提とすることとする。なお、個人情報保護法等の観点から公表できない情報については、当該法令等の趣旨を踏まえた対応が必要となるが、例えば、「民間企業」、「個人」といった記載、このような対応ができない場合は、「不開示」といった記載が考えられる。(固5・7・9、Q&A その他2)

【公共施設等総合管理計画との関連】

　固定資産台帳は、総務省が策定を要請している「公共施設等総合管理計画」に関連して、公共施設等の維持管理・修繕・更新等に係る中長期的な経費の見込みを算出することや、公共施設等の総合的かつ計画的な管理に関する基本的な方針等を充実・精緻化することに活用することも考えられる。（固6）

> **留意点**
> ・公会計の目的について、新地方公会計制度「実務研究会報告書」では、新たな財務会計目的のための固定資産台帳整備として位置づけられていたが（実130）、統一的な基準においては、公共施設の総合管理との関連や、整備後の活用を念頭に置いて整備を進めていくことが重要となった。（固7）
> ・公共施設は数種類の固定資産を含むことから、施設と固定資産の関係を関連付けて整備することを推奨する。

【将来的な一元化も見据えて】

　現行制度における各種台帳については、その目的や構造等において固定資産台帳と相違点も多いが、将来的には一体的な管理を行えることが効率的な資産管理という観点からも望ましいため、既存の各種台帳から可能な限りデータを取得した上で資産番号等を共用してリンクさせ、将来的な一元化を見据えた固定資産台帳として整備することも考えられる。（研273・固8）

　各自治体において定めている公有財産台帳で記載すべき内容が、固定資産台帳に記載されていれば、固定資産台帳をもって公有財産台帳に代えることは可能であり、公有財産台帳兼固定資産台帳として扱うことも可能と考えられる。（固定資産　⇒Q&A追加6）

第2節　記載項目

第1項　基本項目

　すべての地方公共団体において固定資産台帳の整備を進める観点からは、固定資産台帳の記載項目については、財務書類作成のための補助簿としての機能を有するための**必要最小限の項目**とすることを基本とする。（研269・固11）

　固定資産台帳が財務書類作成のための補助簿の役割を果たす以上、財務書類に計上される項目の内訳が算出できるようになっている必要があるが、具体的には、1資産単位ごとに、勘定科目、件名、取得年月日、取得価額等、耐用年数、減価償却累計額、帳簿価額、数量（（延べ床）面積）等の情報を備えることとする。

　なお、これらの情報は、資産管理の目的にも必要なものと考えられる。（研270・固12）

目的別資産区分は、「附属明細書」の「有形固定資産の行政目的別明細」の行政目的区分による。（☞ Q&A その他5）

個々の固定資産台帳の記載項目については、「固定資産台帳の記載項目の例」（「別紙2」180ページ参照）のとおりとし、原則として「①基本項目」を備えることとする。（📄研271・固13、☞ Q&A その他3）

主な記載項目の内容は第3章で説明する。

> **留意点**
>
> 固定資産台帳は、パソコンで見る機会が多いと考えられるが、上記情報は、見たい項目を画面上でできるだけスクロールすることなく見れるよう、記載項目の配置に工夫することが望ましい。

第2項 追加項目

固定資産台帳を公共施設マネジメント等に活用するため、各地方公共団体の判断により、例えば、「②追加項目」のように、それぞれの状況に応じて固定資産台帳に記載する項目を追加すること等により、活用の幅を広げられることが重要である。

ただし、公共施設マネジメント等については、これらの項目以外の情報や、他のシステムで管理している情報等を固定資産台帳と複合的に照らし合わせて活用していたり、他のシステムに情報を集積し、取組を行っている例があるなど、各団体における取組方法は様々であることから、どの程度、こうした情報を固定資産台帳に追加して整備するかは、個々の地方公共団体の創意工夫により判断すべきものである。（📄研272・固14）

「長寿命化履歴」については、長寿命化工事の有無、実施時期、関連する台帳番号等を記載することが考えられる。（☞ Q&A その他4）

なお、記載項目を追加する際には、所管部署ごとに必要な情報が異なる場合もあるため、どこまで情報が取得できるかの整理が前提となるが、例えば建物・公園・道路など資産の性質や利用目的に応じ、所管部署ごとに固定資産台帳の様式を一部異なるものにすることも考えられる。（📄固16）

さらに、GIS（地理情報システム。地理的位置を手がかりに、位置に関する情報を持ったデータ（空間データ）を総合的に管理・加工して視覚的に表示し、高度な分析や迅速な判断を可能にする技術）を活用することで、固定資産の効率的な棚卸や活用の充実を図ることも考えられる。（📄固15）

【まとめ】

固定資産台帳の記載項目については、原則として「別紙2」の「①基本項目」を備えることとするが、実際に資産を管理・活用する所管部署が資産管理のためにどのような情報を必要とするか等によって追加する項目を決めていくことがポイントとなると考えられる。（📄固17）

第3節　記載対象範囲

　固定資産台帳は、すべての固定資産を1単位ごとに記載する台帳であって、原則としてすべての保有固定資産について記録する。（研275・固18）

【リース資産】
　貸借対照表に計上されるファイナンス・リース取引とは、おおまかにいうと、途中で解約できずに借り手が最後まで使用することが想定されているようなものであるが、これらも固定資産台帳に記載する。

【PFI等】
　PFI等の手法により整備した所有権がない資産についても、原則として所有権移転ファイナンス・リース取引と同様の会計処理を行うものとし貸借対照表に計上するが、これも同様に固定資産台帳に記載する。
　リース取引の具体的な判定基準及び会計処理については172ページ参照のこと。

【土地信託】
　信託契約により信託した土地およびその土地の上に受託者（＝信託銀行）が建設した建物の名義は受託者に移転するが、経済的実態を捉えて貸借対照表に表示するため、これらも固定資産台帳に記載する。
　会計処理については、第3部第2章77ページ参照のこと。

【建設仮勘定】
　貸借対照表に計上される建設仮勘定とは、その工期が一会計年度を超える建設中の建物など、完成前の有形固定資産への支出等を仮に計上しておくための勘定科目であり、当該有形固定資産が完成した時点で本勘定に振り替えられるものである。

【法定外公共物は注記】
　管理者と所有者が異なる指定区間外の国道（3桁国道）や指定区間の一級河川等については、当該地方公共団体の資産としては計上しないものの、公共施設等のマネジメントの観点から、所有する固定資産に準じて固定資産台帳に記載し、貸借対照表に財務情報（土地・償却資産別の取得価額等及び減価償却累計額）を注記することが望まれる。（Q&A その他5）
　表示登記が行われていない法定外公共物についても、同様な取扱いとすることが望まれる。（固21）

【開始時対象外】
　開始貸借対照表作成時において、以下の①～③のいずれかに該当するものは、原則として資産として記載しない。
　①既に耐用年数が過ぎているもの
　②表示登記が行われていない法定外公共物（里道（赤線）や水路（青線）等）
　③部落有、財産区有の資産
　ただし、①については、本来償却資産が耐用年数を経過したとしても存する限り備忘価額1円で計上すべ

きであるが（📋固56）、開始時洗い出しの負担を考慮して、記載対象外としている。ただし、将来の更新費用の算定に必要である等の理由により、各地方公共団体で必要とする場合は、記載することが適当である。（📋研276・固19）

第4節　記載単位

貸借対照表に計上する固定資産については、以下に示す資産単位ごとに固定資産台帳に記載し管理する。（📋研277）

【1単位とは？】

固定資産台帳は、単に財務書類の補助簿としてのみならず、資産管理に役立つものでなければいけない。そのためにも、記載単位としては、次の2つの原則に照らして判断し、記載する。（📋研278・固32）
① 現物との照合が可能な単位であること
② 取替や更新を行う単位であること
すなわち、資産の「1単位」の区分は、次のことが必要となる。（📋研279・固33）
①により、固定資産について、その現物が確認でき、対応する価額を特定できること
②により、例えば耐用年数が異なるなど減価償却の単位に区分すること
固定資産台帳に記載すべき単位は、棟、個、台、筆、㎡、m等を基本とする。（📋研280・固34）

【事業用工作物の場合】

事業用資産の工作物（門、柵、塀等）については、それぞれの工作物ごとの個別単位の管理を原則とするが、開始時において、過去に取得したものを分けて管理していない場合は、一体として固定資産台帳に記載することを許容する。

ただし、開始後においては、新規整備や更新など一定のタイミングで分けて記載し、精緻化を図ることが望まれる。（📋研284・固37）

【インフラ用工作物の場合】

開始時においては、道路、水路、河川等、1区間単位の価額算定が困難な場合に限り、会計年度単位に供用開始した合計数量（延長キロ等）をもって記載する「1単位」とすることも妨げない。

しかしながら、例えば道路については、管理は会計年度単位よりは路線単位等で行われていることが想定されるため、開始後については、新たに整備したものや更新が行われたタイミングで路線単位等の管理にすることとし、精緻化を図ることが望まれる。（📋研281・固35）

【土地・建物一体購入の時の記載の仕方】

土地と建物等を一括で購入した場合、購入金額について土地と建物等を区分する必要がある。契約書等により、土地と建物等の内訳が判明する場合には、契約書等による土地と建物等の内訳金額を取得価額として採用する。

消費税は、土地は非課税だが、建物等は課税されるため、一般的に、契約書等から土地と建物等の内訳が判明しないケースは少ないと考えられる。しかし、売主が個人である場合や、開始時における消費税導入以前の購入の場合等で、契約書等から内訳が判明しない場合には、一括の契約金額から土地の適正な価額を控除する等により、建物等の取得価額を算定する。（固38）

【建物本体と附属設備の記載の仕方】

土地等の非償却資産、建物や工作物等の償却資産は、それぞれ独立したものとして取扱うため、建物本体と附属設備については、分けて固定資産台帳に記載することを原則とする。（固62）

第5節　整備基準日

【開始時と同義である】

初めて、固定資産台帳を整備する場合、整備基準日を定めて固定資産の洗い出しを行うことからスタートすることになるが、その基準日が「開始時」となる。

開始年度の固定資産の増減処理を行うことにより、減価償却費等の活用データがそろうので、開始時洗い出しと増減処理作業は、間を空けずに行うことが肝要である。

【開始時貸借対照表を作成】

統一的な基準に基づき財務書類を作成する場合、当該会計年度の期首が作成基準日、つまり「開始時」となり、期首を基準日とする開始貸借対照表を作成する。（固19）

固定資産台帳の整備年度

年　度	決算年度開始時	整備開始可能時期	開始時洗い出し	増減処理
27年度	平成26年度（自26年4月1日至27年3月31日）	平成26年4月1日	平成26年6月以降	平成27年6月以降
28年度	平成27年度（自27年4月1日至28年3月31日）	平成27年4月1日	平成27年6月以降	平成28年6月以降
29年度	平成28年度（自28年4月1日至29年3月31日）	平成28年4月1日	平成28年6月以降	平成29年6月以降

（上表の読み方）

総務大臣通知（総財第14号平成27年1月23日）によれば、原則として平成27年度～29年度の3年間で財務書類を作成するよう通知されている。

つまり、28年度に作成するということは、平成27年度の財務書類を作成するということであり、期首開始時は、27年4月1日となり、固定資産台帳を作成する場合の開始時も平成27年4月1日となる。

開始時の固定資産データは、出納整理期間が終了しないと確定しないので、確定した平成27年6月以降にデータ整備作業が可能となり、金融資産・負債等も加えて開始貸借対照表が作成可能となる。

減価償却費等の増減データは、1年間を経過した平成28年6月以降でないと確定せず、増減データを含む固定資産台帳はそれ以降に完成する。そして、平成27年度財務書類も併せて完成となる。

第2章 整備手順

第1節 初年度の整備

第1項 総則

　地方公共団体が行う行政サービスは、多くの固定資産を利用して行われているため、地方公共団体が所有する固定資産は膨大なものとなる。（固110）

【既存の台帳から整備開始】
　固定資産台帳の整備にあたっては、その記載対象となる資産は、現状でも公有財産台帳といった各種台帳で管理されているものもあり、作業の効率化を図る観点から、一から同台帳を作成するのではなく、可能な限り既存の公有財産台帳等から得られる情報を整理して整備することが考えられる。（固111）

【一部事務組合等も固定資産台帳整備が必要】
　「統一的な基準」により報告主体となった一部事務組合・広域連合は、官庁会計により会計処理を行っている点で一般会計等と同様の会計処理である中で、発生主義に基づく会計基準により財務書類を作成していないため、固定資産台帳の整備が求められることとなる。（Q&A 連結2）

【移行期間中の法適用地方公営事業会計の固定資産整備の扱い】
　地方公営企業法の財務規定等が非適用の地方公営事業会計のうち、適用に向けた作業に着手しているもの（平成29年度までに着手かつ集中取組期間内に法適用するものに限る）については、集中取組期間を移行期間とする。

　なお、上記は、その条件に合致した地方公営事業会計のみを対象としているため、法適用の公営企業会計や上記条件に合致しない法非適用の地方公営事業会計は、固定資産台帳を整備する必要がある。

　また、上記条件に合致し、当該規定を適用する法非適用の地方公営事業会計は、当該地方公営事業会計分のみ、一定期間連結されないこととなるため、その旨を注記することとする。

　注記にあたっては、当該地方公営事業会計が連結されない影響を補完する観点から、重要性や作業負担も踏まえ、企業債残高や他会計繰入金といった情報もあわせて記載することが望まれる。また、連結行政コスト計算書における「他会計への繰出金」等については、本来は内部取引として相殺消去されるため表示されないが、当該地方公営事業会計は一定期間連結されずに相殺消去もされないことから、必要に応じて勘定科目を追加する必要があるとともに、その旨も注記する必要がある。（Q&A 4）

第2項　庁内の体制整備

（1）意　　義
　庁内の体制整備は、固定資産台帳整備から資産評価に至る一連の作業において、以下の理由により欠かせないものである。（固112）
　①各部署で管理している資産データを一元的にとりまとめる必要があること
　②その際、固定資産を管理する各所管部署における管理の状態を把握した上で、現実的な一元管理の方法を定める必要があること
　③また、統一的な基準導入作業のとりまとめを担当する部署、公有地評価に関連する各部署、情報管理部署及びその他の部署が連携することで、実務上・実態上有用な固定資産計上基準・評価要領等の作成が可能となること

【各部署間の連携】
　このように、庁内の体制整備では、まず作業の事前段階に、全体のとりまとめを担当する部署をはじめ、データの管理・評価を担当する部署、公有地評価に関連する部署及び実際に施設を管理する部署等が参画し、役割を分担した上で、台帳整備の状況・資産評価の現状を確認するとともに意見交換を行うことが重要である。
　また、庁内に委員会・ワーキンググループ等を設置することにより、より有効に各部署間の連携を図ることができる。（固113）

【役割分担の例】
　なお、役割分担の例としては、以下が考えられる。（固114）
　　→管財課：各部署へ調査シートを配布・回収、固定資産の現物調査、土地の評価等
　　→福祉課、教育委員会、都市整備課等：固定資産の現物調査、土地の評価等
　　→会計課：備品の現物調査（計上基準以上の物品の抽出）、備品の分類（耐用年数等）

（2）委員会やワーキンググループの役割
（A）全庁的な取組に係る意思疎通の確認
　①固定資産台帳の整備にあたっては、固定資産を管理する責任は各所管部署にある中で網羅的に一元化した台帳とする必要があるため、特定部署の職員だけではなく、全庁の職員が協力して作業を行っていくことが必要不可欠である。
　　そのためにも定期的な委員会等を開催して、全庁で意思疎通を図っていくことが重要である。
　　なお、保有資産の現状把握を行い、今後の資産管理のあり方の方向性等を検討していく過程で、ＩＣＴの活用に関する検討が必要不可欠となることから、情報政策担当課の参加も重要となる。
　　また、既に関連各部署で個別システムを導入している場合や、全庁的システムの導入を検討している場合もあり、委員会等には、これらのシステムに関係している担当部署の参加を求めることが重要である。
　②前提として、首長等の理解も得た行政改革の方針等が策定され、その中で統一的な基準に基づく公会計改革の推進が位置付けられている場合は、庁内の協力が得やすくなるものと考えられる。

検討にあたっては、リーダーシップの発揮や全庁での意識共有の観点から、本件に係る規則を定めて作業を進めることや、当該規則等において主管部署に一定の権限を付与することも有効である。

③統一的な基準に基づく公会計改革の目的を職員自身が理解すること、職員で認識を共有することが大前提となるが、委員会等の設置は、近年の行政改革による職員の減少や業務量の増加、さらには公会計の専門性等の影響から、一部の職員に業務が偏ってしまい、実施が停滞することを防止するために委員会等の設置は必要不可欠である。

　　そのためには、職員等の人材育成が重要であり、説明会・研修会、先進団体への視察等を通じて継続的な教育を実施するなかで、職員自身にその必要性を認識させる必要がある。

④進め方は、「庁内の体制整備の例」（「**別紙8**」**180ページ参照**）が考えられるが、全庁的な改革として進めるためには、職員の意識改革と並行して、各地方公共団体の実情にあわせて最も効果的・効率的な方法で進めることが必要であり、取組方法をいくつか組み合わせて進めていくことも効果的である。

庁内の体制整備の例

別紙8

①委員会・WG等を設置し、推進するパターン

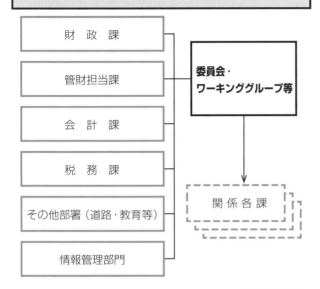

②主担当課が会議を開催し、推進するパターン

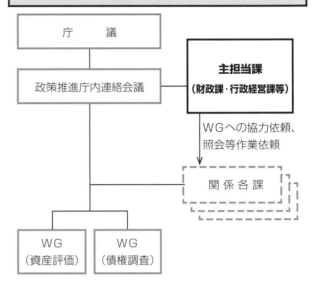

③財政課や会計課等が中心となり推進するパターン

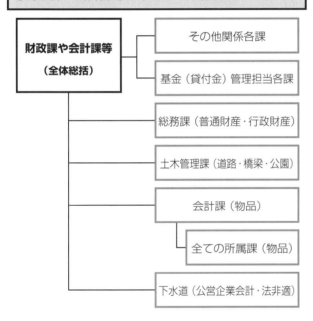

④財政課等と管財担当課と共同で推進するパターン

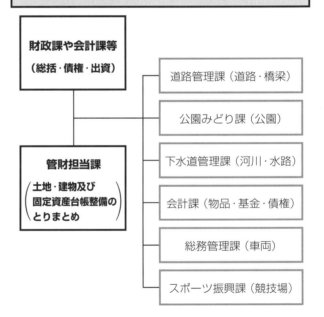

〈共通する課題〉
- リーダーシップの発揮
- 各課の協力体制・意識
- 計画性を持つ（整備時期の明確化）

➡ ①**権限の付与（辞令交付など）**　②**各課への周知徹底**　③**整備スケジュールの公表**　｝などにより組織を挙げて取り組むことが重要

（B）公会計に係る各種基準の作成

①「（1）庁内の体制整備の意義」で述べた作業の事前段階における各部署間の調整と統一的な基準による財務書類等の作成作業を進めて行く上でのルール作りが必要となる。

なお、進めるにあたっては、統一的な基準による財務書類等の作成の目的を理解し、庁内へのアプローチが比較的容易に行うことができる部署が担当となって主導することが考えられる。

②統一的な基準による財務書類等の作成に係る実務は、研究会報告書やマニュアル等を参照して進めていくが、実務上必要な事項がすべて定められているわけではない。

研究会報告書やマニュアル等は、作業にあたっての指針等であるため、詳細については、地方公共団体の状況、地域の実情に応じた対応を地方公共団体自ら定める必要がある場合もある。

このため、実務的な取り決めを行い、資産の計上基準（計上する資産の範囲を定めた基準）、評価要領（各資産の評価方法を定めた要領）といった各種基準の作成を行うことが、統一的な基準による財務書類等の作成作業を円滑かつ適正に進めて行く上で重要である。

（C）全庁的な資産管理・評価体制の構築等

①委員会等を通じて各部署が固定資産台帳の整備等に深く関わっていくことで、各部署の資産に対するスタンスや、それぞれが独自に実施してきた資産評価といった資産情報が共通に認識される。資産情報の一元化が達成されることも、地方公共団体の事務の効率化・情報の開示という観点から重要である。（固115）

第3項　整備手順の実務

【調査シートの作成】

庁内の体制が整備されたら、現在の資産の管理状況等を把握し、固定資産台帳整備の方針、スケジュール等を策定した上で、同台帳に記載すべき事項を決定し、あわせて各部署において調査を実施するための調査様式（シート）を作成する。（固116）

この際、一から固定資産台帳を作成するのではなく、現在保有している公有財産台帳など、既存データを基礎にして必要なデータを追加して作成することが近道である。（固111・117）

【整備手順】

具体的な固定資産台帳の整備手順の実務については、庁内の体制整備を行ったのち、基本的には、次の手順になるものと想定される。

①計画・準備
②様式の作成
③資産の棚卸
④データ作成
⑤データ統合
⑥開始時簿価の算定
⑦固定資産台帳の作成

具体的には、別紙「固定資産整備の流れ・整備期間の例」及び「庁内の体制整備の例」・「固定資産台帳整

備の流れの例」(「**別紙９**」142ページ参照）に示しているが、各地方公共団体がそれぞれの実情に応じた手順により作業を行うことが重要である。(📄**研285・固118**)

【整備期間は１～２年以内で】

固定資産台帳の整備期間については、１～２年間以内を目安とするが、これは、①庁内の体制整備について、組織改正等によって体制整備を行う場合には、相応の期間が必要となる場合があること、②団体の規模や資産の量によっては、関連部署合同の計画・準備や資産の棚卸に時間を要する場合もあると考えられること等から時間に幅を持たせている。(📄**研286・固119**)

ただし、どのような規模の団体や資産の量であっても、資産の棚卸からデータ作成・統合を経て固定資産台帳を作成するまでの過程は、会計年度を超えると、数値（価額、数量等）が変わってしまい、効率的な整備の支障となることから、当該手順の期間は１年間以内（会計年度内）に行うことが適当である。(📄**研287・固120**)

固定資産台帳整備の流れの例

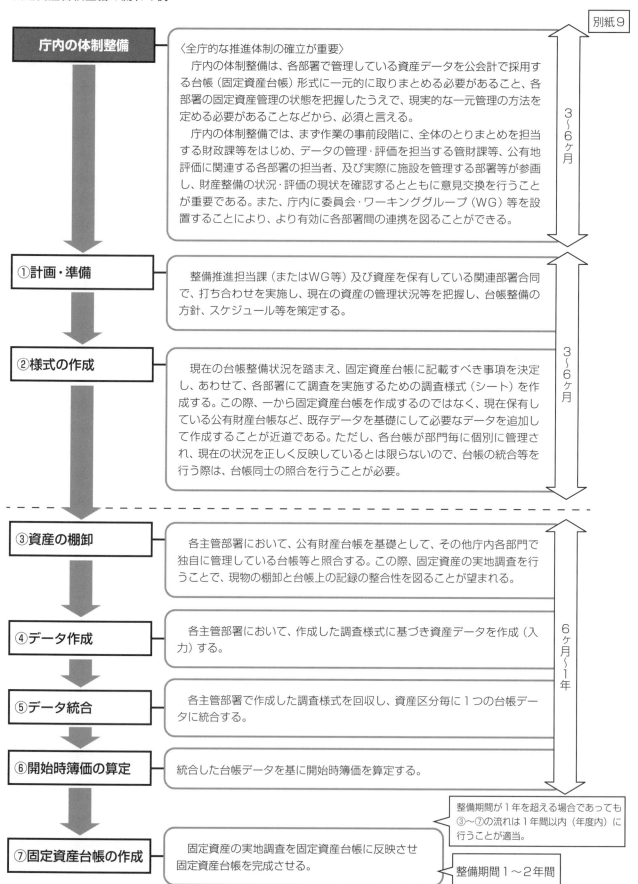

第4項 資産の棚卸

【現物調査の重要性】

固定資産台帳には、実際に地方公共団体が所有等する固定資産が網羅的に記載される必要があり、当該資産が、実際に地方公共団体が所有等する資産である必要がある。このための現物調査で、固定資産台帳に記載された固定資産と現物の一致を確かめることが重要である。(📘固121)

【現物調査の手順】

現物調査においては、まずは固定資産台帳に記載された固定資産と現物との突き合わせを行い、固定資産台帳に計上されている資産が確かに実在し、地方公共団体の所有等であることを確認する。

この中で、固定資産台帳に記載されている資産で現物が存在しない場合には、除却手続き（補足：誤記載減少分）を行う必要がある。

また、所有等する固定資産の現物確認にあたり、固定資産の現物が存在するのに固定資産台帳に記載がない場合は、固定資産台帳に新たに記載・登録する必要がある。(📘固122)

第2節 2年度目以降の手順

固定資産台帳の初年度整備後の管理手順の実務については、公有財産台帳の整備を前提とすると、基本的には、資産の取得・異動があった場合、次の手順になる。

①資産の棚卸（現物確認）
②登録データの作成
③公有財産台帳登録
④執行データとの照合、寄附・寄贈の調査等
⑤固定資産台帳登録（固定資産台帳にデータ取り込み等）
⑥固定資産台帳整備

なお、

（イ）日々仕訳の場合は、仕訳の発生の都度、固定資産台帳に登録する。

（ロ）期末一括仕訳の場合は、日々の執行データは既存の財務会計システム等に蓄積し、そのうち資産に係る必要な情報が公有財産台帳に蓄積され、期末に一括仕訳を行った後に固定資産台帳に登録をする。

　　具体的には、別紙「固定資産台帳管理（毎年）の流れの例」（「**別紙10**」**参照**）に示しているが、各地方公共団体がそれぞれの実情に応じた手順により作業を行うことが重要である。(📘**研288・固123**)

固定資産台帳管理(毎年)の流れの例(※公有財産台帳の整備が前提)

別紙10

I 日々仕訳

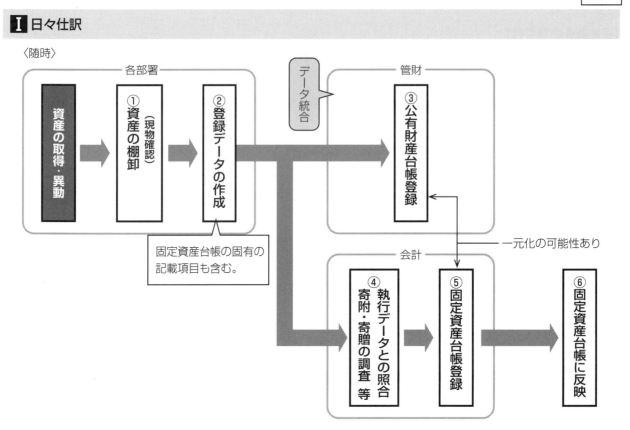

II 期末一括仕訳

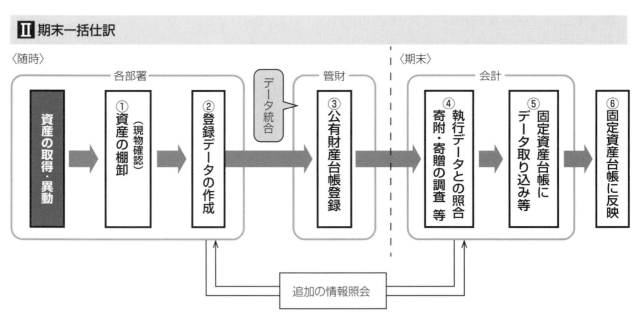

※1 新規に取得又は異動した資産以外についても、年1回を基本として固定資産台帳整備・管理担当課が各部署に照会をかけ、年度末の状況を把握する。
※2 期末に、固定資産台帳と貸借対照表の資産残高が一致しているか確認する。

【年1回の照会】
　新規に取得または異動した資産以外についても、年1回を基本として現物確認とともに、固定資産台帳整備・管理担当課が各部署に照会をかけ、会計年度末の状況を把握する。（📄研289・固124、☞ Q&A その他11）

【ＢＳ残高との照合】
　整合性を図る観点から、期末に固定資産台帳と貸借対照表の資産残高が一致しているかの確認が必要。（📄研290・固125、☞ Q&A その他11）

【異動時の留意事項】
　固定資産台帳の整備とその管理について、固定資産の増減その他の異動が発生した場合は、固定資産台帳に、異動日付、異動事由、取得価額、異動後の簿価、その他必要事項を記載するとともに、仕訳を起こす必要がある。（📄固126）

【主な増加理由】
　固定資産の主な増加理由としては、次の場合が考えられる。（📄固127）
　①新規有償取得
　②一部増加有償取得（改良、改造、付加等）
　③建設仮勘定から本勘定への振替受
　④無償所管換受
　⑤交　換　受
　⑥寄　付　受
　⑦調査判明
　⑧再評価による増額

【主な減少理由】
　固定資産の主な減少理由としては、次の場合が考えられる。（📄固128）
　①売　　　却
　②破損・滅失・取替等による除却（全部除却、一部除却）
　③無償所管換出
　④交　換　出
　⑤寄　付　出
　⑥調査判明
　⑦減価償却
　⑧再評価による減額

【その他の増減理由】
　地方公共団体内部での管理換、用途変更、移設等が考えられるが、事業用資産とインフラ資産の間の用途変更は、勘定科目の振替処理が必要となる。（📄固129）

> **留意点**
>
> 固定資産整備初年度以降、固定資産に該当する歳出と該当しない歳出の区分処理が必要となる。この処理は煩雑なので、「庁内の体制整備」を行う場合には、可能な限り、予算策定の段階から予算科目に固定資産に該当する「目」なり「細節」を設けることができるならば、後日行われる固定資産の仕訳処理の負担の軽減を図れる、という意見がある。

第3節 固定資産台帳の既整備団体の取扱い

【二重評価を回避】

既に固定資産台帳を整備済または整備中であって、統一的な基準等に基づいて評価されている資産について、合理的かつ客観的な基準によって評価されたものであれば、資産評価に係る二重負担を回避する観点等から、引き続き、当該評価額によることを許容することとする。(固64・109)

ただし、道路、河川及び水路の敷地の評価については、統一的な基準による1円評価との差額を注記する。

統一的な基準による財務書類を作成する開始年度以降に取得した資産は、既存の基準モデル等による評価は認められない。(固109、Q&A 固10)

【耐用年数について】

既に固定資産台帳が整備済または整備中の地方公共団体において、耐用年数が合理的かつ客観的な基準によって設定されたものであれば、当該耐用年数を変更しないこととする。(固48)

【評価方法を変更する場合】

道路等の敷地について、基準モデル等による評価から統一的な基準による評価に変更する場合、以下のとおりとなる。

①基準モデル等において、取得価額で評価していた場合
  ・昭和60年以降取得分は、引き続き、統一的な基準においても当該評価額による。
  ・昭和59年以前取得分は、統一的な基準においては1円評価にする。

②基準モデル等において、再調達価額で評価していた場合
  ・統一的な基準においては1円評価にする。

第3章 固定資産台帳の主な記載項目の説明

記載項目は、「固定資産台帳の記載順の例」180ページを参照のこと。

第1節 勘定科目

統一的な基準による勘定科目と、固定資産との対応関係を次ページに例示する。

【固定資産の例示】
　建物、建物附属設備、工作物、物品は、以下を参考に判断のこと。
○建　　物
　・相当の期間、存在することを前提に、原則として屋根・壁・柱を有する土地の上に建てられたもの
○建物附属設備
　・建物に付随して機能するもの
　　例：冷暖房設備、電気設備、排水衛生設備、昇降設備等

○工　作　物
　・土地の上に定着する建物以外のもの
　・人間が継続的に居住・滞在する目的以外のために設計されたもの
　　例：塀、防壁、堤防、トンネル、橋りょう、煙突、貯蔵用タンク、ため池、ダム、屋外広告塔、駐車場
　　　（舗装路面）、舗装道路（アスファルト敷やれんが敷等）等
○物　　品（工作物、建物、建物附属設備との違いの観点から）
　・土地に定着していない、据置式のもの
　・固定されてはいるが、天井または壁面等に金具によって取付・設置されているもの（建物または工作物
　　そのものと一体となっているものは、建物または工作物として取扱う）（☞ Q&A 追14）

固定科目シート

勘定科目		資産名称	勘定科目	資産名称
事業用資産	土　地	土　地	土　地	公共用財産用地
	立木竹	立木竹	建　物	公共用建物
	建　物	建　物		公共用建物付帯設備
		建物附属施設	インフラ用資産	道　路
	工作物	競技場		道路付帯設備
		運動場		農　道
		プール		林　道
		放送施設		橋　梁
		観光施設の工作物		跨線橋
		駐車場		トンネル
		公園の附属施設		地下歩道
		照明施設		歩道橋
		その他		自歩道
	船　舶	船　舶		駐車場
	浮標等	浮標等		公　園
	航空機	航空機		水　路
	その他	その他		排水路
	建設仮勘定	建設仮勘定		農業水路
物　品	物　品	機械器具	工作物	河　川
		備　品		ため池
		車両・運搬具		池　沼
		工　具		水門・樋門
		機械器具		電線等地中化
		美術品		防火水槽
		その他		護岸・防災施設
無形固定資産	ソフトウエア	ソフトウエア		流雪溝
	その他	地上権		消雪パイプ
		水利権		その他防災構築物
		著作権		農林水産関係施設
		特許権		漁　港
		その他		港　湾
				空　港
				下水道施設・構築物
				水道施設・構築物
				ガス供給施設
				清掃施設
				鉄道・軌道構築物
				発電・送電構築物
				電気通信構築物
				放送設備
				その他
			その他	その他
			建設仮勘定	公共用財産建設仮勘定

第2節　耐用年数

【耐用年数省令】

　償却資産に係る耐用年数及び償却率表は、原則として「減価償却資産の耐用年数等に関する省令」（昭和40年大蔵省令第15号）に従うこととするが、具体的には要領等において整理する。なお、端数が生じた場合においては、1円未満を切り捨てる。（研77・固45）

【見積耐用年数】

　償却資産の減価償却について、上記耐用年数により難い特別の理由として次に掲げる事由のいずれかに該当するときは、当該固定資産の使用可能期間をもって耐用年数とすることができる。（研78・固46）

①当該固定資産の材質または製作方法がこれと種類及び構造を同じくする他の償却資産の通常の材質または製作方法と著しく異なることにより、その使用可能期間が上記耐用年数に比して著しく短いこと。

②当該固定資産の存する地盤が隆起し、または沈下したことにより、その使用可能期間が上記耐用年数に比して著しく短いこととなったこと。

③当該固定資産が陳腐化したことにより、その使用可能期間が上記耐用年数に比して著しく短いこととなったこと。

④当該固定資産がその使用される場所の状況に起因して著しく腐食したことにより、その使用可能期間が上記耐用年数に比して著しく短いこととなったこと。

⑤当該固定資産が通常の修理または手入れをしなかったことに起因して著しく損耗したことにより、その使用可能期間が上記耐用年数に比して著しく短いこととなったこと。

⑥その他①から⑤までに掲げる事由に準じる事由により、当該固定資産の使用可能期間が上記耐用年数に比して著しく短いことまたは短いこととなったこと。

【中古資産の耐用年数】

　中古の償却資産を取得した場合の耐用年数については、耐用年数省令等の取扱いに準じて、以下のとおり算定する。（固54）

①見積法による耐用年数

　当該資産を事業の用に供した時以降の使用可能期間として、資産の摩滅・摩耗の程度等から客観的かつ合理的に見積もられた年数

②簡便法による耐用年数

　見積法により耐用年数を見積もることが困難なものは、次に掲げる資産の区分に応じ、それぞれに定める年数（その年数が2年未満の場合は2年）

　○法定耐用年数の全部を経過した資産　法定耐用年数×20％

　○法定耐用年数の一部を経過した資産（法定耐用年数－経過年数）＋経過年数×20％

　ただし、当該資産について支出した資本的支出の金額が当該資産の取得価額の50％に相当する金額を超える場合は、②簡便法による耐用年数によることはできず、法定耐用年数によることとする。

【省令以外の耐用年数】

　前項以外は耐用年数省令に準じた耐用年数を設定するが、その取扱いに合理性・客観性があるもので、別途規定するものについては、耐用年数省令よりも長い期間の耐用年数を設定することもできる。（📄固47）

　ただし、耐用年数を長くすることは、単年度の減価償却費の低減につながるため、保守主義の観点から、厳密に取扱う必要がある。このような中で、合理性・客観性があるものとしては、法適用の地方公営企業で使用されている法令年数が該当する。（☞ **Q&A その他10**）

　２以上の用途に共通して使用されている償却資産については、使用目的、使用状況等により、当該資産の用途を合理的に判定し、その用途に定められた耐用年数に基づき、減価償却を行う。

　用途の判定にあたっては、使用面積のみならず、その使用頻度等もあわせて合理的に判断する。途中で用途変更があった場合には、当該資産の使用状況（過去及び用途変更後）や環境の変化等を勘案し、その後の経済的使用可能年数を見積もり、耐用年数を決定する。ただし、簡便的に、耐用年数省令に基づく耐用年数（以下「法定耐用年数」）等を用い、以下の算式により用途変更後の耐用年数を求めることもできる。

　○用途変更後の耐用年数　＝　（（用途変更前の法定耐用年数－経過年数）／用途変更前の法定耐用年数）
　　　×　用途変更後の法定耐用年数＋経過年数　（📄固53）

第3節　取得年月日

【取得年月日と供用開始年月日との相違】

　取得年月日と供用開始年月日が異なる場合、第６節の減価償却費の計算に影響を与える。
　固定資産の認識は取得日に行い、減価償却は供用開始日にスタートするからである。

【取得時期が不明な場合】

　開始時に取得時期や建設時期が不明の償却資産の耐用年数等の取扱いについては、以下の方法が考えられる。（📄固72）

①取得時期が不明で建設時期が判明している場合

　当該建物等の建設時期から開始時までの経過年数に基づき減価償却を行う。

②建設時期が不明で取得価額及び取得時期が判明している場合

　見積法による耐用年数（「中古資産の耐用年数」149ページ参照）を採用し、開始時以降の使用可能期間の年数を見積もる。なお、開始時簿価の算定にあたっては、建物等の老朽化の程度から合理的に経過年数を推定し、これに基づいて減価償却累計額を判定することもできる。経過年数は、利用履歴や改修等の履歴から出来る限り実際の経過年数に近い年数を見積もることが望まれるが、困難な場合は、建物等の老朽化の程度に応じた一定の基準を定めて、当該基準により経過年数を定めることも考えられる。

③取得時期・建設時期ともに不明な場合

　見積法により開始時以降の使用可能期間の年数を見積る。

第4節　取得価額等

　財務書類等の作成目的である財政の効率化・適正化に資するため、固定資産台帳等に基づく資産・債務の実態把握及び管理が重要であるが、とりわけ、資産価値の適切な評価は重要であり、そのおおまかな考え方は以下のとおりである。（固60）

【開始時評価と開始後評価の区別】
　資産評価については、開始時と開始後を、しっかりと区別する必要がある。その区別をしないと資産の適切な評価基準・評価方法を誤る原因になる（有形固定資産等の評価基準のまとめは、「**別紙5**」**参照**）。（固61）

【選択した評価方法の注記】
　複数の評価方法が示されている場合は、資産の重要性等を踏まえ、個別に異なる評価方法を採用することも差し支えないが、採用した評価方法を注記する必要がある。また、評価方法の変更を禁止しているわけではなく、より個々の実態を反映した評価への変更については合理性が認められるが、経年比較の観点からは安易に評価方法を変更することは適当でない。（固73・75）

第1項　開始時の記載

「資産評価及び固定資産台帳整備の手引き」によれば
- 「事業用資産とインフラ資産の開始時簿価については、取得価額が判明しているものは、原則として取得価額とし、取得価額が不明なものは、原則として再調達原価とする（償却資産は、当該価額から減価償却累計額を控除した価額を計上。以下同様）。ただし、道路、河川及び水路の敷地のうち、取得原価が不明なものについては、原則として備忘価額1円とする。」
- 「取得原価の判明状況は各地方公共団体において異なることや地方債の償還年限が取得原価の判断状況に影響すること等を踏まえ、実施可能性や比較可能性を確保する観点から、特定の時期（昭和59年度以前）に取得したものは、63段落の取扱いにかかわらず、原則として取得原価不明なものとして取扱うこととする。」

と、記載されているが、要約すると別紙5（184ページ）のようになる。（研90・91・95・96・固63・71）

つまり、取得価額が判明している場合と判明していない場合とで、評価方法が異なる。

（1）取得価額が判明している場合
- 昭和60年度以降取得分　⇒　取得原価により評価（固63）
- 昭和59年度以前取得分　⇒　再調達原価により評価。ただし、道路・河川・水路の敷地のみ備忘価額1円で評価（固64）

（2）取得価額が判明しない場合
- 再調達原価により評価（固63）

・道路・河川・水路の敷地のみ、備忘価額１円で評価（固63）

（注１）取得原価については、事実関係をよく調査する必要があり、安易に取得原価が不明だと判断することのないよう留意する必要がある。

具体的には、地方債発行に関連する資料など、残存する証拠書類を確認することが考えられるが、それでも取得原価が判明しない資産については、取得原価の把握のために、地方財政状況調査(決算統計)の数値を用いることも考えられる。（固63）

（注２）実情調査を踏まえて、実施可能性と比較可能性を考慮し、取得原価を判明しうる調査期間として昭和60年度と定めた。昭和59年度以前取得分の調査を行わなくて良い、という意味である。

留意点

地方自治体の存在目的は、インフラ整備にあると言っても過言ではない。
そのため、道路、河川、水路の敷地については、売却価値がないと考えて、１円の評価としている。そのため、事業用資産については、１円評価しない訳である。

第２項　開始後の記載

有形固定資産等についての評価は、原則として取得原価による。但し、立木竹のみ６年に１回程度再評価を行う。（研90・95固63）

【無償取得等による評価】

有形固定資産（事業用資産、インフラ資産及び物品）のうち、適正な対価を支払わずに取得したものについては、原則として再調達原価とする。

ただし、インフラ資産のうち、無償で移管を受けた道路、河川及び水路の敷地については、備忘価額１円とする。（研92・97固66・71）

第３項　取得価額・付随費用

【取得価額の範囲】

有形固定資産の取得価額は、当該資産の取得にかかる直接的な対価のほか、「企業会計原則」第三－五－Dに準拠して、原則として当該資産の引取費用等の付随費用を含めて算定した金額とする。（研86）

【付随費用について】

土地の取得価額には、購入手数料、測量・登記費用、造成費及び造成関連費用、補償費といったもの、工作物である道路の取得価額には、道路そのものの取得にかかる直接的な対価のほか、街灯、ガードレール、標識等の附属設備の価額を含める。なお、それぞれの附属設備等を個別単位で管理することを妨げるものではない。（研283・固39）

【消費税の取扱い】

統一的な基準における消費税の取扱いについては、税込方式を採用することとし、取得価額には、消費税相当額を含める。(固39)

固定資産台帳へ仕訳する取得価額の計算シート（見積書等より転記して作成）

(単位：円)

	名　称	本体工事	本体変更分	設計費等	合　計	配賦計	取得価額	勘定科目	耐用年数(年)
直接工事費	本体工事	5,000,000	1,000,000		6,000,000	772,000	6,772,000	建　物	47
	塗装工事	2,000,000			2,000,000	257,333	2,257,333	建　物	47
	電気設備工事	3,000,000			3,000,000	386,000	3,386,000	建物附属	15
	火災報知器工事	1,000,000			1,000,000	128,667	1,128,667	物　品	5
					0	0	0		
	小　計	11,000,000	1,000,000	0	12,000,000	1,544,000	13,544,000		
間接工事費	仮設工事	1,500,000			1,500,000				
	設計費等付随費用			800,000	800,000				
	現場雑費	800,000			800,000				
	値　引	(2,500,000)			(2,500,000)				
	消費税	800,000	80,000	64,000	944,000				
	小　計	600,000	80,000	864,000	1,544,000				
	合　計	11,600,000	1,080,000	864,000	13,544,000				

(注)見積書から直接工事費部分と間接工事費部分に区分けし、上記シートのグレー部分に入力し、直接工事費に配賦する。

【取得原価把握のための決算統計数値の活用】

取得原価が不明な有形固定資産等については、原則として再調達原価を取得原価とするが、安易に取得原価が不明だと判断することのないよう留意する必要があり、地方債発行に関連する資料など、残存する証拠書類の確認が必要である。

それでも不明の場合、比較可能性の確保の観点から、取得原価の把握のために、決算統計の数値を用いることも考えられる旨が示されているが、決算統計の数値については、以下の点に留意する必要がある。

・決算統計の用地費は、主に土地購入費と補償費であるが、取得原価に含まれるべき造成費等が加味されていない。
・除売却分を控除する必要がある。
・決算統計では、同種資産をまとめた1つの項目に計上している。
・決算統計では、「道路・橋梁」など、一定のまとまった区分となっているところもあり、台帳上で区分するためには、一定の按分が必要となる。

このため、統一的な基準の考え方を踏まえ、決算統計の数値を用いることができる場合として、

・特定の時期の対象とならない昭和60年度以降であること
・特定の固定資産が、決算統計に係る該当項目（表行列）に計上されていることが把握できることといった条件を満たす必要がある。（Q&A固3）

【固定資産Q&A追加1の期末一括仕訳時の留意点】

Q 登記費用のような付随費用の資産計上が漏れやすいが、その把握に有効な手法は？

A 期中から、これらの支出については事前に主体となる資産の資産名、内容、金額を記録することが必要であり、また、庁内に周知し、事前に記録しておく仕組みを作ることが必要である。

第4項 資本的支出と修繕費の区分

【資本的支出は資産計上】

・有形固定資産のうち、償却資産に対して修繕等を行った場合は、修繕等に係る支出が当該償却資産の資産価値を高め、またはその耐久性を増すこととなると認められるかどうかを判断し、認められる部分に対応する金額を資本的支出（有形固定資産の取得時及び取得後の支出のうち、当該資産の取得価額に加えるべき支出）として資産に計上する。（固40）

・既存の固定資産の価値を増加させない、または耐久性を増さない修繕・補修・改修・改築等は固定資産の増加として認識しない。

例えば、
①漁港・港湾の浚渫工事で、水深が従前と変わらないもの
②河川の堤防の改修工事で、堤の容量や材料が従前と変わらないもの
③災害復旧において、新規に作り直す部分以外

等があるが、これらの修繕等は、当該会計年度の費用として計上することとなる。（固20）

・無形固定資産についても同様である。（ Q&A 追25 ）

【区分基準の策定】

なお、上記の判断は、実務上困難な場合もあると考えられることから、「区分基準（修繕費支弁基準）」を内部で策定して事務処理を行うのが適当である。

「区分基準」については、「法人税基本通達」第7章第8節の例示が参考になり、これをまとめると以下のとおりとなる。なお、区分が不明な場合は、同通達に、①金額が60万円未満の場合、または②固定資産の取得価額等のおおむね10％相当額以下である場合には、修繕費として取扱うことができるという規定があるため、これに従う。

なお、地方公共団体の実情により、「60万円未満」を別途の金額に設定することもできるが、その際は、その旨を注記する。（研87・固40）

> **留意点**
>
> 資本的支出と修繕費の区分は、個別案件毎に内容が異なるので民間会計においても難しい会計業務となっている。基本的に、事実関係と基本通達の考え方を援用して判断していくが、その際、区分が不明な場合の「形式基準による修繕費の判定」を、民間実務で利用することはほとんどない。算出された金額が実態とかけ離れるからである。

【既存資産への資本的支出】

既存の建物等の改築や更新等を実施した場合であって、資本的支出に該当する場合は、その支出金額を固有の取得価額として、既存の償却資産と種類及び耐用年数を同じくする別個の資産を新規に取得したものとして、その種類と耐用年数に応じて減価償却を行うが、このような資産の長寿命化対策と耐用年数との関係については、今後の検討課題とする。(📄固41・49)

法人税基本通達による資本的支出と修繕費の区分

区分		内　　　容
資本的支出	定義	固定資産の修理、改良等のために支出した金額のうち当該固定資産の価値を高め、またはその耐久性を増すこととなると認められる部分に対応する金額
	例	(1) 建物の避難階段の取付など物理的に付加した部分に係る費用の額 (2) 用途変更のための模様替えなど改造または改装に直接要した費用の額 (3) 機械の部分品を特に品質または性能の高いものに取り替えた場合のその取替えに要した費用の額のうち通常の取替えの場合にその取替えに要すると認められる費用の額を超える部分の金額 (注)　建物の増築、構築物の拡張、延長等は建物等の取得に当たる
修繕費	定義	通常の維持管理のため、またはき損した固定資産につきその原状を回復するために要したと認められる部分の金額
	例	(1) 建物の移えいまたは解体移築をした場合（移えいまたは解体移築を予定して取得した建物についてした場合を除く）におけるその移えいまたは移築に要した費用の額。ただし、解体移築にあっては、旧資材の70％以上がその性質上再使用できる場合であって、当該旧資材をそのまま利用して従前の建物と同一の規模及び構造の建物を再建築するものに限る (2) 機械装置の移設に要した費用（解体費を含む）の額 (3) 地盤沈下した土地を沈下前の状態に回復するために行う地盛りに要した費用の額。ただし、次に掲げる場合のその地盛りに要した費用の額を除く 　　イ　土地の取得後直ちに地盛りを行った場合 　　ロ　土地の利用目的の変更その他土地の効用を著しく増加するための地盛りを行った場合 　　ハ　地盤沈下により評価損を計上した土地について地盛りを行った場合 (4) 建物、機械装置等が地盤沈下により海水等の浸害を受けることとなったために行う床上げ、地上げまたは移設に要した費用の額。ただし、その床上工事等が従来の床面の構造、材質等を改良するものであるなど明らかに改良工事であると認められる場合のその改良部分に対応する金額を除く (5) 現に使用している土地の水はけを良くする等のために行う砂利、砕石等の敷設に要した費用の額及び砂利道または砂利路面に砂利、砕石等を補充するために要した費用の額

【固定資産Q＆A追加3の資本的支出処理の例示】

Q　例えば、耐用年数が50年であるA建物について、次の状況が判明している場合の会計処理は？
　①昭和45年度に、100,000千円で取得
　②昭和55年度に10,000千円の資本的支出
　③平成5年度に20,000千円の資本的支出

A　資産評価及び固定資産台帳整備の手引きに則り、①、②、③は、それぞれを別個の資産として認識する。
　①、②については、昭和59年度以前取得分であるため、原則として再調達原価で評価する。
　②は資本的支出であるため、何をもって再調達原価とするかが論点だが、
　・建物の延床面積が増加する工事である場合は、「資産評価及び固定資産台帳整備の手引き」別紙7に記載の単価等を用いて再調達原価を算定する。
　・耐震補強工事や避難階段設置工事のように建物の延べ床面積が増加しない工事である場合は支出額を再調達原価とすることが考えられる。
　③については、昭和60年度以降以後取得分であるため、支出額を取得原価として資産計上する。

【耐震工事】

耐震工事で耐久性が増す場合は、基本的に資本的支出に該当する。（⇒ Q&A その他9）

【固定資産の除却費用】

固定資産の除却に伴い発生する当該支出は資本形成にはつながらないため、資産計上すべきではない。

固定資産台帳に簿価が残っている場合、除却に伴って固定資産がなくなるため、残っている分については、「【行政コスト計算書】臨時損失（資産除売却損）」に計上される。

また、除却に伴って解体費用等が別途発生する場合には、解体費用等を資産除売却損に含める。（⇒ Q&A 追13）

第5節　増減移動前簿価（帳簿価額）

【定　義】

増減移動前簿価とは、固定資産台帳作成年度の開始時の帳簿価額（＝簿価）のことである。

土地等非償却資産の開始時の増減移動前簿価は、取得価額等がそのまま増減移動前簿価になる。

償却資産の場合は、次の計算による金額が、増減移動前簿価になる。

【増減移動前簿価の計算】

【例】　取得年月日平成25年2月22日、取得価額1,000,000円、耐用年数5年、償却率0.2

減価償却計算は、取得年度の翌年から開始する

各年度末の簿価は以下のとおり。

　平成25年3月31日簿価＝1,000千円－（1,000千円×（償却率0.2×経過年数0年））＝1,000千円

平成26年3月31日簿価＝1,000千円－（1,000千円×（償却率0.2×経過年数1年）＝　800千円
平成27年3月31日簿価＝1,000千円－（1,000千円×（償却率0.2×経過年数2年）＝　600千円
平成28年3月31日簿価＝1,000千円－（1,000千円×（償却率0.2×経過年数3年）＝　400千円
平成29年3月31日簿価＝1,000千円－（1,000千円×（償却率0.2×経過年数4年）＝　200千円
平成30年3月31日簿価＝1,000千円－（1,000千円×（償却率0.2×経過年数5年）＝　　　0円

　固定資産台帳作成初年度が平成26年度（自26年4月1日至27年3月31日）の場合、増減移動前簿価は、800千円になる。

　固定資産台帳作成初年度が平成30年度（自30年4月1日至31年3月31日）の場合、増減移動前簿価は、0円になるが、第4部第1章第3節（133ページ）に記載したとおり、耐用年数経過した資産は、開始時の対象外とすることが可能であるが、整備後の活用を念頭に公共施設等の資産については全て対象とすることが望ましい。

第6節　減価償却

【減価償却計算の開始時期】

　償却資産の各会計年度の減価償却額は、当該固定資産の当該会計年度開始の時における帳簿価額に、耐用年数に応じた償却率を乗じて算出した金額とする。（研77・固44）

　償却資産に係る耐用年数及び償却率については、原則として「減価償却資産の耐用年数等に関する省令」（昭和40年大蔵省令第15号。以下「耐用年数省令」）に従うこととし、具体的には、「別紙3」及び「別紙4」のとおりとする。なお、端数が生じた場合においては、1円未満を切り捨てる。（固45）

　各会計年度の中途において取得した固定資産の減価償却については、使用の当日、当月または翌月から月数に応じて行うことを妨げない。（研79・固50、Q&A その他14）

【定額法による減価償却】

　償却資産については、毎会計年度減価償却を行うものとし、減価償却は、種類の区分ごとに定額法によって行うものとする。（研75・固42）

【開始時の一体償却】

　なお、開始時のインフラ資産（道路、河川及び水路）に係る減価償却については、実務的には、例えば道路資産の構成部分ごとの把握が困難な場合もあることから、簡便的な減価償却の方法として、道路等の類似した一群の資産を一体として総合償却するような償却方法も認める。（研75・固42）

【非償却資産】

　土地、立木竹、美術品・骨董品・歴史的建造物、建設仮勘定は、減価償却は行わない。（固58）
　（補足：その他の無形固定資産である地上権・地役権・借地権・鉱山権等の用益物権も同様に扱う）

【除却時の処理】

償却資産のうち有形固定資産を一体として減価償却を行う場合で当該有形固定資産を撤去して、それに対応する減価償却累計額を減額するときの額は、当該撤去の直前の会計年度末の減価償却累計額に、当該撤去資産の価額の同会計年度末において減価償却の対象となる有形固定資産の総額に対する割合を乗じて算出する。(研81・固52)

償却資産のうち有形固定資産の償却額に相当する金額は、当該固定資産の価額を減額する場合を除くほか、これを減額してはならない。(研80・固51)

【除却時の処理の例示】

例えば、以下の場合、「」に係る金額を固定資産台帳から控除する必要がある。
①A建物を全部取り壊した場合の「A建物」
②A建物を半分取り壊した場合の「A建物の半分」
③A建物を半分取り壊し、当該部分を増築し直した場合の「A建物の半分」(Q&A 固追2)

【備忘価額】

償却資産について、耐用年数を経過した後においても存する場合、原則として備忘価額1円（残存価額なし）を計上する。

無形固定資産については、直接法によって行うこととし、備忘価額は計上しない。(研83・固55・56)

【取替法の適用】

取替法の取扱いについては、今後の検討課題とする。なお、今後の検討にあたり有用性の検証も必要となる観点から、既に取替法を選択している地方公共団体に関して、今後も取扱いを継続することは妨げない。(研76・固43)

【履歴保存】

また、償却資産の減価償却計算の履歴については、固定資産台帳等に耐用年数にわたり保存しておく必要がある。(固59)

第7節 売却可能資産・時価等

【定　義】

売却可能資産とは、次のいずれかに該当する資産のうち、地方公共団体が特定した資産をいう。
ただし、売却を目的として保有している棚卸資産については、売却可能資産には含めない。
具体的な取扱いについては、要領等において整理する。
なお、対象となる資産から山林を除くことができる。(研73・固103)
①現に公用もしくは公共用に供されていない公有財産（一時的に賃貸している場合を含む）
②売却が既に決定している、または、近い将来売却が予定されていると判断される資産

【特定範囲】

売却可能資産については、それぞれの地方公共団体で資産・債務改革の取組状況等は異なることから、売却可能資産の範囲を一律に特定することはせずに、地方公共団体がその実情に応じて任意に特定することとし、特定範囲としては、次のようなものが考えられる。（固104、Q&A固9）

①Ｎ＋１年度予算において、財産収入として措置されている公共資産
②公共資産活用検討委員会といった庁内組織において売却予定とされている公共資産
③普通財産のうち活用が図られていない公共資産
④すべての普通財産
⑤すべての普通財産及び用途廃止が予定されている行政財産

【注　記】

売却可能資産は、資産科目別の金額及びその範囲や評価方法を注記する。

売却可能資産は、原則として基準日時点における売却可能価額をもって注記する。ただし、地価の変動率が小さい場合など、売却可能価額に重要な変動が生じていない場合には、現行の価額を変更しないことができる。（研74・固105）

【評　価】

売却可能価額は、鑑定評価額のほか、路線価や公示地価に基づく評価など、各地方公共団体及び売却可能資産の実状に応じて最も合理的な方法を用いるものとする。（研74・固106）

【低価法不適用】

「地方公共団体の財政の健全化に関する法律」（平成19年法律第94号。以下「地方公共団体財政健全化法」）における評価方法の採用も可能だが、同法に基づく低価法を使用すると当時の著しく低い取得価額等を反映した帳簿価額が維持されるケースもあるため、資産の実態把握の趣旨から、開始時に行う売却可能資産の評価には低価法を採用しないこととする。なお、減価償却は行わないが、固定資産税評価額等を評価の基礎としており、時点修正を毎会計年度行っていない場合、時点修正を行わない会計年度については、建物の減価償却相当分のみを評価額から控除することができる。（固106）

【評価方法の変更】

また、土地等に関する売却可能資産の価額を変更する方法については、実務的観点から、以下の方法が考えられる。（固107）

①区画性質の変更など、利用状況に変化が認められる場合

当該会計年度に売却可能資産の区画形質の変更等があり、当該売却可能資産の利用状況に変化が認められる場合においては価額の変更を行う。また、行政的条件の変更（市街化調整区域から市街化区域に編入された場合等）で、面的に価額に影響を及ぼす場合には、変化の状況に応じた価額の変更を行う必要がある。また、建物等で損壊等があった場合にも価額の変更を行う。

②利用状況に変化が認められない場合

売却可能資産に何ら変化が認められない場合には、固定資産税評価における価額据置期間との整合から、価額の変更を行ってから３年間は時点修正で対応することが考えられる。時点修正の方法としては、不動産鑑定評価による評価方法を採用した売却可能資産については、鑑定評価を行った不動産鑑定士から時点

修正率が求められる場合には当該時点修正率を、それ以外の場合には、固定資産税評価における下落修正率や地方公共団体財政健全化法における時点修正の方法を準用することが望ましい。

【建物付土地の評価】

　売却可能資産が建物及びその敷地の場合には、建付減価が発生している場合があることも踏まえ、これらを一体として評価する方法が望ましい評価方法であるが、実務上対応が困難な場合には、土地、建物を別個のものとして取扱うこともできる。この場合にも、土地については、売却可能資産の評価の意義から、個々の土地の実態を反映しうる評価方法を採用することが望ましい。

　また、売却可能資産の評価方法については、前述のとおり売却可能価額となるので、事業用資産やインフラ資産等と異なり、その価額に補償費等の付随費用は含めない。（固108）

第4章 取得価額・再調達原価の具体的な算定方法

第1節 土　地

第1項 開始時評価

（1）取得価額が判明している場合

・昭和60年度以降取得分　⇒　取得原価により評価（固63）
・昭和59年度以前取得分　⇒　再調達原価により評価（固64）
ただし、道路・河川・水路の敷地のみ、備忘価額1円で評価。

（2）取得価額が判明しない場合

・再調達原価により評価（固63）
・道路・河川・水路の敷地のみ、備忘価額1円で評価。

第2項 開始後評価

土地等についての評価は、取得原価による。（研90・95・固63）

適正な対価を支払わずに取得したものについては、原則として再調達原価とする。

無償で移管を受けた道路、河川及び水路の敷地については、原則として備忘価額1円とする。（研92・97、固66・71）

第3項 評価に当たっての考慮事項

（1）再調達原価の計算

無償取得といった適正な対価を支払わずに取得したもの（道路、河川及び水路の敷地は除く）を含め、原則として各土地について個別評価を行うことが望ましいが、地方公共団体の実情に応じて固定資産税評価額の同一地目・一定の地域ごとの平均単価を用いた算定や、同算定が困難な場合には、固定資産税概要調書の地目別平均単価での算定でも可能であり、以下のとおり算定することとする。

再調達価額＝（地目・地区別）地積×（地目・地区別）平均単価（円／㎡）

なお、必要に応じて、対象となる土地を管轄する他の地方公共団体からの情報収集が必要となる場合があることに留意されたい。（固76）

（２）固定資産評価額の具体的な評価

「固定資産評価基準」（昭和38年自治省告示第158号）に基づく固定資産税評価額を基礎とした評価を行う。固定資産税評価額を基礎とした具体的な評価方法については、以下の方法が考えられる。

評価方法の適用にあたっては、各地方公共団体における価格事情及び評価対象地の特性（評価対象数、所在状況等）を考慮し、固定資産税評価の実情等を担当部署との打ち合わせ等で十分把握した上で、選択する必要がある。（固74）

①個別評価

固定資産評価基準及び各市町村において定められた固定資産評価要領（実務マニュアル等）に基づき課税地と同様に各土地について地目別に個別評価を行う方法である。課税地と同様の評価を行うことでより精度の高い評価が可能となるが、例えば宅地においては、路線番号及び路線価（正面、側方、二方）、地目、地積、土地の補正に係る事項（間口・奥行・形状等）など、課税地と同様の土地情報が必要である。

②平均単価による評価

（ア）町丁目単位

町丁目（大字・小字）単位の平均固定資産税評価額を平均単価として算定する方法で、町丁目によって土地利用の状況が区分されるような価格事情にある場合に有効な評価方法である。評価にあたり必要となる事項は、土地ごとの地目、地積、当該土地の存する町丁目及び町丁目別に求めた地目別固定資産税評価額の平均単価である。ただし、価格事情によっては実態と乖離した評価額になる可能性があるため、特に宅地については、以下（ウ）の平均単価を活用することが望ましい。

（イ）固定資産税概要調書における地目単位

固定資産税概要調書による市町村ごとの地目別平均単価を採用する方法。評価作業の負担は最も少ないが、評価対象地の所在状況等によっては、実態を反映しないものとなる可能性があるため、各地方公共団体における価格事情及び評価対象地の特性（評価対象数、所在状況等）を十分考慮した適用が望まれる。評価にあたり必要となる事項は、土地ごとの地目、地積及び概要調書における地目別平均単価である。

（ウ）宅地及び宅地比準土地の場合の平均単価

ａ．路線単位

固定資産評価基準における宅地評価法の１つである市街地宅地評価法を適用している地域において有効な評価方法で、付設された路線ごとに、沿接する宅地の固定資産税評価額の平均価額を採用して評価する方法。平均単価による評価でもっとも精度が高いものとなるが、各土地の正面路線を確定する必要がある。評価に必要な事項は、土地ごとの地目、地積のほか、当該土地の接面する路線の番号及び当該路線の固定資産税評価額の平均単価である。

ｂ．状況類似地域（地区）単位

固定資産評価基準における地域単位である状況類似地域（地区）ごとの固定資産税評価額の平均単価を採用する方法。街路の状況（幅員等）や間口・奥行等の要因については、地域別の単純平均的な状況としての評価となる。評価に必要な事項は、土地ごとの地目、地積、当該土地の属する状況類似地域（地区）番号、当該地域における宅地の固定資産税評価額の平均単価である。

ｃ．用途地区単位

固定資産評価基準における用途地区ごとの固定資産税評価額の平均単価を採用する方法で、一市町村内における用途地区（普通商業地区、併用住宅地区、普通住宅地区、中小工場地区等）ごとの水準が反映された評価。用途地区内の地域差や街路の状況（幅員等）、間口・奥行等の要因については、用途地区別の単純平均的な状況としての評価となる。評価に必要な事項は、土地ごとの地目、地積、当該土地の属する用途地区、用途地区別に求めた宅地の固定資産税評価額の平均単価である。

③より実態を反映した評価方法の採用

原則として固定資産税評価額を基礎とした評価方法によるが、より実態を反映した評価方法の適用も可能である。したがって、不動産鑑定評価による方法、地価公示・地価調査基準地価格から求める方法及び相続税評価額を基礎とした方法等を採用することで、固定資産税評価を基礎とする方法に比べ、より適切な評価が算定できると認められる場合には、これらの評価方法を採用することも考えられる。

（3）評価方法の選択

前項の評価方法の選択にあたっては、以下を参考に精度の高い評価方法を採用することが望まれるが、時間的制約等があることから、評価精度を維持しつつ、簡便な評価方法を採用することも現実的な対応と考えられる。その中では、①資産の量・分布状況等、②資産の重要性、③現在の台帳整備状況と処理体制、のバランスを考慮することが重要である。

固定資産税評価額を基礎とした評価方法の精度等

評価方法		評価の精度	必要となる土地情報
個別評価	課税地と同様の評価	高い ↑	多い ↑
平均（評価額）単価による評価	宅地等 路線単位		
	宅地等 状況類似地域（地区）単位		
	宅地等 用途地区単位		
	町丁目単位		
	概要調書（地目毎の市町村内平均（評価額）単位）		少ない

①資産の量・分布状況等

まずは、評価すべき土地の量を把握し、全体の作業ボリュームを確認することが必要である。所有地の分布状況によっては、各種平均単価により求められた結果と適切な価額とが大きく乖離する場合もあるため、分布状況を把握することが重要である。特に、中心部と周辺部において、固定資産税評価額の水準差が大きい地域や、所有地が偏在している場合には注意が必要である。例えば所有地の大部分が郊外に位置する場合、固定資産税概要調書による市町村平均単価を採用してしまうと、過大な評価となるおそれがある。

②資産の重要性

地方公共団体にとって重要性の高い資産ほど、行財政運営に与える影響が大きくなるため、評価精度の向上が望まれる。重要性の判断基準として、以下が考えられる。

　a．評価額
　b．地積
　c．庁舎など、重要性が高い施設の敷地

③現在の台帳整備状況と処理体制

公有地の課税台帳への登録状況は地方公共団体により異なることから、まずは、固定資産課税台帳を含む財産台帳の整備状況についてすでに整備されているか、また、整備されていない場合、整備にあたってどのような作業が生じ、その作業にどれだけの人員・費用を設定できるのかを検討し、現実的な処理計画を策定する必要がある。また、昨今の固定資産税評価における地番図整備の進捗により、データ取得が容易になる場合も考えられるため、整備状況の確認及び処理計画の策定にあたっては、各資産を管理している部門だけでなく、資産税部門と協議の上、検討することが重要である。

（4）地価変換表の利用

　また、公有財産台帳等と固定資産税概要調書との地目が一致しない場合は、前者の地目を後者の地目にあわせるため、地目変換表（「別紙6」参照）を作成する必要がある。ただし、「別紙6」はあくまでも例示であり、地目の変換にあたっては、地方公共団体の土地の状況（例えば造成前の山林を山林として評価してよいかどうか、雑種地の中にも宅地から比準する雑種地や農地から比準する雑種地等があり、価格差に大きな開きがあるが、どちらを適用することが妥当か等）と固定資産税評価の実態を十分理解した上で、各地方公共団体において、評価の実態を反映した変換表にする必要がある。（固77）

（5）土地区画事業の事業費

　土地区画整理事業の事業期間は非常に長期にわたるが、その事業費は供用開始時期にとらわれずに、所有権の移転が明確であれば、事業期間内であっても本勘定に振り替える取扱いも差し支えない。（Q&A 追28）

（6）1円評価の土地を交換した場合

　交換により事業用地を取得する際、開始時に1円で評価した道路用地を引き渡した場合には、当該事業用地は、適正な対価を支払わずに取得したものは原則として再調達原価とされる取扱いに準じ、交換時点で事業用地を再評価して1円との差額を純資産変動計算書で計上する。（Q&A 追29）

第2節　立木竹

第1項　開始時評価

（1）取得価額が判明している場合

　・昭和60年度以降取得分　⇒　取得原価により評価
　・昭和59年度以前取得分　⇒　再調達原価により評価

（2）取得価額が判明しない場合

　・再調達原価により評価

第2項　開始後評価

立木竹についての評価は、取得原価による。但し、6年に1回程度再評価を行う。(📄研90・95固63)

適正な対価を支払わずに取得したものについては、原則として再調達原価とする。

立木竹は非償却資産であるなかで、逆に経過年数とともに価値が高まっていく資産であるため、事務負担を踏まえた上で、金額等の重要性の観点に照らして対応を検討する必要がある。再評価の頻度について定めはないが、保険金額と樹齢の関係から6年に1回程度の再評価が適当と考えられる。(📄固79)

第3項　評価に当たっての考慮事項

（1）再調達原価の計算

立木竹については、他に合理的な算定方法がない場合、原則として保険金額による。保険金額については、樹種、樹齢、面積により定まるため、所在地とともに、少なくともこれらの項目は管理する必要がある。なお、以下の樹種・樹齢別単価は、「森林国営保険」を参考とする。(📄固78、☞Q&A固6)

○再調達価額＝樹種・樹齢別面積×樹種・樹齢別単価（円／ha）

（2）重要性の原則の適用

重要性の観点から、資産として価値が無視できる立木竹（雑木等）や、市場が形成されておらず適正に見積・評価できない立木竹（樹齢が相当古く樹齢が不明な場合や、立木が単独で歴史的価値を有する場合等）は、算定対象としないことができる。

したがって、統一的な基準において算定対象となる立木竹は、保険対象樹種であって、樹齢・樹種が管理されているものであり、例えば分収林等が対象となることが考えられる。(📄固80)

（3）分収林

Q 分収林については、その実質的な売却価値が固定資産台帳に計上する価額となるのか（例えば地権者と7：3で収益を按分する場合は、按分後の価額になるのか）。

A 分収林における立木竹の所有者は地方公共団体となるため、再調達原価を全額計上する。

第3節　建　　　物

第1項　開始時評価

（1）取得価額が判明している場合

昭和60年度以降取得分　⇒　取得原価により評価

昭和59年度以前取得分　⇒　再調達原価により評価

（2）取得価額が判明しない場合

再調達原価により評価する。

第2項　開始後評価

建物についての評価は、取得原価による。（研90・95・固63）

適正な対価を支払わずに取得したものについては、原則として再調達原価とする。

建物本体と附属設備の区分については、原則に従い建物本体と附属設備を分けて固定資産台帳に記載することとする。

開始時に建物本体と附属設備を一体として固定資産台帳に記載したものであっても、更新など一定のタイミングで分けて記載し、精緻化を図ることが望まれる。（研282・固36）

第3項　評価に当たっての考慮事項

（1）再調達原価の計算

償却資産のうち建物については、原則として再調達価額から減価償却累計額を控除した金額を計上する。具体的な算定方法は以下のとおりである。（固81、Q&A固6）

○再調達価額＝延べ床面積×構造・用途別単価（円／㎡）

○開始時簿価＝再調達価額－減価償却累計額

（2）構造・用途別単価とは

構造・用途別単価としては、当該建物に係る保険金額（「別紙7」参照）を用いる。（固82）

（3）建物の一体評価

開始時簿価の算定のための減価償却計算は、建物本体と附属設備の耐用年数が異なるような物件であっても、一体と見なして建物本体の耐用年数を適用して減価償却計算を行うことができることとする。（研282・固36）

（4）評価の対象

公有財産台帳に記載されているものを対象とする。ただし、歴史的建造物は、評価の対象外となる。

第4節　工　作　物（道路）

アスファルト舗装道路の一般的な構造のうち、路床は土地、路盤は道路改良、基層・表層は舗装道路（アスファルト敷）とすることが考えられるが、これらの各事業費の区分ができない場合には、一括して道路とすることも差し支えない。（☞ Q&A 追20）

第1項　開始時評価

（1）取得価額が判明している場合

　昭和60年度以降取得分　⇒　取得原価により評価（固63）

　昭和59年度以前取得分　⇒　再調達原価により評価（固64）

（2）取得価額が判明しない場合

　再調達原価により評価（固63）

第2項　開始後評価

工作物についての評価は、取得原価による。（研90・95・固63）

適正な対価を支払わずに取得したものについては、原則として再調達原価とする。

【取得価額に含める附属費用】

道路の取得価額には、道路そのものの取得にかかる直接的な対価のほか、街灯、ガードレール、標識等の附属設備の価額を含める。（固85）

【幅員別単価】

道路の幅員別単価については、例えば6.5m以上、4.5m以上6.5m未満、2.5m以上4.5m未満、1.5m以上2.5m未満といった区分ごとに、直近（5年程度）の工事費実績総額、または必要に応じて構造等別の工事費実績から、単位あたりの平均工事費を求め、現在単価とすることが考えられる。

なお、特殊な工作物で、近年の工事費実績が把握できない場合は、期間を延長しても差し支えない。特にインフラ資産は、個別に再調達価額を判定することが困難と考えられるため、過去の平均的な建設工事費や標準的な資産で積算を行う等して求めた単価を同区分の資産すべてについて適用することもやむを得ないと考えられる。（固86）

第3項　評価に当たっての考慮事項

（1）再調達原価の計算

　工作物については、道路、橋梁、公園、港湾、河川、水路など多くの種類があるが、資産の多くを占めると考えられる道路について、以下に例示する（全体を把握したほうが理解しやすいため、以下の表は、取得価額の判明の有無に分けて作成）。(固83)

（2）年度単位評価の場合

　開始時における道路の価額算定は、入手可能な情報の程度に応じて、上記「道路の取得価額の判明状況による算定方法」に示すいずれかの方法を採用または併用する。

　なお、年度単位に価額を算定する方法を採用する場合には、各年度単位に組み入れられた路線名の明細は、現行の道路台帳と対応できるようにしておく必要がある。(固84)

（3）橋梁の再調達原価の計算

　橋梁の工事単価が不明な際に、直近の工事費の平均を算出とあるが、直近の工事が無い場合には、実際に現時点で橋梁を整備するとしたら、どの程度かかるのかを積算する、あるいは近隣他団体での実績値を参考とするなどの方法が考えられる。(固定資産、Q&A 追加7)

（4）評価対象外の資産

　また、道路幅員1.5m未満の道路、路面が舗装・コンクリート以外の道路は対象としないようにできる。(固87)

道路の取得価額の判明状況による算定方法

取得価額の判明状況		固定資産台帳の記載単位	取得価額の算定方法
路線（区間）単位に判明		A：路線単位	路線単位の事業費を取得価額とする
路線（区間）単位では不明	年度単位の事業費が判明	B：年度単位の整備総延長キロ	年度単位の事業費総額（Aと併用する場合、Aの事業費を控除した額）をもって取得価額とする
	年度単位の事業費も不明	C：年度単位の幅員別整備延長キロ	幅員別現在単価表を用い、再調達価額を求める

（再調達原価の計算にあたっては、各種台帳を基本に、橋梁は構造、公園は種類や種別、港湾は工事の概要、河川は分類、水路は種類等の違いを把握して段階的に試行して算定）

（5）路面整備費が不明な場合

　道路路面整備費が不明の場合、（C）の価額算定方法は、以下のとおり。(固88)

再調達価額＝幅員別道路延長×道路幅員別単価（円／m）

開始時簿価＝再調達価額－減価償却累計額

（6）農道・林道・橋梁

農道・林道・橋梁についても、道路と同様な方法で積算する。(固89)

（7）資産計上基準

各団体において、資産としての重要性を踏まえて公有財産の規則等で金額基準を定め、一定額以下は計上しないとする取扱いも考えられる。(Q&A 追16)

（8）埋立を行った場合

埋立地については、土地の取得として認識し、その上に整備した護岸については、工作物として認識する。(Q&A 追17)

第5節　船舶、浮標等（浮標・浮桟橋・浮ドック）、航空機、物品

第1項　開始時評価

（1）取得価額が判明している場合

昭和60年度以降取得分　⇒　取得原価により評価
昭和59年度以前取得分　⇒　再調達原価により評価

（2）取得価額が判明しない場合

再調達原価により評価

第2項　開始後評価

物品等についての評価は、取得原価による。(研90・95・固63)
適正な対価を支払わずに取得したものについては、原則として再調達原価とする。

第3項　評価に当たっての考慮事項

（1）再調達原価の計算

船舶、浮標等（浮標・浮桟橋・浮ドック）、航空機、物品の再調達価額の算定方法については、以下のとおりである。(固90)

再調達価額＝同性能の当該資産の市場価額
開始時簿価＝再調達価額－減価償却累計額

上記の市場価額で評価する場合、類似製品が販売されている既製品については、同種または類似製品の販売を行っている業者の製品パンフレットやホームページ等を活用し、美術品・骨董品等については、美術年鑑等に掲載された価額を用いるなど、簡易評価を採用することが考えられる。(📄固91)

（2）物品は50万円以上

　物品は、地方自治法第239条第1項に規定するもので、原則として取得価額または見積価格が50万円（美術品は300万円）以上の場合に資産として計上し、再評価は行わないこととする。

　ただし、各地方公共団体の規程等において重要な物品等の基準を有している場合で、かつ、総資産に占める物品の割合に重要性がないと判断される場合においては、各地方公共団体の判断に基づき、継続的な処理を前提に当該規程等に準じた資産計上基準を設けることを妨げない。なお、開始時の算定に際しても同様とする。(📄研98・財98・固65)

（3）1単位について

Q 単価が50万円未満の物品を複数個まとめて整備し、50万円以上となった場合は、資産計上する？

A 1単位50万円を超えなければ、資産計上する必要はない。これは、あまりに少額なものまで固定資産として計上すると、その後の資産管理が煩雑となるため定められた重要性の基準値である。複数の物品をまとめて整備したことは台帳への記載の有無の判断基準とはならない。一方で、1単位で50万円を超えないものであっても、同種の複数の資産が一体となって機能し、投資と除却がその単位で行われ、なおかつ行政サービスの提供に重要な役割を果たしているのであれば、まとめて計上することになる。例えば、応接セットのようにセットで機能する場合等。(📄固定資産、☞ Q&A 追加5)

（4）文化財管理の美術品

　統一的な基準による地方公会計マニュアル上、文化財について特段の記載がないため、資産計上の対象外とすることはできないものと考えられる。なお、文化財等についても、取得価格または再調達価格を資産として計上することとなるが、文化財等の内容や量に鑑み、資産価値の把握が困難なものについて備忘価額1円とすることも妨げない。(📄固91、☞ Q&A 追加4)

第6節 建設仮勘定

第1項 開始時・開始後評価

建設仮勘定は、各期の期末時点で完成前の有形固定資産への支出等を仮に計上するものである。

支出が数年内に行われたと推定されるため、開始時・開始後いずれにおいても取得価額すなわち支出額が不明ということは想定されない。結果、取得価額で評価することになると考えられる。

第2項 評価に当たっての考慮事項

（1）建設仮勘定台帳

年度をまたがって行われる建設工事等にかかる支出については、固定資産台帳の一環として、建設仮勘定台帳によって記録整理する。

建設仮勘定台帳は、工事等の単位ごとに、各年度の支出額を記録整理するとともに、一部供用開始または全部完成の時点で、本勘定への振替を台帳整理する。（財34・固22）

建設仮勘定については、目的とする完成物を単位として建設仮勘定番号を付し、「固定資産台帳の記載項目の例」（「別紙2」参照）に準じて作成した建設仮勘定台帳にその履歴を記載する。

なお、一部が完成した場合、原則として完成部分を本勘定へ振り替えることとなり、事業量に応じた工事金額の特定など、振替部分を独立して算定できる場合は、その金額を計上するが、振替部分の金額を独立して算定することが困難な場合には、その振替額を次の計算式によって算定することができる。この場合、必要に応じて全事業完了後に精算を行うことができる。（固23）

本勘定への振替額＝計画総事業費×完成分事業量÷総事業量

（2）減価償却

建設仮勘定について、減価償却は行わない。（固23）

第7節 リース資産

第1項 開始時・開始後評価

　開始時または開始後に計上するリース資産については、リース資産を計上する期においてリース料を支払っていることが前提となる。

　したがって、開始時・開始後いずれにおいても取得価額が不明であることは想定されない。結果、原則として取得価額で評価することになると考えられる。

第2項 評価に当たっての考慮事項

（1）リース取引の会計処理

　リース取引のうち、

① ファイナンス・リース取引は、おおまかにいうと、途中で解約できずに借り手が最後まで使用することが想定されているようなもので、当該リース取引を、通常の売買取引に係る方法に準じて会計処理するので、固定資産台帳に記載する。

② オペレーティング・リース取引は、ファイナンス・リース取引以外のリース取引をいい、通常の賃貸借取引に係る方法に準じて会計処理するので、固定資産台帳に記載しない。

　ただし、ファイナンス・リース取引であっても、所有権移転外ファイナンス・リース取引並びに重要性の乏しいファイナンス・リース取引は、通常の賃貸借取引に係る方法に準じて会計処理を行うことができる。

　（注）より具体的な取扱いについては、マニュアルには明確に定められていないので、「リース取引に関する会計基準」（企業会計基準第13号）。以下「リース会計基準」という）を参考にして処理する。（研72・固24）

　リース取引の判定基準は図（173ページ）のとおりである。

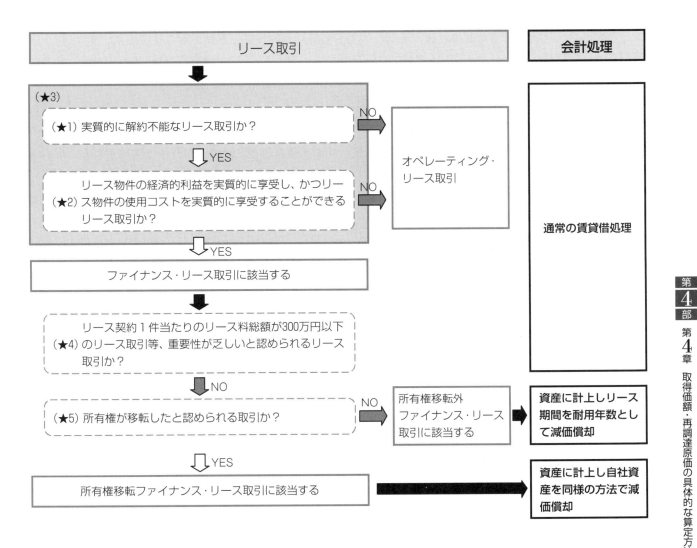

(★1) 実質的に解約不能なリース取引

解約不能のリース取引に関して、法的形式上は解約可能であるとしても、解約に際し、相当の違約金（以下「規定損害金」という）を支払わなければならない等の理由から、事実上解約不能と認められるリース取引を解約不能のリース取引に準ずるリース取引として扱う（リース会計基準第36項）。リース契約上の条件により、このような取引に該当するものとしては、次のようなものが考えられる。

①解約時に、未経過のリース期間に係るリース料の概ね全額を、規定損害金として支払うこととされているリース取引

②解約時に、未経過のリース期間に係るリース料から、借手の負担に帰属しない未経過のリース期間に係る利息等として、一定の算式により算出した額を差し引いたものの概ね全額を、規定損害金として支払うこととされているリース取引

(★2) フルペイアウトのリース取引

フルペイアウトのリース取引とは、リース物件からもたらされる経済的利益を実質的に享受することができ、かつ、当該リース物件の使用に伴って生じるコストを実質的に負担することとなるリース取引のことをいう。

また、「リース物件からもたらされる経済的利益を実質的に享受する」とは、当該リース物件を自己所有

173

するとするならば得られると期待されるほとんどすべての経済的利益を享受することであり、また、「リース物件の使用に伴って生じるコストを実質的に負担する」とは、当該リース物件の取得価額相当額、維持管理等の費用、陳腐化によるリスク等のほとんどすべてのコストを負担することである。

（★3）ファイナンス・リースの判定基準

実質的に解約不能かつフルペイアウトのリース取引に該当するのは、次のいずれかに該当するものをいう。（固25）

①解約不能のリース期間中のリース料総額（利息分を除く）の現在価値が、当該リース物件の見積現金購入価額（現金で購入すると仮定した場合の見積額）の概ね90％以上であること
（リース料総額の現在価値≧見積現金購入価額×90％）

②解約不能のリース期間が、当該リース物件の経済的耐用年数の概ね75％以上であること
（解約不能のリース期間≧経済的耐用年数×75％）

※リース物件の特性、経済的耐用年数の長さ、リース物件の中古市場の存在等を勘案すると、①の判定結果が90％を大きく下回ることが明らかな場合を除く

この中で、「解約不能」とあるが、必ずしも契約条件として定められているものだけではなく、例えば途中解約して残りのリース料のほとんどすべてを支払わなければならないような場合も、実質的に解約不能と考えられることに注意が必要。

（★4）個々のリース資産に重要性が乏しいと認められる場合

所有権移転外ファイナンス・リース取引及び重要性の乏しい所有権移転ファイナンス・リース取引は、通常の賃貸借取引に係る方法に準じて会計処理を行うことができることとしてきているが、「重要性の乏しいもの」としては、リース会計基準の少額リース資産及び短期のリース取引の取扱いに準じて、次のいずれかに該当する場合が考えられる。（固27）

①重要性が乏しい償却資産について、購入時に費用処理する方法が採用されている場合で、リース料総額が当該基準以下のリース取引

②リース期間が1年以内のリース取引

③当該地方公共団体の活動において重要性の乏しいものでリース契約1件あたりのリース料総額が300万円以下のリース取引。

この場合、維持管理費相当額または通常の保守等の役務提供相当額のリース料総額に占める割合が重要な場合には、その合理的見積額を除くことができる。

（★5）所有権が移転したと認められる取引

次のいずれかに該当するファイナンス・リース取引のうち、リース契約上の諸条件に照らしてリース物件の所有権が借り手に移転すると認められるものを所有権移転ファイナンス・リース取引、それ以外の取引を所有権移転外ファイナンス・リース取引という。（固26）

①リース契約上、リース期間終了後またはリース期間の中途で、リース物件の所有権が借り手に移転することとされているリース取引

②リース契約上、借り手に対して、リース期間終了後またはリース期間の中途で、名目的価額またはその行使時点のリース物件の価額に比して著しく有利な価額で買い取る権利が与えられており、その行使が確実に予想されるリース取引

③リース物件が、借り手の用途等にあわせて特別の仕様により製作または建設されたものであって、当該リース物件の返還後、貸し手が第三者に再びリースまたは売却することが困難であるため、その使用可能期間を通じて借り手によってのみ使用されることが明らかなリース取引

（注１）契約上は明記されていないが契約終了時の無償譲渡が慣例で行われる場合も、契約上リース期間終了後等に所有権が移転する場合に準ずる取扱いとする。

（注２）市販のソフトや機械及び装置の軽微なカスタマイズ程度の場合は、程度にもよるが汎用性が失われていないのであれば特別仕様に該当しないものとしてよい。（☞ Q&A追23）

（２）取得価額の計算

リース資産の評価基準については、取得価額によることとし、所有権移転ファイナンス・リース取引については、自己所有の固定資産と同様の方法により減価償却費等を算定する。

この場合の取得価額とは、

・貸し手の購入価額が判明している場合は貸し手の購入価額
・不明な場合はリース料総額の割引現在価値と貸し手の見積現金購入価額とのいずれか低い額とする。

（固28）

リース資産に該当する資産については、資産全体に占める割合は低いと考えられるが、原則として次のとおり事務処理を行い、その金額等を固定資産台帳に記載する。

まず、リース料の総額（利息相当額を除く）を資産（有形固定資産または無形固定資産）と負債（その他）の双方に計上する（利息相当額は、原則として返済されていないリース債務の残高に一定率を乗じて計算した結果を支払利息相当額とする方法により配分された額を、支払利息として処理する）。

その後、リース資産は他の有形固定資産や無形固定資産と同様に減価償却計算を行い、リース債務はリース料の支払いに応じて減額していく（所有権移転外ファイナンス・リース取引を資産計上する場合は、最終的に所有しないため、リース期間を耐用年数とし、残存価値をゼロとして定額法により減価償却を行う）。

以上を踏まえると、リース資産の評価方法は、以下のとおりとなる。（固29）

リース資産の評価方法

種　類	所有権移転	所有権移転外
取得価額	・貸し手の購入価額が判明している場合 　→貸し手の購入価額 ・貸し手の購入価額が不明な場合 　→リース料総額の割引現在価値と貸し手の見積現金購入価額とのいずれか低い額	・貸し手の購入価額が判明している場合 　→リース料総額の割引現在価値と貸し手の購入価額または見積現金購入価額とのいずれか低い額 ・貸し手の購入価額が不明な場合 　→リース料総額の割引現在価値と貸し手の見積現金購入価額とのいずれか低い額
耐用年数	・経済的使用可能予測期間	・リース期間（ただし、再リース期間を含めてファイナンス・リース取引の判定を行った場合は、再リース期間も耐用年数に含める）
減価償却	定額法	

※所有権移転外ファイナンス・リース取引及び重要性の乏しい所有権移転ファイナンス・リース取引は、通常の賃貸借取引に係る方法に準じて会計処理を行うことができることとしていることに留意

【利息相当額の除外】

原則として、リース資産は、リース料総額から利息相当額の合理的な見積額を控除した金額を計上するが、金額等の観点から重要性が乏しいと認められる場合は、継続的な処理を前提に、リース料総額から利息相当額の見積額を控除しない方法によることもできる。（Q&A 追24）

第8節　ＰＦＩ等

第1項　開始時・開始後評価

所有権移転ファイナンスリース取引と同様、開始時・開始後いずれにおいても原則として取得原価で評価することになると考えられる。

第2項　評価に当たっての考慮事項

ＰＦＩ等の手法により整備した所有権がない資産についても、原則として所有権移転ファイナンス・リース取引と同様の会計処理を行うものとし、契約上のリスク配分状況等を検討の上、原則として地方公共団体に帰属するリース資産・リース債務として認識し、固定資産台帳にその金額及び計算方法等を記載する。（研72）

なお、会計処理にあたっては、ＰＦＩ等の事業内容に応じて、例えば利息相当額や維持管理・運営費は、原則として支払総額から控除してリース資産・リース債務の計上を行う必要がある。（固31）

【仕訳例】

（借方）貸借対照表－該当固定資産科目　×××　（貸方）貸借対照表－固定負債（その他）　×××

なお、ＰＦＩ事業に係る資産の金額について、注記することとする。（Q&A その他7）

留意点

> ＰＦＩ等のうち所有権移転ファイナンス・リース取引と同様の会計処理になるものは、所有権が移転する方式で、ＢＴＯ方式、ＢＯＴ方式である。

第9節 ソフトウェア

第1項 開始時評価

（1）取得価額が判明している場合

昭和60年度以降取得分 ⇒ 取得原価により評価（固63）

昭和59年度以前取得分 ⇒ 再調達原価により評価（固64）

第2項 開始後評価

ソフトウェアの評価は、取得原価による。（研90・95・固63）

適正な対価を支払わずに取得したものについては、原則として再調達原価とする。

第3項 評価に当たっての考慮事項

原則として取得価額または見積価格が50万円以上の場合に資産として計上する。（Q&A 評価4）

ソフトウェアについては、地方公共団体においては財務会計システム、税務システム、住民基本台帳システム等があり、これらのうち、当該地方公共団体が所有等するものについて固定資産として取得価額から減価償却累計額を控除した価額を計上することとするが、具体的な取扱いは、以下のとおり。（固70）

①研究開発費（試験研究費）に該当する場合は、資産計上しない（一部が該当する場合も、当該金額は取得価額から控除して計上）。

②研究開発費に該当しないソフトウェアの取得・制作費については、当該ソフトウェアの利用により将来の費用削減が確実であると認められる場合、当該ソフトウェアの取得に要した費用を資産価額とする。

ⅰ）購入の場合：

購入の対価＋購入に要した費用＋事業の用に供するために直接要した費用。

（そのソフトウェアの導入にあたって必要とされる設定作業及び自団体の使用にあわせるために行う付随的な修正作業等の費用を含む）

ⅱ）自団体製作の場合：

製作等に要した原材料費・労務費・経費＋事業の用に供するために直接要した費用。

なお、過去に遡って算出することが困難な場合は、5年間の開発費等の累計額

③ソフトウェアの利用により将来の費用削減が確実であると認められる場合とは、自団体で利用するためにソフトウェアを制作し、当初意図した使途で継続して利用することにより、当該ソフトウェアを利用する前と比較して業務を効率的または効果的に遂行することができると明確に認められる場合、市場で販売しているソフトウェアを購入し、かつ、予定した使途で継続して利用することによって、業務を効率的または効果的に遂行することができると認められる場合等が考えられる。

④物品等（機械装置や備品等）を稼働させるためのソフトウェアについて、当該物品等と当該ソフトウェアが一体とならなければ機能しない場合は、原則として当該物品等に含めて計上する。

なお、将来の費用削減とは無関係な映像ソフトのようなものは当該会計年度において費用処理する。

⑤ソフトウェアとハードウェアを一体で購入しており、その取得価額の内訳の区分が困難な場合には、いずれかの勘定科目に含める取扱いも差し支えない。（Q&A 追21）

第10節　その他の無形固定資産

第1項　開始時評価

（1）取得価額が判明している場合

昭和60年以降取得分　⇒　取得原価により評価

昭和59年以前取得分　⇒　再調達原価により評価

（2）取得価額が判明しない場合

再調達原価により評価する。

第2項　開始後評価

無形固定資産の固定資産台帳への記載は、取得原価による。（研90・95・固63）

適正な対価を支払わずに取得したものについては、原則として再調達原価で記載する。（固67）

（1）償却資産

特許権、著作権、商標権、営業権、実用新案権、意匠権、回路配置利用権、育成者権、商号、出版権等の無体財産権は、耐用年数省令に定める償却資産として、定額法により減価償却を行い、取得価額から減価償却累計額を控除した価額を計上する（備忘価額なし）。（固68）

（補足：著作権の償却にあたって耐用年数の設定は案件毎に検討が必要）

（2）非償却資産

地上権、地役権、借地権、鉱業権等の用益物権（他人の土地等をある目的で使用するための権利）は、非償却資産であり、減価償却は行わない。（固69）

用益物権の存否確認は一般的に困難であり、加えて、民有地を地方公共団体が公園として管理している場合や国有地を地方道として管理している場合など一般的な権利関係と異なる場合があり、より権利の認定が困難と考えられるが、一般的に以下のいずれかに該当する場合は、用益物権が存すると考えられるため、金額等による重要性の観点に照らして計上する。（固69）

①契約書が残っており、契約上「建物所有を目的とする賃貸借」と明記されている場合
②地代の支払いを行っている場合
③権利の設定時、権利金等の一時金を支払った場合
④借地権等の権利自体を他人から有償で取得した場合

(3) 借地権の取得価額の計算

取得価額により土地の賃貸借契約または転貸借契約にあたり借地権の対価として土地所有者または借地権者に支払った金額のほか、次に掲げるような金額を含む。

①土地の上に存する建物等を取得した場合におけるその建物等の購入代価のうち借地権の対価と認められる部分の金額
②賃借した土地の改良のためにした地盛り、地ならし、埋立て等の整地に要した費用の額
③借地契約にあたり支出した手数料その他の費用の額
④建物等を増改築するにあたりその土地の所有者等に対して支出した費用の額

(4) 重要性の原則

計上にあたっては、重要性の観点から金額が少額のもの等については、計上しないことも合理的な処理と考えられる。例えば「相続税財産評価に関する基本通達」においては、課税時期後において取得すると見込まれる補償金額が50万円に満たないと認められる特許権、実用新案権、意匠権や商標権は評価しないこととされている。(固68)

180ページから186ページに以下の図表を挙げた。

別紙2…………固定資産台帳の記載項目の例
別紙3-1……耐用年数表
別紙3-2……主な建物の耐用年数表
別紙3-3……主な物品の耐用年数表
別紙4…………償却率表（定額法）
別紙5…………有形固定資産等の評価基準
別紙6…………地目変換表の例
別紙7…………建物に係る構造・用途別単価

固定資産台帳の記載項目の例

	新地方公会計モデル (基準モデル・総務省方式改訂モデル)		①基本項目 (新地方公会計モデルに項目を追加)	項目の説明
1	番　号		番　号	資産の番号
2	枝　番		枝　番	同一の資産について計上を区分したい場合等の枝番
3			所 在 地	資産の所在地
4	所属（部局等）		所　属（部局等）	資産を管理している主たる管理部署
5	勘定科目（種目・種別）		勘定科目（種目・種別）	適用する勘定科目
6	件名（施設名）		件　名（施設名）	資産の名称
7	リース区分		リース区分	所有物かリース資産であるかの区分
8	耐用年数分類（構造）		耐用年数分類（構造）	適用する耐用年数の種類
9	耐用年数		耐用年数	適用する耐用年数の年数
10	取得年月日		取得年月日	取得した年月日
11	供用開始年月日		供用開始年月日	供用開始した年月日
12	取得価額・取得価額相当額		取得価額等	取得価額等
13			所有割合	当該資産について保有している所有権の割合
14	増減異動日付		増減異動日付	前年度から資産が増減した場合の日付
15	増減異動前簿価		増減異動前簿価	資産の増減を反映する前の簿価（期首簿価）
16	増減異動事由		増減異動事由	増減が異動した事由
17	今回増加額		今回増加額	異動により増加した金額（18～23の合計）
18		有償取得額	有償取得額	有償で取得した増分の金額
19	今回増加内訳	無償所管換増分	今回増加内訳 無償所管換増分	無償で所管換した増分の金額
20		その他無償取得分	その他無償取得分	その他無償で取得した増分の金額
21		調査判明増分	調査判明増分	年度内調査により新たに判明した増分の金額
22		振替増額	振替増額	別科目から振替した増分の金額
23		評価等増額	評価等増額	再評価等を行った増分の金額
24	今回減少額		今回減少額	異動により減額した金額（25～31の合計）
25		除 却 額	除売却額	除売却した減分の金額
26	今回減少内訳	無償所管換減分	今回減少内訳 無償所管換減分	無償で所管換した減分の金額
27		その他無償譲渡分	その他無償譲渡分	その他無償で譲渡した減分の金額
28		誤記載減少分	誤記載減少分	年度内調査により新たに判明した減分の金額
29		振替・分割減額	振替・分割減額	別科目から振替した減分の金額
30		減価償却額	減価償却額	当年度の減価償却費相当額
31		評価等減額	評価等減額	評価等減額
32	増減異動後簿価		増減異動後簿価（期末簿価）	増減異動後簿価（期末簿価）
33			会計区分	資産の会計区分
34	予算執行科目		予算執行科目	取得時の予算科目名（予算科目が複数に渡る場合もあるので、複数用意する）
35	用　途		用　途	資産の用途
36	事業分類		事業分類	使用されている事業分類名
37	開始時見積資産		開始時見積資産	開始時の固定資産について、取得価額・取得価額相当額、取得年度が判明せず、直接開始簿価を評価した場合のフラグ
38	各種属性情報		各種属性情報	その他で管理すべき付加情報
39	売却可能区分		売却可能区分	売却可能資産であるか否かの区分
40			時 価 等	売却可能資産の場合の売却可能額（その他の資産の場合、任意記録可）
41	完全除却済記号		完全除却済記号	当該資産を除却した場合のフラグ
42			数　量（(延べ床)面積)	資産の数量、(延べ床)面積
43			階　数（建物）	資産が建物の場合の階数
44			地　目（土地）	資産が土地の場合の地目
45			稼働年数	資産の稼働年数
46			目的別資産区分	目的別の資産区分
47			減価償却累計額	減価償却費の累計額
48			財産区分（行政財産・普通財産）	公有財産台帳上の財産区分
49			公有財産台帳番号	公有財産台帳の番号とのリンク
50			法定台帳番号	法定台帳の番号とのリンク
51	取得財源内訳			
52				
53				
54				
55				
56				
57				
58				
59				
60				
61				

別紙3-1

耐用年数表

耐用年数		耐用年数省令における耐用年数	
主な分類	耐用年数	主な資産	耐用年数
道路（林道・農道を含む）	50	道路改良	60
		舗装道路（アスファルト敷）	10
		舗装道路（コンクリート敷）	15
治　水	48	河　川	40
		ダ　ム	80
		砂　防	50
		流路工	40
都市公園	－	園路広場（アスファルト敷）	10
		植　栽（緑化施設）	20
		管理施設	50
農　業	－	道路改良	60
		舗装道路（アスファルト敷）	10
		舗装道路（コンクリート敷）	15
		ダ　ム	80
治　山	－	治山ダム	50
		流路工	40
漁　業	－	岸壁、桟橋、堤防、防波堤	50
港　湾	－	岸壁、桟橋、堤防、防波堤	50
		道路改良	60
		舗装道路（アスファルト敷）	10
		舗装道路（コンクリート敷）	15
航　空（空港）	－	滑走路等	15
		格納庫、荷扱所、送受信所、停車場	38
海　岸	－	堤防、防波堤	50

※1　開始時に限り、主な分類に係る耐用年数として上記左欄の耐用年数（「日本の社会資本2012」（平成24年11月内閣府政策統括官（経済社会システム担当））に基づいたもの）を採用することとして差し支えない。

※2　上記右欄は、「減価償却資産の耐用年数等に関する省令」（昭和40年大蔵省令第15号）に規定する耐用年数の一例を示したものであり、当該資産の構成に応じて個別に判断する必要がある。

別紙2

②追加項目
（公共施設マネジメント等に活用するための項目を追加）

取得財源内訳
耐震診断状況（建物）
耐震化状況（建物）
長寿命化履歴
複合化状況
利用者数（件数）
稼働率
運営方式
運営時間
職員人数
ランニングコスト

第4部　第4章　取得価額・再調達原価の具体的な算定方法

主な建物の耐用年数表　　別紙3-2

番号	用途名称	A 鉄骨鉄筋コンクリート	B 鉄筋コンクリート	C 鉄骨コンクリート	D 無筋コンクリート	E コンクリートブロック	F れんが造	G プレストレスコンクリート	H プレキャストコンクリート	I 土蔵造	J 鉄骨造	K 軽量鉄骨造	L 木造
1	庁舎	50	50	38	41	41	41	50	50	22	38	30	24
2	事務所	50	50	38	41	41	41	50	50	22	38	30	24
3	倉庫・物置	38	38	31	34	34	34	38	38	14	31	24	15
4	自転車置場・置場	38	38	31	34	34	34	38	38	14	31	24	15
5	書庫	50	50	38	41	41	41	50	50	22	38	30	24
6	車庫	38	38	31	34	34	34	38	38	15	31	25	17
7	食堂・調理室	41	41	31	38	38	38	41	41	19	31	25	20
8	陳列所・展示室	50	50	38	41	41	41	50	50	22	38	30	24
9	校舎・園舎	47	47	34	38	38	38	47	47	20	34	27	22
10	講堂	47	47	34	38	38	38	47	47	20	34	27	22
11	給食室	41	41	31	38	38	38	41	41	19	31	25	20
12	体育館	47	47	34	38	38	38	47	47	20	34	27	22
13	集会所・会議室	47	47	34	38	38	38	47	47	20	34	27	22
14	公民館	50	50	38	41	41	41	50	50	22	38	30	24
15	保健室・医務室・衛生室	50	50	38	41	41	41	50	50	22	38	30	24
16	脱衣室・更衣室	47	47	34	38	38	38	47	47	20	34	27	22
17	保育室・育児室	47	47	34	38	38	38	47	47	20	34	27	22
18	案内所	50	50	38	41	41	41	50	50	22	38	30	24
19	寮舎・宿舎	47	47	34	38	38	38	47	47	20	34	27	22
20	洗場・水飲場	38	38	31	34	34	34	38	38	14	31	24	15
21	浴場・風呂場	47	47	34	38	38	38	47	47	20	34	27	22
22	便所	38	38	31	34	34	34	38	38	14	31	24	15
23	教習所・養成所・研修所	38	38	31	34	34	34	38	38	14	31	24	15
24	温室	38	38	31	34	34	34	38	38	14	31	24	15
25	小屋・畜舎	38	38	31	34	34	34	38	38	15	31	25	17
26	火葬場	50	50	38	41	41	41	50	50	22	38	30	24
27	葬祭所・斎場	50	50	38	41	41	41	50	50	22	38	30	24
28	霊安室・死体安置室	50	50	38	41	41	41	50	50	22	38	30	24
29	焼却場	38	38	31	34	34	34	38	38	14	31	24	15
30	塵芥集積所	38	38	31	34	34	34	38	38	14	31	24	15
31	処理場・加工場	38	38	31	34	34	34	38	38	14	31	24	15
32	監視所・観察所	50	50	38	41	41	41	50	50	22	38	30	24
33	滅菌室	38	38	31	34	34	34	38	38	14	31	24	15
34	濾過室	38	38	31	34	34	34	38	38	14	31	24	15
35	計量器室	38	38	31	34	34	34	38	38	14	31	24	15
36	ポンプ室	38	38	31	34	34	34	38	38	14	31	24	15
37	ボイラー室	38	38	31	34	34	34	38	38	14	31	24	15
38	配電室・電気室	38	38	31	34	34	34	38	38	14	31	24	15
39	住宅	47	47	34	38	38	38	47	47	20	34	27	22
40	住宅付属建物	47	47	34	38	38	38	47	47	20	34	27	22

※「新地方公会計制度実務研究会報告書」の別表B3に基づき作成している。
出典：財務省令「減価償却資産の耐用年数等に関する省令」（昭和40年大蔵省令第15号）

主な物品の耐用年数表

別紙3-3

備品台帳		減価償却資産の耐用年数等に関する省令（耐用年数省令）			
小分類	中分類	耐用年数	種　類	構造又は用途	細　目
印刷機	事務用機械器具類	5	器具及び備品	2	複写機、計算機（電子計算機を除く）、金銭登録機、タイムレコーダーその他これらに類するもの
自動認証機	事務用機械器具類	5	器具及び備品	2	その他の事務機器
製本機	事務用機械器具類	5	器具及び備品	2	その他の事務機器
複写機	事務用機械器具類	5	器具及び備品	2	複写機、計算機（電子計算機を除く）、金銭登録機、タイムレコーダーその他これらに類するもの
大気汚染自動測定装置	製図計測機器類	5	器具及び備品	3	試験又は測定機器
超音波厚み計	製図計測機器類	5	器具及び備品	3	試験又は測定機器
粉塵計	製図計測機器類	5	器具及び備品	3	試験又は測定機器
有機物汚濁測定装置	製図計測機器類	5	器具及び備品	3	試験又は測定機器
脂肪分離機	家事裁縫用具類	5	器具及び備品	3	試験又は測定機器
食缶搬送コンベアー	家事裁縫用具類	5	器具及び備品	1	食事又はちゅう房用品・その他のもの
食油ろ過器	家事裁縫用具類	6	器具及び備品	1	電気冷蔵庫、電気洗濯機その他これらに類する電気又はガス機器
冷凍庫	家事裁縫用具類	6	器具及び備品	1	電気冷蔵庫、電気洗濯機その他これらに類する電気又はガス機器
チェンバロ	音楽用具類	5	器具及び備品	11	楽器
ピアノ	音楽用具類	5	器具及び備品	11	楽器
サッカーゴール	体育用具類	3	器具及び備品	9	スポーツ具
防球ネット	体育用具類	3	器具及び備品	9	スポーツ具
じん芥車	船車類	4	車両及び運搬具	特殊自動車	じんかい車・その他のもの
救急車	船車類	5	車両及び運搬具	特殊自動車	救急車
工作車	船車類	4	車両及び運搬具	特殊自動車	その他特殊車体を架装したもの・その他のもの
消防車	船車類	5	車両及び運搬具	特殊自動車	消防車
普通乗用車	船車類	6	車両及び運搬具	車　両	自動車（二輪又は三輪自動車を除く。）・その他のもの・その他のもの
霊柩車	船車類	4	車両及び運搬具	特殊自動車	霊きゅう車・その他のもの
さく岩機	産業機械器具類	2	工具	切削工具	－
圧縮機	産業機械器具類	3	工具	ロール	なつ染ロール、粉砕ロール、混練ロールその他のもの
切断機	産業機械器具類	2	工具	切削工具	－
粉砕機	産業機械器具類	2	工具	切削工具	－
探知機	電気機器類	5	器具及び備品	3	試験又は測定機器
蓄電池	電気機器類	6	器具及び備品	1	電気冷蔵庫、電気洗濯機その他これらに類する電気又はガス機器
発電機	電気機器類	6	器具及び備品	1	電気冷蔵庫、電気洗濯機その他これらに類する電気又はガス機器
放送設備	電気機器類	6	器具及び備品	2	インターホーン及び放送用設備
無線電信電話装置	電気機器類	6	器具及び備品	2	インターホーン及び放送用設備
純水製造装置	理化学機械器具類	5	器具及び備品	3	試験又は測定機器
蒸気機関説明器	理化学機械器具類	5	器具及び備品	3	試験又は測定機器
電子顕微鏡	理化学機械器具類	8	器具及び備品	4	引伸機、焼付機、乾燥機、顕微鏡その他の機器
粉砕装置	理化学機械器具類	5	器具及び備品	3	試験又は測定機器
油処理フェンス	理化学機械器具類	5	器具及び備品	3	試験又は測定機器
レントゲン装置	医療機械器具類	6	器具及び備品	8	その他のもの・レントゲンその他の電子装置を使用する機器・その他のもの
感覚矯正機器	医療機械器具類	6	器具及び備品	8	回復訓練機器
小動物ICUシステム	医療機械器具類	5	器具及び備品	8	その他のもの・その他のもの・その他のもの
人工蘇生器	医療機械器具類	6	器具及び備品	8	その他のもの・レントゲンその他の電子装置を使用する機器・その他のもの
臓器撮影装置	医療機械器具類	6	器具及び備品	8	その他のもの・レントゲンその他の電子装置を使用する機器・その他のもの
建物模型	標本、模型、見本類	8	器具及び備品	12	その他のもの
理化学模型	標本、模型、見本類	8	器具及び備品	12	その他のもの
歴史模型	標本、模型、見本類	8	器具及び備品	12	その他のもの
プレハブ（移動式組立家屋）	雑具類	10	器具及び備品	11	その他のもの・主として金属製のもの
遺体冷却装置	雑具類	6	器具及び備品	8	その他のもの・レントゲンその他の電子装置を使用する機器・その他のもの
可搬式動力ポンプ	雑具類	15	器具及び備品	12	主として金属製のもの
祭壇	雑具類	3	器具及び備品	11	葬儀用具
仏具類	雑具類	3	器具及び備品	11	葬儀用具

※1 「新地方公会計制度実務研究会報告書」の別表B4に基づき作成している。
※2 「構造又は用途」に関して、「器具及び備品」は番号のみを記載としている。
※3 本表では、地方公共団体の台帳に計上されている物品のうち、耐用年数省令との適用関係が不明瞭なものにつき、例示した。

償却率表（定額法） 別紙4

耐用年数	償却率（定額法）	耐用年数	償却率（定額法）	耐用年数	償却率（定額法）	耐用年数	償却率（定額法）	耐用年数	償却率（定額法）
2	0.500	21	0.048	41	0.025	61	0.017	81	0.013
3	0.334	22	0.046	42	0.024	62	0.017	82	0.013
4	0.250	23	0.044	43	0.024	63	0.016	83	0.013
5	0.200	24	0.042	44	0.023	64	0.016	84	0.012
6	0.167	25	0.040	45	0.023	65	0.016	85	0.012
7	0.143	26	0.039	46	0.022	66	0.016	86	0.012
8	0.125	27	0.038	47	0.022	67	0.015	87	0.012
9	0.112	28	0.036	48	0.021	68	0.015	88	0.012
10	0.100	29	0.035	49	0.021	69	0.015	89	0.012
11	0.091	30	0.034	50	0.020	70	0.015	90	0.012
12	0.084	31	0.033	51	0.020	71	0.015	91	0.011
13	0.077	32	0.032	52	0.020	72	0.014	92	0.011
14	0.072	33	0.031	53	0.019	73	0.014	93	0.011
15	0.067	34	0.030	54	0.019	74	0.014	94	0.011
16	0.063	35	0.029	55	0.019	75	0.014	95	0.011
17	0.059	36	0.028	56	0.018	76	0.014	96	0.011
18	0.056	37	0.028	57	0.018	77	0.013	97	0.011
19	0.053	38	0.027	58	0.018	78	0.013	98	0.011
20	0.050	39	0.026	59	0.017	79	0.013	99	0.011
		40	0.025	60	0.017	80	0.013	100	0.010

有形固定資産等の評価基準　　［　］内は取得原価が不明な場合　別紙5

	開始時		開始後	再評価
	昭和59年度以前取得分	昭和60年度以後取得分		
非償却資産 ※棚卸資産を除く	再調達原価	取得原価 ［再調達原価］	取得原価	立木竹のみ6年に1回程度
道路、河川及び水路の敷地	備忘価額1円	取得原価 ［備忘価額1円］	取得原価	－
償却資産 ※棚卸資産を除く	再調達原価	取得原価 ［再調達原価］	取得原価	－
棚卸資産	低価法	低価法	低価法	原則として毎年度

備考1　適正な対価を支払わずに取得したものは原則として再調達原価（ただし、無償で移管を受けた道路、河川及び水路の敷地は原則として備忘価額1円）
備考2　既に固定資産台帳が整備済または整備中であって、基準モデル等に基づいて評価されている資産について、合理的かつ客観的な基準によって評価されたものであれば、引き続き、当該評価額によることを許容（その場合、道路、河川及び水路の敷地については、上表による評価額を注記）
備考3　売却可能資産については、売却可能価額を注記し、当該価額は原則として毎年度再評価

地目変換表の例

別紙6

土地台帳地目		固定資産税地目への変換	
番号	地目名称	評価地目コード	評価地目名称
1	田	1	宅地※
2	畑	1	宅地※
3	宅地	1	宅地
4	池沼	2	池沼
5	山林	3	山林
6	原野	4	原野
7	ゴルフ場等	5	雑種地
8	公園	5	雑種地
9	鉄軌道用地	5	雑種地
10	雑種地	5	雑種地
11	公衆用道路	6	市平均
12	溜池	2	池沼
13	保安林	3	山林
14	河川敷	5	雑種地
15	海没地	5	雑種地
16	学校用地	1	宅地
17	墓地	5	雑種地
18	堤	6	市平均
19	用悪水路	6	市平均
20	井溝	6	市平均
21	水道用地	5	雑種地
22	砂置場	5	雑種地
23	貯水池	2	池沼
24	緑地	5	雑種地
25	その他	5	雑種地

※「田」・「畑」について、宅地並み評価（市街化区域農地）に該当する場合

建物に係る構造・用途別単価

別紙7

細則別表第1　建物再調達価額基準建築単価表

　この表は、建築年または建築価額が不明な建物および年次別建築費指数表から該当する建築費指数が得られない建物に適用する。ただし、昭和39年以前に建築された木造学校建物および建築年が不明な木造学校建物を除く。

(単位：円/㎡)

用途＼主体構造	鉄骨鉄筋コンクリート造	鉄筋コンクリート造	コンクリートブロック造	鉄骨造	木造
a　庁　　舎	235,000	180,000	115,000	90,000	95,000
b　住　　宅	165,000	155,000	105,000	90,000	100,000
c　校　　舎	135,000	135,000	100,000	80,000	90,000
d　倉　　庫	130,000	130,000	70,000	60,000	60,000
e　その他	205,000	155,000	100,000	70,000	95,000

備考　この表を適用する建物の用途は、次のとおり。
a　庁　　舎
　　庁舎、一般事務所、議会棟、公会堂、ホール、会館、美術館、博物館、図書館、体育館、病院、保健所、診療所
b　住　　宅
　　住宅
c　校　　舎
　　幼稚園園舎、学校校舎、学校講堂、学校体育館、学校図書館、学校実習室、学校給食室、学校部室、学校便所、公民館、集会所、研修所、保育所、福祉集会所、住宅集会所、簡易事務所、休憩所、待合所、宿直室、柔剣道場、母子寮、老人ホーム、寮舎、宿舎
d　倉　　庫
　　学校温室、学校物置、学校小屋、学校廊下、学校渡廊下、動物飼育舎、温室、塵芥集積所、市場、産業倉庫、と畜場、畜舎、共同作業所、訓練作業所、加工場、住宅物置、自転車置場、車庫、駐車場、上屋、簡易上屋、倉庫、廊下、渡廊下、簡易機械室棟、簡易熱源機械室棟
e　その他
　　給食センター、便所、プール（室内）、競技場、スタンド、保養所、霊安室、死体安置室、焼却場、処理場、火葬場、斎場、浴場、養護医療施設、店舗、冷蔵庫、住宅処理場、湯沸場、水飲場、洗場、食堂、調理室、脱衣室、風呂場、工場機械室棟、工場熱源機械室棟

※「公益社団法人全国市有物件災害共済会」出典資料を一部抜粋

第5部

官庁会計・企業会計から統一的な基準の財務書類を作成

第5部の内容

　第1章では、財務書類作成の概略並びに作成作業の根幹にあたる「資産負債内訳簿」の作成方法について説明する。

　第2章では、官庁会計決算から、期末一括仕訳方式による仕訳変換処理により仕訳帳を作成し、精算表に集計して財務書類を作成する方法について説明する。

　第3章では、企業会計決算書をどのように読み替えて、統一的な基準の財務書類を作成するかについて説明する。

　また、資金収支計算書の作成用のフォーマットを例示したので参考にしていただきたい。

　第4章では、一部事務組合・広域連合の場合、統一的な基準に基づく財務書類をどのように作成するかを説明する。

　なお、本書の中では、「作成」と「読替」という表現を区別して使用していることに留意されたい。

財務書類4表		官庁会計から	企業会計から
貸借対照表	BS	**作成**	**読替**
行政コスト計算書	PL	**作成**	**読替**
純資産変動計算書	NW	**作成**	**読替**
資金収支計算書	CF	**読替**	**作成**

- 官庁会計決算については、歳入歳出データ（単式簿記データ）の仕訳変換処理並びに資産負債内訳簿に基づき発生主義データを仕訳処理して集計し「作成」、統一的な基準に基づく財務書類が完成する。資金収支計算書については、単式簿記データの「読替」により完成する。
- 企業会計決算については、企業会計決算書の「読替」処理を通じて、統一的な基準に基づく財務書類が完成する。資金収支計算書については、資産負債内訳簿に基づき「作成」する。

第1章 財務書類作成の概略

第1節 どのように作成するのか

各会計・団体・法人を「官庁会計」「企業会計」及び「一部事業組合・広域連合の会計単位」に分類した上で、統一的な基準に基づく財務書類の作成方法について概要を説明する。

第1項 官庁会計からの作成

(1) 作成用基礎データの整理

財務書類を作成するために、次のデータを揃える。(財25・26・56)

①確定・承認された歳入歳出決算書と合致している歳入歳出データ……収入未済額、不納欠損額の発生主義データが含まれる。(財55)

②歳計外現金データ……歳計外現金内訳表の年度末残高数値が必要。

③資産負債内訳簿……重要な内訳簿で、第5節で説明する。(財70)

④固定資産台帳……有償無償の取得、除却簿価、減価償却費、減価償却累計額、建設仮勘定等の個別数値と合計数値が必要となり、有償取得については、歳出された予算科目名と国県補助金の財源数値が必要となる。(財65・66)

⑤健全化判断比率に関する算定様式……「総括表④：将来負担比率の状況」の退職手当負担見込額・設立法人の負債額等負担見込額の数値が必要となる。

> 財務書類は、歳入歳出データから作成する。そのため、地方財政状況調査表（決算統計）を参考にすることはあるが、その数値を使用して作成することはできない。

(2) 開始貸借対照表の作成

まず開始初年度の発生主義による貸借対照表を作成する必要があるが、各資産負債純資産について、190ページのように棚卸法的な要領で調査し確定させ完成させる。

【様式第1号】

一般会計開始貸借対照表
(平成28年4月1日現在)

(単位:百万円)

科　目	金　額	科　目	金　額
【資産の部】		【負債の部】	
固定資産	253,943	固定負債	35,362
有形固定資産	244,526	地方債	34,659
事業用資産	74,054	長期未払金	0
土　地	23,589	退職手当引当金	703
立木竹	301	損失補償等引当金	0
建　物	86,405	その他	0
建物減価償却累計額	(38,962)	流動負債	2,254
工作物	1,025	1年内償還予定地方債	2,254
工作物減価償却累計額	(658)	未払金	0
船　舶	0	未払費用	0
船舶減価償却累計額	0	前受金	0
浮標等	0	前受収益	0
浮標等減価償却累計額	0	賞与等引当金	0
航空機	0	預り金	0
航空機減価償却累計額	0	その他	0
その他	0	負債合計	37,616
その他減価償却累計額	0	【純資産の部】	
建設仮勘定	2,354	固定資産等形成分	254,850
インフラ資産	170,165	余剰分(不足分)	(5,870)
土　地	15,968		
建　物	968		
建物減価償却累計額	(321)		
工作物	288,689		
工作物減価償却累計額	(140,215)		
その他	0		
その他減価償却累計額	0		
建設仮勘定	5,076		
物　品	965		
物品減価償却累計額	(658)		
無形固定資産	652		
ソフトウェア	652		
その他	0		
投資その他の資産	8,765		
投資及び出資金	3,256		
有価証券	0		
出資金	3,256		
その他	0		
投資損失引当金	0		
長期延滞債権	2,658		
長期貸付金	1,850		
基　金	1,327		
減債基金	45		
その他	1,282		
その他	0		
徴収不能引当金	(326)		
流動資産	32,653		
現金預金	5,890		
未収金	23,250		
短期貸付金	0		
基　金	3,565		
財政調整基金	3,565		
減債基金	0		
棚卸資産	0		
その他	0		
徴収不能引当金	(52)	純資産合計	248,980
資産合計	286,596	負債及び純資産合計	286,596

注記:
- 27年度末の固定資産台帳を集計より(無形固定資産も同様)
- 地方財政状況調査票　表番号33　65行9列目の差引残高－1年以内償還予定地方債より
- 健全化判断比率に関する算定様式シート4⑤Aの将来負担額より
- 地方財政状況調査票　表番号36　1行8列目　元金の合計より
- 固定資産253,943－長期延滞債権(未収金)2,658＋流動基金3,565
- 地方財政状況調査票、表番号30　16行目投資及び出資金の平成27度末残高より
- 歳入歳出決算書・滞納繰越分・収入未済額
- 地方財政状況調査票、表番号30　1行目貸付金の平成27年度末残高より
- 地方財政状況調査票　表番号29　6行2列目　減債基金の平成27年度末残高より
- 地方財政状況調査票　表番号29　6行3列目のその他特定目的基金の平成27年度末残高より
- 徴収不納引当金作成シートより
- 歳入歳出決算書　歳入歳出差引残額より
- 歳入歳出決算書・現年繰越分・収入未済額より
- 地方財政状況調査票　表番号29　6行1列目　財政調整基金の平成27年度末残高より
- 徴収不能引当金作成シートより

（3）仕訳の起票、集計、転記

認識すべきすべての資金取引と非資金取引について、複式簿記により仕訳帳に記載する。

①記載された仕訳は、会計ソフト、表計算ソフト財務会計システム等により集計して、総勘定元帳、試算表並びに財務書類に転記する。

②財務書類は、資産負債内訳簿、固定資産台帳と照合して完成する。（財64・67）

（4）仕訳変換処理のタイミング

記帳するタイミングにより、取引の都度仕訳を行う「日々仕訳」と、期末に一括して仕訳を行う「期末一括仕訳」がある。（研294・財54）

（5）仕訳帳への記載の仕方

資金取引については「仕訳変換処理」を行い、非資金取引については「複式仕訳処理」を行い、仕訳帳へ記載する。（財64）

①単式簿記（歳入歳出データ）による資金取引は、《**別表6：仕訳変換表**》（202ページ）を参考に仕訳変換処理により仕訳帳に記載する。（財56）

（a）予算科目から統一的基準の勘定科目が「特定できる」場合、そのほとんどの予算科目は、工事請負費・公有財産購入費・委託費・補償補填等を除くと、行政コストに計上されるものと資産に計上されるものになる。（財59）その場合、《**別表6-1：資金仕訳変換表（歳入科目（特定））**》と、《**別表6-2：資金仕訳変換表（歳出科目（特定））**》に従って、仕訳変換処理する。

（b）予算科目から統一的な基準の勘定科目が「特定できない」場合、主として固定資産に関係する予算科目の場合であるが、その場合は個別伝票毎にその歳入歳出について、行政コストなのか資産形成なのか調査し、科目及び金額が特定できた場合には、《**資金仕訳変換表：別表6-3：歳入科目（仕訳複数例）**》と《**資金仕訳変換表：別表6-4：歳出科目（仕訳複数例）**》に従って、仕訳変換処理する。

②非資金取引（発生主義データ）は、現金の出入りを伴わないために仕訳記帳されていないので、複式仕訳処理して、仕訳帳に記載する。（財61・62・68）

（6）予算科目単位毎の集計値での仕訳変換処理

仕訳帳は、歳入歳出データを単位として、伝票単位毎に作成することを、原則とするが、歳入歳出データとの整合性が検証できる場合には、「予算科目単位で集計した歳入歳出データ」に仕訳を付与し、仕訳帳の1単位とすることも妨げない。」というもので、「財務書類作成要領29段落」に記載されている。

この方法は、予算科目から統一的な基準の勘定科目を「特定できる」場合、会計処理の合理化を図るために工夫され、固定資産の計上が関連しない予算科目に関して、使用される方法である。

> 実務的には、「伝票単位毎」と「予算科目の集計値」による変換の併用により作成されている。

(7) 仕訳件数と負担

①資金取引の場合

（a）予算科目から統一的な基準の勘定科目を特定できる場合、

　ⅰ）工事請負費・公有財産購入費・委託費・補償補填等を除くほとんどの予算科目が特定できるので、財務会計データの件数に相当する仕訳変換件数となる。

　ⅱ）財務書類作成要領29段落の集計値による場合、概ね予算科目数（歳入約16・歳出約28）程度の仕訳件数となる。

> **留意点**
> 会計ソフトであれ表計算ソフトシステムであれ、仕訳変換処理の設定をしておけば自動計算されるので、簿記の知識は重要ではない。

（b）予算科目から統一的な基準の勘定科目が特定できない場合、普通建設事業の個々の伝票毎に資産形成か維持補修費か判断し、歳出データとの整合性を確認したうえで、科目及び金額を特定する。そのため、全庁的な作業となる。工事請負費・公有財産購入費・委託費・補償補填等の予算科目の仕訳件数相当の仕訳件数となる。

> **留意点**
> 資産形成か維持補修費の特定は、システムの自動計算では仕訳変換処理してくれない。必要なのは、固定資産計上ルールの知識であり、簿記の知識が必要となる。

②非資金取引（発生主義データ）の場合

集計値により複式仕訳処理した場合、数十件程度の仕訳件数とする。

> **留意点**
> 発生主義データの仕訳、計算方法を知る必要があるので、複式簿記の知識は必要不可欠である。

第2項　企業会計からの読替

　水道事業等公営企業、大学等地方独立行政法人、地方公社及び第三セクター（財団法人等の公益法人、株式会社等の営利法人）は、複式簿記による発生主義の企業会計決算書を作成している。

　これらの会計単位の場合は、貸借対照表・損益計算書・純資産変動計算書の財務書類3表については、単に統一的な基準科目への読替により作成できる。資金収支計算書を作成している団体については、統一的な基準による資金収支計算書への読替により作成できるが、作成していない場合は、新たに資金収支計算書を作成する必要がある。参考に供するために、通常使用している作成用フォーマットを掲載した（228～270ページ）。

第3項　一部事務組合・広域連合の作成

　「統一的な基準」により一部事務組合・広域連合も報告主体となり作成義務が生じた。

　一部事務組合・広域連合には、現金主義による官庁会計歳入歳出決算書を作成している会計単位と発生主義により企業会計決算している会計単位があるが、その統一的な基準体系の財務書類の作成は、基本的に前述した第1項と第2項とほぼ同様の方法で作成する。

　決算書は全体数値で作成するが全部連結でないので、経費負担比率を乗じて算出した部分的数値を合算して比例連結とすることになる。

　また、その経費負担比率が毎年度異なることが多いため、その比率変動分をどう認識するかという点に留意する必要がある。

第2節　地方公会計マニュアルの作成用フォーマット

　まず、現金主義会計を採用する会計単位の決算書から統一的な基準に基づく財務書類を作成する場合、第5節の「地方公会計マニュアル　財務書類作成要領別表4の資産負債内訳簿」を参考にして作業を行う。

　また、統一的な基準の勘定科目体系への読替処理は、「財務種類作成要領　別表6　資金仕訳変換表」及び「別表7　非資金仕訳例」を参考に行う。

　次に、発生主義会計により決算書を作成している会計単位については、「地方公会計マニュアル　連結財務書類作成の手引き　Ⅷ　連結科目対応表」を参考にして決算書の読替処理を行う。

　さらに、一部事務組合・広域連合では、現金主義による官庁会計会計単位及び発生主義による企業会計会計単位の双方について、上記の方法で決算書の読替処理を行う。

第3節　どの部署が作成するのか

財務書類作成には、以下の業務がある。
- 官庁会計の決算数値から統一的な基準の財務書類を作成すること。
- 企業会計の決算数値から統一的な基準の財務書類に組み替えること。
- 資産負債整理簿等、作成・組替のために必要な資料を収集すること。

これらの業務はどの部署の担当になるだろうか。

民間企業においては、連結決算書作成責任の明確化及び迅速化という観点から、各グループ会社の各経理担当者が、適正な決算書を作成し親会社の連結財務書類作成担当者に報告している。

新地方公会計制度実務研究会報告書においても同様な考え方を採用し、将来的に、作成責任の明確化という観点より、各団体の作成担当者が統一的な基準体系の財務書類作成後、調査票に記載し、自治体の連結財務書類作成担当者に提出することを想定していたが、マニュアルにおいては、自治体側の連結決算作成担当者が作成する、としている。

民間企業の場合にはすべての連結対象会社が、複式簿記による発生主義決算の決算書で、しかも表示方法等も共通しているので、読替という作業が少なく、必要なデータの収集と報告に専念できる。

それに比べて公会計は、合算の対象となる個々の会計・団体等の決算書は、それぞれの会計単位等が準拠する法律に基づいて作成されていることから、「会計処理」「勘定体系」「表示方法」等が統一されていない。そこで、個々の会計単位で作成された決算書を、統一的な基準に基づく財務書類様式へと作成・読替する作業が必要となり、各団体の作成担当者にはある程度の知識が要求される。

なお、連結財務書類作成担当部署は、予算への反映が前提であるので、当然に財政課である。

第4節　重要性の原則を押さえる

民間企業における「重要性の原則」とは、「そもそも企業会計は定められた会計処理の方法に従って正確な計算を行うべきものであるが、本来企業会計が目的とするところは、企業の状況に関する利害関係者の判断を誤らせないようにすることにあるから、これに影響を及ぼさないような重要性の乏しいものについては、本来の厳密な会計処理によらないで他の簡便な方法によることも可能とする」という会計上の原則をいう。

この「重要性」の考え方は、研究会報告書31においても、「財務情報に省略または誤表示があれば情報利用者の意思決定に影響を及ぼすが、どの程度の省略または誤表示ならば許容し得るか（重要性）」というその他の一般的特性の1つとして説明されている。さらに同報告書の脚注において、「重要性は、会計処理及び財務報告に関する質的特性であり、地方公共団体における合規性や法規準拠性からの逸脱を認めるものではないことに留意が必要である。」との説明が加えられている。

業務上、以下の段階において、重要性の判断がなされると考えられる。

1）一般会計等各会計単位の決算書から統一的な基準財務書類の作成段階における、重要性の判断
2）発生主義による各会計単位の決算書から統一的な基準財務書類の読替段階における、重要性の判断

3）一部事務組合・広域連合の決算書の経費負担割合の変動の扱いの段階における、重要性の判断
4）連結範囲の決定段階における、重要性の判断
5）相殺消去の対象となる取引の抽出段階における会計処理の相違等による不一致の場合における、重要性の判断
6）関係団体等の決算書の適法性の判断の段階における、重要性の判断
7）附属明細書作成段階における、重要性の判断

上記に例示したもの以外にも一般会計等・全体・連結財務書類公表までのあらゆる段階で重要性の判断が求められるという点は考慮すべきことである。

重要性の判断にあたっての数値等は、各自治体が置かれた状況・規模等により異なり、企業会計におけると同様に具体的な判断基準が示されていないため、各自治体の判断の合規性について迷うところかと思われる。

官庁会計における現金管理では、重要性の原則はあり得ない。

第5節 資産負債内訳簿の作成が重要

現金主義により決算している官庁会計であっても、発生主義により決算している企業会計にあっても、統一的な基準に基づく財務書類を作成するには、「地方公会計マニュアル　財務書類作成要領　別表4　資産負債内訳簿」（第1項から第5項で例示）で示された基礎データの収集資料の作成が必要になる。

第1項　作成目的

（1）発生主義取引（非資金取引）の把握のため

地方公共団体の資産・負債の増減については、各種の原簿等において管理がなされているところであるが、特に歳入歳出を伴わない資産・負債の価値変動の把握が十分とはいえない。（財36）

資産負債内訳簿は、歳入歳出を伴わない資産・負債も含むすべての資産・負債について、勘定科目別に、期首残高、期中増減額、期末残高を記載したものである。（財37）

予算執行と連動する資産・負債の増減分については、前述のとおり歳入歳出データを基に仕訳帳が作成されるものの、歳入歳出を伴わない資産・負債の増減分については、別途、仕訳に展開する必要がある。

本作成要領では、すべての資産・負債につき、勘定科目別に、期首残高（前期末残高）、期中増減額、当期末残高を記載した資産負債内訳簿によって網羅的に把握することを原則とする。（財71）

現金主義取引（資金取引データ）と発生主義取引（非資金取引データ）を区別して増減を把握することにある。

発生主義により決算している企業会計では、貸借対照表・行政コスト計算書・純資産変動計算書の3表は読替により作成できるが、資金収支計算書は作成できない。作成するためには、現金主義取引（資金取引データ）のデータを把握する必要があるが、そのために、資産負債内訳簿が必要となるのである。

同様に、**現金主義取引（資金取引データ）と発生主義取引（非資金取引データ）を区別して増減を把握する**のである。

（2）検証のため

資産負債内訳簿は、仕訳作成前に記録整理を終えていることが必要不可欠となる。（財391）

期中の資産負債の増減を網羅的に整理した《別表4　資産負債内訳簿》を基礎として、《別表7　非資金仕訳例》に従って仕訳を行う。（財30）

資産負債内訳簿では、単に資産・負債の増減額を記載するに止まらず、歳入歳出として把握可能な現金取引と、発生主義取引（非資金取引・事象）とに区別した上で、特に後者については仕訳と対応する増減原因別に整理して、《別表2　仕訳帳》ないし《別表3　総勘定元帳》との整合性を検証可能なものとする。（財38）

ここで作業が終わるのではなく、完成した財務書類の各決算数値が正しいか否か確認しなければいけないが、照合してその検証を行うのが資産負債内訳簿となる。会計で重要なことは、作成と検証である。

（3）附属明細書作成のため

資産負債内訳簿の記録整理の過程においては、特に附属明細書で記載が求められている情報、例えば、投資の内容、出資先の純資産額、有価証券の取得原価・評価額、地方債の種類、地方債・借入金等の償還額等の詳細情報を併せて記録・添付しておくことに留意すべきである。（財40）

第2項　債権債務等整理表

債権債務整理表シート

（単位：円）

区分	勘定科目	過年度発生分				本年度 発生分		合計本年度末残高
		前年度末残高	回収支払	徴収不能	本年度末残高	徴収不能	本年度末残高	
債権	長期延滞債権							
	未収金							
	業務収入							
	税収等収入							
	国県等補助金収入							
	使用料及び手数料収入							
	その他の収入							
	投資活動収入							
	国県等補助金収入							
	貸付金元金回収収入							
	資産売却収入							
	その他の収入							
	その他の債権							
	合計							
債務	長期未払金							
	その他（固定負債）							
	未払金							
	未払費用							
	前受金							
	前受収益							
	預り金							
	その他（流動負債）							
	合計							

ここに記載した長期延滞債権、未収金等の債権、未払金、預り金等の債務の数値とは、決算時に計上される債権債務等の数値のことである。

○官庁会計の場合

　未収金については、税務課または会計課等により管理されている数値に基づき記載するが、歳入歳出決算書の決算事項別明細書の「節」には現年課税分と滞納繰越分が記載されているので、そのまま転記することが合理的である。

　「徴収不能」の金額は、歳入歳出決算書の決算事項別明細書の「不能欠損額」が記載されているので、そのまま転記する。

○企業会計の場合

　決算書、決算内訳書に記載された数値を、そのまま記入する。

○官庁会計数値と企業会計数値の関係

　例えば、「税収等収入」の場合、

　　収入済額－前年度末収入未済額＋本年度末収入未済額＝本年度発生主義による税収額

となる。これにより、発生主義による「税収額」が、純資産変動計算書へ記載される。

　逆に、発生主義取引数値から現金主義取引数値に「使用料及び手数料」を置き換える場合、

　　使用料及び手数料＋前年度末未収金－本年度末未収金＝本年度の現金主義による現金収入

になる。これにより、資金収支計算書の「使用料及び手数料収入」に記載する。

第3項　投資その他の資産明細表

投資その他の資産明細表シート

(単位：円)

区分	勘定科目	前年度末残高	当期増加			当期減少						本年度末残高
			資金支出・繰入	評価益・受贈益	合計	回収・取崩	売却	評価損	徴収不能	1年内振替	合計	
投資等	投資及び出資金											
	有価証券											
	出資金											
	その他											
	長期貸付金											
	基金											
	減債基金											
	その他											
	その他											

○官庁会計の場合

　「資金支出・繰入」の金額は、歳出データの「貸付金」「投資及び出資金」「積立金」「繰出金」の節から抽出できる。発生主義取引数値については、どのように抽出すればよいのだろうか。

　投資その他の資産明細表で扱われる勘定科目の中から、想定される発生主義取引内容を記載しているが、「受贈益」「徴収不能」金額については、担当部署で把握しているはずである。

　また、「評価益」「評価損」については、財務書類作成部署において附属明細書を作成するが、その様式（

財務書類作成要領様式第5号③） に従い評価計算を行い、記載して、本年度末残高を算出する。

「回収・取崩」の金額は、歳入データの「款」つまり「財産収入」「繰入金」「諸収入」の「項」「貸付金元金収入」から抽出される。

○企業会計の場合

いずれも取引頻度の高いものではなく、取引一件毎の個性の強い取引であるので、決算書または会計帳簿に基づいて上記明細表に記入する。

第4項 有形・無形固定資産等明細表

有形・無形固定資産等明細表シート

(単位：円)

区分	勘定科目	前年度末残高	当期増加					当期減少						本年度末残高
			有償取得	無償取得	調査判明	評価益	振替増	合計	振替減	売却	除却	無償譲渡	減価償却	合計	
有形固定資産	事業用資産														
	土　　地														
	立　木　竹														
	建　　物														
	工　作　物														
	船　　舶														
	浮　標　等														
	航　空　機														
	そ　の　他														
	建設仮勘定														
	インフラ資産														
	土　　地														
	建　　物														
	工　作　物														
	そ　の　他														
	建設仮勘定														
	物　　品														
	小　　計														
無形固定資産	ソフトウェア														
	そ　の　他														
	小　　計														
棚卸資産															
	合　　計														

○官庁会計の場合

管財課等で管理する固定資産台帳兼減価償却計算書が、作成の基礎資料になる。増減の内容ごとに集計し記載する。「有償取得」については、歳入歳出データの「節」つまり「委託費」「請負工事費」「公有財産購入費」「備品購入費」から抽出される。

なお、新地方公会計制度の統一的な基準による財務書類の作成で唯一大変なのが、この固定資産台帳の作成である。なぜなら、自治体においては民間企業と比較にならないほどの固定資産形成を行っているからで

ある。

LG-WONデータに基づく従前の方式においては、目的別により資産計上していたが、統一的な基準に基づく財務書類においては、将来の資産形成をもたらす歳出（BS計上分）と、維持補修費的な行政コスト計算書に計上する歳出（PL計上分）に区分けしなければならない。このように、資産形成支出と維持補修費的支出を区分けすることは、資産・債務改革の観点からしてきわめて重要なことであり、統一的な基準による公会計導入のポイントというべきところである。

民間企業においても、BS計上分とPL計上分の仕訳作業は、いわゆる経理マンにとって最も難しい業務といわれ、昔からそれができれば一人前といわれてきた。たとえば、ある製造業で数千億円かけて新設の工場に投資をするとなると、その経理処理を仕訳する経理担当者には、会計のみならず土木・建築・製造工程等の知識が要求される。

この膨大な作業をこなすには、予算執行データの段階から「細節」「細々節」を利用してBS計上分とPL計上分を仕訳しておくことであるが、これが可能であるならば、それにより迅速化が図れる。

また、そのBS計上・PL計上の仕訳作業を行うにあたって、関係部署間の「ルールの取り決め、その運用」を「常に共有」しておくことが重要となる。

「その運用」とは、BS計上（資本的支出）かPL計上（維持補修費）かの判断である。これを、システムでできないかという話があるが、システムによっても表計算ソフトを利用してもできるものではない。担当者の判断が要求される。

「常に共有」とは、管財課等で管理している固定資産台帳兼減価償却計算書と、財政課の歳出の執行データとの照合が必要ということである。

○企業会計の場合

官庁会計決算書作成時点ですでに減価償却費の計算のための固定資産台帳は作成済みであるため、増減について内容ごとに記入する。売却・除却取引の有無に注意すること。

第5項　地方債明細表

地方債等明細表シート

(単位：円)

	前年度末残高	増　加			減　少			本年度末残高
		借　入	振　替	計	返　済	振　替	計	
地　方　債								
1年内償還予定地方債								
合　　計								

○官庁会計の場合

「借入」欄には、歳入データの款の「地方債」から、当該数値を記載する。

「返済」欄には、歳出データの款の「公債費」または、節の「償還金利子及び割引料」から、元金部部分について当該数値を記載する。

「振替」欄には、当年度末からみた1年以内償還予定数値を記載するが、決算統計36表及び担当課からの

データにより記載する。

○企業会計の場合

すでに決算時に作成しているはずであるから、転記するだけで済む。ただし、1年内償還予定額を流動負債の部に計上していない団体もあると思われるため、その場合は担当者への質問が必要となる。

第6項　引当金明細表

引当金明細表シート

(単位：円)

勘定科目	前年度末残高	増　加			減　少			本年度末残高
		繰　入	その他	計	目的取崩	その他	計	
徴収不能引当金								
投資損失引当金								
退職手当引当金								
損失補償等引当金								
賞与等引当金								

○官庁会計の場合

引当金は、発生主義に基づく勘定科目のため、基本的に現金主義取引数値は存在しない。「残高」欄に、財務書類作成要領に定めた計算式に基づいて計算し、当該数値を記入する。

○企業会計の場合

決算時に作成していると思われるので、転記するだけである。ただ、計上すべき各引当金を計上していない団体もあるかと思われるが、財務書類作成要領に定めた計算式に基づいて計算し、同表に追加して計上するが、別途の管理資料に記入することも必要である。

第2章 官庁会計決算から作成

第1節 開始貸借対照表の作成

　開始貸借対照表の作成とは、統一的な基準導入初年度の期首における貸借対照表の資産、負債及び純資産残高を、勘定科目別に算定することである。

　一般会計等におけるこれらの期首残高は、既存の各種台帳等の原簿及び固定資産台帳（建設仮勘定を含む）を活用して**棚卸法的な要領で調査**の上、期首における価額を評価して作成する。（財48）

　純資産の残高は、資産と負債との差額として算定されるが、貸借対照表上の純資産勘定には、固定資産等形成分、余剰分（不足分）が存在する。（財49）

　開始貸借対照表について、固定資産等形成分には、固定資産の額に流動資産における短期貸付金及び基金等を加えた額を記載する。（財50）

第2節 財務書類3表の作成準備

第1項 資金仕訳変換表と非資金仕訳例

（1）「別表6：仕訳変換表」について

　①「別表6-1：資金仕訳変換表（歳入科目（特定））……歳入の予算科目から統一的基準の勘定科目が「特定できる」場合

別表6　資金仕訳変換表

1　本表は、現在までの検討に基づき作成したものであって、今後の実務経験・検討を通じて、拡充改善されるものである。
2　本表の対象は、歳入歳出（現金取引）に関する仕訳に限定している。未収金、未払金、徴収不能引当金、その他非資金取引等に関する仕訳は《別表7　非資金仕訳例》に記載している。
3　予算科目名に「※」印を付したものについては、複数の仕訳が発生するため《別表6-3　歳入科目（仕訳複数例）》及び《別表6-4　歳出科目（仕訳複数例）》を参照されたい。
4　4表で例示

別表6-1　歳入科目（特定）

予算科目名	借方		貸方	
	財書	勘定科目名	財書	勘定科目名
1. 都道府県税、市町村税	CF	税収等収入	NW	税収等
2. 地方消費税精算金	CF	税収等収入	NW	税収等
3. 地方譲与税	CF	税収等収入	NW	税収等
4. 税交付金				
利子割交付金	CF	税収等収入	NW	税収等
配当割交付金	CF	税収等収入	NW	税収等
株式等譲渡所得割交付金	CF	税収等収入	NW	税収等
地方消費税交付金	CF	税収等収入	NW	税収等
自動車取得税交付金	CF	税収等収入	NW	税収等
市町村たばこ税	CF	税収等収入	NW	税収等
都道府県交付金	CF	税収等収入	NW	税収等
ゴルフ場利用税交付金	CF	税収等収入	NW	税収等
軽油引取税交付金	CF	税収等収入	NW	税収等
国有提供施設等所在地市町村助成交付金	CF	税収等収入	NW	税収等
5. 地方特例交付金	CF	税収等収入	NW	税収等
6. 地方交付税	CF	税収等収入	NW	税収等
7. 交通安全対策特別交付金	CF	税収等収入	NW	税収等
8. 分担金及び負担金	CF	税収等収入	NW	税収等
9. 使用料及び手数料	CF	使用料及び手数料収入	PL	使用料及び手数料
10. 国庫支出金※				
11. 都道府県支出金※				
12. 財産収入				
財産貸付収入	CF	その他の収入（業務収入）	PL	その他（経常収益）
利子及び配当金	CF	その他の収入（業務収入）	PL	その他（経常収益）
財産（不動産・物品）売払収入※				
生産物売払収入※				
13. 寄付金	CF	税収等収入	NW	税収等
14. 繰入金				
特別会計繰入金	CF	税収等収入	NW	税収等
基金繰入金※				
財産区繰入金	CF	税収等収入	NW	税収等
15. 繰越金	【仕訳不要】			
16. 諸収入				
延滞金、加算金及び過料等	CF	その他の収入（業務収入）	PL	その他（経常収益）
都道府県・市町村預金利子	CF	その他の収入（業務収入）	PL	その他（経常収益）
貸付金元利収入※				
受託事業収入	CF	その他の収入（業務収入）	PL	その他（経常収益）
収益事業収入	CF	その他の収入（業務収入）	PL	その他（経常収益）
利子割精算金収入	CF	税収等収入	NW	税収等
借入金	CF	その他の収入（財務活動収入）	BS	その他（固定負債）
雑入	CF	その他の収入（業務収入）	PL	その他（経常収益）
17. 地方債	CF	地方債発行収入	BS	地方債
（特別会計に固有の科目）				
国民健康保険料	CF	税収等収入	NW	税収等
国民健康保険税	CF	税収等収入	NW	税収等
介護保険料	CF	税収等収入	NW	税収等
療養給付費等交付金	CF	税収等収入	NW	税収等
連合会支出金	CF	税収等収入	NW	税収等
共同事業交付金	CF	税収等収入	NW	税収等
支払基金交付金	CF	税収等収入	NW	税収等
共済掛金及び交付金	CF	その他の収入（業務収入）	PL	その他（経常収益）
保険金	CF	その他の収入（業務収入）	PL	その他（経常収益）
連合会特別交付金	CF	その他の収入（業務収入）	PL	その他（経常収益）
保険金及び診療補填金	CF	その他の収入（業務収入）	PL	その他（経常収益）
診療収入	CF	その他の収入（業務収入）	PL	その他（経常収益）
賦課金	CF	その他の収入（業務収入）	PL	その他（経常収益）

②「別表6-2：資金仕訳変換表（歳出科目（特定））」……歳出の予算科目から統一的基準の勘定科目が「特定できる」場合

別表6-2　歳出科目（特定）

予算科目名	借方		貸方	
	財書	勘定科目名	財書	勘定科目名
1. 報酬	PL	その他（人件費）	CF	人件費支出
2. 給料	PL	職員給与費	CF	人件費支出
3. 職員手当等※				
4. 共済費	PL	職員給与費	CF	人件費支出
5. 災害補償費	PL	職員給与費	CF	人件費支出
6. 恩給及び退職年金	PL	その他（人件費）	CF	人件費支出
7. 賃金	PL	物件費（人件費に計上されるものを除く）	CF	物件費等支出
8. 報償費	PL	物件費	CF	物件費等支出
9. 旅費	PL	物件費	CF	物件費等支出
10. 交際費	PL	物件費	CF	物件費等支出
11. 需用費				
消耗品費	PL	物件費	CF	物件費等支出
燃料費	PL	物件費	CF	物件費等支出
食糧費	PL	物件費	CF	物件費等支出
印刷製本費	PL	物件費	CF	物件費等支出
光熱水費	PL	物件費	CF	物件費等支出
修繕料	PL	物件費（家屋等の修繕で維持補修費に計上されるものを除く）	CF	物件費等支出
賄材料費	PL	物件費	CF	物件費等支出
飼料費	PL	物件費	CF	物件費等支出
医薬材料費	PL	物件費	CF	物件費等支出
12. 役務費				
通信運搬費	PL	物件費	CF	物件費等支出
保管料	PL	物件費	CF	物件費等支出
広告費	PL	物件費	CF	物件費等支出
手数料	PL	物件費	CF	物件費等支出
筆耕翻訳料	PL	物件費	CF	物件費等支出
火災保険料	PL	その他（その他の業務費用）	CF	物件費等支出
自動車損害保険料	PL	その他（物件費等）	CF	物件費等支出
13. 委託料※				
14. 使用料及び賃借料	PL	物件費	CF	物件費等支出
15. 工事請負費※				
16. 原材料費	PL	維持補修費（物件費に計上されるものを除く）	CF	物件費等支出
17. 公有財産購入費※				
18. 備品購入費※				
19. 負担金、補助及び交付金	PL	補助金等	CF	補助金等支出
20. 扶助費	PL	社会保障給付	CF	社会保障給付支出
21. 貸付金※				
22. 補償、補填及び賠償金	PL	その他（移転費用）	CF	その他の支出（移転費用支出）
23. 償還金、利子及び割引料※				
24. 投資及び出資金※				
25. 積立金※				
26. 寄附金	PL	その他（移転費用）	CF	その他の支出（移転費用支出）
27. 公課費	PL	その他（移転費用）	CF	その他の支出（移転費用支出）
28. 繰出金※				

③「別表6-3：歳入科目（仕訳複数例）」……歳入の予算科目から統一的基準の勘定科目が「特定できない」場合

別表6-3　歳入科目（仕訳複数例）

歳入科目だけから勘定科目が特定できないときは、次の例を参考に、取引内容を検討し、科目及び金額を特定して仕訳する。

予算科目・ケース	借方 財書	借方 勘定科目名	貸方 財書	貸方 勘定科目名
国庫支出金	業務活動支出の財源に充当したものか投資活動支出の財源に支出したものかを特定する。			
	CF	国県等補助金収入（業務収入）	NW	国県等補助金
	CF	国県等補助金収入（臨時収入）	NW	国県等補助金
	CF	国県等補助金収入（投資活動収入）	NW	国県等補助金
都道府県等支出金	業務活動支出の財源に充当したものか投資活動支出の財源に支出したものかを特定する。			
	CF	国県等補助金収入（業務収入）	NW	国県等補助金
	CF	国県等補助金収入（臨時収入）	NW	国県等補助金
	CF	国県等補助金収入（投資活動収入）	NW	国県等補助金
財産（不動産・物品）売払収入	1. 売却物が台帳記載の固定資産か否かを調査する。 2. 売却物が固定資産の場合は、その科目を特定する。 3. 資産売却において、簿価に対して売却損益が生じたときは、更に《別表7-1》の仕訳を行う。			
（固定資産）	CF	資産売却収入	BS	土地
	CF	資産売却収入	BS	建物
	CF	資産売却収入	BS	立木竹
	CF	資産売却収入	BS	工作物
	CF	資産売却収入	BS	船舶
	CF	資産売却収入	BS	浮標等
	CF	資産売却収入	BS	航空機
	CF	資産売却収入	BS	その他（事業用資産・インフラ資産）
	CF	資産売却収入	BS	物品
	CF	資産売却収入	BS	ソフトウェア
	CF	資産売却収入	BS	その他（無形固定資産）
（固定資産以外）	CF	資産売却収入	PL	資産売却益（臨時利益）
（有価証券売却収入）	売却において、売却損益が生じたときは、更に《別表7-1》の仕訳を行う。			
	CF	資産売却収入	BS	有価証券
生産物売払収入	1. 売払物が、台帳記載の棚卸資産である場合は、以下の仕訳を行う。 2. 棚卸資産の売却において、当該棚卸資産の簿価に対する売却損益が生じたときは、更に《別表7-1》の仕訳を行う。			
	CF	資産売却収入	BS	棚卸資産
基金繰入金　基金等の取崩しのとき	取崩した基金の科目を特定する。			
	CF	基金取崩収入	BS	財政調整基金
	CF	基金取崩収入	BS	減債基金（流動資産・固定資産）
	CF	基金取崩収入	BS	その他（基金）
貸付金元利収入	1. 長期貸付金と短期貸付金とに分け、更に元本額と利息額を分ける。 2. 利息分については、PLの収益として処理。 3. 償還金に元金と利息が混在している場合は、当初は総額で仕訳しておき、整理仕訳において、利息額分を収益に振り替えてもよい（《別表7-1》参照）。			
（長期貸付金元本額償還）	CF	貸付金元金回収収入	BS	長期貸付金
（短期貸付金元本額償還）	CF	貸付金元金回収収入	BS	短期貸付金
（利息額）	CF	その他の収入（業務収入）	PL	その他（経常収益）
（償還金）	償還された資産の科目を特定する。			
	CF	その他の収入（投資活動収入）	BS	出資金
	CF	貸付金元金回収収入	BS	その他（投資及び出資金）
	CF	その他の収入（投資活動収入）	BS	その他（投資及び出資金）

④「別表6-4:歳出科目(仕訳複数例)」……歳出の予算科目から統一的基準の勘定科目が「特定できない」場合

別表6-4　歳出科目(仕訳複数例)

歳出科目から勘定科目を特定することができないときは、次の例を参考に、取引内容を検討のうえ、科目及び金額を特定して仕訳を行う。

予算科目・ケース	借方		貸方	
	財書	勘定科目名	財書	勘定科目名
職員手当等	賞与等引当金を充当して支払った部分につき、《別表7-1》の仕訳を行う。			
	PL	職員給与費	CF	人件費支出
委託料	1. 工事の設計委託、ソフトウェアの開発委託等、資産形成支出が混在している可能性があるので、これを抽出し、資産については、建設仮勘定、ソフトウェア等、科目を特定する。 2. 自己資産の形成につながらない支出は経費とし、借方PLとする。			
(例)ソフトウェア開発支出	BS	ソフトウェア	CF	公共施設等整備費支出
(例)インフラ資産(建設仮勘定)	BS	建設仮勘定(インフラ資産)	CF	公共施設等整備費支出
(例)資産形成以外(事務委託等)	PL	物件費	CF	物件費等支出
工事請負費	1. 資産形成支出と費用が混在している可能性があるので、これを分け、資産については、建物、建設仮勘定等、科目を特定する。 2. 資産形成につながらない収益的支出は、PL維持補修費として処理する。			
(例)事業用建物工事	BS	建物(事業用資産)	CF	公共施設等整備費支出
(例)インフラ資産(建物)	BS	建物(インフラ資産)	CF	公共施設等整備費支出
(例)維持補修支出	PL	維持補修費	CF	物件費等支出
公有財産購入費	1. インフラ資産や事業用資産の科目を特定する。 2. なお、資産算入範囲外の経費支出が混在するときは、そのPL科目を特定する。			
(例)建物	BS	建物	CF	公共施設等整備費支出
(例)土地	BS	土地	CF	公共施設等整備費支出
資産形成に繋がらない支出	PL	科目を特定する。例えば物件費。	CF	物件費等支出
備品購入費	資産形成支出(原則として50万円以上)と、消耗品費支出が混在している可能性があるので、これを分け、資産については科目を特定する。			
(例)物品の購入(50万円以上)	BS	物品	CF	公共施設等整備費支出
50万円未満の物の購入	PL	物件費	CF	物件費等支出
貸付金	1. 長期貸付金と短期貸付金とに分け、更に貸付に要する事務費用があれば、これを別途に抽出する。 2. 短期貸付金については、純資産上は財源区分内部の振替とみなし、あらためて財源仕訳は行わない。 3. 貸付に付随する事務費用はPLで処理する。			
長期貸付金	BS	長期貸付金	CF	貸付金支出
短期貸付金	BS	短期貸付金	CF	貸付金支出
貸付費用	PL	その他(その他の業務費用)	CF	その他の支出(業務費用支出)
償還金、利子及び割引料	償還金元本については、債務残高が減少する科目を特定し、また、利子・割引料等はPLで処理する。			
1年以内償還予定地方債元本償還	BS	1年以内償還予定地方債	CF	地方債償還支出
短期借入金元本償還	BS	その他(流動負債)	CF	その他の支出(財務活動支出)
地方債元本償還	BS	地方債	CF	地方債償還支出
長期借入金元本償還	BS	その他(固定負債)	CF	その他の支出(財務活動支出)
地方債利子支払	PL	支払利息	CF	支払利息支出
借入金利子支払	PL	支払利息	CF	支払利息支出
過年度分過誤納還付	PL	その他(その他の業務費用)	CF	その他の支出(業務費用支出)
投資及び出資金	投資等の科目を特定する。			
有価証券購入	BS	有価証券	CF	投資及び出資金支出
出資	BS	出資金	CF	投資及び出資金支出
その他の投資	BS	その他(投資及び出資金)	CF	投資及び出資金支出
積立金	積立金等の科目を特定する。			
財政調整基金	BS	財政調整基金	CF	基金積立金支出
減債基金 (長期)	BS	減債基金(固定資産)	CF	基金積立金支出
(短期)	BS	減債基金(流動資産)	CF	基金積立金支出
その他の基金・積立金	BS	その他(流動資産)	CF	基金積立金支出
繰出金	繰出金が他会計への経常移転である場合と、基金等の取崩である場合に分け、後者については、基金を特定する。			
他会計への経常移転支出	PL	他会計への繰出金	CF	他会計への繰出支出

【仕訳変換の改訂】

予算科目体系は、基本的に全地方公共団体に共通とはいえ、若干の相異があるため、各地方公共団体は、それぞれの予算科目体系に応じて、地方公会計マニュアルの資金仕訳変換表を参考として、各地方公共団体固有の資金仕訳変換表を作成する必要がある。(財58)

> **留意点**
>
> 承認された予算科目から統一的な基準に科目変換するにあたり、各表の各科目へどこまで詳細に分類・区分するかは、費用対効果で考慮されるべきである。すなわち、あまりにも詳細に区分してしまうと複雑化・煩雑化し過ぎてしまい、却って情報としての意義が失われる可能性がある。例えば、歳出科目の需用費について、詳細に区分すると物件費、維持補修費、補助金等、その他移転費用等に統一的な基準に科目変換（区分）することになるが、物件費と維持補修費に科目変換（区分）することでも意思決定情報としての意義は保持されるはずである。

予算科目や勘定科目が変更されたときは、本資金仕訳変換表を改訂する必要がある。また、国・地方公共団体における複式簿記・発生主義会計にかかる現時点までの検討・経験を踏まえて整備されたものであり、今後の実施過程によって追加・変更されることがあり得る。(財57)

（2）非資金仕訳例（別表7）

①「別表7－1：整理仕訳」……別表6-3・6-4で科目は特定できたが、資産売却収入等、最終的な損益確定のために行う仕訳。

別表7　非資金仕訳例

別表7－1　整理仕訳

本表において「整理仕訳」とは、複数の勘定科目が混在する取引につき、当初、1科目・金額で処理し、後日、その仕訳を正しい科目・金額に修正する振替仕訳をいう。

以下、歳入歳出仕訳において、当初、混在する仕訳を行った場合の整理仕訳例を掲載する。ただし、リース資産については、当初から資産分と費用分を分解して仕訳する例と、当初は物件費として仕訳する例を示す。

No.	ケース		借　方			貸　方		
			財書	勘定科目名	金額	財書	勘定科目名	金額
1	固定資産売却益	元本額100、売却額120、売却益20。当初売却総額をもって処理していたところ、これを修正						
		当初仕訳	CF	資産売却収入	120	BS	土地	120
		整理仕訳	BS	土地	20	PL	資産売却益	20
2	有価証券及び出資金売却益	元本額100、売却額120、売却益20。当初売却総額をもって処理していたところ、これを修正						
		当初仕訳	CF	資産売却収入	120	BS	有価証券	120
		整理仕訳	BS	有価証券	20	PL	資産売却益	20
3	固定資産売却損	元本額100、売却額70、売却損30。当初売却総額をもって処理していたところ、これを修正						
		当初仕訳	CF	資産売却収入	70	BS	土地	70
		整理仕訳	PL	資産除売却損	30	BS	土地	30
4	有価証券及び出資金売却損	元本額100、売却額70、売却損30。当初売却総額をもって処理していたところ、これを修正						
		当初仕訳	CF	資産売却収入	70	BS	有価証券	70
		整理仕訳	PL	資産除売却損	30	BS	有価証券	30
5	短期貸付元利金混在償還	貸付金償還総額100、うち元金90、利息10。当初償還総額をもって処理していたところ、これを修正						
		当初仕訳	CF	貸付金元金回収収入	100	BS	短期貸付金	100
		整理仕訳	BS	短期貸付金	10	PL	その他の収入（経常収益）	10
			CF	その他の収入（業務収入）	10	CF	貸付金元金回収収入	10
6	退職手当引当金振替	当初、全額職員給与費で処理していたところ、退職手当引当金を取崩して充当						
		当初仕訳	PL	職員給与費	100	CF	人件費支出	100
		整理仕訳	BS	退職手当引当金	100	PL	職員給与費	100
7	賞与等引当金振替	当初、全額職員給与費で処理していたところ、賞与等引当金を取崩して充当						
		当初仕訳	PL	職員給与費	100	CF	人件費支出	100
		整理仕訳	BS	賞与等引当金	100	PL	職員給与費	100
8	リース資産	購入見積額100、5年リース、年間支払額25（うち購入額相当額20　利息相当額5）						
	①当初から資産分と費用分を分解して仕訳する場合							
	取得時		BS	科目を特定する。例えば物品。	100	BS	その他（固定負債）	100
	初年度リース料支払　本体分		BS	その他（固定負債）	20	CF	その他の支出（財務活動支出）	20
	初年度リース料支払　利息分		PL	支払利息	5	CF	支払利息支出	5
	償　却　（有形固定資産の場合）		PL	減価償却費	20	BS	有形固定資産の減価償却累計額を特定	20
	（無形固定資産の場合）		PL	減価償却費	20	BS	無形固定資産の科目を特定	20
	②当初は物件費として仕訳する場合	当初支払額を物件費で処理していたところ、これを修正						
	取得時		BS	科目を特定する。例えば物品。	100	BS	その他（固定負債）	100
		当初仕訳	PL	物件費	25	CF	物件費等支出	25
	初年度リース料支払 本体分	整理仕訳	BS	その他（固定負債）	20	PL	物件費	25
			PL	支払利息	5			
			CF	物件費等支出	20	CF	その他の支出（財務活動支出）	20
	初年度リース料支払 利息分	整理仕訳	CF	物件費等支出	5	CF	支払利息支出	5
	償　却　（有形固定資産の場合）		PL	減価償却費	20	BS	有形固定資産の減価償却累計額を特定	20
	（無形固定資産の場合）		PL	減価償却費	20	BS	無形固定資産の科目を特定	20

②「別表7-2：未収・未払の仕訳」……収入未済額の洗い替え仕訳。

別表7-2 未収・未払の仕訳

歳入歳出データのうち、未収金及び未払金に関する仕訳は、次のとおりである。

No.	ケース	借方 財書	借方 勘定科目名	借方 金額	貸方 財書	貸方 勘定科目名	貸方 金額
9	前年度末に未収計上したものの本年度収納		貸方はBS未収金として既存の未収金を消込み、借方のCF科目を特定する。CF科目は、その未収金を計上した元の相手科目から判断して、以下のいずれかを選択する。				
		CF	科目を特定する。例えば税収等収入。		BS	未収金	
10	前年度末に未払金計上したものの本年度支払		借方はBS未払金として既存の未払金を消込み、貸方のCF科目を特定する。				
		BS	未払金		CF	科目を特定する。例えば公共施設等整備費支出。	
11	前年度末に未払費用計上したものの本年度支払		借方はBS未払費用として既存の未払費用を消込み、貸方のCF科目を特定する。				
		BS	未払費用		CF	科目を特定する。例えば支払利息支出。	
12	本年度末に未収金が発生した場合の処理		1. 現金取引（未済）の場合、借方がBS未収金となる。 2. 過年度未収計上分（再調定分）であって、本年度末においてもなお未収である場合、重複して未収計上しないこと。				
	①税金（例）	BS	未収金		NW	税収等	
	②資産売却収入の未収金（損益が発生しない場合）						
	固定資産売却	BS	未収金		BS	固定資産の科目を特定	
	投資その他の資産の譲渡	BS	未収金		BS	投資その他の資産の科目を特定	
	③資産売却収入の未収金（益が発生した場合）		（例）元本額100　売却額120　売却益20				
	土地売却例	BS	未収金	120	BS	土地	100
					PL	資産売却益	20
	④資産売却収入の未収金（損が発生した場合）		（例）元本額100　売却額70　売却損28				
	土地売却例	BS	未収金	70	BS	土地	100
		PL	資産除売却損	30			
	⑤その他の収益の未収金		BS科目は未収金であるが、相手科目としてPL収益科目の特定を要する。				
		BS	未収金		PL	PLの収益科目を特定	
13	年度末に未払金が発生した場合の処理		現金取引（未済）の場合、貸方がBS未払金及び未払費用となる。				
	土地（例）	BS	土地		BS	未払金	

③「別表7-3：未収金に関する不納欠損の仕訳」……不納欠損の仕訳。

別表7-3 未収金に関する不納欠損の仕訳

歳入歳出データのうち、未収金について不納欠損決定した額に関する仕訳は、次のとおり行う。

No.	ケース	借方 財書	借方 勘定科目名	貸方 財書	貸方 勘定科目名
14	徴収不能引当金を計上している債権の場合				
	未収金の不納欠損（例）	BS	徴収不能引当金	BS	未収金
15	徴収不能引当金を計上していない債権の場合				
	未収金の不納欠損（例）				
	（業務上行っている債権の場合）	PL	その他（その他の業務費用）	BS	未収金
	（上記以外の債権の場合）	PL	その他（臨時費用）	BS	未収金

④「別表7-4：歳計外資金の仕訳」……現金と預り金の仕訳。

別表7-4 歳計外資金の仕訳

歳計外現金（例：社会保険料等の預り金）の受入、払出に関する仕訳は次のとおりである。なお、年度末に本年度増減総額をもって処理してもよい。

No.	ケース	借方		貸方	
		財書	勘定科目名	財書	勘定科目名
16	歳計外現金の受入	CF	本年度歳計外現金増減額	BS	預り金
17	歳計外現金の払出	BS	預り金	BS	本年度歳計外現金増減額

⑤「別表7-5：歳入歳出データに含まれない非資金仕訳」……固定資産、地方債、引当金等、発生主義の仕訳の例。

別表7-5 歳入歳出データに含まれない非資金仕訳

歳入歳出データに含まれない非資金取引に関する仕訳（例）は、次のとおりである。

No.	ケース	借方		貸方	
		財書	勘定科目名	財書	勘定科目名
18	固定資産の無償所管換受入・寄付受入・受贈	BS	固定資産の科目を特定	NW	無償所管換等
19	固定資産が調査によって判明した場合	BS	固定資産の科目を特定	NW	無償所管換等
20	投資その他の資産の無償所管替受入・寄付受入・受贈	BS	投資その他の資産の科目を特定	NW	無償所管換等
21	固定資産の除却	PL	資産除売却損	BS	固定資産の科目を特定
22	固定資産の無償所管替払出・寄付払出	NW	無償所管換等	BS	固定資産の科目を特定
23	棚卸資産への振替	BS	棚卸資産	BS	有形固定資産の科目を特定
24	満期保有目的有価証券等の強制評価減	PL	その他（臨時損失）	BS	投資その他の資産の科目を特定
25	満期保有目的の債券以外の有価証券及び市場価格のある出資金の評価益	BS	投資その他の資産の科目を特定	NW	資産評価差額
26	満期保有目的の債券以外の有価証券及び市場価格のある出資金の評価損	NW	資産評価差額	BS	投資その他の資産の科目を特定
27	投資損失引当金の計上	PL	投資損失引当金繰入額	BS	投資損失引当金
28	投資損失引当金の取崩し	BS	投資損失引当金	PL	その他（経常収益）
29	市場価格のない投資及び出資金（連結対象団体及び会計に対するもの）の回収不能				
	投資損失引当金を計上している投資その他の資産の場合	BS	投資損失引当金	BS	引当てた投資その他の資産の科目を特定
	投資損失引当金を計上していない投資その他の資産の場合	PL	その他（臨時損失）	BS	投資その他の資産の科目を特定
30	徴収不能引当金の計上	PL	徴収不能引当金繰入額	BS	徴収不能引当金
31	徴収不能引当金の取崩し	BS	徴収不能引当金	PL	その他（経常収益）
32	賞与等引当金の計上	PL	賞与等引当金繰入額	BS	賞与等引当金
33	退職手当引当金の計上	PL	退職手当引当金繰入額	BS	退職手当引当金
34	損失補償等引当金の計上	PL	損失補償等引当金繰入額	BS	損失補償等引当金
35	固定資産から流動資産への振替				
	貸付金（例）	BS	短期貸付金	BS	長期貸付金
36	固定負債から流動負債への振替				
	地方債（例）	BS	地方債	BS	1年以内償還予定地方債
37	固定資産の減価償却				
	有形固定資産	PL	減価償却費	BS	有形固定資産の減価償却累計額を特定
	無形固定資産	PL	減価償却費	BS	無形固定資産の科目を特定
38	建設仮勘定の本勘定への振替	BS	建物	BS	建設仮勘定

> **留意点**
>
> 別表6・7の仕訳は地方公会計マニュアルの仕訳である。第2部第2章第2節第2項「総勘定元帳の作成」(46ページ)に記載したように、本書では予算科目を統一的な基準の科目に変換した場合の仕訳の相手科目は、「現金預金勘定」により行っていることに留意。

第2項　現金主義取引の仕訳帳の作成

期末一括仕訳方式により、「伝票単位毎の変換」と「予算科目の集計値により整合性が検証できる場合の集計値単位の変換」の併用という方式で作成する。

固定資産の計上が関係する委託費、請負工事費・公有財産購入費等のデータからは、当該データについて「伝票単位毎」に固定資産計上なのか行政コスト計上なのか、固定資産の増減調査の段階で明確にして、仕訳変換処理する。

固定資産の計上が関連しない科目に関しては、概ね「予算科目の集計値により整合性の検証を行い集計値単位」で仕訳変換処理する。

(1) 歳入仕訳

211ページの「歳入科目」の仕訳変換表シートは、第1項で示された資金仕訳変換表を整理し、留意点も集約したシートである。

財務会計システムの歳入データから、予算科目の階層のうち「款」を検索集計し、下記の歳入変換シートに従い、適宜「節」も参考にしながら該当金額を統一的な基準で定めた勘定科目に適宜該当すると思われる科目に金額を記入して完成させる。

例えば、税収を、「伝票単位毎」に変換しても、「予算科目の集計値単位」で変換しても、集計結果が異なるとは考えられないので、「歳入変換表」に基づき集計値で仕訳を行い、複式簿記による帳簿体系に取り込む。

(借方)	資　　金	735,431	(貸方)	税 収 等	347,586
				国県等補助金	161,477
				使用料及び手数料	19,874
				その他の経常収益	15,285
				その他の臨時利益	8,538
				資産売却益	704
				出 資 金	10
				長期貸付金	82,688
				減債基金	1,257
				財政調整基金	2,806
				その他の基金	8,190
				地 方 債	87,016

「歳入科目」の仕訳変換表シート

分類	款名称（31〜37行目まで国保・介護・後期特会）	純資産変動計算書		行政コスト計算書				貸借対照表				
		税収等	国県等補助金	使用料及び手数料	その他の経常収益	その他の臨時利益	資産売却益	基金	貸付金	投資及び出資金	地方債	その他の固定負債
1	都道府県民税、市町村民税	●	−	−	−	−	−	−	−	−	−	−
2	地方譲与税	●	−	−	−	−	−	−	−	−	−	−
3	利子割交付金	●	−	−	−	−	−	−	−	−	−	−
4	配当割交付金	●	−	−	−	−	−	−	−	−	−	−
5	株式等譲渡所得割交付金	●	−	−	−	−	−	−	−	−	−	−
6	地方消費税交付金	●	−	−	−	−	−	−	−	−	−	−
7	ゴルフ場利用税交付金	●	−	−	−	−	−	−	−	−	−	−
8	自動車取得税交付金	●	−	−	−	−	−	−	−	−	−	−
9	軽油取引税交付金	●	−	−	−	−	−	−	−	−	−	−
10	国有提供施設等所在市町村	●	−	−	−	−	−	−	−	−	−	−
11	地方特例交付金	●	−	−	−	−	−	−	−	−	−	−
12	地方交付税	●	−	−	−	−	−	−	−	−	−	−
13	交通安全対策交付金	●	−	−	−	−	−	−	−	−	−	−
14	石油貯蔵施設立地対策等交付金	●	−	−	−	−	−	−	−	−	−	−
15	分担金及び負担金	●	−	−	−	−	−	−	−	−	−	−
16	使用料及び手数料	−	−	●	−	−	−	−	−	−	−	−
17	国庫支出金	−	●	−	−	−	−	−	−	−	−	−
18	都道府県支出金	−	●	−	−	−	−	−	−	−	−	−
19	財産収入	−	−	−	●	−	●	−	−	●	−	−
20	寄付金	●	−	−	−	−	−	−	−	−	−	−
21	繰入金	●	−	−	−	−	−	●	−	−	−	−
22	繰越金	−	−	−	−	−	−	−	−	−	−	−
23	諸収入	●	−	−	●	−	−	−	●	−	−	●
24	地方債	−	−	−	−	−	−	−	−	−	●	−
1	国民健康保険料	●	−	−	−	−	−	−	−	−	−	−
3	国民健康保険税	●	−	−	−	−	−	−	−	−	−	−
1	介護保険料	●	−	−	−	−	−	−	−	−	−	−
15	療養給付費等交付金	●	−	−	−	−	−	−	−	−	−	−
	連合会支出金	●	−	−	−	−	−	−	−	−	−	−
25	共同事業交付金	●	−	−	−	−	−	−	−	−	−	−
	支払基金交付金	●	−	−	−	−	−	−	−	−	−	−
1	後期高齢者医療保険料	●	−	−	−	−	−	−	−	−	−	−
26	前期高齢者交付金	●	−	−	−	−	−	−	−	−	−	−
	共済掛金及び交付金	−	−	−	●	−	−	−	−	−	−	−
	保険金	−	−	−	●	−	−	−	−	−	−	−
	連合会特別交付金	−	−	−	●	−	−	−	−	−	−	−
	保険金及び診療補填金	−	−	−	●	−	−	−	−	−	−	−
	診療収入	−	−	−	●	−	−	−	−	−	−	−
	賦課金	−	−	−	●	−	−	−	−	−	−	−
資金収支計算書科目への組替	勘定科目	税収等収入	国県等補助金収入	使用料及び手数料収入	その他の業務収入	臨時収入	資産売却収入	基金取崩収入	貸付金元金回収収入	その他の投資活動収入	地方債発行収入	その他の財務活動収入
	区分	業務収入						投資活動収入			財務活動収入	
		業務活動収支区分						投資活動収支区分			財務的収入区分	

吹き出し注記：
- 財産売却収入（19行目「資産売却益」列）
- 出資金等の返金（19行目「投資及び出資金」列）
- 利子割精算金収入（23行目「税収等」列）
- 貸付金元金収入（23行目「貸付金」列）

※国県等補助金収入のうち、投資活動支出の財源に充当した収入は、「投資活動収入」区分の「国県等補助金収入」に組み替える。

（2）歳出仕訳

213ページの「歳出科目」の仕訳変換表シートは、第1項で示された資金仕訳変換表を整理し、留意点も集約したシートである。

財務会計システムの歳出データから、予算科目の階層のうち「節」を検索集計し、下記の歳出変換シートに従い、該当金額を統一的な基準で定めた勘定科目に適宜「細節」も参考にしながら該当すると思われる科目に金額を記入して完成させる。

ただし、固定資産の計上が関係する委託費、請負工事費・公有財産購入費等のデータは、増減調査の段階で資産計上か行政コスト計上か明確にして仕訳処理しておく。

「歳出変換表」に基づき集計値で仕訳を行い、複式簿記による帳簿体系に取り込む。

（借方）	職員給与費	107,210	（貸方）資　　金	727,613
	その他の人件費	16,350		
	物　件　費	31,310		
	維持補修費	6,860		
	その他の物件費	25		
	支払利息	17,584		
	その他の業務関連費用	6,536		
	補助金等	41,175		
	社会保障給付	188,550		
	他会計への繰出金	68,143		
	その他の移転費用	1,162		
	災害復旧事業費	1,704		
	出　資　金	11,813		
	長期貸付金	79,697		
	その他の基金	3,552		
	財政調整基金	1,213		
	その他の投資その他の資産	216		
	土　　地	28,663		
	建　　物	17,244		
	工　作　物	1,406		
	建設仮勘定	5,734		
	インフラ用土地	12,548		
	インフラ用建物	740		
	インフラ用工作物	4,006		
	インフラ用建設仮勘定	972		
	物　　品	2,145		
	ソフトウェア	3,009		
	1年内償還予定地方債	67,320		
	その他の流動負債	726		

「歳出科目」の仕訳変換表シート

(表は省略)

第3項 発生主義取引の仕訳帳の作成

（1）債権債務等整理表からの仕訳

「資産負債内訳簿の作成が重要」（195ページ）で示したように、各明細表に記載した合計数値を下記に示す発生主義仕訳を行い、複式簿記による帳簿体系に取り込む。

○未収金（収入未済額の処理）

未収金が、前年度より増加した場合には、借方を債権とする仕訳により各々増加させる。前年度より減少した場合は、貸借逆仕訳になる。

（借方）	未 収 金	898	（貸方）	税 収 等	362
	使用料及び手数料	18		その他の経常収益	450
				長期延滞債権	104

なお、国民健康保険事業特別会計・介護保険事業特別会計における社会保険料収入も「税収等」として仕訳変換処理する。

（2）投資その他の資産明細表からの発生主義仕訳

○洗替による評価益・強制評価減があった場合

（借方）	出 資 金	2,710	（貸方）	資産評価差額	2,710
	その他の臨時損失	1,000		出 資 金	1,000

○減債基金のうち1年以内に償還されるものがあった場合

（借方）	流動減債基金	36,214	（貸方）	固定減債基金	36,214

（3）有形・無形固定資産明細表からの発生主義仕訳

○無償取得・調査判明・再評価益・建設仮勘定からの振替があった場合

（借方）	インフラ用工作物	32	（貸方）	無償所管換等	32
	立 木 竹	2		資産評価差額	2
	工 作 物	650		建設仮勘定	650

○売却、除却があった場合

（借方）	資産除売却損	15,248	（貸方）	建 物	14,295
				物 品	953
	資産売却益	10,228		土 地	10,228

○減価償却の計算

（借方）	減価償却費	56,459	（貸方）	建 物	22,306
				工 作 物	3,421
				インフラ用建物	427
				インフラ用工作物	25,838
				物 品	3,094
				ソフトウェア	1,353

（4）地方債明細表からの発生主義仕訳

○1年以内償還予定額の振替

（借方）地　方　債	63,327	（貸方）1年内償還予定地方債	63,327

（5）引当金明細表からの発生主義仕訳

○徴収不能引当金

・繰入する場合

（借方）徴収不能引当金繰入額　2,301　　（貸方）徴収不能引当金　2,301

・目的取崩の場合

（借方）徴収不能引当金　3,185　　（貸方）未　収　金　883
　　　　　　　　　　　　　　　　　　　　　長期貸付金　2,302

・目的外取崩の場合

（借方）徴収不能引当金　2,060　　（貸方）その他の臨時利益　2,060

○退職手当引当金

・繰入する場合

（借方）退職手当引当金繰入額　2,725　　（貸方）退職手当引当金　2,725

・目的取崩の場合

（借方）退職手当引当金　9,296　　（貸方）職員給与費　9,296

・目的外取崩の場合

（借方）退職手当引当金　×××　　（貸方）その他の臨時利益　×××

○損失補償等引当金

・繰入の場合

（借方）損失補償等引当金繰入額　×××　　（貸方）損失補償等引当金　×××

・目的取崩の場合

（借方）損失補償等引当金　×××　　（貸方）その他の移転費用　×××

（注）損失補償の支出は、22節の補償補填及び賠償金で歳出されている。

・目的外取崩の場合

（借方）損失補償等引当金　2,083　　（貸方）その他の臨時利益　2,083

○賞与等引当金

・繰入する場合

（借方）賞与等引当金繰入額　6,883　　（貸方）賞与等引当金　6,883

・目的取崩の場合

（借方）賞与等引当金　5,639　　（貸方）職員給与費　5,639

・目的外取崩の場合

（借方）賞与等引当金　1,251　　（貸方）その他の臨時利益　1,251

第4項 純資産変動計算書の固定資産等形成分の列の作成

　純資産変動計算書の固定資産等の変動の数値は、本年度、将来世代に対して、どの程度資源配分したのかを表す数値である。

　この数値は、「資産負債内訳簿」のデータに基づくものであり、仕訳変換処理で転記できない。

○有形固定資産等の増加
　・別表4-5有形固定資産等明細表から、「有償取得」の数値を転記する。

○有形固定資産等の減少
　・別表4-5有形固定資産等明細表から、「売却・除却・減価償却」の合計数値を転記する。

○貸付金・基金等の増加
　・別表4-4投資その他の資産明細表から、「資金支出」の数値を転記する。

○貸付金・基金等の減少
　・別表4-5投資その他の資産明細表から、「回収・取崩・売却・徴収不能」の合計数値を転記する。

　なお、余剰分（不足分）の列は、固定資産等形成分に記載した額の正負反対の額となる。すなわち、固定資産等の変動における固定資産の増減＝資金の増減という関係となる。

○資産評価差額
　資産評価差額の合計の列の金額をそのまま転記する。

○無償所管換等
　無償所管換等の合計の列の金額をそのまま転記する。

○そ の 他
　有償取得以外の原因（例えば過年度修正）により増加した固定資産の増減等を入力する。

第3節 財務書類の作成

第1項 資金収支計算書の読替

　財務会計システムの歳入歳出データは、現金収支のデータであるため、歳入は「款」及び「節」を、歳出は性質を表す「節」を、第2節第2項の仕訳変換シートに基づき業務活動収支、投資活動収支及び財務活動収支に読み替えることにより作成する。

　歳入歳出共に読み替えられた収入、支出につき、資金収支計算書の所定の様式に記入することにより完成する。企業会計におけるキャッシュ・フロー計算書作成時においては仕訳を起票することなく行うが、同様に作成することができる。

> **留意点**
>
> 　歳入データから「国県等補助金収入」に読み替えたもののうち、投資活動支出の財源に充当した額は、「投資活動収入」の「国県等補助金収入」に組み替えることに留意する。

第2項 財務書類3表の作成

　第5部第2章第2節「財務書類3表の作成準備」において仮数値により仕訳を例示したが、財務書類を作成するのに必要なすべての仕訳を作成したら、下記に表示した「精算表」に転記する。

　転記の方法であるが、総務省の無償ソフト、表計算ソフトによれば、自動処理してくれる。

- 行政コスト計算書は、第5部第2章第2節第2項の「歳入科目の歳入変換表」と「歳出科目の歳出変換表」の科目欄の合計額が、行政コスト計算書の資金取引（現金主義取引）の金額に相当する。次に、発生主義取引、つまり減価償却費、退職手当引当金繰入額等の金額を算出し仕訳起票することにより、行政コスト計算書も完成する。
- 貸借対照表については、開始時残高がすでに算出されているから、そこに歳入歳出決算書の現金主義数値の増減を加減し、かつ、発生主義数値の増減を加減し、その合計額が貸借対照表の当該年度の残高になるわけである。
- 純資産変動計算書については、現金取引金額と発生主義取引金額の増減を加味して完成させるが、統一的な基準においては「固定資産等の変動（固定資産等形成分）」を表示するので、資産負債内訳簿より数値を、純資産変動計算書に記載して完成する。
- 行政コスト計算書…………50〜73行
- 貸借対照表………………… 1〜49行
- 純資産変動計算書…………74〜79行（「複式簿記の精算表」218ページ参照）

複式簿記の精算表シート

区分				勘定科目	開始時残高		現金主義仕訳		発生主義仕訳		本年度末残高		行
					借方	貸方	借方	貸方	借方	貸方	借方	貸方	
資産の部	固定資産	有形固定資産	事業用資産	事業用土地	1,142,638		28,663		0	10,228	1,161,073		1
				事業用立木竹	637		0		2	0	639		2
				事業用建物	477,400		17,244		0	36,601	458,043		3
				事業用工作物	9,089		1,406		650	3,421	7,724		4
				事業用船舶	2		0		0	0	2		5
				事業用浮標等	3		0		0	0	3		6
				事業用航空機	1		0		0	0	1		7
				その他の事業用資産	1		0		0	0	1		8
				事業用建設仮勘定	2,301		5,734		0	650	7,385		9
			インフラ用資産	インフラ用土地	1,813,712		12,548		0	0	1,826,260		10
				インフラ用建物	9,742		740		0	427	10,055		11
				インフラ用工作物	742,920		4,006		32	25,838	721,120		12
				その他のインフラ用資産	1		0		0	0			13
				インフラ用建設仮勘定	20,232		972		0	0	21,204		14
			物品		14,563		2,145		0	4,047	12,661		15
		無形固定資産		ソフトウェア	20		3,009		0	1,353	1,676		16
				その他の無形固定資産	10		0		0	20	(10)		17
		投資その他の資産		有価証券	0		0	0	0	0	0		18
				出資金	4,110		11,813	10	3,710	2,251	17,372		19
				その他の投資及び出資金	0		0	0	0	0			20
				投資損失引当金	(1,266)				1,251	1,251	(1,266)		21
				長期延滞債権	10,606				(691)	104	9,811		22
				長期貸付金	56,190		79,697	82,688	0	4,803	48,396		23
				固定資産減債基金	99,441		0	1,022	0	36,214	62,205		24
				その他の基金	29,411		3,552	8,425	0	0	24,538		25
				その他の投資その他の資産	0		216		0	0	216		26
				徴収不能引当金	(3,309)				5,678	3,080	(711)		27
	流動資産			現金預金	15,145		726,893	727,181	771	0	15,628		28
				未収金	2,569				898	883	2,584		29
				短期貸付金	0				2,759	0	2,759		30
				財政調整基金	2,092		1,213	2,806	0	0	499		31
				流動減債基金	0				36,214	0	36,214		32
				棚卸資産	20				5	0	25		33
				その他の流動資産	0				0	0	0		34
				徴収不能引当金	(691)				0	(346)	(345)		35
固定負債				地方債		1,294,208		87,016	63,327	0		1,317,897	36
				長期未払金		15			0	0		15	37
				退職手当引当金		90,715			9,296	2,725		84,144	38

負債の部	流動負債	損失補償等引当金		5,631		2,083	0	3,548	39
		その他の固定負債		5,922	0	726	1,911	7,107	40
		1年内償還予定地方債		67,320	67,320	0	63,327	63,327	41
		未払金		11		0	20	31	42
		未払費用		8		0	0	8	43
		前受金		6		0	0	6	44
		前受収益		4		0	0	4	45
		賞与等引当金		5,639		5,639	6,883	6,883	46
		預り金		7,737		0	771	8,508	47
		その他の流動負債		726	726	0	726	726	48
純資産の部		前年度繰越		2,969,648	2,969,648			2,969,648	49
行政コスト計算書	純行政コスト	経常費用	業務費用	人件費	職員給与費	107,210	0	14,935	92,275	50
					賞与等引当金繰入		6,883	0	6,883	51
					退職手当引当金繰入額		2,725	0	2,725	52
					その他の人件費	16,350	0	0	16,350	53
				物件費等	物件費	31,310	0	5	31,305	54
					維持補修費	6,860	0	0	6,860	55
					減価償却費	56,459	56,459	0	56,459	56
					その他の物件費	25	0	0	25	57
				業務関連費用	支払利息	17,584	0	0	17,584	58
					徴収不能引当金繰入額		2,734	0	2,734	59
					その他の業務関連費用	6,536	20	0	6,556	60
			移転費用		補助金等	41,175	0	0	41,175	61
					社会保障給付	188,550	0	0	188,550	62
					他会計への繰出金	68,143	0	0	68,143	63
					その他の移転費用	730	0	0	730	64
		経常収益			使用料及び手数料	19,874	0	(18)	19,856	65
					その他の経常収益	15,285	0	450	15,735	66
		臨時損失			災害復旧事業費	1,704	0	0	1,704	67
					資産除売却損		24,752	0	24,752	68
					投資損失引当金繰入額		1,251	0	1,251	69
					損失補償引当金繰入額		0	0	0	70
					その他の臨時損失		1,020	0	1,020	71
		臨時利益			資産売却益	0	10,228	9,524	0	72
					その他の臨時利益	704	0	4,143	4,143	73
	財 源				税 収	347,586	0	362	347,948	74
					国県等補助金	161,477	0	0	161,477	75
純資産変動計算書	本年度差額				資産評価差額		0	3,712	3,712	76
					無償所管換等		0	32	32	77
	本年度純資産変動額 (マイナス表示は費用・損失)				その他の純資産変動額(固定資産)		0	0	0	78
					その他の純資産変動額(余剰分)	1,911	0	(1,911)	(1,911)	79
	合 計					4,447,590	1,454,074	240,333	5,012,844	
						4,447,590	1,454,074	240,333	5,012,844	

第3章 企業会計決算書からの読替

第1節　作成準備

第1項　開始貸借対照表の作成

　発生主義により決算書を作成している企業会計の場合、統一的な基準による財務書類の初年度導入時に、開始貸借対照表をわざわざ作成することは不要である。なぜなら、複式簿記による発生主義決算書で作成済みだからである。ただし、勘定科目の体系が統一的な基準の体系と異なるため、読替が必要になる。

第2項　財務書類3表の読替

① ここにいう財務書類3表とは、資金収支計算書を除いた貸借対照表、行政コスト計算書、純資産変動計算書をいう。この3表については、決算書の読替で作成できるのに対して、資金収支計算書については、新たに作成しなければならない。
② 貸借対照表は、読替により作成する。
③ 行政コスト計算書は、損益計算書から読替により作成する。ただし、統一的な基準では行政コスト計算書の費目が性質別分類になっているため、水道事業会計等の損益計算書のように目的別表示となっている会計単位については、附属明細書の収益費用明細書の「節」に基づいて読替をする必要がある。
④ 純資産変動計算書については、国県等補助金収入のように純資産変動計算書に計上すべき項目があるので、それらについては損益計算書または剰余金計算書からの読替により作成する。

第3項　資金収支計算書の作成準備

（1）概　略

　資金収支計算書は、発生主義による企業会計及び団体では作成していないため、作成が必要となる。
　資金収支計算書作成用のフォーマットは、222～223ページにおいて例示したので、そのための仕訳を以下に例示していく。
　その準備として必要になるのが、**資産負債内訳簿**である。第1章第5節第8項にも記したとおり、それぞれの勘定科目について増減内訳を明らかにして、現金主義取引と発生主義取引を識別する（第2部第1章「現

金主義会計と発生主義会計」36ページ参照）。

（2）債権債務等整理表からの資金収支計算書作成仕訳
○未収金

「未収金」として読み替えられた金額が前年度より増加するということは、通常、その相手科目は「使用料及び手数料」であるので、その増加額分が入金されなかったものと見て、下記読替仕訳により各々減少させる。

逆に、減少した場合には貸借逆仕訳になる。

　　　　（借方）使用料及び手数料　　　2,810　　　（貸方）未収金　　　　　　2,810

○未払金

「未払金」として読み替えられた金額が前年度より増加するということは、「未払金」の内容に応じて、その増加額分の支払が為されなかったものと見て、下記読替仕訳により各々減少させる。

逆に、増加した場合には貸借逆仕訳になる。

　例えば、その内容が「物件費等支出」に読み替えられるものであれば、

　　　　（借方）未払金　　　　　　　　4,609　　　（貸方）物件費等支出　　　4,609

（3）投資その他の資産明細表からの資金収支計算書作成用仕訳
○資金支出があった場合

　資金の流出があった場合、下記仕訳を起票する。

　　　　（借方）基金積立金支出　　　　1,336　　　（貸方）その他の基金　　　1,336
　　　　（借方）貸付金支出　　　　　　3,000　　　（貸方）長期貸付金　　　　3,000

○任意の評価益があった場合

　　　　（借方）資産評価差額　　　　　　　2　　　（貸方）出資金　　　　　　　　2

○評価損があった場合

　　　　（借方）出資金　　　　　　　　　56　　　（貸方）その他の臨時損失　　　56

（4）固定資産明細表からの資金収支計算書作成用仕訳
○有償取得があった場合

　　　　（借方）公共施設等整備費支出　19,493　　　（貸方）有形・無形固定資産　19,493

○減価償却計算があった場合

　　　　（借方）有形・無形固定資産　　10,566　　　（貸方）減価償却費　　　　10,566

資金収支計算書作成のための精算表

N年度末

(単位：万円)

FS	勘定科目		N-1年度末	N年度末	増減 借方	増減 貸方	発生主義から現金主義への修正仕訳 借方	発生主義から現金主義への修正仕訳 貸方	CF用残高 借方	CF用残高 貸方
貸借対照表	固定資産	有形・無形固定資産	205,130	214,057	8,927		10,566	19,493	0	
		有価証券	0	0	0		0	0	0	
		出資金	300	44		(256)	258	2	0	
		その他	0	0	0		0	0	0	
		投資損失引当金	0	0	0		0	0	0	
		長期延滞債権	0	0	0		0	0	0	
		長期貸付金	0	0	0		3,000	3,000	0	
		基金 減債基金	0	0	0		0	0	0	
		その他の基金	0	1,118	1,118		218	1,336	0	
		その他	0	0	0		0	0	0	
		徴収不能引当金	(18)	0	18		(18)	0	0	
	流動資産	現金預金	435	9,735	9,300		0	0	9,300	
		未収金	568	3,381	2,813		0	2,813	0	
		短期貸付金	0	3,000	3,000		(3,000)	0	0	
		基金 財政調整基金	0	0	0		0	0	0	
		減債基金	0	0	0		0	0	0	
		棚卸資産	0	382	382		0	382	0	
		その他	0	1,166	1,166		0	1,166	0	
		徴収不能引当金	0	(22)	(22)		22	0	0	
	繰延資産		0	0	0		0	0	0	
		資産の部合計	206,415	232,861	26,446					
	固定負債	地方債等	62,520	89,435		26,915	40,077	13,162		0
		長期未払金	56,952	57,852		900	900	0		0
		退職手当引当金	63	6,064		6,001	6,910	909		0
		損失補償等引当金	0	0	0		0	0		0
		その他	66	41,234		41,168	41,238	70		0
	流動負債	1年内償還予定地方債等	3,288	13,162		9,874	13,162	3,288		0
		未払金	417	5,026		4,609	4,609	0		0
		未払費用	0	218		218	218	0		0
		前受金	0	415		415	415	0		0
		前受収益	0	0	0		0	0		0
		賞与等引当金	35	440		405	440	35		0
		預り金	44	1,076		1,032	1,032	0		0
		その他	0	318		318	318	0		0
		負債の部合計	123,385	215,240		91,855				
		純資産の部合計	83,030	17,621		(65,409)	(65,409)	0		
		負債・純資産の部合計	206,415	232,861	0	26,446				

	勘定科目	N年度			発生主義から現金主義への修正仕訳 借方	発生主義から現金主義への修正仕訳 貸方	CF用残高 借方	CF用残高 貸方
行	人件費	職員給与費	19,474		944	0	20,418	0
		賞与等引当金繰入額	440		0	440	0	0
		退職手当引当金繰入額	6,910		0	6,910	0	0
		その他	1,412		0	0	1,412	0
	物件費等	物件費	4,895		0	0	4,895	0
		維持補修費	1,510		0	0	1,510	0
		減価償却費	10,566		0	10,566	0	0
		その他	0		0	0	0	0
		支払利息	3,040		0	0	3,040	0
	その他の業務費用	徴収不能引当金繰入額	4		0	4	0	0

行政コスト計算書・純資産変動計算書

区分	項目				
移転費用	その他	13	0	0	13
移転費用	補助金等	430	0	0	430
移転費用	社会保障給付	0	0	0	0
移転費用	他会計への繰出金	0	0	0	0
移転費用	その他	0	0	0	0
経常収益	使用料及び手数料	27,570	4,779	22,791	0
経常収益	その他	2,340	(298)	2,638	0
臨時損失	災害復旧事業費	0	0	0	0
臨時損失	資産除売却損	0	0	0	0
臨時損失	投資損失引当金繰入額	0	0	0	0
臨時損失	損失補償等繰入額	0	0	0	0
臨時損失	その他	3,060	(8)	56	2,996
臨時利益	資産売却益	0	0	0	0
臨時利益	その他	0	0	0	0
財源	税収等	2,430	0	2,430	0
財源	国県等補助金	12	0	12	0
	資産評価差額	2	2		0
	無償所管換等	8	0		0
純資産変動額	その他（固定資産）	0	0		0
	その他（余剰分）	(46,017)	(4,779)	41,238	0
合　計		51,754 (13,655)		0	
本年度純資産変動額		(65,409)		(65,409)	

資金収支計算書

区分	項目			
業務支出	人件費支出	0	21,830	20,798
業務支出	物件費等支出	1,548	6,405	2,444
業務支出	支払利息支出	0	3,040	2,822
業務支出	その他の支出	0	13	13
業務支出	補助金等支出	0	430	430
業務支出	社会保障給付支出	0	0	0
業務支出	他会計への繰出支出	0	0	0
業務支出	その他の支出	0	0	0
業務収入	税収等収入	0	0	2,430
業務収入	国県等補助金収入	0	0	12
業務収入	使用料及び手数料収入	2,813	22,791	19,978
業務収入	その他の収入	415	2,638	3,053
臨時支出	災害復旧事業費支出	0	0	0
臨時支出	その他の支出	0	0	0
臨時収入	臨時収入	0	2,996	2,996
投資活動支出	公共施設等整備費支出	19,493	0	19,493
投資活動支出	基金積立金支出	1,336	0	1,336
投資活動支出	投資及び出資金支出	0	0	0
投資活動支出	貸付金支出	3,000	0	3,000
投資活動支出	その他の支出	0	0	0
投資活動収入	国県等補助金収入	0	0	0
投資活動収入	基金取崩収入	0	218	218
投資活動収入	貸付金元金回収収入	0	0	0
投資活動収入	資産売却収入	0	202	202
財務活動支出	地方債等償還支出	3,288	0	3,288
財務活動支出	その他の支出	50	0	50
財務活動収入	地方債等発行収入	0	40,077	40,077
財務活動収入	その他の収入	0	0	0
チェック用合計額		152,533	152,533	(2,824) 2,824 65,970 65,970

（5）地方債・借入金明細表からの資金収支計算書作成仕訳

○発行があった場合

（借方）地方債	40,077	（貸方）地方債等発行収入	40,077

○償還支出があった場合

（借方）地方債償還支出	3,288	（貸方）１年内償還予定地方債	3,288

○１年以内償還（返済）予定額の振替

（借方）１年内償還予定地方債	13,162	（貸方）地方債	13,162

○第三セクター等で債務免除があった場合（精算表シートに含まれていないため数値は省略する）

（借方）その他の臨時利益	＊＊＊	（貸方）地方債	＊＊＊

（6）引当金明細表からの資金収支計算書作成仕訳

○徴収不能引当金

・繰入する場合

（借方）徴収不能引当金	4	（貸方）徴収不能引当金繰入額	4

・目的取崩は、該当なし。

○退職手当引当金

・繰入する場合

（借方）退職手当引当金	6,910	（貸方）退職手当引当金繰入額	6,910

・目的取崩の場合

（借方）職員給与費	909	（貸方）退職手当引当金	909

○賞与等引当金

・繰入する場合

（借方）賞与等引当金	440	（貸方）賞与等引当金繰入額	440

・目的取崩の場合

（借方）職員給与費	35	（貸方）賞与等引当金	35

（7）資金収支計算書作成用フォーマットへの転記

　すべてではないが、以上の仕訳を行うことにより、現金主義取引数値と発生主義取引数値が整理されるので、例示された「資金収支計算書作成のための精算表」（222ページ）に記載していく。

　要約して説明すると、発生主義による決算数値を統一的な基準体系の勘定科目へ読替後、貸借対照表数値・行政コスト計算書数値・純資産変動計算書数値を本表に転記し、その「増減」列の金額を、「発生主義から現金主義への修正仕訳」の列で分解し展開していく。

　勘定科目ごとに集計した後、バランスチェックにより貸借が一致していることが確認されたら、「ＣＦ用残高」列の数値を、次の段階である連結精算表の当該会計に転記していくことになる。

　もちろん作成方法は唯一でないので、それぞれ創意工夫を凝らすことにより、各自治体がより迅速かつ容易に作成することが重要である。

第4項 純資産変動計算書の固定資産等形成分の列の作成

第3項「資金収支計算書の作成準備」により仕訳が終了したら、純資産変動計算書の固定資産の変動（内部変動）の変動にかかる仕訳を作成する。

「純資産変動計算書の固定資産等形成分の列の作成」（216ページ）と重複するが、再度例示する。

○有形固定資産等の増加
　・別表4-5有形固定資産等明細表から、「有償取得」の数値を転記する。

○有形固定資産等の減少
　・別表4-5有形固定資産等明細表から、「売却・除却・減価償却」の合計数値を転記する。

○貸付金・基金等の増加
　・別表4-4投資その他の資産明細表から、「資金支出」の数値を転記する。

○貸付金・基金等の減少
　・別表4-5投資その他の資産明細表から、「回収・取崩・売却・徴収不能」の合計数値を転記する。

> **留意点**
>
> 法適用の公営事業会計で贈与を受けた償却資産は、長期前受金を経由して各年減価償却相当部分を長期前受金戻入額として収益計上する。
>
> そのため、統一的な基準の純資産変動計算書では、「長期前受金戻入額」相当額が「無償所管換等」として計上された時に「固定資産形成分」に計上されることになる。

第2節 法定決算書類の読替方法

第2項以下で、「読替方針の説明文」と「読替表」を示しているが、読替表では、番号を付すことで科目対応を明確にし、説明文と合わせた利用により、統一的な基準への読替が可能となるよう配慮している。

なお、本手引に示す読替表は、あくまでも例示であり、実際の連結財務書類作成にあたっては、各地方公共団体の実情に応じた対応が必要となる。

読替表の中でも、資金収支計算書や純資産変動計算書は未作成の連結対象法人等も多いことから、読替というよりも作成方法（どの数字を根拠として集計するか）の説明を中心に解説している。

次項の「特定の科目の増減整理表」の作成は必須である。

なお、マニュアルで示されている、軌道事業及び鉄道事業・運送・電気事業・ガス・地方独立行政法人については、ページ数の関係で省略した。必要な場合、次のHPの「統一的な基準による地方公会計マニュアル」の「連結財務書類作成の手引き」75ページ以下を参照のこと（http://www.soumu.go.jp/main_content/000426653.pdf）。

第1項 特定の科目の増減整理表の作成が重要

(1) 固定資産増減整理表

　水道事業等の公営企業会計の場合、決算書の附属明細書である固定資産明細表が取得価額・減価償却累計額が両建て表示になっているが、取得価額から減価償却累計額を直接控除した純額、いわゆる簿価（帳簿価額）ベースの数値の把握も重要である。また、期首の減価償却累計額が前年度の決算書を見ないと出ていないので、前年度の同表が必要となる。したがって、基礎データの整理として下記様式による増減表を例示するので作成していただきたい。

固定資産増減整理表シート

（単位：円）

決算書科目	前年度末残高			増加(②)	減価償却費(③)	減少			本年度末残高		
	取得価額	償却累計	差引(①)			取得価額	償却累計	差引(④)	取得価額	償却累計	差引(⑤=①+②-③-④)
土　地											
立　木											
建　物											
構築物（工作物）											
機械装置（機械器具）											
量水器（機械器具）											
車両運搬具（物品）											
工具器具備品（物品）											
建設仮勘定											
合　計											

(2) 長期前受金増減整理表

　法適用の地方公営企業会計において、償却資産の取得または改良に充てるための補助金は、その収入額に相当する金額を「長期前受金」として繰延収益に計上し、補助金等を充当して取得した固定資産の補助金等相当額部分についても減価償却することになった。後述する読替表に記載しているとおり、減価償却相当額部分の長期前受金戻入額は、財源別に会計処理するので、下記の増減整理表が必要となる。

　決算書に前受金の内訳を記載している自治体と記載していない自治体があることに留意すること。

長期前受金増減整理表シート

(単位：円)

財源別	長期前受金				収益化累計額				差引（①－②）
	前年度末残高	増加	減少	本年度末残高（①）	前年度末残高	増加	減少	本年度末残高（②）	
国庫補助金収入									
都道府県補助金収入									
受贈財産評価額									
一般会計繰入金									
工事負担金等収入									
合　計									

(注1) 上記以外の財源があれば、財源毎に各残高、増減額を記入する。
(注2) 長期前受金の「増加」には、収入額、受贈額を記入し、「減少」には、除売却対応額を記入する。
(注3) 収益化累計額の「増加」には、長期前受金戻入額を記入し、「減少」には、除売却対応額を記入する。

（3）資本増減整理表

公営企業決算書の剰余金計算書を、下記様式により資本明細表として作成したので、例示しておく。認識すべき現金主義取引・発生主義取引の有無を確認するのに効果的である。

統一的な基準の純資産の内訳は、固定資産形成分と余剰分（不足分）から構成されているため、公営企業決算書の資本の部の内訳は無視してよい。

資本増減整理表シート

(単位：円)

勘定科目		前年度末残高	増　加				減　少		本年度末残高
			資金受入	受贈益	当年度純利益	振　替	資金払出	振　替	
資　本　金									
資本剰余金	国庫補助金								
	他会計補助金								
	寄付金								
	工事負担金								
	他会計繰入金								
	受贈財産評価額								
	計								
利益剰余金	減債積立金								
	利益積立金								
	建設改良積立金								
	当年度未処分利益剰余金								
	計								
合　計									

第2項　水道事業の場合

① 法適用公営企業である水道事業は、「地方公営企業法施行規則」に基づきＢＳ・ＰＬを作成しているが、統一的な基準による財務書類への読替方針は次のとおりである。

「方針（水道）」

【水道・工業用水道ＢＳ】

項　目	読替方針
1. 固定資産	
（1）有形固定資産	①水道事業に関する固定資産は、すべてインフラ資産と物品とする。
	②その他有形固定資産は、その内容に照らし、事業用資産の各科目に読み替える。ただし、金額に重要性がないと認められる場合、一括してインフラ資産の「その他」に組み替えることができる。
	③有形固定資産のリース資産は、その内容により、インフラ資産内の各科目と物品に読み替える。
	④減損損失累計額がある場合は、連結科目対応表の減価償却累計額の各下の行に当該勘定科目を記載する行を設ける。
（2）無形固定資産	①水利権、借地権、地上権、特許権、施設利用権及びその他の無形固定資産については、無形固定資産の「その他」に読み替える。
	②無形固定資産のリース資産は、その内容により、ソフトウェアとその他に読み替える。
（3）投　資	①投資有価証券については、投資その他の資産の「有価証券」に読み替える。
	②出資金については、投資その他の資産の「出資金」に読み替える。
	③基金については、その内容に応じて「減債基金」と「その他」に読み替える。
	④長期前払消費税、その他投資については、投資その他の資産の「その他」に読み替える。
2. 流動資産	①貸倒引当金については、「徴収不能引当金」に読み替える。
	②有価証券、受取手形、前払費用、前払金、未収収益及びその他流動資産については、流動資産の「その他」に読み替える。
3. 固定負債	①企業債及び他会計借入金については、「地方債等」に読み替える。
	②リース債務、特別修繕引当金、その他引当金及びその他固定負債については、固定負債の「その他」に読み替える。
4. 流動負債	①一時借入金と企業債及び他会計借入金については、「1年内償還予定地方債等」に読み替える。
	②リース債務、退職給付引当金、修繕引当金、特別修繕引当金、その他引当金については、流動負債の「その他」に読み替える。
	③その他流動負債については、その内容に応じて「預り金」と「その他」に読み替える。
5. 純資産の部	①純資産の部については、直接貸借対照表への読替は行わない。純資産は貸借対照表からの読替とはせず、純資産変動計算書を経由して純資産の各項目の残高を算定する。

【水道・工業用水道ＰＬ】

項　目	読替方針
1. 経常費用	①営業費用については、節の内容に応じて、人件費、物件費等、その他の業務費用の帰属を判断した上で、適切な科目に読み替える。
	②他会計に委託した場合は、物件費等とする。
	③減価償却費については、「減価償却費」に読み替える。
	④（何）引当金繰入の区分はその科目に応じて、賞与等引当金繰入額、退職手当引当金繰入額、その他（科目に応じて人件費、物件費等、その他の業務費用）に読み替える。
2. 経常収益	①給水収益については経常収益の「使用料及び手数料」に、受託工事収益、その他営業収益、受取利息及び配当金及び雑収益については、経常収益の「その他」に読み替える。
	②補助金については、純資産変動計算書の「国県等補助金」に読み替える。
	③長期前受金戻入については、次を参考に原則として源泉別に応じて読み替える。ただし、源泉別の把握が著しく困難な場合に限り、純資産変動計算書の「その他」に読み替えることも許容する。 ・「長期前受金戻入の一般会計繰入金・工事負担金」は純資産変動計算書の「税収等」に読み替える。 ・「長期前受金戻入の国県等補助金」については、純資産変動計算書の「国県等補助金」に読み替える。 ・「長期前受金戻入の受贈財産評価額」については、純資産変動計算書の「無償所管換等」に読み替える。
	④公営企業会計の「会計基準の見直しに関するQ&A」の2-10に掲載されているとおり、「資本費繰入収益」等の勘定科目にて損益計算書に計上されているものについては、純資産変動計算書に計上する。
3. 臨時損失	①固定資産減損損失、災害による損失、過年度損益修正損及びその他特別損失については、臨時損失の「その他」に読み替える。
4. 臨時利益	①過年度損益修正益、その他特別利益については、臨時利益の「その他」に読み替える。
	②減損損失の見合いで特別利益として計上されている長期前受金戻入については、純資産変動計算書に計上する。

「方針（水道）」のつづき

【水道・工業用水道NW】

項　目	読替方針
1. 財　源	①剰余金計算書の「寄付金」がある場合、財源の「税収等」に読み替える。
	②損益計算書の「長期前受金戻入の一般会計繰入金・工事負担金」並びに「他会計補助金」については、財源の「税収等」に読み替える。
	③損益計算書の「補助金」並びに「長期前受金戻入の国県等補助金」については、財源の「国県等補助金」に読み替える。
2. 有形固定資産等の 　　増加・減少	①「有形固定資産等の増加」については、有形固定資産明細書及び無形固定資産明細書等より集計する。
	②「有形固定資産等の減少」については、有形固定資産明細書及び無形固定資産明細書等より集計する。
3. 貸付金・基金等の 　　増加・減少	①「貸付金・基金等の増加」については、貸付金・基金等の当年度増加額を記載する。
	②「貸付金・基金等の増加」については、貸付金・基金等の当年度減少額を記載する。
4. 資産評価差額	①固定資産又は有価証券について、評価差額が存する場合、当該金額を記載する。
5. 無償所管換等	①固定資産等について、無償で取得した固定資産がある場合には、剰余金計算書の「受贈財産評価額」に計上されている当該金額を記載する。
	②損益計算書の「長期前受金戻入の受贈財産評価額」については、「無償所管換等」に読み替える。
	③損益計算書の「特別損失」の「その他特別損失」または「特別利益」の「その他特別利益」より、無償譲渡または譲受を特定して譲渡損または譲受益の額を記載する。
6. そ の 他	①その他記載すべきものがある場合には、「その他」に計上する。

【水道・工業用水道CF】

項　目	読替方針
1. 業務活動による 　　キャッシュ・フロー	①人件費支出は、行政コスト計算書の人件費を基礎とし、前払、未払の調整等をして、金額の集計を行う。
	②物件費等支出は、行政コスト計算書の物件費等を基礎とし、前払、未払・買掛金の調整、減価償却費の加味、在庫を有する場合その調整等をした上で、金額の集計を行う。
	③その他の支出は、行政コスト計算書のその他の業務費用を基礎とし、前払、未払の調整等をして、金額の集計を行う。
	④業務収入は、行政コスト計算書の経常収益を基礎とし、未収金の調整等をして、金額の集計を行う。
	⑤その他が、マイナスであればそれぞれの項目のその他の支出、プラスであればその他の収入に計上する。
2. 投資活動による 　　キャッシュ・フロー	①投資活動に記載される有価証券、固定資産、投資有価証券、貸付金につき、それぞれの項目毎に転記する。
	②その他が、マイナスであればそれぞれの項目のその他の支出、プラスであればその他の収入に計上する。
3. 財務活動による 　　キャッシュ・フロー	①財務活動に記載される借入金、企業債等の内容を、財務活動収支に転記する。
	②他会計等からの出資による収入は、財務活動収入の「その他の収入」に転記する。
	③その他が、マイナスであればそれぞれの項目のその他の支出、プラスであればその他の収入に計上する。

②　財務書類4表の読替表は次のとおりである。

水道・工業用水道BSシート

現行制度 (S/D：地方公営企業法施行規則)	区分No.
1　固定資産	
(1) 有形固定資産	
ア　土　　地	1
イ　建　　物	2
減価償却累計額	3
ウ　構　築　物	4
減価償却累計額	5
エ　機械及び装置	6
減価償却累計額	7
オ　車両運搬具	8
減価償却累計額	9
カ　船　　舶	10
減価償却累計額	11
キ　工具、器具及び備品	12
減価償却累計額	13
ク　リース資産	14
減価償却累計額	15
ケ　建設仮勘定	16
コ　その他有形固定資産	17
減価償却累計額	18
有形固定資産合計	
(2) 無形固定資産	
ア　水　利　権	19
イ　借　地　権	20
ウ　地　上　権	21
エ　特　許　権	22
オ　施設利用権	23
カ　リース資産	24
キ　その他の無形固定資産	25
無形固定資産合計	
(3) 投　　資	
ア　投資有価証券	26
イ　出　資　金	27
ウ　長期貸付金	28
エ　貸倒引当金	29
オ　基　　金	30
カ　長期前払消費税	31
キ　その他投資	32
減価償却累計額	33
投資合計	
2　流動資産	
(1) 現金・預金	34
(2) 未　収　金	35
(3) 有価証券	36
(4) 受取手形	37
(5) 貯　蔵　品	38
(6) 短期貸付金	39
(7) 前払費用	40
(8) 前　払　金	41
(9) 未収収益	42
(10) 貸倒引当金	43
(11) その他流動資産	44
流動資産合計	
資産合計	

読替元区分No.	統一的な基準による財務書類
	固定資産
	有形固定資産
	事業用資産
1	土　　地
2	建　　物
3	建物減価償却累計額
4	工　作　物
5	工作物減価償却累計額
	船　　舶
	船舶減価償却累計額
	浮　標　等
	浮標等減価償却累計額
	航　空　機
	航空機減価償却累計額
	そ　の　他
	その他減価償却累計額
	建設仮勘定
※	インフラ資産
1	土　　地
2	建　　物
3	建物減価償却累計額
4	工　作　物
5	工作物減価償却累計額
10,17	そ　の　他
11,18	その他減価償却累計額
16	建設仮勘定
6,8,12 ※	物　　品
7,9,13	物品減価償却累計額
	無形固定資産
24	ソフトウェア
19,20,21,22,23,24,25	そ　の　他
	投資その他の資産
	投資及び出資金
26	有価証券
27	出　資　金
	そ　の　他
	投資損失引当金
	長期延滞債権
28	長期貸付金
	基　　金
30 ※	減債基金
30 ※	そ　の　他
31,32,33	そ　の　他
29	徴収不能引当金
	流動資産
34	現金預金
35	未　収　金
39	短期貸付金
	基　　金
	財政調整基金
	減債基金
38	棚卸資産
36,37,40,41,42,44	そ　の　他
43	徴収不能引当金
	繰延資産
	資産合計

※区分No.14,15は、資産の内容によりインフラ資産内の科目と物品に振り分ける。
区分No.24は、資産の内容により無形固定資産のうちソフトウェアとその他に振り分ける。

※区分No.30は、基金の内容により「減債基金」と「その他」に振り分ける。

現行制度 (S/D：地方公営企業法施行規則)	区分No.
3　固定負債	
(1) 企 業 債	45
(2) 他会計借入金	46
(3) リース債務	47
(4) 引 当 金	
ア　退職給付引当金	48
イ　特別修繕引当金	49
ウ　その他引当金	50
(5) その他固定負債	51
固定負債合計	
4　流動負債	
(1) 一時借入金	52
(2) 企 業 債	53
(3) 他会計借入金	54
(4) リース債務	55
(5) 未 払 金	56
(6) 未払費用	57
(7) 前 受 金	58
(8) 前受収益	59
(9) 引 当 金	
ア　退職給付引当金	60
イ　賞与引当金	61
ウ　修繕引当金	62
エ　特別修繕引当金	63
オ　その他引当金	64
(10) その他流動負債	65
流動負債合計	
負債合計	
5　繰延収益	
(1) 長期前受金	66
(2) 長期前受金収益化累計額	67
6　資 本 金	
7　剰 余 金	
(1) 資本剰余金	
ア　再評価積立金	
イ　受贈財産評価額	
ウ　寄 附 金	
エ　その他資本剰余金	
資本剰余金合計	
(2) 利益剰余金	
ア　減債積立金	
イ　利益積立金	
ウ　その他積立金	
エ　当年度未処分利益剰余金	
剰余金合計	

読替元区分No.	統一的な基準による財務書類
	固定負債
45,46	地方債等
	長期未払金
48	退職手当引当金
	損失補償等引当金
47,49,50,51,66,67	その他
	流動負債
52,53,54	1年内償還予定地方債等
56	未 払 金
57	未払費用
58	前 受 金
59	前受収益
61	賞与等引当金
65	預 り 金
55,60,62,63,64,65　※	その他
	負債合計
	固定資産等形成分
	余剰分（不足分）
	他団体出資等分
	純資産合計

※区分No.65は、負債の内容により預り金とその他に振り分ける。

水道・工業用水道ＰＬシート

現行制度 （S/D：地方公営企業法施行規則）	区分No.	備考
1　営業収益		
（1）給水収益	1	
（2）受託工事収益	2	
（3）その他営業収益	3	
2　営業費用		
（1）原　水　費	4	
（2）浄　水　費	5	
（3）配　水　費	6	
（4）給　水　費	7	
（5）受託工事費	8	
（6）業　務　費	9	
（7）総　係　費	10	
（8）減価償却費	11	
（9）資産減耗費	12	
（10）その他営業費用	13	
営業利益（又は営業損失）		
3　営業外収益		
（1）受取利息及び配当金	14	
（2）他会計補助金	15	→NWへ
（3）補　助　金	16	→NWへ
（4）長期前受金戻入	17	→NWへ
（5）雑　収　益	18	
4　営業外費用		
（1）支払利息及び企業債取扱諸費	19	
（2）雑　支　出	20	
経常利益（又は経常損失）		
5　特別利益		
（1）固定資産売却益	21	
（2）過年度損益修正益	22	
（3）その他特別利益	23	
6　特別損失		
（1）固定資産売却損	24	
（2）減損損失	25	
（3）災害による損失	26	
（4）過年度損益修正損	27	
（5）その他特別損失	28	
当年度純利益（又は当年度純損失）		

読替元区分No.	統一的な基準による財務書類
	経常費用
	業務費用
	人　件　費
※	職員給与費
※	賞与等引当金繰入額
※	退職手当引当金繰入額
※	その他
	物件費等
※	物　件　費
※	維持補修費
11	減価償却費
※	その他
	その他の業務費用
19	支払利息
	徴収不能引当金繰入額
12,20　※	その他
	移転費用
	補助金等
	社会保障給付
	他会計への繰出金
	その他
	経常収益
1	使用料及び手数料
2,3,14,18	その他
	純経常行政コスト
	臨時損失
	災害復旧事業費
24	資産除売却損
	投資損失引当金繰入額
	損失補償等引当金繰入額
25,26,27,28	その他
	臨時利益
21	資産売却益
22,23	その他
	純行政コスト

区分No.4～10、13は、節の内容に応じて※に振り分ける。

水道・工業用水道NWシート

読替元区分No.	統一的な基準による財務書類
	前年度末純資産残高
行政コスト計算書より集計	純行政コスト（△）
	財　源
剰余金計算書の「寄付金」を記載	税　収　等
損益計算書の「長期前受金戻入の一般会計繰入金及び工事負担金」並びに「他会計補助金」を記載	
損益計算書の「補助金」並びに「長期前受金戻入の国県等補助金」を記載	国県等補助金
	本年度差額
	固定資産等の変動（内部変動）
有形固定資産明細書及び無形固定資産明細書より集計	有形固定資産等の増加
有形固定資産明細書及び無形固定資産明細書より集計	有形固定資産等の減少
貸付金及び基金等の当年度増加額を記載	貸付金・基金等の増加
貸付金及び基金等の当年度減少額を記載	貸付金・基金等の減少
有価証券明細のその他有価証券評価差額の当年度分を記載	資産評価差額
剰余金計算書の「受贈財産評価額」を記載	無償所管換等
損益計算書の「長期前受金戻入の受贈財産評価額」を記載	
損益計算書の「特別損失」の「その他特別損失」または「特別利益」の「その他特別利益」より、無償譲渡または譲受を特定して譲渡損または譲受益の額を記載	
	他団体出資等分の増加
	他団体出資等分の減少
	そ　の　他
	本年度純資産変動額
	本年度末純資産残高

水道・工業用水道ＣＦシート

現行制度 (S/D：地方公営企業法施行規則)	区分No.	備考
1 業務活動によるキャッシュ・フロー		
(1) 当年度純利益	1	
(2) 減価償却費	2	
(3) 減損損失	3	
(4) 引当金の増減額（△は減少）	4	
(5) 長期前受金戻入額	5	
(6) 受取利息及び受取配当金	6	
(7) 支払利息等	7	
(8) 為替差損益（△は益）	8	
(9) 有形固定資産売却損益（△は益）	9	
(10) 未収金等の増減額（△は増加）	10	
(11) 未払金等の増減額（△は減少）	11	
(12) たな卸資産の増減額（△は増加）	12	
(13) その他の増減額	13	
小　　計		
(14) 利息及び配当金の受取額	14	
(15) 利息の支払額	15	
(16) そ の 他	16	
業務活動によるキャッシュ・フロー		
2 投資活動によるキャッシュ・フロー		
(1) 有形固定資産の取得による支出	17	
(2) 有形固定資産の売却による収入	18	
(3) 無形固定資産の取得による支出	19	
(4) 無形固定資産の売却による収入	20	
(5) 有価証券の取得による支出	21	
(6) 有価証券の売却による収入	22	
(7) 国庫補助金等による収入	23	
(8) 一般会計又は他の特別会計からの繰入金による収入	24	
(9) そ の 他	25	
投資活動によるキャッシュ・フロー		
3 財務活動によるキャッシュ・フロー		
(1) 一時借入れによる収入	26	
(2) 一時借入金の返済による支出	27	
(3) 建設改良費等の財源に充てるための企業債による収入	28	
(4) 建設改良費等の財源に充てるための企業債の償還による支出	29	
(5) その他の企業債による収入	30	
(6) その他の企業債の償還による支出	31	
(7) 建設改良費等の財源に充てるための他会計借入金による収入	32	
(8) 建設改良費等の財源に充てるための他会計借入金の返済による支出	33	
(9) その他の他会計借入金による収入	34	
(10) その他の他会計借入金の返済による支出	35	
(11) 他会計等からの出資による収入	36	
(12) そ の 他	37	
財務活動によるキャッシュ・フロー		
4 資金に係る換算差額	38	
5 資金増減額（又は減少額）		
6 資金期首残高	39	
7 資金期末残高		

読替元区分No.	統一的な基準による財務書類
	【業務活動収支】
	業務支出
	業務費用支出
	人件費支出
	物件費等支出
15	支払利息支出
16,38	その他の支出
	移転費用支出
	補助金等支出
	社会保障給付支出
	他会計への繰出支出
	その他の支出
	業務収入
	税収等収入
	国県等補助金収入
	使用料及び手数料収入
14,16,38	その他の収入
	臨時支出
	災害復旧事業費支出
	その他の支出
	臨時収入
	業務活動収支
	【投資活動収支】
	投資活動支出
17,19	公共施設等整備費支出
	基金積立金支出
21	投資及び出資金支出
	貸付金支出
25	その他の支出
	投資活動収入
23	国県等補助金収入
	基金取崩収入
	貸付金元金回収収入
18,20,22	資産売却収入
24,25	その他の収入
	投資活動収支
	【財務活動収支】
	財務活動支出
27,29,31,33,35	地方債等償還支出
37	その他の支出
	財務活動収入
26,28,30,32,34	地方債等発行収入
36,37	その他の収入
	財務活動収支
	本年度資金収支額
39	前年度末資金残高
	本年度末資金残高
	前年度末歳計外現金残高
	本年度歳計外現金増減額
	本年度末歳計外現金残高
	本年度末現金預金残高

> 区分No.16, 25, 37, 38は、内容に応じて、その他の支出又はその他の収入に金額を振り分ける。

> **留意点**
>
> イ　水道事業等の企業会計決算書は、消費税抜き決算であるが、一般会計等の官庁会計決算のように消費税込決算に組み替える必要はない。その旨を注記により開示することになる。
>
> ロ　水道事業の有形固定資産は、事業用資産でなくインフラ用資産として読み替える。

第3項　下水道事業の場合

① 法適用公営企業である下水道事業は、「地方公営企業法施行規則」に基づきＢＳ・ＰＬを作成しているが、統一的な基準による財務書類への読替方針は次のとおりである。

「方針（下水道）」

【下水道ＢＳ】

項　目	読替方針
1. 固定資産	
（1）有形固定資産	①下水道事業に関する固定資産は、すべてインフラ資産と物品とする。
	②その他有形固定資産は、その内容に照らし、事業用資産の各科目に読み替える。ただし、金額に重要性がないと認められる場合、一括してインフラ資産の「その他」に組み替えることができる。
	③有形固定資産のリース資産は、その内容により、インフラ資産内の各科目と物品に読み替える。
	④減損損失累計額がある場合は、連結科目対応表の減価償却累計額の各下の行に当該勘定科目を記載する行を設ける。
（2）無形固定資産	①借地権、地上権、特許権、施設利用権及びその他無形固定資産については、無形固定資産の「その他」に読み替える。
	②無形固定資産のリース資産は、その内容により、ソフトウェアとその他に読み替える。
（3）投　資	①投資有価証券については、投資その他の資産の「有価証券」に読み替える。
	②出資金については、投資その他の資産の「出資金」に読み替える。
	③基金については、その内容に応じて「減債基金」と「その他」に読み替える。
	④長期前払消費税、その他投資については、投資その他の資産の「その他」に読み替える。
2. 流動資産	①貸倒引当金については、「徴収不能引当金」に読み替える。
	②有価証券、受取手形、前払費用、前払金、未収収益及びその他流動資産については、流動資産の「その他」に読み替える。
3. 固定負債	①企業債及び他会計借入金については、「地方債等」に読み替える。
	②リース債務、特別修繕引当金、その他引当金及びその他固定負債については、固定負債の「その他」に読み替える。
4. 流動負債	①一時借入金と企業債及び他会計借入金については、「1年内償還予定地方債等」に読み替える。
	②リース債務、退職給付引当金、修繕引当金、特別修繕引当金、その他引当金については、流動負債の「その他」に読み替える。
	③その他流動負債については、その内容に応じて「預り金」と「その他」に読み替える。
5. 純資産の部	①純資産の部については、直接貸借対照表への読替は行わない。純資産は貸借対照表からの読替とはせず、純資産変動計算書を経由して純資産の各項目の残高を算定する。

「方針（下水道）」のつづき

【下水道ＰＬ】

項　　目	読替方針
1. 経常費用	①経常費用については、節の内容に応じて、人件費、物件費等、その他の業務費用の帰属を判断した上で、適切な科目に読み替える。
	②他会計に委託した場合は、物件費等とする。
	③減価償却費については、「減価償却費」に読み替える。
	④（何）引当金繰入の区分はその科目に応じて、賞与等引当金繰入額、退職手当引当金繰入額、その他（科目に応じて人件費、物件費、その他の業務費用）に読み替える。
2. 経常収益	①下水道使用料については経常収益の「使用料及び手数料」に、雨水処理負担金、受託事業収益、その他営業収益、受取利息及び配当金及び雑収益については、経常収益の「その他」に読み替える。
	②補助金については、純資産変動計算書の「国県等補助金」に読み替える。
	③長期前受金戻入については、次を参考に原則として源泉別に応じて読み替える。ただし、源泉別の把握が著しく困難な場合に限り、純資産変動計算書の「その他」に読み替えることも許容する。 ・「長期前受金戻入の一般会計繰入金・工事負担金」は純資産変動計算書の「税収等」に読み替える。 ・「長期前受金戻入の国県等補助金」については、純資産変動計算書の「国県等補助金」に読み替える。 ・「長期前受金戻入の受贈財産評価額」については、純資産変動計算書の「無償所管換等」に読み替える。
	④公営企業会計の「会計基準の見直しに関するQ&A」の2-10に掲載されているとおり、「資本費繰入収益」等の勘定科目にて損益計算書に計上されているものについては、純資産変動計算書に計上する。
3. 臨時損失	①固定資産減損損失、災害による損失、過年度損益修正損及びその他特別損失については、臨時損失の「その他」に読み替える。
4. 臨時利益	①過年度損益修正益、その他特別利益については、臨時利益の「その他」に読み替える。
	②減損損失の見合いで特別利益として計上されている長期前受金戻入については、純資産変動計算書に計上する。

【下水道ＮＷ】

項　　目	読替方針
1. 財　源	①剰余金計算書の「寄付金」がある場合、財源の「税収等」に読み替える。
	②損益計算書の「長期前受金戻入の一般会計繰入金・工事負担金」並びに「他会計補助金」については、財源の「税収等」に読み替える。
	③損益計算書の「補助金」並びに「長期前受金戻入の国県等補助金」については、財源の「国県等補助金」に読み替える。
2. 有形固定資産等の増加・減少	①「有形固定資産等の増加」については、有形固定資産明細書及び無形固定資産明細書等より集計する。
	②「有形固定資産等の減少」については、有形固定資産明細書及び無形固定資産明細書等より集計する。
3. 貸付金・基金等の増加・減少	①「貸付金・基金等の増加」については、貸付金・基金等の当年度増加額を記載する。
	②「貸付金・基金等の増加」については、貸付金・基金等の当年度減少額を記載する。
4. 資産評価差額	①固定資産又は有価証券について、評価差額が存する場合、当該金額を記載する。
5. 無償所管換等	①固定資産等について、無償で取得した固定資産がある場合には、剰余金計算書の「受贈財産評価額」に計上されている当該金額を記載する。
	②損益計算書の「長期前受金戻入の受贈財産評価額」については、「無償所管換等」に読み替える。
	③損益計算書の「特別損失」の「その他特別損失」または「特別利益」の「その他特別利益」より、無償譲渡または譲受を特定して譲渡損または譲受益の額を記載する。
6. その他	①その他記載すべきものがある場合には、「その他」に計上する。

【下水道ＣＦ】

項　　目	読替方針
1. 業務活動による キャッシュ・フロー	①人件費支出は、行政コスト計算書の人件費を基礎とし、前払、未払の調整等をして、金額の集計を行う。
	②物件費等支出は、行政コスト計算書の物件費等を基礎とし、前払、未払・買掛金の調整、減価償却費の加味、在庫を有する場合その調整等をした上で、金額の集計を行う。
	③その他の支出は、行政コスト計算書のその他の業務費用を基礎とし、前払、未払の調整等をして、金額の集計を行う。
	④業務収入は、行政コスト計算書の経常収益を基礎とし、未収金の調整等をして、金額の集計を行う。
	⑤その他が、マイナスであればそれぞれの項目のその他の支出、プラスであればその他の収入に計上する。
2. 投資活動による キャッシュ・フロー	①投資活動に記載される有価証券、固定資産、投資有価証券、貸付金につき、それぞれの項目毎に転記する。
	②その他が、マイナスであればそれぞれの項目のその他の支出、プラスであればその他の収入に計上する。
3. 財務活動による キャッシュ・フロー	①財務活動に記載される借入金、企業債等の内容を、財務活動収支に転記する。
	②他会計等からの出資による収入は、財務活動収入の「その他の収入」に転記する。
	③その他が、マイナスであればそれぞれの項目のその他の支出、プラスであればその他の収入に計上する。

　　② 財務書類4表の読替表は次のとおりである。

下水道BSシート

現行制度 (S/D：地方公営企業法施行規則)	区分No.
1　固定資産	
(1) 有形固定資産	
ア　土　　地	1
イ　建　　物	2
減価償却累計額	3
ウ　構　築　物	4
減価償却累計額	5
エ　機械及び装置	6
減価償却累計額	7
オ　車両及び運搬具	8
減価償却累計額	9
キ　工具、器具及び備品	10
減価償却累計額	11
ク　リース資産	12
減価償却累計額	13
ケ　建設仮勘定	14
コ　その他有形固定資産	15
減価償却累計額	16
有形固定資産合計	
(2) 無形固定資産	
イ　借　地　権	17
ウ　地　上　権	18
エ　特　許　権	19
オ　施設利用権	20
カ　リース資産	21
キ　その他無形固定資産	22
無形固定資産合計	
(3) 投　　資	
ア　投資有価証券	23
イ　出　資　金	24
ウ　長期貸付金	25
エ　貸倒引当金	26
オ　基　　金	27
カ　長期前払消費税	28
キ　その他投資	29
減価償却累計額	30
投資合計	
2　流動資産	
(1) 現金・預金	31
(2) 未　収　金	32
(3) 有価証券	33
(4) 受取手形	34
(5) 貯蔵品	35
(6) 短期貸付金	36
(7) 前払費用	37
(8) 前　払　金	38
(9) 未収収益	39
(10) 貸倒引当金	40
(11) その他流動資産	41
流動資産合計	
資産合計	

読替元区分No.	統一的な基準による財務書類
	固定資産
	有形固定資産
	事業用資産
	土　　地
	立　木　竹
	建　　物
	建物減価償却累計額
	工　作　物
	工作物減価償却累計額
	船　　舶
	船舶減価償却累計額
	浮　標　等
	浮標等減価償却累計額
	航空機
	航空機減価償却累計額
	その他
	その他減価償却累計額
	建設仮勘定
※	インフラ資産
1	土　　地
2	建　　物
3	建物減価償却累計額
4	工　作　物
5	工作物減価償却累計額
15	その他
16	その他減価償却累計額
14	建設仮勘定
6,8,10　※	物　　品
7,9,11	物品減価償却累計額
	無形固定資産
21	ソフトウェア
17,18,19,20,21,22	その他
	投資その他の資産
	投資及び出資金
23	有価証券
24	出　資　金
	その他
	投資損失引当金
	長期延滞債権
25	長期貸付金
	基　　金
27	減債基金
27	その他
28,29,30	その他
26	徴収不能引当金
	流動資産
31	現金預金
32	未　収　金
36	短期貸付金
	基　　金
	財政調整基金
	減債基金
35	棚卸資産
33,34,37,38,39,41	その他
40	徴収不能引当金
	繰延資産
	資産合計

※区分No.12,13は、資産の内容によりインフラ資産内の科目と物品に振り分ける。
区分No.21は、資産の内容により無形固定資産のうちソフトウェアとその他に振り分ける。

区分No.27は、基金の内容により「減債基金」と「その他」に振り分ける。

現行制度 （S/D：地方公営企業法施行規則）	区分No.
3　固定負債	
（1）企　業　債	42
（2）他会計借入金	43
（3）リース債務	44
（4）引　当　金	
ア　退職給付引当金	45
イ　特別修繕引当金	46
ウ　その他引当金	47
（5）その他固定負債	48
固定負債合計	
4　流動負債	
（1）一時借入金	49
（2）企　業　債	50
（3）他会計借入金	51
（4）リース債務	52
（5）未　払　金	53
（6）未払費用	54
（7）前　受　金	55
（8）前受収益	56
（9）引　当　金	
ア　退職給付引当金	57
イ　賞与引当金	58
ウ　修繕引当金	59
エ　特別修繕引当金	60
オ　その他引当金	61
（10）その他流動負債	62
流動負債合計	
負債合計	
5　長期前受金	
（1）長期前受金	63
（2）長期前受金収益化累計額	64
6　資　本　金	
7　剰　余　金	
（1）資本剰余金	
ア　再評価積立金	
イ　受贈財産評価額	
ウ　寄　附　金	
エ　その他資本剰余金	
資本剰余金合計	
（2）利益剰余金	
ア　減債積立金	
イ　利益積立金	
ウ　その他積立金	
エ　当年度未処分利益剰余金	
剰余金合計	

読替元区分No.	統一的な基準による財務書類
	固定負債
42,43	地方債等
	長期未払金
45	退職手当引当金
	損失補償等引当金
44,46,47,48,63,64	そ　の　他
	流動負債
49,50,51	1年内償還予定地方債等
53	未　払　金
54	未払費用
55	前　受　金
56	前受収益
58	賞与等引当金
62	預　り　金
52,57,59,60,61,62	そ　の　他
	負債合計
	固定資産等形成分
	余剰分（不足分）
	他団体出資等分
	純資産合計

区分No.62は、負債の内容により預り金とその他に振り分ける。

下水道PLシート

現行制度 (S/D:地方公営企業法施行規則)	区分No.	備考
1 営業収益		
(1) 下水道使用料	1	
(2) 雨水処理負担金	2	
(3) 受託事業収益	3	
(4) その他営業収益	4	
2 営業費用		
(1) 管渠費	5	
(2) ポンプ場費	6	
(3) 処理場費	7	
(4) 受託事業費	8	
(5) 業務費	9	
(6) 総係費	10	
(7) 減価償却費	11	
(8) 資産減耗費	12	
(9) その他営業費用	13	
営業利益(又は営業損失)		
3 営業外収益		
(1) 受取利息及び配当金	14	
(2) 他会計補助金	15	→NWへ
(3) 補助金	16	→NWへ
(4) 長期前受金戻入	17	→NWへ
(5) 雑収益	18	
4 営業外費用		
(1) 支払利息及び企業債取扱諸費	19	
(2) 雑支出	20	
経常利益(又は経常損失)		
5 特別利益		
(1) 固定資産売却益	21	
(2) 過年度損益修正益	22	
(3) その他特別利益	23	
6 特別損失		
(1) 固定資産売却損	24	
(2) 減損失	25	
(3) 災害による損失	26	
(4) 過年度損益修正損	27	
(5) その他特別損失	28	
当年度純利益(又は当年度純損失)		

読替元区分No.	統一的な基準による財務書類
	経常費用
	業務費用
	人件費
※	職員給与費
※	賞与等引当金繰入額
※	退職手当引当金繰入額
※	その他
	物件費等
※	物件費
※	維持補修費
11	減価償却費
※	その他
	その他の業務費用
19	支払利息
	徴収不能引当金繰入額
12,20　※	その他
	移転費用
	補助金等
	社会保障給付
	他会計への繰出金
	その他
	経常収益
1	使用料及び手数料
2,3,4,14,18	その他
	純経常行政コスト
	臨時損失
	災害復旧事業費
24	資産除売却損
	投資損失引当金繰入額
	損失補償等引当金繰入額
25,26,27,28	その他
	臨時利益
21	資産売却益
22,23	その他
	純行政コスト

区分No.5〜10、13は、節の内容に応じて※に振り分ける。

下水道NWシート

読替元区分No.	統一的な基準による財務書類
	前年度末純資産残高
行政コスト計算書より集計	純行政コスト（△）
	財　源
剰余金計算書の「寄付金」を記載	税　収　等
損益計算書の「長期前受金戻入の一般会計繰入金及び工事負担金」並びに「他会計補助金」を記載	
損益計算書の「補助金」並びに「長期前受金戻入の国県等補助金」を記載	国県等補助金
	本年度差額
	固定資産等の変動（内部変動）
有形固定資産明細書及び無形固定資産明細書より集計	有形固定資産等の増加
有形固定資産明細書及び無形固定資産明細書より集計	有形固定資産等の減少
貸付金及び基金等の当年度増加額を記載	貸付金・基金等の増加
貸付金及び基金等の当年度減少額を記載	貸付金・基金等の減少
有価証券明細のその他有価証券評価差額の当年度分を記載	資産評価差額
剰余金計算書の「受贈財産評価額」を記載	無償所管換等
損益計算書の「長期前受金戻入の受贈財産評価額」を記載	
損益計算書の「特別損失」の「その他特別損失」または「特別利益」の「その他特別利益」より、無償譲渡または譲受を特定して譲渡損または譲受益の額を記載	
	他団体出資等分の増加
	他団体出資等分の減少
	そ　の　他
	本年度純資産変動額
	本年度末純資産残高

下水道ＣＦシート

現行制度 (S/D：地方公営企業法施行規則)	区分No.	備考
1　業務活動によるキャッシュ・フロー		
(1) 当年度純利益	1	
(2) 減価償却費	2	
(3) 減損損失	3	
(4) 引当金の増減額（△は減少）	4	
(5) 長期前受金戻入額	5	
(6) 受取利息及び受取配当金	6	
(7) 支払利息等	7	
(8) 為替差損益（△は益）	8	
(9) 有形固定資産売却損益（△は益）	9	
(10) 未収金等の増減額（△は増加）	10	
(11) 未払金等の増減額（△は減少）	11	
(12) たな卸資産の増減額（△は増加）	12	
(13) その他の増減額	13	
小　　計		
(14) 利息及び配当金の受取額	14	
(15) 利息の支払額	15	
(16) そ の 他	16	
業務活動によるキャッシュ・フロー		
2　投資活動によるキャッシュ・フロー		
(1) 有形固定資産の取得による支出	17	
(2) 有形固定資産の売却による収入	18	
(3) 無形固定資産の取得による支出	19	
(4) 無形固定資産の売却による収入	20	
(5) 有価証券の取得による支出	21	
(6) 有価証券の売却による収入	22	
(7) 国庫補助金等による収入	23	
(8) 一般会計又は他の特別会計からの 　　　繰入金による収入	24	
(9) そ の 他	25	
投資活動によるキャッシュ・フロー		
3　財務活動によるキャッシュ・フロー		
(1) 一時借入れによる収入	26	
(2) 一時借入金の返済による支出	27	
(3) 建設改良費等の財源に充てるための 　　　企業債による収入	28	
(4) 建設改良費等の財源に充てるための 　　　企業債の償還による支出	29	
(5) その他の企業債による収入	30	
(6) その他の企業債の償還による支出	31	
(7) 建設改良費等の財源に充てるための 　　　他会計借入金による収入	32	
(8) 建設改良費等の財源に充てるための 　　　他会計借入金の返済による支出	33	
(9) その他の他会計借入金による収入	34	
(10) その他の他会計借入金の返済による 　　　支出	35	
(11) 他会計等からの出資による収入	36	
(12) そ の 他	37	
財務活動によるキャッシュ・フロー		
4　資金に係る換算差額	38	
5　資金増減額（又は減少額）		
6　資金期首残高	39	
7　資金期末残高		

読替元区分No.	統一的な基準による財務書類
	【業務活動収支】
	業務支出
	業務費用支出
	人件費支出
	物件費等支出
15	支払利息支出
16,38	その他の支出
	移転費用支出
	補助金等支出
	社会保障給付支出
	他会計への繰出支出
	その他の支出
	業務収入
	税収等収入
	国県等補助金収入
	使用料及び手数料収入
14,16,38	その他の収入
	臨時支出
	災害復旧事業費支出
	その他の支出
	臨時収入
	業務活動収支
	【投資活動収支】
	投資活動支出
17,19	公共施設等整備費支出
	基金積立金支出
21	投資及び出資金支出
	貸付金支出
25	その他の支出
	投資活動収入
23	国県等補助金収入
	基金取崩収入
	貸付金元金回収収入
18,20,22	資産売却収入
24,25	その他の収入
	投資活動収支
	【財務活動収支】
	財務活動支出
27,29,31,33,35	地方債等償還支出
37	その他の支出
	財務活動収入
26,28,30,32,34	地方債等発行収入
36,37	その他の収入
	財務活動収支
	本年度資金収支額
39	前年度末資金残高
	本年度末資金残高
	前年度末歳計外現金残高
	本年度歳計外現金増減額
	本年度末歳計外現金残高
	本年度末現金預金残高

※ 区分No.16、25、37、38は、内容に応じて、その他の支出又はその他の収入に金額を振り分ける。

第4項　病院事業の場合

① 法適用公営企業である病院事業は、「地方公営企業法施行規則」に基づきＢＳ・ＰＬを作成しているが、統一的な基準による財務書類への読替方針は次のとおりである。

「方針（病院）」

【病院ＢＳ】

項　目	読替方針
1. 固定資産	
(1) 有形固定資産	①病院事業に関する固定資産は、すべて事業用資産と物品とする。
	②その他有形固定資産は、その内容に照らし、事業用資産の各科目に読み替える。ただし、金額に重要性がないと認められる場合、一括して事業用資産の「その他」に組み替えることができる。
	③有形固定資産のリース資産は、その内容により、事業用資産内の各科目と物品に読み替える。
	④減損損失累計額がある場合は、連結科目対応表の減価償却累計額の各下の行に当該勘定科目を記載する行を設ける。
(2) 無形固定資産	①借地権、地上権、電話加入権及びその他の無形固定資産については、無形固定資産の「その他」に読み替える。
	②無形固定資産のリース資産は、その内容により、ソフトウェアとその他に読み替える。
(3) 投　資	①投資有価証券については、投資その他の資産の「有価証券」に読み替える。
	②出資金については、投資その他の資産の「出資金」に読み替える。
	③基金については、その内容に応じて「減債基金」と「その他」に読み替える。
	④減損損失累計額がある場合は、連結科目対応表の減価償却累計額の各下の行に当該勘定科目を記載する行を設ける。
2. 流動資産	①貸倒引当金については、「徴収不能引当金」に読み替える。
	②有価証券、受取手形、前払費用、前払金、未収収益及びその他流動資産については、流動資産の「その他」に読み替える。
3. 固定負債	①企業債及び他会計借入金については、「地方債等」に読み替える。
	②リース債務、特別修繕引当金、その他引当金及びその他固定負債については、固定負債の「その他」に読み替える。
4. 流動負債	①一時借入金と企業債及び他会計借入金については、「1年内償還予定地方債等」に読み替える。
	②リース債務、退職給付引当金、修繕引当金、特別修繕引当金、その他引当金については、流動負債の「その他」に読み替える。
	③その他流動負債については、その内容に応じて「預り金」と「その他」に読み替える。
5. 純資産の部	①純資産の部については、直接貸借対照表への読替は行わない。純資産は貸借対照表からの読替とはせず、純資産変動計算書を経由して純資産の各項目の残高を算定する。

【病院ＰＬ】

項　目	読替方針
1. 経常費用	①経常費用については、節の内容に応じて、人件費、物件費等、その他の業務費用の帰属を判断した上で、適切な科目に読み替える。
	②他会計に委託した場合は、物件費等とする。
	③減価償却費については、「減価償却費」に読み替える。
	④（何）引当金繰入の区分はその科目に応じて、賞与等引当金繰入額、退職手当引当金繰入額、その他（科目に応じて人件費、物件費等、その他の業務費用）に読み替える。
2. 経常収益	①入院収益、外来収益については経常収益の「使用料及び手数料」に、その他医業収益、受取利息及び配当金、患者外給食収益、その他医業外収益については、経常収益の「その他」に読み替える。
	②補助金については、純資産変動計算書の「国県等補助金」に読み替える。
	③長期前受金戻入については、次を参考に原則として源泉別に応じて読み替える。ただし、源泉別の把握が著しく困難な場合に限り、純資産変動計算書の「その他」に読み替えることも許容する。 ・「長期前受金戻入の一般会計繰入金・工事負担金」は純資産変動計算書の「税収等」に読み替える。 ・「長期前受金戻入の国県等補助金」については、純資産変動計算書の「国県等補助金」に読み替える。 ・「長期前受金戻入の受贈財産評価額」については、純資産変動計算書の「無償所管換等」に読み替える。
	④公営企業会計の「会計基準の見直しに関するQ&A」の2-10に掲載されているとおり、「資本費繰入収益」等の勘定科目にて損益計算書に計上されているものについては、純資産変動計算書に計上する。
3. 臨時損失	①固定資産減損損失、災害による損失、過年度損益修正損及びその他特別損失については、臨時損失の「その他」に読み替える。
4. 臨時利益	①過年度損益修正益、その他特別利益については、臨時利益の「その他」に読み替える。
	②減損損失の見合いで特別利益として計上されている長期前受金戻入については、純資産変動計算書に計上する。

「方針（病院）」のつづき

【病院NW】

項　　目	読替方針
1. 財　源	①剰余金計算書の「寄付金」がある場合、財源の「税収等」に読み替える。
	②損益計算書の「長期前受金戻入の一般会計繰入金・工事負担金」、「負担金交付金」並びに「他会計補助金」については、財源の「税収等」に読み替える。
	③損益計算書の「補助金」並びに「長期前受金戻入の国県等補助金」については、財源の「国県等補助金」に読み替える。
2. 有形固定資産等の増加・減少	①「有形固定資産等の増加」については、有形固定資産明細書及び無形固定資産明細書等より集計する。
	②「有形固定資産等の減少」については、有形固定資産明細書及び無形固定資産明細書等より集計する。
3. 貸付金・基金等の増加・減少	①「貸付金・基金等の増加」については、貸付金・基金等の当年度増加額を記載する。
	②「貸付金・基金等の増加」については、貸付金・基金等の当年度減少額を記載する。
4. 資産評価差額	①固定資産又は有価証券について、評価差額が存する場合、当該金額を記載する。
5. 無償所管換等	①固定資産等について、無償で取得した固定資産がある場合には、剰余金計算書の「受贈財産評価額」に計上されている当該金額を記載する。
	②損益計算書の「長期前受金戻入の受贈財産評価額」については、「無償所管換等」に読み替える。
	③損益計算書の「特別損失」の「その他特別損失」または「特別利益」の「その他特別利益」より、無償譲渡または譲受を特定して譲渡損または譲受益の額を記載する。
6. その他	①その他記載すべきものがある場合には、「その他」に計上する。

【病院ＣＦ】

項　　目	読替方針
1. 業務活動によるキャッシュ・フロー	①人件費支出は、行政コスト計算書の人件費を基礎とし、前払、未払の調整等をして、金額の集計を行う。
	②物件費等支出は、行政コスト計算書の物件費等を基礎とし、前払、未払・買掛金の調整、減価償却費の加味、在庫を有する場合その調整等をした上で、金額の集計を行う。
	③その他の支出は、行政コスト計算書のその他の業務費用を基礎とし、前払、未払の調整等をして、金額の集計を行う。
	④業務収入は、行政コスト計算書の経常収益を基礎とし、未収金の調整をして、金額の集計を行う。
	⑤その他が、マイナスであればそれぞれの項目のその他の支出、プラスであればその他の収入に計上する。
2. 投資活動によるキャッシュ・フロー	①投資活動に記載される有価証券、固定資産、投資有価証券、貸付金につき、それぞれの項目毎に転記する。
	②その他が、マイナスであればそれぞれの項目のその他の支出、プラスであればその他の収入に計上する。
3. 財務活動によるキャッシュ・フロー	①財務活動に記載される借入金、企業債等の内容を、財務活動収支に転記する。
	②他会計等からの出資による収入は、財務活動収入の「その他の収入」に転記する。
	③その他が、マイナスであればそれぞれの項目のその他の支出、プラスであればその他の収入に計上する。

②　財務書類４表の読替表は次のとおりである。

病院BSシート

現行制度 (S/D：地方公営企業法施行規則)		区分No.
1 固定資産		
(1) 有形固定資産		
	ア 土　　地	1
	イ 建　　物	2
	減価償却累計額	3
	ウ 構　築　物	4
	減価償却累計額	5
	エ 器械備品	6
	減価償却累計額	7
	オ 車　　両	8
	減価償却累計額	9
	カ 放射性同位元素	10
	減価償却累計額	11
	キ リース資産	12
	減価償却累計額	13
	ク 建設仮勘定	14
	ケ その他有形固定資産	15
	減価償却累計額	16
有形固定資産合計		
(2) 無形固定資産		
	ア 借　地　権	17
	イ 地　上　権	18
	ウ 電話加入権	19
	エ リース資産	20
	オ その他の無形固定資産	21
無形固定資産合計		
(3) 投　　資		
	ア 投資有価証券	22
	イ 長期貸付金	23
	ウ 貸倒引当金	24
	エ 出　資　金	25
	オ 基　　金	26
	カ 長期前払消費税	27
	キ その他投資	28
	減価償却累計額	29
投資合計		
2 流動資産		
(1) 現金・預金		30
(2) 未 収 金		31
(3) 有価証券		32
(4) 受取手形		33
(5) 貯 蔵 品		34
(6) 短期貸付金		35
(7) 前払費用		36
(8) 前 払 金		37
(9) 未収収益		38
(10) 貸倒引当金		39
(11) その他流動資産		40
流動資産合計		
資産合計		

読替元区分No.	統一的な基準による財務書類
	固定資産
	有形固定資産
※	事業用資産
1	土　　地
2	建　　物
3	建物減価償却累計額
4	工　作　物
5	工作物減価償却累計額
	船　　舶
	船舶減価償却累計額
	浮　標　等
	浮標等減価償却累計額
	航　空　機
	航空機減価償却累計額
15	その他
16	その他減価償却累計額
14	建設仮勘定
	インフラ資産
	土　　地
	建　　物
	建物減価償却累計額
	工　作　物
	工作物減価償却累計額
	その他
	その他減価償却累計額
	建設仮勘定
6,8,10 ※	物　　品
7,9,11	物品減価償却累計額
	無形固定資産
20	ソフトウェア
17,18,19,20,21	その他
	投資その他の資産
	投資及び出資金
22	有価証券
25	出資金
	その他
	投資損失引当金
	長期延滞債権
23	長期貸付金
	基　　金
26	減債基金
26	その他
27,28,29	その他
24	徴収不能引当金
	流動資産
30	現金預金
31	未 収 金
35	短期貸付金
	基　　金
	財政調整基金
	減債基金
34	棚卸資産
32,33,36,37,38,40	その他
39	徴収不能引当金
	繰延資産
	資産合計

※区分No.12,13は、資産の内容により事業用資産内の科目と物品に振り分ける。
区分No.20は、資産の内容により無形固定資産のうちソフトウェアとその他に振り分ける。

区分No.26は、基金の内容により「減債基金」と「その他」に振り分ける。

現行制度 (S/D：地方公営企業法施行規則)	区分No.
3　固定負債	
(1) 企 業 債	41
(2) 他会計借入金	42
(3) リース債務	43
(4) 引 当 金	
ア　退職給付引当金	44
イ　特別修繕引当金	45
ウ　その他引当金	46
(5) その他固定負債	47
固定負債合計	
4　流動負債	
(1) 一時借入金	48
(2) 企 業 債	49
(3) 他会計借入金	50
(4) リース債務	51
(5) 未 払 金	52
(6) 未払費用	53
(7) 前 受 金	54
(8) 前受収益	55
(9) 引 当 金	
ア　退職給付引当金	56
イ　賞与引当金	57
ウ　修繕引当金	58
エ　特別修繕引当金	59
オ　その他引当金	60
(10) その他流動負債	61
流動負債合計	
負債合計	
5　繰延収益	
(1) 長期前受金	62
(2) 長期前受金収益化累計額	63
6　資 本 金	
7　剰 余 金	
(1) 資本剰余金	
ア　再評価積立金	
イ　受贈財産評価額	
ウ　寄 附 金	
エ　その他資本剰余金	
資本剰余金合計	
(2) 利益剰余金	
ア　減債積立金	
イ　利益積立金	
ウ　その他積立金	
エ　当年度未処分利益剰余金	
剰余金合計	

読替元区分No.	統一的な基準による財務書類
	固定負債
41,42	地方債等
	長期未払金
44	退職手当引当金
	損失補償等引当金
43,45,46,47,62,63	そ の 他
	流動負債
48,49,50	1年内償還予定地方債等
52	未 払 金
53	未払費用
54	前 受 金
55	前受収益
57	賞与等引当金
61	預 り 金
51,56,58,59,60,61	そ の 他
	負債合計
	固定資産等形成分
	余剰分（不足分）
	他団体出資等分
	純資産合計

区分No.61は、負債の内容により預り金とその他に振り分ける。

病院ＰＬシート

現行制度 （S/D：地方公営企業法施行規則）	区分No.	備考
1　医業収益		
(1) 入院収益	1	
(2) 外来収益	2	
(3) その他医業収益	3	
2　医業費用		
(1) 給　与　費	4	
(2) 材　料　費	5	
(3) 経　　　費	6	
(4) 減価償却費	7	
(5) 資産減耗費	8	
(6) 研究研修費	9	
営業利益（又は営業損失）		
3　医業外収益		
(1) 受取利息及び配当金	10	
(2) 他会計補助金	11	→NWへ
(3) 補　助　金	12	→NWへ
(4) 負担金交付金	13	→NWへ
(5) 患者外給食収益	14	
(6) 長期前受金戻入	15	→NWへ
(7) その他医業外収益	16	
4　医業外費用		
(1) 支払利息及び企業債取扱諸費	17	
(2) 患者外給食材料費	18	
(3) 雑　損　失	19	
経常利益（又は経常損失）		
5　特別利益		
(1) 固定資産売却益	20	
(2) 過年度損益修正益	21	
(3) その他特別利益	22	
6　特別損失		
(1) 固定資産売却損	23	
(2) 減損損失	24	
(3) 災害による損失	25	
(4) 過年度損益修正損	26	
(5) その他特別損失	27	
当年度純利益（又は当年度純損失）		

読替元区分No.	統一的な基準による財務書類
	経常費用
	業務費用
	人　件　費
4　※	職員給与費
4　※	賞与等引当金繰入額
4　※	退職手当引当金繰入額
4　※	そ　の　他
	物件費等
5	物　件　費
6　※	維持補修費
7	減価償却費
18	そ　の　他
	その他の業務費用
17	支払利息
6　※	徴収不能引当金繰入額
8,9,17,18,19	そ　の　他
	移転費用
	補助金等
	社会保障給付
	他会計への繰出金
	そ　の　他
	経常収益
1,2	使用料及び手数料
3,10,14,16	そ　の　他
	純経常行政コスト
	臨時損失
	災害復旧事業費
23	資産除売却損
	投資損失引当金繰入額
	損失補償等引当金繰入額
24,25,26,27	そ　の　他
	臨時利益
20	資産売却益
21,22	そ　の　他
	純行政コスト

※は節の内容に応じて振り分ける。

病院NWMシート

読替元区分No.	統一的な基準による財務書類
	前年度末純資産残高
行政コスト計算書より集計	純行政コスト（△）
	財　源
剰余金計算書の「寄付金」を記載	税　収　等
損益計算書の「長期前受金戻入の一般会計繰入金及び工事負担金」、「負担金交付金」並びに「他会計補助金」を記載	
損益計算書の「補助金」並びに「長期前受金戻入の国県等補助金」を記載	国県等補助金
	本年度差額
	固定資産等の変動（内部変動）
有形固定資産明細書及び無形固定資産明細書より集計	有形固定資産等の増加
有形固定資産明細書及び無形固定資産明細書より集計	有形固定資産等の減少
貸付金及び基金等の当年度増加額を記載	貸付金・基金等の増加
貸付金及び基金等の当年度減少額を記載	貸付金・基金等の減少
有価証券明細のその他有価証券評価差額の当年度分を記載	資産評価差額
剰余金計算書の「受贈財産評価額」を記載	無償所管換等
損益計算書の「長期前受金戻入の受贈財産評価額」を記載	
損益計算書の「特別損失」の「その他特別損失」または「特別利益」の「その他特別利益」より、無償譲渡または譲受を特定して譲渡損または譲受益の額を記載	
	他団体出資等分の増加
	他団体出資等分の減少
	その　他
	本年度純資産変動額
	本年度末純資産残高

病院CFシート

現行制度 (S/D：地方公営企業法施行規則)	区分No.	備考
1 業務活動によるキャッシュ・フロー		
(1) 当年度純利益	1	
(2) 減価償却費	2	
(3) 減損損失	3	
(4) 引当金の増減額（△は減少）	4	
(5) 長期前受金戻入額	5	
(6) 受取利息及び受取配当金	6	
(7) 支払利息等	7	
(8) 為替差損益（△は益）	8	
(9) 有形固定資産売却損益（△は益）	9	
(10) 未収金等の増減額（△は増加）	10	
(11) 未払金等の増減額（△は減少）	11	
(12) たな卸資産の増減額（△は増加）	12	
(13) その他の増減額	13	
小　　計		
(14) 利息及び配当金の受取額	14	
(15) 利息の支払額	15	
(16) そ　の　他	16	
業務活動によるキャッシュ・フロー		
2 投資活動によるキャッシュ・フロー		
(1) 有形固定資産の取得による支出	17	
(2) 有形固定資産の売却による収入	18	
(3) 無形固定資産の取得による支出	19	
(4) 無形固定資産の売却による収入	20	
(5) 有価証券の取得による支出	21	
(6) 有価証券の売却による収入	22	
(7) 国庫補助金等による収入	23	
(8) 一般会計又は他の特別会計からの繰入金による収入	24	
(9) そ　の　他	25	
投資活動によるキャッシュ・フロー		
3 財務活動によるキャッシュ・フロー		
(1) 一時借入れによる収入	26	
(2) 一時借入金の返済による支出	27	
(3) 建設改良費等の財源に充てるための企業債による収入	28	
(4) 建設改良費等の財源に充てるための企業債の償還による支出	29	
(5) その他の企業債による収入	30	
(6) その他の企業債の償還による支出	31	
(7) 建設改良費等の財源に充てるための他会計借入金による収入	32	
(8) 建設改良費等の財源に充てるための他会計借入金の返済による支出	33	
(9) その他の他会計借入金による収入	34	
(10) その他の他会計借入金の返済による支出	35	
(11) 他会計等からの出資による収入	36	
(12) そ　の　他	37	
財務活動によるキャッシュ・フロー		
4 資金に係る換算差額	38	
5 資金増減額（又は減少額）		
6 資金期首残高	39	
7 資金期末残高		

読替元区分No.	統一的な基準による財務書類
	【業務活動収支】
	業務支出
	業務費用支出
	人件費支出
	物件費等支出
15	支払利息支出
16,38	その他の支出
	移転費用支出
	補助金等支出
	社会保障給付支出
	他会計への繰出支出
	その他の支出
	業務収入
	税収等収入
	国県等補助金収入
	使用料及び手数料収入
14,16,38	その他の収入
	臨時支出
	災害復旧事業費支出
	その他の支出
	臨時収入
	業務活動収支
	【投資活動収支】
	投資活動支出
17,19	公共施設等整備費支出
	基金積立金支出
21	投資及び出資金支出
	貸付金支出
25	その他の支出
	投資活動収入
23	国県等補助金収入
	基金取崩収入
	貸付金元金回収収入
18,20,22	資産売却収入
24,25	その他の収入
	投資活動収支
	【財務活動収支】
	財務活動支出
27,29,31,33,35	地方債等償還支出
37	その他の支出
	財務活動収入
26,28,30,32,34	地方債等発行収入
36,37	その他の収入
	財務活動収支
	本年度資金収支額
39	前年度末資金残高
	本年度末資金残高
	前年度末歳計外現金残高
	本年度歳計外現金増減額
	本年度末歳計外現金残高
	本年度末現金預金残高

※ 区分No.16, 25, 37, 38は、内容に応じて、その他の支出又はその他の収入に金額を振り分ける。

第5項　土地開発公社の場合

① 土地開発公社は、「土地開発公社経理基準要綱」に基づきBS・PLを作成しているが、統一的な基準による財務書類への読替方針は次のとおりである。

「方針（土地開発公社）」

【土地開発公社BS】

項　目	読替方針
1. 流動資産	①流動資産に計上されている用地（土地）、関連施設、原材料、貯蔵品は、「棚卸資産」に読み替える。公有土地、代行用地、市街地開発用地及び観光施設用地については、一旦棚卸資産に読み替えた上で、その使途に応じて有形固定資産の「土地」（事業用資産またはインフラ資産）に連結修正する。特定土地については、一旦棚卸資産に読み替えた上で有形固定資産の「土地」（事業用資産）に連結修正する。
	②前渡金、前払費用、未収収益及びその他流動資産については、流動資産の「その他」に読み替える。
	③事業未収金及び短期貸付金の控除科目である貸倒引当金については、「徴収不能引当金」に読み替える。
2. 有形固定資産	①土地開発公社の有形固定資産にインフラ資産はないものとする。
	②機械及び装置、車両その他の運搬具、工具器具及び備品については、「物品」に読み替える。
3. 無形固定資産	①借地権、電話加入権、その他の無形固定資産については、無形固定資産の「その他」に読み替える。
4. 投資その他の資産	①投資有価証券については、「有価証券」に読み替える。
	②長期前払費用、長期性預金、その他の長期資産については、投資その他の資産の「その他」に読み替える。
	③賃貸事業の用に供する土地については、事業用資産の「土地」に読み替える。
5. 流動負債	①引当金については、賞与引当金は流動負債の「賞与等引当金」へ、それ以外は流動負債の「その他」に読み替える。
6. 固定負債	①公社債、長期借入金については、長期・短期の分類をした上で、「地方債等」及び「1年内償還予定地方債等」に読み替える。
	②引当金については、退職給付引当金は「退職手当引当金」へ、それ以外は固定負債の「その他」に読み替える。
7. 資本金、準備金	①資本金、準備金については、直接貸借対照表への読替は行わない。純資産は貸借対照表からの読替とはせず、純資産変動計算書を経由して純資産の各項目の残高を算定する。

【土地開発公社PL】

項　目	読替方針
1. 事業収益	①事業収益については、あっせん等事業収益以外は経常収益の「その他」に、あっせん等事業収益は経常収益の「使用料及び手数料」に読み替える。
2. 事業原価	①事業原価については、物件費等の「その他」に読み替える。
3. 販売費及び一般管理費	①販売費及び一般管理費については、公社側で処理している費目毎に人件費、物件費等、その他の業務費用の帰属を判断した上で、適切な科目に読み替える。
	②減価償却費については、「減価償却費」に読み替える。
4. 事業外収益	①受取利息、有価証券利息、受取配当金及び雑収益については、経常収益の「その他」に読み替える。
5. 事業外費用	①支払利息については、その他の業務費用の「支払利息」に読み替える。
	②雑損失については、その他の業務費用の「その他」に読み替える。
6. 特別利益	①投資有価証券売却益、固定資産売却益については、臨時利益の「資産売却益」に読み替える。
	②前期損益修正益、その他の特別利益については、臨時利益の「その他」に読み替える。
7. 特別損失	①投資有価証券売却損、固定資産売却損については、臨時損失の「資産除売却損」に読み替える。
	②前期損益修正損、土地評価損、災害による損失、その他の特別損失については、臨時損失の「その他」に読み替える。

「方針（土地開発公社）」のつづき

【土地開発公社NW】

項　　目	読替方針
1. 財　源	①寄附金等がある場合には「税収等」に計上する。
	②損益計算書より国県等からの補助金を特定して「国県等補助金」に計上する。なお、行政コスト計算書への計上と二重計上とならないように留意する。
2. 有形固定資産等の増加・減少	①「有形固定資産等の増加」については、有形固定資産明細表及び無形固定資産明細表より集計する。
	②「有形固定資産等の減少」については、有形固定資産明細表及び無形固定資産明細表より集計する。
3. 貸付金・基金等の増加・減少	①「貸付金・基金等の増加」については、貸付金及び基金等の当年度増加額を記載する。
	②「貸付金・基金等の減少」については、貸付金及び基金等の当年度減少額を記載する。
4. 資産評価差額	①資産評価差額は計上しない。
5. 無償所管換等	①固定資産等について、無償で譲渡または取得した固定資産がある場合には、これに係る固定資産売却損または譲受益（その他の特別利益）の額を記載する。なお、行政コスト計算書への計上と二重計上とならないように留意する。
6. その他	①その他記載すべきものがある場合には、「その他」に計上する。

【土地開発公社CF】

項　　目	読替方針
1. 業務活動による キャッシュ・フロー	①公有地取得事業及び開発事業用地取得事業収入、土地造成事業収入、その他事業収入については、業務収入の「その他の収入」に読み替える。
	②その他事業収入の損益計算書上あっせん等事業収益に計上されている部分については、「使用料及び手数料収入」に計上する。
	③補助金等収入については、投資活動に係るものを投資活動収入の「国県等補助金収入」に、それ以外の活動に係るものを業務収入の「国県等補助金収入」に読み替える。
	④公有地取得事業及び開発事業用地取得事業支出、土地造成事業支出、取得に係る支出、管理に係る支出（行政コスト計算書上、物件費等に計上されている場合）については、業務費用支出の「物件費等支出」に読み替える。
	⑤管理に係る支出、その他事業支出については、業務費用支出の「その他の支出」に読み替える。
	⑥人件費支出については、業務費用支出の「人件費支出」に読み替える。
	⑦その他の業務支出については、業務費用支出の「その他の支出」に読み替える。
	⑧利息の受取額については、業務収入の「その他の収入」に読み替える。
	⑨利息の支払額については、業務費用支出の「支払利息支出」に読み替える。
2. 投資活動による キャッシュ・フロー	①投資有価証券の取得による支出については、投資活動支出の「投資及び出資金支出」に読み替える。
	②投資有価証券の売却による収入については、投資活動収入の「資産売却収入」に読み替える。
	③有形固定資産の取得による支出については、投資活動支出の「公共施設等整備費支出」に読み替える。
	④有形固定資産の売却による収入については、投資活動収入の「資産売却収入」に読み替える。
3. 財務活動による キャッシュ・フロー	①短期借入れによる収入については、財務活動収入の「地方債等発行収入」に読み替える。
	②短期借入金の返済による支出については、財務活動支出の「地方債等償還支出」に読み替える。
	③長期借入れによる収入については、財務活動収入の「地方債等発行収入」に読み替える。
	④長期借入金の返済による支出については、財務活動支出の「地方債等償還支出」に読み替える。
	⑤公社債の発行による収入については、財務活動収入の「地方債等発行収入」に読み替える。
	⑥公社債の償還による支出については、財務活動支出の「地方債等償還支出」に読み替える。
	⑦金銭出資の受入による収入については、財務活動収入の「その他の収入」に読み替える。

②　財務書類4表の読替表は次のとおりである。

土地開発公社BSシート

現行制度 (S/D：土地開発公社経理基準要綱)	区分No.
1 流動資産	
(1) 現金及び預金	1
(2) 事業未収金	2
(3) 貸倒引当金	3
(4) 公有用地	4
(5) 代行用地	5
(6) 市街地開発用地	6
(7) 観光施設用地	7
(8) 特定土地	8
(9) 完成土地等	9
(10) 開発中土地	10
(11) 代替地	11
(12) 関連施設	12
(13) 原材料	13
(14) 貯蔵品	14
(15) 前渡金	15
(16) 短期貸付金	16
(17) 貸倒引当金	17
(18) 前払費用	18
(19) 未収収益	19
(20) その他の流動資産	20
流動資産合計	
2 有形固定資産	
(1) 建物又はその附属設備	21
(2) 構築物	22
(3) 機械及び装置	23
(4) 車両その他の運搬具	24
(5) 工具、器具及び備品	25
(6) 土地	26
(7) 建設仮勘定	27
(8) その他の有形固定資産	28
有形固定資産合計	
3 無形固定資産	
(1) 借地権	29
(2) 電話加入権	30
(3) ソフトウェア	31
(4) その他の無形固定資産	32
無形固定資産合計	
4 投資その他の資産	
(1) 投資有価証券	33
(2) 出資金	34
(3) 長期貸付金	35
(4) 長期前払費用	36
(5) 長期性預金	37
(6) 賃貸事業の用に供する土地	38
(7) その他の長期資産	39
投資その他の資産合計	
資産合計	

読替元区分No.	統一的な基準による財務書類
	固定資産
	有形固定資産
	事業用資産
26、38	土　地
	立木竹
21	建　物
※	建物減価償却累計額
22	工作物
※	工作物減価償却累計額
	船　舶
	船舶減価償却累計額
	浮標等
	浮標等減価償却累計額
	航空機
	航空機減価償却累計額
28	その他
※	その他減価償却累計額
27	建設仮勘定
	インフラ資産
	土　地
	建　物
	建物減価償却累計額
	工作物
	工作物減価償却累計額
	その他
	その他減価償却累計額
	建設仮勘定
23,24,25	物　品
※	物品減価償却累計額
	無形固定資産
31	ソフトウェア
29,30,32	その他
	投資その他の資産
	投資及び出資金
33	有価証券
34	出資金
	その他
	投資損失引当金
	長期延滞債権
35	長期貸付金
	基　金
	減債基金
	その他
36,37,39	その他
	徴収不能引当金
	流動資産
1	現金預金
2	未収金
16	短期貸付金
	基　金
	財政調整基金
	減債基金
4,5,6,7,8,9,10,11,12,13,14【注】	棚卸資産
15,18,19,20	その他
3,17	徴収不能引当金
	繰延資産
	資産合計

※減価償却累計額は、有形固定資産明細表より記載。

【注】No4,5,6,7については、一旦棚卸資産に読み替えた上で、使途に応じて有形固定資産の土地（事業用資産またはインフラ資産）に連結修正する。
また、No8については、一旦棚卸資産に読み替えた上で、有形固定資産の土地（事業用資産）に連結修正する。

現行制度 (S/D：土地開発公社経理基準要綱)	区分No.
5　流動負債	
（1）未　払　金	40
（2）短期借入金	41
（3）未払費用	42
（4）前　受　金	43
（5）預　り　金	44
（6）前受収益	45
（7）引　当　金	
賞与引当金	46
修繕引当金	47
××××引当金	48
（8）その他の流動負債	49
流動負債合計	
6　固定負債	
（1）公社債	50
（2）長期借入金	51
（3）引当金	
退職給付引当金	52
特別修繕引当金	53
××××引当金	54
（4）その他の固定負債	55
固定負債合計	
負債合計	
7　資　本　金	
（1）基本財産	
資本金合計	
8　準備金（又は欠損金）	
（1）前期繰越準備金（又は前期繰越損失）	
（2）当期純利益（又は当期純損失）	
準備金合計（又は欠損金合計）	

読替元区分No.	統一的な基準による財務書類
	固定負債
50,51	地方債等
	長期未払金
52	退職手当引当金
	損失補償等引当金
53,54,55	その他
	流動負債
41,50（1年以内償還予定）, 51（1年以内返済予定）	1年内償還予定地方債等
40	未　払　金
42	未払費用
43	前　受　金
45	前受収益
46	賞与等引当金
44	預　り　金
47,48,49	その他
	負債合計
	固定資産等形成分
	余剰分（不足分）
	他団体出資等分
	純資産合計

土地開発公社PLシート

現行制度 (S/D：土地開発公社経理基準要綱)	区分No.	備考
1 事業収益		
(1) 公有地取得事業収益	1	
(2) 開発事業用地取得事業収益	2	
(3) 土地造成事業収益	3	
(4) 附帯等事業収益	4	
(5) 関連施設整備事業収益	5	
(6) あっせん等事業収益	6	
事業収益計		
2 事業原価		
(1) 公有地取得事業原価	7	
(2) 開発事業用地取得事業原価	8	
(3) 土地造成事業原価	9	
(4) 附帯等事業原価	10	
(5) 関連施設整備事業原価	11	
(6) あっせん等事業原価	12	
事業原価計		
事業総利益		
3 販売費及び一般管理費		
(1) 人件費	13	
(2) 減価償却費	14	
(3) その他経費	15	
販売費及び一般管理費計		
事業利益		
4 事業外収益		
(1) 受取利息	16	
(2) 有価証券利息	17	
(3) 受取配当金	18	
(4) 雑収益	19	
事業外収益計		
5 事業外費用		
(1) 支払利息	20	
(2) 雑損失	21	
事業外費用計		
経常利益		
6 特別利益		
(1) 前期損益修正益	22	
(2) 投資有価証券売却益	23	
(3) 固定資産売却益	24	
(4) その他の特別利益	25	
特別利益計		
7 特別損失		
(1) 前期損益修正損	26	
(2) 土地評価損	27	
(3) 投資有価証券売却損	28	
(4) 固定資産売却損	29	
(5) 災害による損失	30	
(6) その他の特別損失	31	
特別損失計		
当期純利益		

読替元区分No.	統一的な基準による財務書類
	経常費用
	業務費用
	人件費
13※1	職員給与費
13※1	賞与等引当金繰入額
13※1	退職手当引当金繰入額
13※1	その他
	物件費等
15※2	物件費
15※2	維持補修費
14	減価償却費
7,8,9,10,11,12,15※2	その他
	その他の業務費用
20	支払利息
15※2	徴収不能引当金繰入額
21	その他
	移転費用
	補助金等
	社会保障給付
	他会計への繰出金
	その他
	経常収益
6	使用料及び手数料
1,2,3,4,5,16,17,18,19	その他
	純経常行政コスト
	臨時損失
	災害復旧事業費
28,29	資産除売却損
	投資損失引当金繰入額
	損失補償等引当金繰入額
26,27,30,31	その他
	臨時利益
23,24	資産売却益
22,25	その他
	純行政コスト

※1、※2は内容に応じて振り分ける。

土地開発公社NWシート

読替元区分No.	統一的な基準による財務書類
	前年度末純資産残高
行政コスト計算書より集計	純行政コスト（△）
寄附金等がある場合には記載	財　　源
損益計算書の「寄附金収益」	税　収　等
損益計算書より国県等からの補助金を特定して記載	国県等補助金
	本年度差額
	固定資産等の変動（内部変動）
有形固定資産明細表及び無形固定資産明細表より集計	有形固定資産等の増加
	有形固定資産等の減少
貸付金及び基金等の当年度増加額を記載	貸付金・基金等の増加
貸付金及び基金等の当年度減少額を記載	貸付金・基金等の減少
	資産評価差額
損益計算書の「特別損失」の「固定資産売却損」または「特別利益」の「その他の特別利益」より無償譲渡または譲受を特定して譲渡損または譲受益の額を記載	無償所管換等
	他団体出資等分の増加
	他団体出資等分の減少
	そ　の　他
	本年度純資産変動額
	本年度末純資産残高

土地開発公社ＣＦシート

現行制度 (S/D：土地開発公社経理基準要綱)	区分No.	備考
1　事業活動によるキャッシュ・フロー		
(1) 公有地取得事業及び開発事業用地取得事業収入	1	
(2) 土地造成事業収入	2	
(3) その他事業収入	3	
(4) 補助金等収入	4	
(5) 公有地取得事業及び開発事業用地取得事業支出	5	
(6) 土地造成事業支出	6	
(7) 取得に係る支出	7	
(8) 管理に係る支出	8	
(9) その他事業支出	9	
(10) 人件費支出	10	
(11) その他の業務支出	11	
小　　計		
(12) 利息の受取額	12	
(13) 利息の支払額	13	
事業活動によるキャッシュ・フロー		
2　投資活動によるキャッシュ・フロー		
(1) 投資有価証券の取得による支出	14	
(2) 投資有価証券の売却による収入	15	
(3) 有形固定資産の取得による支出	16	
(4) 有形固定資産の売却による収入	17	
投資活動によるキャッシュ・フロー		
3　財務活動によるキャッシュ・フロー		
(1) 短期借入れによる収入	18	
(2) 短期借入金の返済による支出	19	
(3) 長期借入れによる収入	20	
(4) 長期借入金の返済による支出	21	
(5) 公社債の発行による収入	22	
(6) 公社債の償還による支出	23	
(7) 金銭出資の受入による収入	24	
財務活動によるキャッシュ・フロー		
現金及び現金同等物の増加額（又は減少額）		
現金及び現金同等物の期首残高	25	
現金及び現金同等物の期末残高		

読替元区分No.	統一的な基準による財務書類
	【業務活動収支】
	業務支出
	業務費用支出
10	人件費支出
5,6,7,8（行政コスト計算書上物件費等に計上されている場合）	物件費等支出
13	支払利息支出
8,9,11	その他の支出
	移転費用支出
	補助金等支出
	社会保障給付支出
	他会計への繰出支出
	その他の支出
	業務収入
	税収等収入
4（投資活動以外に係る部分）	国県等補助金収入
3（損益計算書上のあっせん等事業収益に計上されている部分）	使用料及び手数料収入
1,2,3,12	その他の収入
	臨時支出
	災害復旧事業費支出
	その他の支出
	臨時収入
	業務活動収支
	【投資活動収支】
	投資活動支出
16	公共施設等整備費支出
	基金積立金支出
14	投資及び出資金支出
	貸付金支出
	その他の支出
	投資活動収入
4（投資活動に係る部分）	国県等補助金収入
	基金取崩収入
	貸付金元金回収収入
15,17	資産売却収入
	その他の収入
	投資活動収支
	【財務活動収支】
	財務活動支出
19,21,23	地方債等償還支出
	その他の支出
	財務活動収入
18,20,22	地方債等発行収入
24	その他の収入
	財務活動収支
	本年度資金収支額
25	前年度末資金残高
	本年度末資金残高
	前年度末歳計外現金残高
	本年度歳計外現金増減額
	本年度末歳計外現金残高
	本年度末現金預金残高

> **留意点**
>
> イ 勘定科目の数が少なく、読替が容易である。
> ロ 借入金について、長期の分割返済契約の場合、1年内返済予定額が把握されているか否か確認すること。
> ハ 短期の借入金の場合の一般会計からの借入金は、連結段階で相殺消去の対象になるため、一般会計からの一時借入金なのか否か確認すること。
> ニ 近年第三セクターにおいて、金融機関から債務の免除を受けて損益計算書の特別利益の区分に「債務免除益」を計上しているケースがあるが、特段の取扱いがないため、行政コスト計算書の「その他の臨時利益」として扱い、相殺消去の段階で「その他の純資産の変動」に振替する。この場合、資金の入出金はないので資金収支計算書に計上しないよう注意が必要である。

第6項 第三セクター（株式会社）の場合

① 会社法法人は、「企業会計基準・財務諸表等規則」に基づき、貸借対照表・損益計算書・キャッシュフロー計算書・株主資本等変動計算書を作成しているが、統一的な基準による財務書類への読替方針は次のとおりである。

「方針（株式会社）」

【株式会社BS】

項　　目	読替方針
1. 流動資産	①売掛金については、流動資産の「未収金」に読み替える。
	②受取手形、有価証券、前払費用、繰延税金資産、その他流動資産については、流動資産の「その他」に読み替える。
2. 固定資産 （1）有形固定資産	①株式会社の固定資産については、インフラ資産に該当するケースは少ないと思われるため、原則として「事業用資産」に読み替える。
	②機械装置、車両運搬具及び工具器具備品は、「物品」に読み替える。
	③②以外のその他有形固定資産については、該当するものがあれば「船舶」、「浮標等」及び「航空機」に、それ以外は「その他」に読み替える。
	④間接控除方式の減損失累計額がある場合は、各減価償却累計額の下に減損失累計額を設ける。
（2）無形固定資産	①ソフトウェアは無形固定資産の「ソフトウェア」に読み替える。
	②のれんは、株式会社の単体貸借対照表上も生じうる科目であるが、もしある場合、無形固定資産の「その他」に読み替える。
	③それ以外の無形固定資産については、無形固定資産の「その他」に読み替える。
（3）投資その他の資産	①投資有価証券については、投資その他の資産の「有価証券」に読み替える。
	②関係会社株式については、原則として投資その他の資産の「有価証券」に読み替える。ただし、重要な子会社株式等で公有財産として管理されている出資等に準ずるものについては、投資その他の資産の「出資金」に読み替える。
3. 繰延資産	①社債発行費については、「繰延資産」に読み替える。
4. 流動負債	①賞与引当金については、流動負債の「賞与等引当金」に読み替える。
5. 固定負債	①社債、長期借入金については、「地方債等」に読み替える。
	②固定負債のリース債務については、固定負債の「その他」に読み替える。
	③その他に長期未払金が含まれる場合には、該当分を固定負債の「長期未払金」に読み替える。
6〜8	①株主資本、評価・換算差額等、新株予約権については、直接貸借対照表への読替は行わない。純資産は貸借対照表からの読替とはせず、純資産変動計算書を経由して純資産の各項目の残高を算定する。

「方針（株式会社）」のつづき

【株式会社ＰＬ】

項　目	読替方針
1. 売 上 高	①売上は、全て経常収益の「その他」に読み替える。
2. 売上原価	①売上原価は、その明細がわかる場合には科目の性質に応じて、人件費、物件費等、その他の業務費用の適宜の科目に読み替える。明細が不明の場合は一括して物件費等の「その他」に読み替える。
	②売上原価に含まれる減価償却費がある場合、物件費等の「減価償却費」に読み替える。
3. 販売費及び一般管理費	①販売費及び一般管理費は、科目の性質に応じて、人件費、物件費等、その他の業務費用の適宜の科目に読み替える。詳細が不明の場合や総額に重要性がない等の場合は、一括してその他の業務費用の「その他」に読み替える。
	②販売費及び一般管理費に含まれる減価償却費がある場合、物件費等の「減価償却費」に読み替える。
4. 営業外収益	①受取利息及び配当金、その他の営業外収益については、経常収益の「その他」に読み替える。
5. 営業外費用	①支払利息については、その他の業務費用の「支払利息」に読み替える。
	②その他の営業外費用については、その他の業務費用の「その他」に読み替える。
6. 特別利益	①固定資産売却については、臨時利益の「資産売却益」に読み替える。
	②その他特別利益については、臨時利益の「その他」に読み替える。
7. 特別損失	①固定資産売却損については、臨時損失の「資産除売却損」に読み替える。
	②減損損失については、臨時損失の「その他」に読み替える。
	③その他特別損失については、臨時損失の「その他」に読み替える。
	④その他に損失補償等引当金繰入額が含まれる場合には、該当分を損失補償等引当金繰入額に読み替える。

【株式会社ＮＷ】

項　目	読替方針
1. 全　般	①剰余金の資本組入れ等、純資産内部の計数変動については、特に処理は行わない。
	②自己株式の消却についても、特に処理は行わない。
2. 財　源	①損益計算書より国県等からの補助金を特定し、「国県等補助金」に計上する。なお、行政コスト計算書への計上と二重計上とならないように留意する。
3. 有形固定資産等の増加・減少	①「有形固定資産等の増加」については、有形固定資産及び無形固定資産の明細より集計する。
	②「有形固定資産等の減少」については、有形固定資産及び無形固定資産の明細より集計する。
4. 貸付金・基金等の増加・減少	①「貸付金・基金等の増加」については、貸付金及び基金等の当年度増加額を記載する。
	②「貸付金・基金等の減少」については、貸付金及び基金等の当年度減少額を記載する。
5. 資産評価差額	①株主資本変動計算書の、その他有価証券評価差額金の事業年度中の変動額合計を「資産評価差額」に計上する。
6. 無償所管換等	①固定資産等について、無償で譲渡または取得した固定資産がある場合は、これにかかる固定資産売却損または譲受益（その他の特別利益）の額を記載する。なお、行政コスト計算書への計上と二重計上とならないように留意する。
7. その他	①新株発行等資本金等の純資産が増加する場合には、「その他」に読み替える。その他記載すべきものがある場合には、「その他」に計上する。

【株式会社ＣＦ】

項　目	読替方針
1. 業務活動によるキャッシュ・フロー	①人件費支出は、行政コスト計算書の人件費を基礎とし、前払、未払の調整等をして、金額の集計を行う。
	②物件費等支出は、行政コスト計算書の物件費等を基礎とし、前払、未払・買掛金の調整、減価償却費の加味、在庫の調整等をした上で、金額の集計を行う。
	③支払利息支出は、行政コスト計算書の支払利息を基礎とし、金額の集計を行う。
	④その他の支出は、行政コスト計算書のその他の業務費用を基礎とし、前払、未払の調整をして、金額の集計を行う。
	⑤業務収入は、損益計算書の経常収益を基礎とし、売掛金の調整等をして、金額の集計を行う。
2. 投資活動によるキャッシュ・フロー	①投資活動に記載される有価証券、固定資産、投資有価証券、貸付金につき、それぞれの項目毎に転記する。
3. 財務活動によるキャッシュ・フロー	①財務活動に記載される社債、株式発行の内容を、財務活動収支に転記する。
	②剰余金の配当、自己株式の取得については、「その他の支出」とする。
4. 現金及び現金同等物に係る換算差額	①現金及び現金同等物に係る換算差額のプラスまたはマイナスがある場合は、業務収入の「その他の収入」または業務費用支出の「その他の支出」で調整する。

【注】当該株式会社がCFを作成していない場合は、有形固定資産明細表などを参照して作成する。

② 財務書類4表の読替表は次のとおりである。

株式会社BSシート

現行制度 (S/D：経団連雛型)		区分No.
1 流動資産		
	現金及び預金	1
	受取手形	2
	売掛金	3
	有価証券	4
	商品及び製品	5
	仕掛品	6
	原材料及び貯蔵品	7
	前払費用	8
	繰延税金資産	9
	その他	10
	貸倒引当金	11
2 固定資産		
	(1) 有形固定資産	
	建物	12
	構築物	13
	機械装置	14
	車両運搬具	15
	工具器具備品	16
	土地	17
	リース資産	18
	建設仮勘定	19
	その他	20
	(2) 無形固定資産	
	ソフトウェア	21
	リース資産	22
	のれん	23
	その他	24
	(3) 投資その他の資産	
	投資有価証券	25
	関係会社株式	26
	長期貸付金	27
	繰延税金資産	28
	その他	29
	貸倒引当金	30
3 繰延資産		
	社債発行費	31

読替元区分No.	統一的な基準による財務書類
	固定資産
	有形固定資産
	事業用資産
17	土地
	立木竹
12	建物
※	建物減価償却累計額
13	工作物
※	工作物減価償却累計額
	船舶
	船舶減価償却累計額
	浮標等
	浮標等減価償却累計額
	航空機
	航空機減価償却累計額
20	その他
※	その他減価償却累計額
19	建設仮勘定
	インフラ資産
	土地
	建物
	建物減価償却累計額
	工作物
	工作物減価償却累計額
	その他
	その他減価償却累計額
	建設仮勘定
14,15,16	物品
※	物品減価償却累計額
	無形固定資産
21	ソフトウェア
23,24	その他
	投資その他の資産
	投資及び出資金
25,26	有価証券
26	出資金
	その他
	投資損失引当金
	長期延滞債権
27	長期貸付金
	基金
	減債基金
	その他
28,29	その他
30	徴収不能引当金
	流動資産
1	現金預金
3	未収金
	短期貸付金
	基金
	財政調整基金
	減債基金
5,6,7	棚卸資産
2,4,8,9,10	その他
11	徴収不能引当金
31	繰延資産
	資産合計

※減価償却累計額は、有形固定資産及び無形固定資産の明細より記載。

※No.18,22は資産の内容により事業用資産内で振り分ける。

現行制度 (S/D：経団連雛型)			区分No.
4	流動負債		
		支払手形	32
		買掛金	33
		短期借入金	34
		リース債務	35
		未払金	36
		未払費用	37
		未払法人税等	38
		前受金	39
		預り金	40
		前受収益	41
		○○引当金	42
		その他	43
5	固定負債		
		社債	44
		長期借入金	45
		リース債務	46
		○○引当金	47
		その他	48
6	株主資本		
		資本金	
		資本剰余金	
		資本準備金	
		その他資本剰余金	
		利益剰余金	
		利益準備金	
		その他利益剰余金	
		○○積立金	
		繰越利益剰余金	
		自己株式	
7	評価・換算差額等		
		その他有価証券評価差額金	
		繰延ヘッジ損益	
		土地再評価差額金	
8	新株予約権		

読替元区分No.	統一的な基準による財務書類
	固定負債
44,45	地方債等
	長期未払金
47	退職手当引当金
47	損失補償等引当金
46,47,48	その他
	流動負債
34	1年内償還予定地方債等
33,36,38	未払金
37	未払費用
39	前受金
41	前受収益
42	賞与等引当金
40	預り金
32,35,42,43	その他
	負債合計
	固定資産等形成分
	余剰分（不足分）
	他団体出資等分
	純資産合計

第5部　第3章　企業会計決算書からの読替

株式会社ＰＬシート

現行制度 （S/D：経団連雛型）	区分No.	備考
1 売上高	1	
2 売上原価	2	
売上総利益		
3 販売費及び一般管理費	3	
営業利益		
4 営業外収益		
受取利息及び配当金	4	
その他	5	
5 営業外費用		
支払利息	6	
その他	7	
経常利益		
6 特別利益		
固定資産売却益	8	
その他	9	
7 特別損失		
固定資産売却損	10	
減損損失	11	
その他	12	
税引前当期純利益		
法人税、住民税及び事業税	13	
法人税等調整額	14	
当期純利益		

読替元区分No.	統一的な基準による財務書類
	経常費用
	業務費用
	人件費
	職員給与費
	賞与等引当金繰入額
	退職手当引当金繰入額
	その他
	物件費等
	物件費
	維持補修費
	減価償却費
2	その他
	その他の業務費用
6	支払利息
	徴収不能引当金繰入額
3,7,13,14	その他
	移転費用
	補助金等
	社会保障給付
	他会計への繰出金
	その他
	経常収益
	使用料及び手数料
1,4,5	その他
	純経常行政コスト
	臨時損失
	災害復旧事業費
10	資産除売却損
	投資損失引当金繰入額
	損失補償等引当金繰入額
11,12	その他
	臨時利益
8	資産売却益
9	その他
	純行政コスト

株式会社NWシート

読替元区分No.	統一的な基準による財務書類
	前年度末純資産残高
行政コスト計算書より集計	純行政コスト（△）
	財　源
	税　収　等
損益計算書より国県等からの補助金を特定して記載	国県等補助金
	本年度差額
	固定資産等の変動（内部変動）
有形固定資産及び無形固定資産の明細より集計	有形固定資産等の増加
	有形固定資産等の減少
貸付金及び基金等の当年度増加額を記載	貸付金・基金等の増加
貸付金及び基金等の当年度減少額を記載	貸付金・基金等の減少
株主資本変動計算書より、その他有価証券評価差額金の事業年度中の変動額合計を記載	資産評価差額
損益計算書の「特別損失」の「固定資産売却損」または「特別利益」の「その他の特別利益」より、無償譲渡または譲受を特定して譲渡損または譲受益の額を記載	無償所管換等
	他団体出資等分の増加
	他団体出資等分の減少
	そ　の　他
	本年度純資産変動額
	本年度末純資産残高

株式会社ＣＦシート

現行制度 （S/D：財務諸表等規則）	区分No.	備考
1 営業活動によるキャッシュ・フロー		
税引前当期純利益（又は税引前当期純損失）	1	
減価償却額	2	
減損損失	3	
貸倒引当金の増減額	4	
受取利息及び受取配当金	5	
支払利息	6	
為替差損益	7	
有形固定資産売却損益	8	
損害賠償損失	9	
売上債権の増減額	10	
棚卸資産の増減額	11	
仕入債務の増減額	12	
・・・・		
小　　計		
利息及び配当金の受取額	13	
利息の支払額	14	
損害賠償金の支払額	15	
・・・・		
法人税等の支払額	16	
営業活動によるキャッシュ・フロー		
2 投資活動によるキャッシュ・フロー		
有価証券の取得による支出	17	
有価証券の売却による収入	18	
有形固定資産の取得による支出	19	
有形固定資産の売却による収入	20	
投資有価証券の取得による支出	21	
投資有価証券の売却による収入	22	
貸付けによる支出	23	
貸付金の回収による収入	24	
・・・		
投資活動によるキャッシュ・フロー		
3 財務活動によるキャッシュ・フロー		
短期借入れによる収入	25	
短期借入金の返済による支出	26	
長期借入れによる収入	27	
長期借入金の返済による支出	28	
社債の発行による収入	29	
社債の償還による支出	30	
株式の発行による収入	31	
自己株式の取得による支出	32	
配当金の支払額	33	
・・・		
財務活動によるキャッシュ・フロー		
4 現金及び現金同等物に係る換算差額	34	
現金及び現金同等物の増減額		
現金及び現金同等物の期首残高	35	
現金及び現金同等物の期末残高		

読替元区分No.	統一的な基準による財務書類
	【業務活動収支】
	業務支出
	業務費用支出
	人件費支出
	物件費等支出
14	支払利息支出
34	その他の支出
	移転費用支出
	補助金等支出
	社会保障給付支出
	他会計への繰出支出
	その他の支出
	業務収入
	税収等収入
	国県等補助金収入
	使用料及び手数料収入
34	その他の収入
	臨時支出
	災害復旧事業費支出
	その他の支出
	臨時収入
	業務活動収支
	【投資活動収支】
	投資活動支出
19	公共施設等整備費支出
	基金積立金支出
17,21	投資及び出資金支出
23	貸付金支出
	その他の支出
	投資活動収入
	国県等補助金収入
	基金取崩収入
24	貸付金元金回収収入
18,20,22	資産売却収入
	その他の収入
	投資活動収支
	【財務活動収支】
	財務活動支出
26,28,30	地方債等償還支出
32,33	その他の支出
	財務活動収入
25,27,29	地方債等発行収入
31	その他の収入
	財務活動収支
	本年度資金収支額
35	前年度末資金残高
	本年度末資金残高
	前年度末歳計外現金残高
	本年度歳計外現金増減額
	本年度末歳計外現金残高
	本年度末現金預金残高

> イ　統一的な基準の行政コスト計算書では、性質別分類により表示するので、添付されている附属明細書の販売費及び一般管理費の明細書に基づいて読替する必要がある。

第7項　第三セクター等（公益社団・財団法人）の場合

①　公益社団・財団法人は、「公益法人会計基準」に基づき、BS・PL（正味財産計算書）、NW・CF（大規模法人のみ）を作成しているが、統一的な基準による財務書類への読替方針は次のとおりである。

②　財務書類4表の読替表は次のとおりである。

「方針（公益社団・財団法人）」

【公益社団・財団法人BS】

項　　目	読替方針
1. 流動資産	①未収会費、未収金については、「未収金」に読み替える。
	②受取手形、前払金、有価証券については、流動資産の「その他」に読み替える。
2. 固定資産	①公益社団・財団法人の有形固定資産にインフラ資産はないものとする。
（1）基本財産	②基本財産については、投資その他の資産の基金の「その他」に読み替える。
（2）特定資産	①特定資産については、投資その他の資産の基金の「その他」に読み替える。
（3）その他の固定資産	①車両運搬具及び什器備品については、「物品」に読み替える。
	②その他有形固定資産については、該当するものがあれば「船舶」、「浮標等」及び「航空機」に、それ以外は「その他」に読み替える。
	③借地権、電話加入権、その他の無形固定資産については、無形固定資産の「その他」に読み替える。
	④敷金、保証金については、投資その他の資産の「その他」に読み替える。
	⑤子会社株式及び関連会社株式については、原則として投資その他の資産の「有価証券」に読み替える。ただし、重要な子会社株式等で公有財産として管理されている出資等に準ずるものについては、投資その他の資産の「出資金」に読み替える。
3. 流動負債	①引当金については、賞与引当金は流動負債の「賞与等引当金」に、それ以外は流動負債の「その他」に読み替える。
4. 固定負債	①長期借入金については、「地方債等」に読み替える。
	②受入保証金は、固定負債の「その他」に読み替える。
5. 正味財産	①指定正味財産及び一般正味財産については、直接貸借対照表への読替は行わない。純資産は貸借対照表からの読替とはせず、純資産変動計算書を経由して純資産の各項目の残高を算定する。

「方針（公益社団・財団法人）」のつづき

【公益社団・財団法人ＰＬ】

項　目	読替方針
1．経常収益	①基本財産運用益、特定資産運用益については、経常収益の「その他」に読み替える。
	②受取入会金、受取会費、事業収益及び雑収益については、経常収益の「その他」に読み替える。
	③受取補助金等については、純資産変動計算書の「国県等補助金」に読み替える。なお、純資産変動計算書への計上と二重計上とならないように留意する。
	④受取負担金及び受取寄付金については、純資産変動計算書の「税収等」に読み替える。
	⑤その他の経常収益については、経常収益の「その他」に読み替える。
2．経常費用	①事業費、管理費については、公益社団・財団法人側で処理している費目毎に人件費、物件費等、その他の業務費用の帰属を判断した上で、適切な科目に読み替える。
	②減価償却費については、「減価償却費」に読み替える。
	③基本財産評価損益、特定資産評価損益、投資有価証券評価損益については、臨時損失の「その他」または臨時利益の「その他」に読み替える。
3．経常外収益	固定資産受贈益については、純資産変動計算書の「無償所管換等」に読み替える。
4．経常外費用	固定資産減損損失については、臨時損失の「その他」に読み替える。
5．指定正味財産増減の部	①受取補助金等については、純資産変動計算書の「国県等補助金」に読み替える。
	②固定資産受贈益については、純資産変動計算書の「無償所管換等」に読み替える。
	③基本財産評価益及び特定資産評価益については、純資産変動計算書の「資産評価差額」に読み替える。
	④基本財産評価損及び特定資産評価損については、純資産変動計算書の「資産評価差額」に読み替える。
	⑤なお、一般正味財産への振替額がある場合、公益社団・財団法人内部で振替が行われているに過ぎないため、読み替える必要がないことに注意する。例えば一般正味財産増減の部で計上されている受取寄付金が、指定正味財産からの振替である場合、最終的に当該受取寄付金は消去されることになる。
6．基金増減の部	①基金受入額及び基金返還額については、純資産変動計算書の「その他」に読み替える。

【公益社団・財団法人ＮＷ】

項　目	読替方針
1．財　源	①正味財産増減計算書に計上されている経常収益の「受取負担金」及び「受取寄付金」並びに指定正味財産増減の部の「受取負担金」及び「受取寄付金」については、「税収等」に読み替える。
	②正味財産増減計算書の経常収益の「受取補助金等」及び指定正味財産増減の部の「受取補助金等」については、「国県等補助金」に読み替える。
2．有形固定資産等の増加・減少	①「有形固定資産等の増加」については、有形固定資産及び無形固定資産の当年度の増加額を記載する。
	②「有形固定資産等の減少」については、有形固定資産及び無形固定資産の当年度の減少額を記載する。
3．貸付金・基金等の増加・減少	①「貸付金・基金等の増加」については、貸付金及び基金等の当年度増加額を記載する。
	②「貸付金・基金等の減少」については、貸付金及び基金等の当年度減少額を記載する。
4．資産評価差額	①正味財産増減計算書の指定正味財産の増減の部に記載されている基本財産評価益、特定資産評価益、基本財産評価損、特定資産評価損を「資産評価差額」に計上する。
5．無償所管換等	①正味財産増減計算書の固定資産受贈益の額を記載する。その他、無償で譲渡した固定資産がある場合には、これに係る固定資産売却損の額を記載する。なお、行政コスト計算書への計上と二重計上とならないように留意する。
6．その他	①基金の受入及び返還のほか、その他記載すべきものがある場合には、「その他」に計上する。

「方針（公益社団・財団法人）」のつづき

【公益社団・財団法人ＣＦ】

項　目	読替方針
1. 業務活動による 　キャッシュ・フロー 　（1）事業活動収入	①基本財産運用収入については、業務収入の「その他の収入」に読み替える。
	②入会金収入、会費収入、事業収入については、業務収入の「その他の収入」に読み替える。
	③補助金等収入については、投資活動に係るものを投資活動収入の「国県等補助金収入」に、それ以外の活動に係るものを業務収入の「国県等補助金収入」に読み替える。
	④負担金収入については、業務収入の「税収等収入」に読み替える。
（2）事業活動支出	①事業費、管理費については、小科目単位で人件費、物件費、その他の業務費用を判断した上で、業務費用支出の「人件費支出」「物件費等支出」「その他の支出」に読み替える。
2. 投資活動による 　キャッシュ・フロー 　（1）投資活動収入	①固定資産売却収入については、投資活動収入の「資産売却収入」に読み替える。
	②投資有価証券売却収入については、投資活動収入の「資産売却収入」に読み替える。
（2）投資活動支出	①固定資産取得支出については、投資活動支出の「公共施設等整備費支出」に読み替える。
	②投資有価証券取得支出については、投資活動支出の「投資及び出資金支出」に読み替える。
3. 財務活動による 　キャッシュ・フロー 　（1）財務活動収入	①借入金収入については、財務活動収入の「地方債等発行収入」に読み替える。
（2）財務活動支出	①借入金返済支出については、財務活動支出の「地方債等償還支出」に読み替える。
4. 現金及び現金同等物に係る換算差額	①現金及び現金同等物に係る換算差額のプラスまたはマイナスがある場合は、業務収入の「その他の収入」または業務費用支出の「その他の支出」で調整する。

公益社団・財団法人BSシート

現行制度 (S/D：公益法人会計基準)	区分No.
1 流動資産	
(1) 現金預金	1
(2) 受取手形	2
(3) 未収会費	3
(4) 未収金	4
(5) 前払金	5
(6) 有価証券	6
(7) 貯蔵品	7
流動資産合計	
2 固定資産	
(1) 基本財産	
イ 土　地	8
ロ 投資有価証券	9
基本財産合計	
(2) 特定資産	
イ 退職給付引当資産	10
ロ 減価償却引当資産	11
ハ ○○○積立資産	12
特定資産合計	
(3) その他固定資産	
イ 建　物	13
ロ 構築物	14
ハ 車両運搬具	15
ニ 什器備品	16
ホ 土　地	17
ヘ 建設仮勘定	18
ト 借地権	19
チ 電話加入権	20
リ 敷　金	21
ヌ 保証金	22
ル 投資有価証券	23
ヲ 子会社株式	24
ワ 関連会社株式	25
その他固定資産合計	
固定資産合計	
資産合計	

読替元区分No.	統一的な基準による財務書類
	固定資産
	有形固定資産
	事業用資産
17	土　地
	立木竹
13	建　物
※	建物減価償却累計額
14	工作物
※	工作物減価償却累計額
	船　舶
	船舶減価償却累計額
	浮標　等
	浮標等減価償却累計額
	航空機
	航空機減価償却累計額
	その他
	その他減価償却累計額
18	建設仮勘定
	インフラ資産
	土　地
	建　物
	建物減価償却累計額
	工作物
	工作物減価償却累計額
	その他
	その他減価償却累計額
	建設仮勘定
15,16	物　品
※	物品減価償却累計額
	無形固定資産
	ソフトウェア
19,20	その他
	投資その他の資産
	投資及び出資金
23,24,25	有価証券
24,25	出資金
	その他
	投資損失引当金
	長期延滞債権
	長期貸付金
	基　金
	減債基金
8,9,10,11,12	その他
21,22	その他
	徴収不能引当金
	流動資産
1	現金預金
3,4	未収金
	短期貸付金
	基　金
	財政調整基金
	減債基金
7	棚卸資産
2,5,6	その他
	徴収不能引当金
	繰延資産
	資産合計

※減価償却累計額は、固定資産の取得価額、減価償却累計額及び当期末残高の注記より記載。

現行制度 (S/D:公益法人会計基準)	区分No.
3　流動負債	
(1) 支払手形	26
(2) 未払金	27
(3) 前受金	28
(4) 預り金	29
(5) 短期借入金	30
(6) 1年内返済予定長期借入金	31
(7) 賞与引当金	32
流動負債合計	
4　固定負債	
(1) 長期借入金	33
(2) 退職給与引当金	34
(3) 役員退職慰労引当金	35
(4) 受入保証金	36
固定負債合計	
負債合計	
5　正味財産	
(1) 基金	
イ　基金	
(2) 指定正味財産	
イ　国庫補助金	
ロ　地方公共団体補助金	
ハ　民間補助金	
ロ　寄付金	
(3) 一般正味財産	
イ　代替基金	
ロ　一般正味財産	
正味財産合計	

読替元区分No.	統一的な基準による財務書類
	固定負債
33	地方債等
	長期未払金
34,35	退職手当引当金
	損失補償等引当金
36	その他
	流動負債
30,31	1年内償還予定地方債等
27	未払金
	未払費用
28	前受金
	前受収益
32	賞与等引当金
29	預り金
26	その他
	負債合計
	固定資産等形成分
	余剰分(不足分)
	他団体出資等分
	純資産合計

公益社団・財団法人ＰＬシート

現行制度 （S/D：公益法人会計基準）	区分No.	備考
1 経常収益		
(1) 基本財産運用益	1	
(2) 特定資産運用益	2	
(3) 受取入会金	3	
(4) 受取会費	4	
(5) 事業収益	5	
(6) 受取補助金等	6	→NWへ
(7) 受取負担金	7	→NWへ
(8) 受取寄付金	8	→NWへ
(9) 雑収益	9	
経常収益計		
2 経常費用		
(1) 事業費		
イ 給料手当	10	
ロ 退職給付費用	11	
ハ 減価償却費	12	
ニ その他	13	
(2) 管理費		
イ 役員報酬	14	
ロ 給料手当	15	
ハ 退職給付費用	16	
ニ 減価償却費	17	
ホ その他	18	
経常費用計		
評価損益等調整前当期経常増減額		
(3) 基本財産評価損益等	19	
(4) 特定資産評価損益等	20	
(5) 投資有価証券評価損益等	21	
評価損益等計		
当期経常増減額		
3 経常外収益		
(1) 固定資産売却益	22	
(2) 固定資産受贈益	23	→NWへ
経常外収益計		
4 経常外費用		
(1) 固定資産売却損	24	
(2) 固定資産減損損失	25	
(3) 災害損失	26	
経常外費用計		
当期経常外増減額		
当期一般正味財産増減額		
一般正味財産期首残高		
一般正味財産期末残高		
5 指定正味財産増減の部		
(1) 受取補助金等	27	→NWへ
(2) 受取負担金	28	→NWへ
(3) 受取寄付金	29	→NWへ
(4) 固定資産受贈益	30	→NWへ
(5) 基本財産評価益	31	→NWへ
(6) 特定資産評価益	32	→NWへ
(7) 基本財産評価損	33	→NWへ
(8) 特定資産評価損	34	→NWへ
(9) 一般正味財産への振替額		
当期指定正味財産増減額		
指定正味財産期首残高		
指定正味財産期末残高		
6 基金増減の部		
(1) 基金受入額	35	→NWへ
(2) 基金返還額	36	→NWへ
正味財産期末残高		

読替元区分No.	統一的な基準による財務書類
	経常費用
	業務費用
	人件費
10,14,15	職員給与費
13※,18※	賞与等引当金繰入額
11,16	退職手当引当金繰入額
13※,18※	その他
	物件費等
13※,18※	物件費
13※,18※	維持補修費
12,17	減価償却費
13※,18※	その他
	その他の業務費用
13※,18※	支払利息
13※,18※	徴収不能引当金繰入額
13※,18※	その他
	移転費用
	補助金等
	社会保障給付
	他会計への繰出金
	その他
	経常収益
	使用料及び手数料
1,2,3,4,5,9	その他
純経常行政コスト	純経常行政コスト
	臨時損失
	災害復旧事業費
24	資産除売却損
	投資損失引当金繰入額
	損失補償等引当金繰入額
19,20,21（評価損の場合), 25,26	その他
	臨時利益
22	資産売却益
19,20,21（評価益の場合)	その他
	純行政コスト

※性質に応じて振り分ける。

公益社団・財団法人NWシート

読替元区分No.	統一的な基準による財務書類
	前年度末純資産残高
行政コスト計算書より記載	純行政コスト（△）
	財　　源
正味財産増減計算書に計上されている経常収益の「受取負担金」及び「受取寄付金」並びに指定正味財産増減の部の「受取負担金」及び「受取寄付金」を記載	税　収　等
正味財産増減計算書の経常収益の「受取補助金等」及び指定正味財産増減の部の「受取補助金等」を記載	国県等補助金
	本年度差額
	固定資産等の変動（内部変動）
有形固定資産及び無形固定資産の当年度の増加額を記載	有形固定資産等の増加
有形固定資産及び無形固定資産の当年度の減少額（減価償却費と除却等による減少額）を記載	有形固定資産等の減少
貸付金及び基金等の当年度増加額を記載	貸付金・基金等の増加
貸付金及び基金等の当年度減少額を記載	貸付金・基金等の減少
正味財産増減計算書の指定正味財産増減の部の「基本財産評価益」、「特定資産評価益」、「基本財産評価損」及び「特定資産評価損」を記載	資産評価差額
正味財産増減計算書の指定及び一般正味財産増減の部の「固定資産受贈益」とともに、固定資産売却損より無償譲渡を特定して譲渡損の額を記載	無償所管換等
	他団体出資等分の増加
	他団体出資等分の減少
正味財産増減計算書の基金増減の部の「基金受入額」及び「基金返還額」を記載	そ　の　他
	本年度純資産変動額
	本年度末純資産残高

公益社団・財団法人CFシート

現行制度 (S/D：公益法人会計基準)	区分No.	備考		読替元区分No.	統一的な基準による財務書類
1　事業活動によるキャッシュ・フロー					【業務活動収支】
(1) 事業活動収入					業務支出
基本財産運用収入	1				業務費用支出
入会金収入	2			7※,8※	人件費支出
会費収入	3			7※,8※	物件費等支出
事業収入	4			7※,8※	支払利息支出
補助金等収入	5			7※,8※,17	その他の支出
負担金収入	6				移転費用支出
事業活動収入計					補助金等支出
			※人件費支出、物件費等支出、その他経費支出等、支出の性質に応じて振り分ける。		社会保障給付支出
(2) 事業活動支出					他会計への繰出支出
事業費支出	7				その他の支出
管理費支出	8				業務収入
事業活動支出計				6	税収等収入
事業活動によるキャッシュ・フロー				5(投資活動以外に係る部分)	国県等補助金収入
					使用料及び手数料収入
				1,2,3,4,17	その他の収入
2　投資活動によるキャッシュ・フロー					臨時支出
(1) 投資活動収入					災害復旧事業費支出
固定資産売却収入	9				その他の支出
投資有価証券売却収入	10				臨時収入
投資活動収入計					業務活動収支
(2) 投資活動支出					【投資活動収支】
固定資産取得支出	11				投資活動支出
投資有価証券取得支出	12			11	公共施設等整備費支出
投資活動支出計					基金積立金支出
投資活動によるキャッシュ・フロー				12	投資及び出資金支出
					貸付金支出
					その他の支出
3　財務活動によるキャッシュ・フロー					投資活動収入
(1) 財務活動収入				5(投資活動に係る部分)	国県等補助金収入
借入金収入	13				基金取崩収入
基金受入収入	14				貸付金元金回収収入
財務活動収入計				9,10	資産売却収入
					その他の収入
(2) 財務活動支出					投資活動収支
借入金返済支出	15				
基金返還支出	16				【財務活動収支】
財務活動支出計					財務活動支出
財務活動によるキャッシュ・フロー				15	地方債等償還支出
				16	その他の支出
					財務活動収入
4　現金及び現金同等物に係る換算差額	17			13	地方債等発行収入
現金及び現金同等物の増加額(又は減少額)				14	その他の収入
現金及び現金同等物の期首残高	18				財務活動収支
現金及び現金同等物の期末残高					
					本年度資金収支額
				18	前年度末資金残高
					本年度末資金残高
					前年度末歳計外現金残高
					本年度歳計外現金増減額
					本年度末歳計外現金残高
					本年度末現金預金残高

> イ 第三セクターの民法法人である財団法人・社団法人会計においては、一般会計・特別会計毎の貸借対照表・行政コスト計算書・正味財産計算書は作成されているが、それらを合算した総括の決算書が作成されていない場合も多く、正確性の確保及び業務の手間を省くために総括の決算書を作成することは重要である。
> ロ 行政コスト計算書の作成基礎資料は正味財産増減計算書であり、企業会計の損益計算書に相当する。
> ハ 「正味財産の部」は、「一般正味財産」と「指定正味財産」とに区分されているが、その区別なしに純資産合計とする。
> ニ 公益法人会計の改正により資金収支計算書に相当する収支計算書が、内部管理資料となった。しかし、統一的な基準の体系と異なる場合が多くそのまま使用することはできないため、注意が必要である。

第4章 一部事務組合・広域連合の場合

第1節 作成義務

　一部事務組合・広域連合は、統一的な基準の財務書類の報告主体となり作成義務が生じた。(研25)
　ただし、地方公営企業法を適用して公営企業会計のみによって構成される一部事務組合等については、企業会計決算書が作成されているため、統一的な基準による財務書類については作成しないことも許容することとしている。その場合、連結財務書類を作成する構成市町村側で読替処理をする。(Q&A財務2)
　一部事務組合・広域連合が複数の事務を行っており、会計が区分されている場合は、会計ごとに個別財務書類を作成したうえで比例連結割合を算定し、比例連結を行う。(連手引11)

> **留意点**
> ・官庁会計の団体であっても企業会計の団体であっても、自身のための財務書類は、全体数値により作成する。
> ・しかし、構成市町村が連結財務書類を作成する場合には、比例連結されるので、比例連結割合数値が必要となる。
> ・地方独立行政法人及び地方三公社であれば、原則として全部連結されるので、全体数値を報告すれば良い。

第1項　官庁会計決算の場合の作成

　地方公営企業法（昭和27年法律第292号）の財務規定を適用している一部事務組合・広域連合は法定決算書類を利用するが、地方公営企業法の財務規定を適用しない一部事務組合・広域連合については、財務書類の報告主体として一般会計等の作成方法に準拠して作成した財務書類を利用する。(連手引10)
①現金主義会計により官庁会計決算書を作成している団体は、第5部第2章「官庁会計決算書からの作成」と同様の作業手順により作成する。
②第2章の作業手順を要約すると次のとおりである。
　イ　開始貸借対照表の作成……………………………………第2章第1節（？？ページ）
　ロ　財務書類3表の作成準備
　　・歳入歳出に係る現金仕訳変換帳の作成……………………第2章第2節第1項（32ページ）

・発生主義取引把握のための非資金仕訳帳の作成…………第2章第2節第2項（38ページ）
ハ　財務書類の作成
・資金収支計算書の読替
・ロを精算表にて集計（財務書類の作成）……………第2章第3節第2項（40ページ）

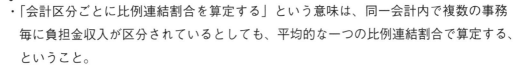

> ・「会計区分ごとに比例連結割合を算定する」という意味は、同一会計内で複数の事務毎に負担金収入が区分されているとしても、平均的な一つの比例連結割合で算定する、ということ。
> ・比例連結なので、構成団体が作成する連結財務書類に占める割合は小さくなるので、比例連結割合の算定を手間をかけすぎても効果が上がらないことに留意されたい。

第2項　企業会計決算の場合の作成

①発生主義による企業会計決算書を作成している団体は、第5部第3章「企業会計決算書からの読替方法」と同様の作業手順により作成する。

②作業手順を要約すると次のとおりである。
　イ　開始貸借対照表の作成……………………………………第3章第1節第1項（220ページ）
　ロ　財務書類3表の読替………………………………………第3章第1節第2項（220ページ）
　ハ　資金収支計算書の作成準備
　　・現金主義取引の把握（資金収支計算書の作成準備）……第3章第1節第3項（220ページ）
　　・発生主義取引の把握（資金収支計算書の作成準備）……第3章第1節第3項（220ページ）
　ニ　財務書類の作成
　　・資金収支計算書作成用フォーマットへの転記………第3章第1節第3項（224ページ）

第2節　構成団体へ報告する比例連結数値

構成市町村等が連結財務書類を作成する場合には、次の計算式で比例連結数値を算定する。

　⇒　全体数値　×　比例連結割合　＝　比例連結数値

【比例連結を行う理由】
　一部事務組合・広域連合は、規約において定められる負担割合に基づく構成団体の経費負担によって運営されており、解散した場合はその資産・負債は最終的には各構成団体に継承される。

このため、都道府県・市区町村自らが加入するすべての一部事務組合・広域連合を、比例連結の対象とする。(📄連手引8)

【個別財務書類作成の作業体制】

連結財務書類を円滑に作成するためには、下記「一部事務組合・広域連合の個別財務書類作成にかかる作業体制の選択肢」のような作業体制を構成団体間であらかじめ取り決め、計画的に作業を進める必要がある。

なお、作業体制は複数のケースが考えられ、各一部事務組合・広域連合の実情に応じた方法を選択することが必要と考えられる。(📄連手引13)

一部事務組合・広域連合の個別財務書類作成にかかる作業体制の選択肢

	作業主体	概　　要
1	一部事務組合・広域連合	連結対象の一部事務組合・広域連合が「個別財務書類の準備または作成」「比例連結割合の算定」を行い、構成団体に通知する。
2	主要な構成団体	主要な構成団体もしくは構成団体間の協議により決定した構成団体が、「個別財務書類の準備または作成」「比例連結割合の算定」を行い、他の構成団体に通知する。
3	都道府県	都道府県内ほぼすべての市町村が加入するような一部事務組合・広域連合の場合、都道府県が「個別財務書類の準備または作成」「比例連結割合の算定」を代わりに行い、構成団体に通知する。

※いずれの手法をとる場合でも、都道府県は一部事務組合・広域連合に関する連結財務書類作成事務が円滑に進んでいるか随時確認し、必要に応じて所要の助言その他の協力を行うことが期待される。
※なお、いずれの手法による場合でも、連結財務書類に計上する数値の確認は、連結財務書類の作成を行う各地方公共団体が最終的に責任をもって行う必要がある。

> **留意点**
>
> 実務上、比例連結割合に基づき算定された比例連結数値は、主要な構成団体の連結財務書類の全体数値に含まれるので、構成団体の比例連結割合の合計が100％になるように処理する等、整合性を考慮する必要がある。

【比例連結割合の算定の背景】

通常、当年度の比例連結割合は、住民数・使用料等に基づき、前年度の9月頃に決定され当年度予算執行の段階から適用される。したがって、初年度開始時と当年度末の貸借対照表の数値と、行政コスト計算書・純資産変動計算書・資金収支計算書のフロー数値は、前年度に決定された経費負担割合となる。

翌年度の期首貸借対照表に乗ずる経費負担割合は、本年度の9月頃に決定した経費負担割合になる。

【その他の算定方法】

具体的には、規約に基づく当該年度の経費負担割合等に応じた比例連結を行うこととするが、直近の複数年度において大幅な経費負担割合の変動があった場合や当該年度の経費負担がない場合など、当該年度の経費負担割合によることが合理的でない場合は、一定期間の経費負担割合の平均を用いるなど、構成団体が協

議して合理的な割合を決定することができる。

地方公共団体の財政の健全化に関する法律施行規則（平成20年総務省令第8号。以下「財政健全化法施行規則」）第13条第1号における「当該組合の加入団体間であん分方法が取り決められている組合」については、当該あん分方法に応じた比例連結を行う。(📄**連手引9**)

【重要性の原則】

各構成団体で修正の作業負担がかかることを踏まえ、負担割合の変動率が小さい場合など、財務書類等に重要な変動が生じない場合には、現行の比例連結割合を変更しないことができる。

なお、いずれの場合においても、構成団体の比例連結割合の合計が、100％となるよう処理する必要がある。

【比例連結割合の変更時の表示方法】

一部事務組合・広域連合を連結する際に、N年度の経費負担割合がN－1年度の割合と異なるなどして比例連結割合が変更された場合、N年度の期首の純資産残高及び資金残高がN－1年度末の金額と整合しなくなる。

この場合、連結純資産変動計算書では「比例連結割合変更に伴う差額」を科目として設けて純資産残高の差額を計上し調整する。また、連結資金収支計算書でも「比例連結割合変更に伴う差額」の欄を設け、資金残高の差額を計上して調整する。(📄**連手引12**)

【連結純資産変動計算書】

科　目	合　計	固定資産等形成分	余剰分（不足分）	他団体出資等分
……				
固定資産等の変動（内部変動）				
……				
資産評価差額				
無償所管換等				
他団体出資等分の増加				
他団体出資等分の減少				
比例連結割合変更に伴う差額				
そ　の　他				
本年度末純資産変動額				
本年度末純資産残高				

【連結資金収支計算書】

科　目	金額
……	
財務活動収支	
本年度資金収支額	
前年度末資金残高	
比例連結割合変更に伴う差額	
本年度末資金残高	

第6部

一般会計等・全体・連結財務書類の作り方

第6部の内容

　第6部は、一般会計等財務書類、全体財務書類、連結財務書類の作り方の説明である。

　前述の第5部では、官庁会計並びに企業会計の決算数値から、各会計の統一的な基準による財務書類4表を作成するための方法について、説明してきた。
　各会計単位の統一的な基準による財務書類が完成し、出そろったら、連結精算表に記入し合算し、内部間取引を相殺消去して完了となる。

　第6部においては、まず連結財務書類の作成に係る基本事項を理解することを目的に、
　第1章では、連結決算に係る一般原則について記載し、
　第2章では、連結財務書類に含まれる会計単位、すなわち連結の対象となる団体・法人の範囲について説明している。説明にあたっては、総務省から公表されている「連結財務書類作成の手引き」等から、重要な事項を可能な限り原文のまま記載している。
　第3章では、「連結手引き」に例示された連結精算表等の連結作業用フォーマットを中心に、一般会計等、全体及び連結財務書類の作成手順、並びに重要なフォーマットについて記入上の留意点等を説明している。
　第4章では、連結財務書類の利用者が、公表された財務情報を理解する際の有用な補足情報として、連結財務書類に係る注記事項を中心に説明している。

第1章 連結一般原則

第1節 作成目的

　都道府県・市区町村とその関連団体を連結してひとつの行政サービス実施主体としてとらえ、公的資金等によって形成された資産の状況、その財源とされた負債・純資産の状況さらには行政サービス提供に要したコストや資金収支の状況などを総合的に明らかにすることが連結財務書類の目的である。（連手引3）

　また、連結財務書類を作成することによって、連結ベースにおける資産老朽化比率等の各種財政指標の把握が可能になり、公共施設等のマネジメントに資することも考えられる。（連手引4）

第2節 連結財務書類の対象範囲

【一般会計等財務書類】

　都道府県、市町村（特別区を含む）並びに地方自治法（昭和22年法律第67号。以下「自治法」）第284条第1項の一部事務組合及び広域連合（以下「地方公共団体」）は、一般会計及び地方公営事業会計以外の特別会計からなる一般会計等財務書類を財務書類作成要領（以下「作成要領」）に基づき作成する。

【全体財務書類】

　一般会計等に地方公営事業会計を加えた全体財務書類を作成する。

【連結財務書類】

　全体財務書類に地方公共団体の関連団体を加えた連結財務書類をあわせて作成することとする。

　一般会計等、全体及び連結財務書類の対象となる団体（会計）は、【図1】のとおりである。（連手引5）

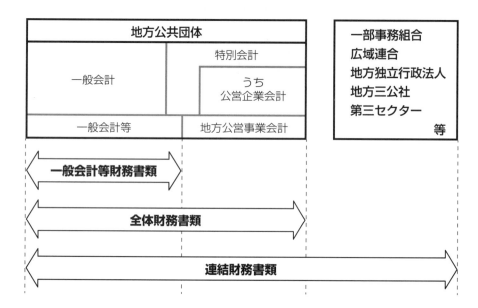

図1 財務書類の対象となる団体（会計）

第3節 連結決算日

　連結決算日は3月31日とする。なお、連結対象団体（会計）の決算日が3月31日と異なる場合、3月31日における仮決算を行うことを原則とするが、決算日の差異が3か月を超えない場合には、連結対象団体（会計）の決算を基礎として連結手続を行うことができる。（連手引33）

第2章 連結対象となる会計・団体・法人の決定

連結財務書類の対象範囲については、地方公共団体と連携協力して行政サービスを実施している関連団体に該当するか否かで判断することとし、【図2】のとおりとする。(連手引6)

図2　連結財務書類の対象範囲

	都道府県・市区町村	一部事務組合・広域連合	地方独立行政法人	地方三公社	第三セクター等
全部連結 (注1)	○（全部連結）	―	○（業務運営に実質的に主導的な立場を確保している地方公共団体が全部連結）	○（業務運営に実質的に主導的な立場を確保している地方公共団体が全部連結）	○（出資割合50％超又は出資割合50％以下で業務運営に実質的に主導的な立場を確保している地方公共団体が全部連結）
比例連結 (注2)	―	○（経費負担割合等に応じて比例連結）	△（業務運営に実質的に主導的な立場を確保している地方公共団体を特定できない場合は、出資割合、活動実態等に応じて比例連結）	△（業務運営に実質的に主導的な立場を確保している地方公共団体を特定できない場合は、出資割合、活動実態等に応じて比例連結）	△（業務運営に実質的に主導的な立場を確保している地方公共団体を特定できない場合は、出資割合、活動実態等に応じて比例連結）
備考	一般会計等だけでなく、地方公営事業会計も含む。	一部事務組合・広域連合の運営は、規約において定められる負担割合に基づく構成団体の経費負担によって運営されており、解散した場合はその資産・負債は最終的には各構成団体に継承される。	地方独立行政法人は、中期計画の認可等を通じて設立団体の長の関与が及ぶとともに、設立団体から運営費交付金が交付される。	地方三公社（土地開発公社、地方道路公社及び地方住宅供給公社）は、いずれも特別の法律に基づき地方公共団体が全額出資して設立する法人であり、公共性の高い業務を行っている。	第三セクター等の業務運営に対しては、出資者等の立場から地方公共団体の関与が及ぶほか、地方自治法の規定により出資金等の25％以上を出資している第三セクター等については監査委員による監査の対象となる。

注1　全部連結とは、連結対象団体（会計）の財務書類のすべてを合算することをいう。
注2　比例連結とは、連結対象団体（会計）の財務書類を出資割合等に応じて合算することをいう。

いずれかの地方公共団体の全部連結の対象となっている場合は、他の地方公共団体の比例連結の対象とはならない。(Q&A連4)

【持分法の不適用】

企業会計で採用されている持分法については、連結対象団体（会計）の純資産や利益に着目し、それらについての持分のみを連結財務書類に反映することになり、一般に利益の追求を目的としない地方公共団体に

はなじまないため、同手法は採用しない。（☞Q&A連1）

なお、持分法とは、投資会社が被投資会の資本及び損益のうち投資会社に帰属する部分の変動に応じて、その投資の額を連結決算日ごとに修正する方法をいう。

（1）都道府県・市区町村

一般会計等及び地方公営事業会計も全部連結の対象とし、全体財務書類を作成する。なお、法非適用の地方公営事業会計は、会計ごとに一般会計等の作成方法に準拠した財務書類を作成する。（連手引7）

（2）一部事務組合・広域連合
【比例連結を行う】

一部事務組合・広域連合は、規約において定められる負担割合に基づく構成団体の経費負担によって運営されており、解散した場合はその資産・負債は最終的には各構成団体に継承される。

このため、自らが加入するすべての一部事務組合・広域連合を比例連結の対象とする。（連手引8）

> **留意点**
>
> 研究会報告書257で「一部事務組合・広域連合に対する経費負担割合が重要でないものは、連結の範囲に含めないことができ、その旨注記する。」とあった。今回のマニュアルでは記載がないが、研究会報告書の考え方を踏襲するものと考え、財務報告の基本として重要性の原則が適用されるものと考えられる。（研36）
>
> 一部事務組合・広域連合から、統一的な基準により作成された財務書類または公営企業会計の決算書を入手し、構成団体側が算定した比例連結割合または一部事務組合・広域連合側から提供された比例連結割合により連結する。割合は異なる収入が数種含まれていたとしてもひとつの会計でひとつの割合とする。

（3）地方独立行政法人

地方独立行政法人は、中期計画の認可等を通じて設立団体の長の関与が及ぶとともに、設立団体から運営費交付金が交付されること等も踏まえ、自らが出資したすべての地方独立行政法人を全部連結の対象とする。（連手引14）

当該地方独立行政法人が連結の範囲に含めた特定関連会社も連結対象とする。（連手引15）

なお、共同設立等の地方独立行政法人の取扱いは「（6）共同設立等の地方独立行政法人・地方三公社」を参照されたい。（連手引16）

（4）地方三公社（土地開発公社、地方道路公社、地方住宅供給公社）

公有地の拡大の推進に関する法律（昭和47年法律第66号）に基づく**土地開発公社**、地方道路公社法（昭和45年法律第82号）に基づく**地方道路公社**及び地方住宅供給公社法（昭和40年法律第124号）に基づく**地方住宅供給公社**は、いずれも特別の法律に基づき地方公共団体が全額出資して設立する法人であり、公共性の高い業務を行っている。

特別法により長の関与が及び、補助金の交付がなされるほか、土地開発公社及び地方道路公社については、法人に対する政府の財政援助の制限に関する法律（昭和21年法律第24号）の規定にかかわらずその債務に対して地方公共団体が債務保証をすることができるほか、債務は設立団体である地方公共団体が最終的には負うこととされていること、地方住宅供給公社の資金調達に対しても地方公共団体が広く損失補償を行うなどの財政措置が行われ、その経営には実質的に地方公共団体が責任を負っていると考えられること等を踏まえ、全部連結の対象とする。（連手引17）

なお、共同設立の地方三公社の取扱いについては「（6）共同設立等の地方独立行政法人・地方三公社」を参照されたい。（連手引18）

（5）第三セクター等

第三セクター等の業務運営に対しては、法律の規定に基づき出資者、出えん者の立場から地方公共団体の関与が及ぶほか、自治法の規定により出資金等の25％以上を出資している第三セクター等については監査委員による監査の対象となり（自治法第199条及び地方自治法施行令（昭和22年政令第16号。以下「自治法令」）第140条の7）、50％以上を出資している第三セクター等には、予算の執行に関する長の調査権等が及ぶとともに、議会に対する経営状況の提出義務が課せられる（自治法第221条第3項、第243条の3第2項及び自治法令第152条第1項）。（連手引19）

【形式的支配力基準】

企業会計では、親会社が支配従属関係にある子会社を含めた連結財務書類が作成されており、子会社の判断基準として支配力基準が採用されているが、第三セクター等も当該基準に準じた取扱いとすることとする。具体的には、出資割合が50％超の第三セクター等については、地方公共団体の関与及び財政支援の下で、実質的に主導的な立場を確保しているといえるため、全部連結の対象とする。（連手引20）

【実質基準】

出資割合が50％以下の場合であっても役員の派遣、財政支援等の実態や、出資及び損失補償等の財政支援の状況を総合的に勘案し、その第三セクター等の業務運営に実質的に主導的な立場を確保していると認められる場合には、全部連結の対象とする。（連手引21）

【対象外】

いずれの地方公共団体にとっても全部連結の対象とならない第三セクター等については、出資割合や活動実態等に応じて、比例連結の対象とする。ただし、出資割合が25％未満であって、損失補償を付している等の重要性がない場合は、比例連結の対象としないことができる。（連手引22）

【判定】

第三セクター等の経営に実質的に主導的な立場を確保しているかどうかは、企業会計における財務諸表等の用語、様式及び作成方法に関する規則（昭和38年大蔵省令第59号。いわゆる財務諸表等規則）第8条第4項など、企業会計における支配力基準を参考に、個々の第三セクター等の実態に即して各地方公共団体において判断する。具体的には、【図4　全部連結の対象に含めるべき第三セクター等にあたるケースの例】のとおりとする。（連手引23）

図4　全部連結の対象に含めるべき第三セクター等にあたるケースの例

1	第三セクター等の資金調達額の総額の過半（50%超）を設立団体からの貸付額が占めている場合（資金調達額は設立団体及び金融機関等からの借入など貸借対照表の負債の部に計上されているものとする。設立団体からの貸付額には損失補償等を含むこととするが、補助金、委託料等は含まないものとする）。
2	第三セクター等の意思決定機関（取締役会、理事会等）の構成員の過半数を行政からの派遣職員が占める場合、あるいは構成員の決定に重要な影響力を有している場合
3	第三セクター等への補助金等が、当該第三セクター等の収益の大部分を占める場合（人件費の相当程度を補助するなど重要な補助金を交付している場合）
4	第三セクター等との間に重要な委託契約（当該第三セクター等の業務の大部分を占める場合など）が存在する場合
5	業務運営に関与しない出資者や出えん者の存在により、実質的には当該地方公共団体の意思決定にしたがって業務運営が行われている場合

【出資割合】

　財団法人等に関する出資割合については、監査委員の職務権限を定めた自治法第199条及び自治法令第140条の7、予算の執行に関する長の調査権を定めた自治法第221条第3項及び自治法令第152条第1項に基づき、監査の対象あるいは調査の対象を判断する際の出資割合等として各地方公共団体において整理している割合を用いることとする。（連手引24）

【社会福祉法人の取扱い】

　社会福祉法人についても、第三セクター等に含めるものとする。（連手引25）

【第三セクターの子会社】

　第三セクター等が出資している会社についても、第三セクター等の取扱いに準じることとするが、この場合、地方公共団体及び連結対象団体（会計）の資本金、出えん金等をあわせて判断する必要がある。（連手引26）

（6）共同設立等の地方独立行政法人・地方三公社

【連結の方法】

　出資割合や財政支出の状況等から業務運営に実質的に主導的な立場を確保している地方公共団体が全部連結を行うことを原則とする。（連手引27）

　ただし、業務運営に実質的に主導的な立場を確保している地方公共団体を特定できない場合は、出資割合、活動実態等に応じて比例連結を行うこととする。（連手引28）

【地方道路公社の比例連結】

　地方道路公社については、財政健全化法施行規則第12条第1号で定める「出資割合又は設立団体間で協議の上定めた割合」により比例連結を行う。（連手引29）

【土地開発公社の比例連結】

　土地開発公社については、構成団体が特定される項目（依頼土地及び依頼土地に係る借入金、当該年度の土地の売買に関する項目）は、それぞれの団体に帰属する金額をもって連結を行い、それ以外の項目については、財政健全化法施行規則第12条第2号で定める「出資割合又は設立団体間で協議の上定めた割合」に応

じて按分することとする。(連手引30)

(7) 財産区の取扱い

財産区については、市町村等に財産を帰属させられない経緯から設けられた制度であることから、連結の対象としないこととする。(連手引31)

(8) 地方共同法人の取扱い

地方競馬全国協会、地方公務員災害補償基金、日本下水道事業団、地方公共団体金融機構及び地方公共団体情報システム機構といった地方共同法人には、地方公共団体が出資金や負担金を支払っているが、個々の団体の出資割合等は概して低いため、連結の対象とはしないこととする。(連手引32)

(9) 連結対象団体（会計）の管理

下記のような一覧表を作成し、管理する。

連結対象団体一覧表

【本市が加入している一部事務組合・広域連合】

団体名	業務内容	経費負担割合	構成団体			
	粗大ごみ処理場、ごみ焼却場、救急医療対策	45.1%				
	し尿処理	61.2%				
	市町村会館の維持管理、市町村職員の研修	37.1%				
	後期高齢者医療制度	38.6%				

【本市の連結対象団体（出資比率51%以上）】

団体名	業務内容	出資割合	構成団体			
	文化ホールの管理	56.1%				
	文化施設の管理と文化事業の実施	100.0%				
	都市公園・広場施設、自然公園施設、その他緑地の維持管理	87.5%				
	駐車場の経営と管理	56.9%				
	中央卸売市場内の青果、水産物の冷凍・冷蔵保存業及び製氷販売	28.0%				
	地域の独居高齢者の支援	47.9%				

第3章 一般会計等・全体・連結財務書類の作成手順

第1節 連結財務書類作成の概略

連結財務書類の作成は、下記のとおりとなる。

第1項 連結精算表への記入

　統一的な基準による各会計・団体・法人の決算数値が完成したら、それらを連結精算表上で合算・相殺消去する必要がある。「連結財務書類作成の手引き」では様式第5号5に連結精算表が例示されているが、ここでは理解を容易にするために一覧性が確保されるよう貸借対照表部分だけ要約して掲載し、かつ、連結する会計単位を、一般会計等内が2、公営事業会計が2、関係団体も2、合計6の会計・団体・法人に絞っている。なお連結精算表の全体像は、「連結財務書類作成の手引き」様式第5号5「連結精算表」(306～311ページ)を参照されたい。

要約連結精算表　連結精算表(貸借対照表)

(単位：円)

区分	会計区分 勘定科目	連結会計											合計=①+②	連結修正等・相殺消去	連結本年度末残高
		全体会計								関係団体					
		一般会計等			公営事業			連結修正等・相殺消去	全体本年度末残高①						
		一般会計	母子寡婦福祉特別会計	相殺消去	一般会計等本年度末残高	水道事業会計	国民健康保険事業会計	公営事業会計合計			(財)文化振興財団	㈱市営地下鉄	関係団体合計②			
列		1	2	3	4	5	6	7	8	9	10	11	12	13	14	15
資産	有形固定資産															
	無形固定資産															
	投資その他の資産															
	流動資産															
	繰延資産															
	合計															
負債	固定負債															
	流動負債															
	合計															
	純資産合計															

第2項　作成手順

（1）各会計等の決算数値の精算表への記入
- 第5部により完成した各会計・団体・法人の決算数値を、連結精算表（BS、PL、NW、CF）へ記入する。
- 一般会計等分は1列と2列に、公営事業会計分は、5列と6列に、関係団体分は10列と11列である。

（2）相殺消去データの抽出……第6部第3章第2節「相殺消去データの抽出」（290ページ）参照
- 各会計・団体・法人の作成担当者が抽出した相殺消去等データを「内部取引調査票（様式第6号」へ記入する。

（3）連結仕訳帳の作成、精算表への記入……第6部第3章第3節～第4節「連結仕訳帳の作成」（291ページ）
- 「内部取引調査票」に基づき連結仕訳帳を作成し、貸借が一致していること（その数値の整合性）を確認し、精算表へ記入する。
- 一般会計等内の相殺消去等の仕訳は3列に記入する。
- 全体内の相殺消去等の仕訳は8列に記入する。
- 連結内の相殺消去等仕訳は14列に記入する。

（4）精算表の合計額の記入
- 4列・7列・9列・12列・13列・15列に、各々の段階の合計額を記入する。
- 精算表には、貸借対照表・行政コスト計算書・純資産変動計算書・資金収支計算書の4表がある。

（5）公表用様式への転記……第6部第3章第6節（312ページ）
- 連結財務書類作成の手引きで示された公表用様式へ記入する。
- 第2部第2章の50～54ページを参照のこと。

　　貸借対照表……………………………様式第1号。
　　行政コスト計算書……………………様式第2号
　　純資産変動計算書……………………様式第3号
　　行政コスト及び純資産変動計算書……様式第2号及び第3号
　　資金収支計算書………………………様式第4号

第3項　作成上の留意点

（1）相殺消去データの抽出
　抽出すべきグループ内取引については、各会計・団体・法人の日常の経理業務を行っている担当者が内容を承知しているわけであるから、統一的な基準に基づく財務書類まで作成してもらうか否かにかかわらず、当該担当者が内部間取引調査票を作成することが合理的である。

（2）連結仕訳帳の作成

複式簿記の知識が特に要求される業務である。通常、簿記の知識は、帳簿作成時に記帳技術として使用されるが、連結仕訳の場合、複式仕訳の積み上げにより完成した決算書を、相殺しながら消去していくパターンになるため、通常の複式仕訳と逆の発想をもたなければならないからである。また、出資金と純資産の相殺消去、グループ内取引の相殺消去時に生ずる不一致時の対応等が生じるので、連結財務書類作成部署で作成する負荷は大きい。

（3）精算表への記入

企業会計の場合は、連結する全ての会社が同じ企業会計の基準に従い作成されるため、ある程度容易に連結できるが、公会計の場合は、各々の法律に基づき作成されて表示形態が異なるので、連結手続に関してある程度の知識が要求されることに留意していただきたい。

（4）作業管理表による進捗管理

連結財務書類作成に当たり作成担当者は、任意の様式の進捗管理表を作成し、業務を執行すると考えるが、基礎データ別の進捗管理表を示すので参考にしていただきたい。

第4項　開始貸借対照表の作成

第5部により完成した各会計・団体・法人の開始数値を、連結精算表（BS）へ記入し、287ページの手順に従い作成する。

財務書類作成作業の進捗管理表

集計区分				会計単位名	決算	現金主義データ				発生主義データ								読替用	
						歳出組替表		歳入組替表		債権債務整理表		投資その他の資産増減表		固定資産増減整理表		地方債増減表		引当金増減表		企業会計財務書類	
						収集日	処理日	収集日	処理日	収集日	処理日	収集日	処理日	収集日	処理日	収集日	処理日	収集日	処理日	収集日	処理日
全体	一般会計等	一般会計		1 一般会計	官庁会計																
		特別会計		2 土地取得特別会計	官庁会計																
	公営事業会計	法適用		3 水道事業会計	企業会計																
				4 病院事業会計	企業会計																
		その他		5 国民健康保険特別会計	官庁会計																
				6 介護保険特別会計	官庁会計																
				7 公共下水道特別会計	官庁会計																
連結	関係団体	一部事務組合・広域連合		8 広域行政組合	官庁会計																
				9 広域衛生組合	企業会計																
		地方公社		10 土地開発公社	企業会計																
		民法法人		11 (財)緑のふるさと振興会	企業会計																
		会社法法人		12 ㈱市民プラザ	企業会計																
相殺消去等				一般会計等		収集日	処理日														
				全体決算		収集日	処理日														
				連結決算		収集日	処理日														

(注) 企業会計の場合、発生主義データの列に、長期前受金増減整理表、資本増減整理表を追加することもできる。

第2節 相殺消去データの抽出

- 抽出した相殺消去データを「内部取引調査表（様式第6号）」に各会計・団体・法人担当者が記入・報告という作業手順によって実施する。
- 本調査票の配布先は、配布元と想定される一般会計にも配布することを忘れないようにすること。
- 各会計単位の担当者を記入元として、会計単位毎の4表に含まれている他の会計単位に対する取引高及び債権債務等を抽出して、他の会計単位に対する毎に記入し合計額も記入する。
- 決算書（株主名簿・会計方針等記載のものを含む）・決算内訳書・総勘定元帳等より抽出する。
- 本調査票提出後、各会計間の相殺取引が不一致の場合が想定されるので、再調査を念頭に置いておくこと。
- 様式が同じなので、貸借対照表の場合のみ下記に掲載する。

様式第6号　内部取引調査票

1. 本調査票の配布先は、すべての連結対象法人（会計）である。
2. 本調査票は、次の相互間の内部取引を、それぞれに調査するものである。

記入者＼取引先	一般会計等		地方公営事業会計	連結対象団体（会計）
	一般会計	特別会計		
一般会計	−	○	○	○
特別会計	○	相互間	○	○
地方公営事業会計	○	○	相互間	○
連結対象団体（法人）	○	○	○	相互間

（上段：連結財務書類／単体財務書類）

3. 相殺取引の対象となる事項については、本文を参照されたい。
4. 一般会計等側からの相殺取引額の算出は、仕訳帳又は総勘定元帳から、上記すべての相殺相手方である取引を抽出し、相殺取引対象か判断し、勘定科目別に集計して作成する。
5. 本調査票回収後は、各会計の相殺取引が、それぞれ完全に対応することを相互にチェックする。
6. 本調査票は、財務書類4表または3表分が必要であるが、貸借対照表の表頭のみを示す。
7. 回収した本調査票の金額は、《様式第7号　相殺消去集計表》に転記し、同表で合計を求める。

内部取引調査票

記入元	例えば、A特別会計

1. 貸借対照表

勘定科目＼相手先	一般会計等財務書類			全体財務書類						連結財務書類			
	一般会計	○○特別会計	合計	地方公営事業会計					合計	一部事務組合・広域連合			合計
				公営企業会計		その他				○○衛生施設組合	……	……	
				水道事業	……	収益事業	……						
資産合計													
固定資産													
有形固定資産													
土　地													
立木竹													
建　物													
……													

2. 行政コスト計算書　3. 純資産変動計算書　4. 資金収支計算書

第3節 連結仕訳帳（連結修正等）の作成

第1項 資産・負債等決算数値の修正

【決算数値の修正】

連結対象団体（会計）で法定決算書類が作成されている場合、その法定決算書類の表示科目の読替を行う。この際、可能な限り統一された会計処理を行うために、以下の各項目のように各法定決算書類の数値を修正するといった連結修正を行うことが望ましいと考えられる。ただし、このような連結修正は、その事務負担等も配慮して行わないことも許容する。（連手引60）

ア）有形固定資産等の評価

連結対象団体（会計）の保有するすべての有形固定資産等について、一般会計等の「資産評価及び固定資産台帳整備の手引き」に基づいた評価を行う。

イ）売却可能資産の表示と評価

連結対象団体（会計）の保有する資産についても、一般会計等に準拠して売却可能資産の資産科目別の金額及びその範囲を注記する。評価額は一般会計等と同様に売却可能価額とする。

なお、販売用不動産は販売するために保有しているものであり、棚卸資産に計上されるので、未使用・未利用になっている売却可能資産とは明確に区別する。

ウ）投資及び出資金の評価

統一的な基準では、投資及び出資金についてはその種類ごとに償却原価や市場価格等により評価することとしている。そこで、連結対象団体（会計）においてこのような評価が行われていない場合には、一般会計等に準じた評価を行う。

エ）徴収不能引当金の計上

統一的な基準では、貸付金や未収金等の債権は回収可能性に基づいて徴収不能引当金として計上する。連結対象団体（会計）においてこのような処理が行われていない場合には、一般会計等に準拠して計上する。

オ）退職手当引当金、賞与等引当金の計上

統一的な基準では、退職手当引当金、賞与等引当金を計上する。連結対象団体（会計）においてこれらの引当金が計上されていない場合には、一般会計等に準拠して計上する。

なお、アからオまでの項目が連結対象団体（会計）において計上されている場合であっても、計上基準が統一的な基準と異なる場合は、統一的な基準で求められている基準で算定した金額に修正することが望ましい。（連手引61）

第2項 出納整理期間中の現金の受払い等の調整

【出納整理期間とは】

出納整理期間とは、歳入調定や支出負担行為等の所定の手続を完了し、前会計年度末までに確定した債権債務の整理を行うために設けられている期間をいう。

地方公共団体の場合、会計年度終了後の翌年度の4月1日から5月31日までの2ヶ月間を指す。出納整理期間は、予算統制における現金主義会計の原則のもとで、厳密に会計年度独立の原則を徹底する趣旨から必要となる。（連手引64）

【調整が必要な理由】

連結対象団体（会計）には出納整理期間を持つ一般会計等と持たない公営企業会計、地方独立行政法人、地方三公社及び第三セクター等が混在している。（連手引63）

出納整理期間を持つ会計では、N年度に帰属する債権債務について、出納整理期間中に現金の受払いが行われた場合には、N年度内に現金の受払いがなされたものとして整理されている。

一方、出納整理期間を持たない会計では、N年度末までに収支原因が発生した債権債務であっても、N年度内（3月31日）までに現金の受払いがなされなければ、貸借対照表には未収金、未払金などの債権または債務として整理される。（連手引65）

統一的な基準において、出納整理期間の定めがある連結対象団体（会計）と、定めのない連結対象団体（会計）との間で取引があり、出納整理期間中にN年度に帰属する資金の授受がある場合には、N年度末に現金の受払い等が終了したものとして調整する。（連手引66）

【例　示】

例えば、一般会計がN年度に財団法人に対する補助金の交付決定及び支出負担行為を行い、その支払いが出納整理期間内に行われた場合には、一般会計の歳入歳出決算書には、当該補助金支出が計上され、歳計現金が減少した状態になっている。

一方、財団法人側には、年度末の段階で収入要因が発生しているが、支払がなされていないため、貸借対照表には資産として「未収金」が計上され、正味財産増減計算書には「補助金収入」が計上される。なお、財団法人が作成しているキャッシュ・フロー計算書は未収金を含まない資金の動きをとらえているため、この取引による現金の動きは計上されていない。

このような状況で単純合算した場合には、支出済の状態（一般会計）と今後支払いを受ける状態（財団法人）とが混在することになる。統一的な基準では、出納整理期間がない会計等についてもN年度末に現金の受払いが終了したものとして調整を行う。（連手引67）

> **留意点**
> 法適用の決算書には貸借対照表の勘定科目の内訳が記載されないので、当該未収金・未払金の有無がわからないため、様式第6号の「内部取引調査票」に記載して報告を受ける必要がある。

具体的には次のような調整を行う。
《連結仕訳》

（借方）現金預金（BS）	＊＊＊	（貸方）未収金（BS）	＊＊＊
（借方）本年度末資金残高（CF）	＊＊＊	（貸方）国県等補助金収入（CF）	＊＊＊

《仕訳の説明》

　出納整理期間に一般会計から入金があったものとみなして処理するため、「現金預金」を増額して、「未収金」を減額する上記の決算修正仕訳を行ったうえで、連結精算表（資金収支計算書）の該当科目の連結修正等の欄において仕訳処理（増減処理）を行う。

　「収入は貸方」、「支出は借方」という複式簿記の基本原則に従い、入金があったものとみなして処理した「国県等補助金収入」を増額し、「本年度末資金残高」を増額する。

《連結修正数値の記載箇所》

　連結財務書類の作成にあたり、「連結修正等」及び「相殺消去」を行うが、連結財務書類の連結精算表の各連結対象団体（会計）の欄には、科目を読み替えた数字を転記することとし、その後に資産・負債等の修正や出納整理期間中の現金の受払い等といった連結修正を行う場合は、原則としてその修正額（法定決算書類上の数字との差額）を「連結修正等・相殺消去」の列に記載する。ただし、財務書類作成団体の判断により、連結修正後の金額を連結財務書類の連結精算表各連結対象団体（会計）の欄に記載することもできる。(連手引68)

> **留意点**
>
> 　連結精算表各連結対象団体（会計）欄で数値を直接修正すると、翌年度に決算数値との整合性の手間が掛るため、「連結修正・相殺消去」の列に記載する方が合理的である。

　なお、連結精算表において「一般会計等財務書類」では「相殺消去」の欄が、「全体財務書類」及び「連結財務書類」では「連結修正等」及び「相殺消去」の欄がそれぞれ１か所あるが、「一般会計等財務書類」に含まれる相殺消去の列には一般会計に連結する特別会計に関する相殺消去の額を記載し、「全体財務書類」に含まれる連結修正等及び相殺消去の列には地方公営事業会計に関する連結修正等及び相殺消去の額を記載し、「連結財務書類」に含まれる連結修正等及び相殺消去の列には地方公共団体外部の連結対象団体に関する連結修正等及び相殺消去の額を記載する。(連手引69)

　なお、連結修正等の欄には、各連結対象団体（会計）の連結修正等の項目がまとめて表示される。(連手引70)

> **留意点**
>
> 　統一的な基準において複式簿記の導入は重要なので、連結修正等・相殺消去の複式簿記仕訳を、連結精算表に転記できるように借方・貸方の２列にすることが、複式簿記の導入の趣旨に合致しているのではないか、また、全国の自治体の担当者の複式簿記の習得に資するのではないか、という意見がある。

第3項　他団体出資等分の算定

【定　義】

　純資産のうち、地方公共団体の持分以外の部分について他団体出資等分を認識することとする。

　具体的には、連結対象団体（会計）の純資産に当該地方公共団体以外が行っている出資等の割合を乗じた額を「他団体出資等分」として計上し、その分を余剰分（不足分）から差し引くことになる。（連手引72）

【追加出資時】

　また、全部連結している団体の株式等を追加取得したこと等による「他団体出資等分」の変動額は、連結純資産変動計算書における「他団体出資等分の増加」または「他団体出資等分の減少」に記載する。（連手引73）

【出資額と純資産額の差額の処理】

　連結対象団体（会計）に対する地方公共団体の出資額と連結対象団体（会計）の純資産額との差額については、連結行政コスト計算書に臨時損失または臨時利益として計上する。

　具体的には、新たに連結対象団体（会計）となった団体（会計）がある場合には、次の会計処理を行う。

　連結開始貸借対照表を作成する時点で既に連結対象団体（会計）となっている場合には、連結開始貸借対照表においてこれら出資額と純資産額の相殺消去を行うこととし、連結行政コスト計算書における処理は必要ない。（連手引40）

第4項　2年度目以降に作成する際に生ずる「開始仕訳」

【開始仕訳が重要な理由】

　2年度目以降に連結財務書類を作成する際に、前年度に連結修正等によって前年度末の純資産残高や資金残高が変動していた場合、当年度の期首において前年度末と同額を引き継ぐ必要があるが、いわゆる「開始仕訳」を行わなければ、同額が引き継がれなくなる。（連手引74）

　連結修正等は連結財務書類作成のために行われるものであり、個別財務書類には影響していないため、前年度以前に行った連結修正等は、当年度の個別財務書類には反映されていない。

　そこで、2年度目以降の連結財務書類を作成するにあたり、前年度以前に行った連結修正等の影響を引き継ぐ必要がある（図8　開始仕訳の流れ）。

　この開始仕訳を行うことにより、前年度末の純資産残高と当年度の期首の純資産残高、前年度末の資金残高と当年度の期首の資金残高がはじめて一致することになる。（連手引75）

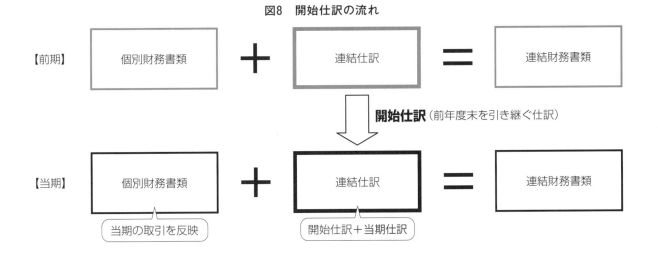

図8　開始仕訳の流れ

【開始仕訳の説明】

《連結仕訳》

292ページの前年度の連結仕訳を前提とすると、当年度の開始仕訳は以下のとおりとなる。

（借方）国県等補助金収入（ＣＦ）　＊＊＊　　（貸方）前年度末資金残高（ＣＦ）　＊＊＊

《仕訳の説明》

国県等補助金収入は前年度の連結資金収支計算書に計上されているが、財団法人の資金収支計算書では当年度に計上されているため、当年度の連結資金収支計算書作成においては財団法人の資金収支計算書に計上されている「国県等補助金収入」を取り消すとともに「前年度末資金残高」を増額させる。

> **留意点**
>
> 貸借共に貸借対照表科目あるいは貸借共に行政コスト計算書科目、貸借共に当期の資金収支科目である連結仕訳は、翌年度開始仕訳として引継がれない。これらの場合は、個別と連結の純資産残高または資金残高に差額が生じないためである。

第4節 連結仕訳帳（内部間取引の相殺消去）の作成

連結対象団体（会計）間で行われている、資金の出資（受入）、貸付（借入）、返済（回収）、利息の支払（受取）、売上（仕入または購入）、繰出（繰入）等、内部取引を相殺消去する。（連手引77）

【例　示】

これは、地方公共団体が、連結の範囲となる連結対象団体（会計）をひとつの行政サービスの実施主体とみなして連結財務書類を作成することから、連結内部での取引を消去する必要がある。（連手引78）

例えば、

ア）連結対象団体（会計）間で資金の貸し借りを行っている場合は、貸し手側で長期貸付金、借り手側で地方債等として貸借対照表に計上されるが、連結全体で考えれば、連結対象団体（会計）以外の外部に対する債権債務はないため、長期貸付金、地方債等ともに消去する。

イ）補助金の受払いについても同様に、一般会計から連結対象の第三セクター等に補助金を出したとしても、内部の資金移動にすぎず、連結外部との取引はないことになるため、これを消去する。

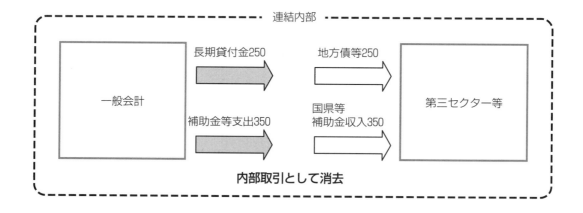

【相殺消去の流れ】

相殺消去の具体的な作業は、以下の流れで行う。（連手引79）

ア）すべての連結対象団体（会計）が様式第6号の「内部取引調査票」を記入し、連結内部の取引を洗い出す。

イ）連結対象団体（会計）の内部取引調査票を相互に突き合わせ、連結内部の取引を確定する。

ウ）確定した取引について、様式第7号の「相殺消去集計表」に転記し、一般会計等、全体、連結財務書類のそれぞれについて、相殺消去すべき合計額を算定する。

エ）相殺消去集計表で算出された合計または総合計の額を連結精算表の「相殺消去」の欄に転記し、純計処理を行う。

様式第7号　相殺消去集計表

1. 本表は、《様式第6号内部取引調査票》の回収結果につき、チェック終了後、転記して集計し、連結精算表に転記するものである。
2. ①一般会計等財務書類用は、一般会計、特別会計（地方公営事業会計を除く）分を集計し、連結精算表における一般会計等財務書類の相殺消去欄に転記する。
   ②全体財務書類用は、一般会計等、地方公営事業会計分を集計し、連結精算表における全体財務書類の相殺消去欄に転記する。
   ③連結財務書類用は、一般会計等、全体（一般会計等を除く）、連結対象団体（会計）分を集計し、連結精算表における連結財務書類の相殺消去欄に転記する。
3. 上記連結精算表への転記終了後、同表の純計額を算出する。
4. 以上に基づき、様式第1号〜第4号の様式に従い、一般会計等、全体及び連結財務書類を編集する。
5. 本集計票は、財務書類4表または3表分が必要であるが、貸借対照表の表頭のみを示す。

【様式7-1　相殺消去集計表（一般会計等財務書類用）】

1. 貸借対照表

勘定科目	相手先	一般会計等財務書類		
		一般会計	○○特別会計	合計
資産合計				
固定資産				
有形固定資産				
土　地				
立木竹				
建　物				
……				

2. 行政コスト計算書　3. 純資産変動計算書　4. 資金収支計算書

【様式7-2　相殺消去集計表（全体財務書類用）】

1. 貸借対照表

勘定科目	相手先	一般会計等財務書類		全体財務書類				総合計
		一般会計	○○特別会計	地方公営事業会計				
				公営企業会計		その他		
				水道事業	……	収益事業	……	
資産合計								
固定資産								
有形固定資産								
土　地								
立木竹								
建　物								
……								

2. 行政コスト計算書　3. 純資産変動計算書　4. 資金収支計算書

【様式7-3　相殺消去集計表（連結財務書類用）】

1. 貸借対照表

勘定科目	相手先	一般会計等財務書類		全体財務書類				連結財務書類			総合計
		一般会計	○○特別会計	地方公営事業会計				一部事務組合・広域連合		……	
				公営企業会計		その他		○○衛生施設組合	……	……	
				水道事業	……	収益事業	……				
資産合計											
固定資産											
有形固定資産											
土　地											
立木竹											
建　物											
……											

2. 行政コスト計算書　3. 純資産変動計算書　4. 資金収支計算書

【相殺消去の類型】

相殺消去の典型的な類型をまとめると【図9】のとおりとなる。（連手引80・82）

図9　相殺消去の典型的な類型

取引のパターン	必要となる相殺消去	
ア　投資と資本の相殺消去	（出資した側） ・貸借対照表の「投資及び出資金」の「出資金」または「その他」を減額 ・資金収支計算書の資金移動額を消去	（出資を受けた側） ・貸借対照表の「純資産の部」を減額 ・資金収支計算書の資金移動額を消去
イ　貸付金・借入金等の債権債務の相殺消去	（貸し付けた側） ・貸借対照表の「長期貸付金」または／及び「短期貸付金」を減額 ・資金収支計算書の資金移動額を消去	（借り入れた側） ・貸借対照表の「地方債等」または／及び「1年内償還予定地方債等」を減額 ・資金収支計算書の資金移動額を消去
ウ　補助金支出と補助金収入（取引高の相殺消去）	（補助した側） ・行政コスト計算書の「補助金等」を減額 ・資金収支計算書の資金移動額を消去	（補助を受けた側） ・純資産変動計算書の「国県等補助金」を減額 ・資金収支計算書の資金移動額を消去
エ　会計間の繰入れ・繰出し（取引高の相殺消去）	（繰出した側） ・行政コスト計算書の「他会計への繰出金」を減額 ・資金収支計算書の資金移動額を消去	（繰入れた側） ・純資産変動計算書の「税収等」を減額 ・資金収支計算書の資金移動額を消去
オ　資産購入と売却の相殺消去（取引高の相殺消去）	（売却した側） ・行政コスト計算書 　・売却損が生じた場合 　　「資産除売却損」（資産売却損相当額）を減額 　　売却益が生じた場合「資産売却益」（資産売却益相当額）を減額 ・資金収支計算書 　売買取引相当額を「資産売却収入」から減額	（購入した側） ・貸借対照表 　・売却損が生じた場合 　　資産売却損相当額を「有形固定資産」に加算 　・売却益が生じた場合 　　資産売却益相当額を「有形固定資産」から減額 ・資金収支計算書 　売買取引相当額を「公共施設等整備費支出」から減額
カ　委託料の支払と受取（取引高の相殺消去）	（委託した側） ・行政コスト計算書の「物件費」を減額 ・資金収支計算書の「物件費等支出」を減額	（受託した側） ・行政コスト計算書の「経常収益」の「その他」を減額 ・資金収支計算書の「業務収入」の「その他の収入」を減額
キ　利息の支払と受取（取引高の相殺消去）	（利息を受け取った側） ・行政コスト計算書の「経常収益」の「その他」を減額 ・資金収支計算書の「業務収入」の「その他の収入」を減額	（利息を支払った側） ・行政コスト計算書の「支払利息」を減額 ・資金収支計算書の「支払利息支出」を減額

第3項　補助金支出と補助金収入の相殺消去

《連結仕訳》

（開始仕訳）

　　該当なし

（相殺消去仕訳）

　　（借方）国県等補助金（NW）　　　＊＊＊　　（貸方）補助金等（PL）　　　　＊＊＊
　　（借方）国県等補助金等収入（CF）　＊＊＊　　（貸方）補助金等支出（CF）　　＊＊＊

《仕訳の説明》

　本書では、複式簿記が導入されたことも考慮し、適切に相殺消去が行われ、速やかに検証を行えるように、資金収支計算書についても複式簿記により仕訳処理することとしている。

　「収入は貸方」、「支出は借方」という複式簿記の基本原則に従い、入金があった「国県等補助金収入」は各会計・団体等で貸方に計上されているので相殺消去では借方に計上し減額し、支出があった「補助金等支出」は各会計・団体等で借方に計上されているので相殺消去では貸方に計上し減額する。

第4項　繰入金と繰出金の相殺消去

《連結仕訳》

（開始仕訳）

　　該当なし

（相殺消去仕訳）

　　（借方）税収等（NWM）　　＊＊＊　　（貸方）他会計への繰出金（PL）　＊＊＊
　　（借方）税収等収入（CF）　＊＊＊　　（貸方）他会計への繰出支出（CF）＊＊＊

《仕訳の説明》

　「収入は貸方」、「支出は借方」という複式簿記の基本原則に従い、入金があった「税収等収入」は各会計・団体等で貸方に計上されているので相殺消去では借方に計上し減額し、支出があった「他会計への繰出支出」は各会計・団体等で借方に計上されているので相殺消去では貸方に計上し減額する。

第5項　資産購入と売却の相殺消去

《連結仕訳》

（相殺消去仕訳）

ⅰ）売却損が生じた場合

　　（借方）有形固定資産（BS）　　＊＊＊　　（貸方）資産除売却損（PL）　　　＊＊＊
　　（借方）資産売却収入（CF）　　＊＊＊　　（貸方）公共施設等整備費支出（CF）＊＊＊

ⅱ）売却益が生じた場合

　　（借方）資産売却益（PL）　　　＊＊＊　　（貸方）有形固定資産（BS）　　　＊＊＊

　　　　（借方）資産売却収入（ＣＦ）　　＊＊＊　（貸方）公共施設等整備費支出（ＣＦ）　＊＊＊
　　ⅲ）土地開発公社等が販売用不動産を売却した場合
　　　　（借方）その他の経常収益（ＰＬ）　＊＊＊　（貸方）その他の物件費（ＰＬ）　　　＊＊＊
　　　　（借方）その他の業務収入（ＣＦ）　＊＊＊　（貸方）物件費等支出（ＣＦ）　　　　＊＊＊
（翌年度開始仕訳）
　売却損が生じた場合
　　　　（借方）有形固定資産（ＢＳ）　＊＊＊　（貸方）前年度末残高「固定資産等形成分」（ＮＷ）＊＊＊
　売却益が生じた場合
　　　　（借方）前年度末残高「固定資産等形成分」（ＮＷ）＊＊＊
　　　　　　　　　　　　　　　　　　　　　　　（貸方）有形固定資産（ＢＳ）　　　　　＊＊＊

《仕訳の説明》

　連結対象団体（会計）間で資産の購入・売却が行われた場合には、売却した側で行政コスト計算書に資産売却損益が計上され、購入した側では貸借対照表に資産売却損益相当額も含めて計上されている（土地の売却を事業として行っている土地開発公社等が売却した場合は事業収益等に計上されるため除く）。

　「資産売却損益相当額」とは、売却された資産の簿価と売却取引相当額との差額を指す。売買取引金額＞資産の簿価の場合は売却益となり、その逆が売却損となる。当該、売却取引相当額のみ相殺消去する。

　未実現利益の排除、つまり償却資産に含まれる未実現損益（資産売却損益）の消去に伴う減価償却費の修正計算は省略することができる。

　資金収支計算書に計上されている内部取引を相殺消去する。相殺消去にあたり「収入は貸方」、「支出は借方」という複式簿記の基本原則に従い処理する。入金があった「資産売却収入」は各会計・団体等で貸方に計上されているので相殺消去では借方に計上し減額し、支出があった「公共施設等整備費支出」は各会計・団体等で借方に計上されているので相殺消去では貸方に計上し減額する。

第6項　委託料の支払と受取の相殺消去

《連結仕訳》

（開始仕訳）

　該当なし

（相殺消去仕訳）

　　　　（借方）その他の経常収益（ＰＬ）　＊＊＊　（貸方）物件費（ＰＬ）　　　　　　＊＊＊
　　　　（借方）その他の業務収入（ＣＦ）　＊＊＊　（貸方）物件費等支出（ＣＦ）　　　＊＊＊

《仕訳の説明》

　相殺消去にあたり「収入は貸方」、「支出は借方」という複式簿記の基本原則に従い処理する。入金があった「その他の業務収入」は各会計・団体等で貸方に計上されているので相殺消去では借方に計上し減額し、支出があった「物件費等支出」は各会計・団体等で借方に計上されているので相殺消去では貸方に計上し減額する。

第7項　利息の支払と受取の相殺消去

《連結仕訳》

（開始仕訳）

　　該当なし。

（相殺消去仕訳）

　　（借方）その他の経常収益（ＰＬ）　＊＊＊　　（貸方）支払利息（ＰＬ）　　＊＊＊
　　（借方）その他の業務収入（ＣＦ）　＊＊＊　　（貸方）支払利息支出（ＣＦ）　＊＊＊

《仕訳の説明》

　収受した貸付金利息は「その他の業務収入」として各会計・団体等で貸方に計上されているので相殺消去仕訳では借方に計上して減額し、支払った借入金利息は「支払利息支出」として各会計・団体等で借方に計上されているので相殺消去仕訳では貸方に計上し減額する。

第8項　負担金支出と長期前受金で処理された負担金収入の相殺消去

《例　　示》本年度の長期前受金の増減等

　　前年度末残高　600　＋　負担金収入　100　－　戻入額　150　＝　当年度末残高　550

《連結仕訳》

（開始仕訳）

　　（借方）長期前受金（ＢＳ）　600　　（貸方）前年度末純資産残高余剰分（不足分）（ＮＷ）　600

（相殺消去仕訳）

　　（借方）税収等（ＮＷ）　　　150　　（貸方）補助金等（ＰＬ）　　　100
　　　　　　　　　　　　　　　　　　　　　　　長期前受金（ＢＳ）　　　50
　　（借方）税収等収入（ＣＦ）　100　　（貸方）補助金等支出（ＣＦ）　100

《仕訳の説明》

　法適用の地方公営企業が償却資産の取得または改良に伴い収受した一般会計からの負担金収入および補助金収入は、地方公営企業法施行規則に従い、長期前受金として負債に計上した上で減価償却、除却および減損等による固定資産の減額相当額を長期前受金戻入額として収益化することになっている。

　そのうち、一般会計からの負担金収入または補助金収入は、内部取引なので相殺消去する必要がある。

　地方公営企業では長期前受金戻入額を「税収等」として貸方に計上しているので、相殺消去仕訳では借方に計上し、一般会計は支払った負担金を「補助金等」として借方に計上しているので、相殺消去仕訳では貸方に計上する。相殺消去する「税収等」と「補助金等」の差額が「長期前受金」として貸方に計上されるが、これは地方公営企業の長期前受金期末残高のうち一般会計相当額に一致する。

第9項 その他

【損失補償等引当金の戻入】

　土地開発公社に対する債務保証、第三セクター等の債務に対する損失補償など、連結対象団体（会計）に関する債務負担行為について、一般会計の貸借対照表において損失補償等引当金を計上している場合は、連結財務書類では債務負担行為の対象となっている連結対象団体（会計）の債務として連結貸借対照表に計上されているため、損失補償等引当金は消去する。(連手引83)

【仕訳例】

・将来負担比率の算定に含めた将来負担額についての連結修正仕訳は次のとおり。
　　　（借方）損失補償等引当金（ＢＳ）　＊＊＊　（貸方）損失補償等引当金繰入額（ＰＬ）　＊＊＊
・損失補償等の原因が土地開発公社の土地の含み損にあり、それが決算数値に反映されている場合は仕訳が不要であるが、反映されていない場合、次の仕訳が必要になる。
　　　（借方）資産評価差額（ＮＷ）　＊＊＊　（貸方）棚卸資産（ＢＳ）　＊＊＊

【投資損失引当金の戻入】

　「市場価格のない投資及び出資金のうち、連結対象団体及び会計に対するものについて、実質価額が著しく低下した場合、実質価額と取得価額との差額を両者の差額が生じた会計年度に臨時損失（投資損失引当金繰入額）として計上し、両者の差額を貸借対照表の投資損失引当金に計上」することとされているが、連結財務書類では連結対象団体（会計）の損失が計上されているため、連結財務書類を作成する場合には、投資損失引当金繰入額及び投資損失引当金をそれぞれ消去する。(連手引85)

　　　（借方）投資損失引当金（ＢＳ）　＊＊＊　（貸方）投資損失引当金繰入額（ＰＬ）　＊＊＊

【注記情報の相殺】

　連結貸借対照表の注記欄には、債務負担行為に関する情報を注記することとしているが、連結対象団体（会計）に関する債務負担行為は、連結財務書類では債務負担行為の対象となっている連結対象団体（会計）の債務として連結貸借対照表に計上されているため、注記情報からは除く。(連手引84)

【相殺消去時の誤差】

　連結対象団体（会計）の間で内部取引として認識している金額が一致しない場合（経費負担割合で　連結を行う一部事務組合等にあっては、金額が一致しない場合が多い）には、重要な不一致がある場合を除き、いずれかの団体等で把握された金額（例えば、一般会計側で認識している金額や金額の大きい団体等側の金額）により相殺消去を行うことができる。(連手引86)

【相殺消去の段階的整備】

　原則としてすべての内部取引を相殺消去する必要があるが、第4節第1項から第4項までにかかる相殺消去を優先し、その他は金額的に重要なものを除いて相殺消去を行わず、今後段階的にその範囲を広げることも許容する。(連手引81)
　また、相殺消去の範囲を広げた場合であっても、水道料金、下水道使用料、施設使用料等条例で金額が定

められているものをはじめ、相対取引で金額が決定されたものを除く取引、「第1項　投資と資本の相殺消去」及び「第2項　貸付金・借入金等の債権債務の消去」を除き年間取引総額が少額（例えば100万円未満）の取引、連結対象団体（会計）が支払った住民税や固定資産税等の税金については、相殺消去の対象から除くことができる。(財74・連手引87)

第5節　連結精算表への記入

① 統一的な基準に置き換えられた各会計・団体・法人の決算数値を、「連結財務書類作成の手引き」の様式第5号5の「連結精算表」（306～311ページ）に各会計単位毎に記入する。
② 連結仕訳帳の数値を勘定科目に対応して一般会計等・全体・連結財務書類の別に連結精算表に記入する。
③ 記入された数値を合計して精算表を完成させる。

連結精算表

連結貸借対照表内訳表

科　目	一般会計等財務書類					全体財務書類								
	一般会計	○○ 特別会計	総　計 (単純合算)	相殺消去	純　計	地方公営事業会計					総　計 (単純合算)	連結修正等	相殺消去	純　計
						公営企業会計			その他					
						水道事業	病院事業	……	収益事業	国民健康保険事業	……				
資産合計															
固定資産															
有形固定資産															
事業用資産															
土　地															
立木竹															
建　物															
建物減価償却累計額															
工作物															
工作物減価償却累計額															
船　舶															
船舶減価償却累計額															
浮標等															
浮標等減価償却累計額															
航空機															
航空機減価償却累計額															
その他															
その他減価償却累計額															
建設仮勘定															
インフラ資産															
土　地															
建　物															
建物減価償却累計額															
工作物															
工作物減価償却累計額															
その他															
その他減価償却累計額															
建物仮勘定															
物　品															
物品減価償却累計額															
無形固定資産															
ソフトウェア															
その他															
投資その他の資産															
投資及び出資金															
有価証券															
出資金															
その他															
投資損失引当金															
長期延滞債権															
長期貸付金															
基　金															
減債基金															
その他															
その他															
徴収不能引当金															
流動資産															
現金預金															
未収金															
短期貸付金															
基　金															
財政調整基金															
減債基金															
棚卸資産															
その他															
徴収不能引当金															
繰延資産															
負債・純資産合計															
負債合計															
固定負債															
地方債等															
長期未払金															
退職手当引当金															
損失補償等引当金															
その他															
流動負債															
1年内償還予定地方債等															
未払金															
未払費用															
前受金															
前受収益															
賞与等引当金															
預り金															
その他															
純資産合計															
固定資産等形成分															
余剰分（不足分）															
他団体出資等分															

連結財務書類												総計（単純合算）	連結修正等	相殺消去	純 計
一部事務組合・広域連合			地方独立行政法人			地方三公社			第三セクター等						
○○衛生施設組合	……	小 計	○○大学	……	小 計	○○土地開発公社	……	小 計	（財）○○事業団	（株）○○清掃サービス	……	小 計			

連結行政コスト計算書内訳表

科　目	一般会計等財務書類					全体財務書類									
	一般会計	○○ 特別会計	総計 (単純合算)	相殺消去	純計	地方公営事業会計					総計 (単純合算)	連結修正等	相殺消去	純計
						公営企業会計			その他					
						水道事業	病院事業	……	収益事業	国民健康保険事業	……				
純経常行政コスト														
経常費用														
業務費用														
人件費														
職員給与費														
賞与等引当金繰入額														
退職手当引当金繰入額														
その他														
物件費等														
物件費														
維持補修費														
減価償却費														
その他														
その他の業務費用														
支払利息														
徴収不能引当金繰入額														
その他														
移転費用														
補助金等														
社会保障給付														
他会計への繰出金														
その他														
経常収益														
使用料及び手数料														
その他														
純行政コスト														
臨時損失														
災害復旧事業費														
資産除売却損														
投資損失引当金繰入額														
損失補償等引当金繰入額														
その他														
臨時利益														
資産売却益														
その他														

連結純資産変動計算書内訳表

科　目	一般会計等財務書類					全体財務書類									
	一般会計	○○ 特別会計	総計 (単純合算)	相殺消去	純計	地方公営事業会計					総計 (単純合算)	連結修正等	相殺消去	純計
						公営企業会計			その他					
						水道事業	病院事業	……	収益事業	国民健康保険事業	……				
前年度末純資産残高														
純行政コスト（△）														
財　源														
税収等														
国県等補助金														
本年度差額														
固定資産の変動（内部変動）														
有形固定資産等の増加														
有形固定資産等の減少														
貸付金・基金等の増加														
貸付金・基金等の減少														
資産評価差額														
無償所管換等														
他団体出資等分の増加														
他団体出資等分の減少														
その他														
本年度純資産変動額														
本年度末純資産残高														
本年度末純資産残高														

連結財務書類												総計（単純合算）	連結修正等	相殺消去	純計
一部事務組合・広域連合			地方独立行政法人			地方三公社			第三セクター等						
○○衛生施設組合	……	小計	○○大学	……	小計	○○土地開発公社	……	小計	(財)○○事業団	(株)○○清掃サービス	……	小計			

連結財務書類												総計（単純合算）	連結修正等	相殺消去	純計
一部事務組合・広域連合			地方独立行政法人			地方三公社			第三セクター等						
○○衛生施設組合	……	小計	○○大学	……	小計	○○土地開発公社	……	小計	(財)○○事業団	(株)○○清掃サービス	……	小計			

連結資金収支計算書内訳表

科 目	一般会計等財務書類					全体財務書類										
	一般会計	○○ 特別会計	総 計 (単純合算)	相殺消去	純 計	地方公営事業会計					総 計 (単純合算)	連結修正等	相殺消去	純 計
						公営企業会計		その他						
						水道事業	病院事業	……	収益事業	国民健康保険事業	……				
業務活動収支															
業務支出															
業務費用支出															
人件費支出															
物件費等支出															
支払利息支出															
その他の支出															
移転費用支出															
補助金等支出															
社会保障給付支出															
他会計への繰出支出															
その他の支出															
業務収入															
税収等収入															
国県等補助金収入															
使用料及び手数料収入															
その他の収入															
臨時支出															
災害復旧事業費支出															
その他の支出															
臨時収入															
投資活動収支															
投資活動支出															
公共施設等整備費支出															
基金積立金支出															
投資及び出資金支出															
貸付金支出															
その他の支出															
投資活動収入															
国県等補助金収入															
基金取崩収入															
貸付金元金回収収入															
資産売却収入															
その他の収入															
財務活動収支															
財務活動支出															
地方債等償還支出															
その他の支出															
財務活動収入															
地方債等発行収入															
その他の収入															
本年度資金収支額															
前年度末資金残高															
本年度末資金残高															
前年度末歳計外現金残高															
本年度歳計外現金増減額															
本年度末歳計外現金残高															
本年度末現金預金残高															

連結財務書類													総 計 (単純合算)	連結修正等	相殺消去	純 計
一部事務組合・広域連合			地方独立行政法人			地方三公社			第三セクター等							
○○衛生施設組合	……	小 計	○○大学	……	小 計	○○土地開発公社	……	小 計	(財)○○事業団	(株)○○清掃サービス	……	小 計				

第6節 一般会計等・全体・連結財務書類の完成

(1)「連結財務書類作成の手引き」の様式第5号5の「連結精算表」の一般会計等財務書類の「純計」列、全体財務書類の「純計」列、連結財務書類の「純計」列の各数値を、第2部第3章第1節第2項に示した4つの財務書類（50～54ページ）に転記する。

(2) 金額の単位について

作業用である連結精算表の金額単位は、円単位が良い。千円単位で作業を行うと四捨五入の計算の時間が無駄になることと、借方貸方が一致しなくなるので、入力間違いが探しにくくなり手間が掛る。処理する桁数が3桁増えるがそちらの方が効率的である。

第4章 連結財務書類の体系

第1節 連結財務書類の様式

連結財務書類には次の様式がある。本書ではこの一部を掲載している。

様式第1号	連結貸借対照表
様式第2号	連結行政コスト計算書
様式第3号	連結純資産変動計算書
様式第2号及び第3号	連結行政コスト及び純資産変動計算書
様式第4号	連結資金収支計算書
様式第5号	1．連結貸借対照表の内容に関する明細
	2．連結行政コスト計算書の内容に関する明細
	3．連結純資産変動計算書に関する明細
	4．連結資金収支計算書に関する明細
	5．連結精算表
様式第6号	内部取引調査票
様式第7号	相殺消去集計表

全体財務書類については、連結財務書類に準じて作成するものとする。

資産負債内訳簿、固定資産台帳及び仕訳帳作成の過程で整理した資産負債等の明細を基礎として、附属明細書及び注記を作成する。(財77)

貸借対照表に係る附属明細書については様式第5号1のとおりとする。また、様式に記された資産及び負債以外の資産及び負債（無形固定資産等）のうち、その額が資産総額の100分の5を超える科目についても作成する。(財85)

財務書類の数値に関する附属明細書なので、数値が一致していることを確認すること。

第2節 注　記

統一的な基準に基づく財務書類の利用者の理解を助けるために注記事項が必要になる。全体及び連結財務書類のために作成することになっているが、ここでは一緒に記述することとする。

また、各項目に該当なき場合には、省略することが適当である。

第1項　重要な会計方針

　連結財務書類作成のために採用している会計処理の原則及び手続並びに表示方法その他連結財務書類作成のための基本となる次に掲げる事項を記載する。ただし、それぞれの事項について連結対象団体（会計）ごとに異なる場合には、連結対象団体（会計）ごとに記載する必要がある。連結財務書類では不要な注記も含まれるが、記載例は以下のとおり。（📄研256・財263・連手引44・45）繰延資産、外貨建資産負債の換算については、通常生じないので省略した。

（1）有形固定資産等の評価基準及び評価方法

　資産評価及び固定資産台帳整備の手引き〔平成27年1月総務省〕に定める評価基準及び評価方法による。ただし、地方公営企業法が適用される会計については、地方公営企業会計基準による。

（2）有価証券等の評価基準及び評価方法

①満期保有目的有価証券　償却原価法
②満期保有目的以外の有価証券及び出資金
・市場価格のあるものについては、年度末日の市場価格に基づく時価法によっている。
・市場価格のないものについては、移動平均法に基づく原価法によっている。（📄報107）

（3）有形固定資産等の減価償却の方法

①有形固定資産
　減価償却資産について定額法を採用している。
②無形固定資産
　定額法を採用している。

（4）引当金の計上基準及び算定方法

①徴収不能引当金
　債権の貸倒れによる損失に備えるため、一般債権については、主として貸倒実績率により、貸倒懸念債権等特定の債権については、個別に回収可能性を検討し、回収不能見込額を計上している。（📄報106）
②賞与等引当金
　賞与等の支給に備えるため、支給見込額に基づき計上している。（📄報138）
③退職手当引当金
　退職給付に備えるため、本年度末における要支給額方式により算定している。（📄報145）
④投資損失引当金
　市場価格のない投資及び出資金のうち連結対象団体（会計）に対するものについて、実質価額が著しく低下した場合は、実質価額と取得価額との差額を計上する。（📄報115）
⑤損失補償等引当金
　履行すべき額が確定していない損失補償債務等のうち、将来負担比率の算定に含めた将来負担額を計上し

ている。(📄 報136)

(5) リース取引の処理方法

リース物件の所有権が借主に移転すると認められるもの以外のファイナンス・リース取引については、通常の売買に係る方法に準じた会計処理によっている。

(6) 連結資金収支計算書における資金の範囲

歳計現金及び現金同等物（3ヶ月以内の短期投資の他、出納整理期間中の取引により発生する資金の受払いも含む）を、資金の範囲としている。

(7) 消費税等の会計処理

一部の会計及び関係団体を除いて税込方式によっている。

(8) 連結対象団体（会計）の決算日が一般会計等と異なる場合は、当該決算日及び連結のため当該連結対象団体（会計）について特に行った処理の概要（一般会計等での注記は不要）

一部の関係団体に決算日が5月の株式会社があるが、決算日の差異が3か月を超えないので、当該株式会社の決算を基礎として連結している。

(9) その他財務諸表作成のための基本となる事項

表示金額単位は百万円を原則とする。ただし、地方公共団体の財政規模に応じて千円単位とすることもできる。また、同単位未満は四捨五入するものとし、かかる四捨五入により合計金額に齟齬が生ずる場合、これを注記する。

なお、単位未満の計数があるときは"0"を表示する。(📄 実42)

（注）例えば、「記載金額は百万円未満を四捨五入して表示しているため、合計が一致しないことがあります。」と記載する。

第2項　重要な会計方針の変更

重要な会計方針を変更した場合には、次に掲げる事項を「重要な会計方針」の次に記載しなければならない。(📄 研257・財264・連46)

①会計処理の原則または手続を変更した場合には、その旨、変更の理由及び当該変更が財務書類に与えている影響の内容
②表示方法を変更した場合には、その旨
③連結資金収支計算書における資金の範囲を変更した場合には、その旨、変更の理由及び当該変更が連結資金収支計算書に与えている影響の内容

（注）なお、財務書類の作成初年度においては、会計方針の変更は生じない。

第3項　重要な後発事象

会計年度終了後、連結財務書類を作成する日までに発生した事象で、翌年度以降の地方公共団体の財務状況等に影響を及ぼす後発事象のうち、次に掲げるものを記載する。（研258・財265・連手引47）

①主要な業務の改廃
②組織・機構の大幅な変更
③地方財政制度の大幅な改正
④重大な災害等の発生
⑤その他重要な後発事象

第4項　偶発債務

会計年度末においては現実の債務ではないが、将来、一定の条件を満たすような事態が生じた場合に債務となるもののうち、次に掲げるものを記載する。（研259・財266・連手引48）

①保証債務及び損失補償債務負担の状況（総額、確定債務額及び履行すべき額が確定していないものの内訳（貸借対照表計上額及び未計上額））
②係争中の訴訟等で損害賠償等の請求を受けているもの
③その他主要な偶発債務

第5項　追加情報

連結財務書類の内容を理解するために必要と認められる次に掲げる事項を記載する。（研260・財267・連手引49）

①連結対象団体の一覧、連結の方法及び連結対象と判断した理由
②一般会計等と普通会計の対象範囲等の差異
③出納整理期間について、出納整理期間が設けられている旨（根拠条文を含む）及び出納整理期間における現金の受払等を終了した後の計数をもって会計年度末の計数としている旨
④表示単位未満の金額は四捨五入することとしているが、四捨五入により合計金額に齟齬が生じる場合は、その旨
⑤地方公共団体の財政の健全化に関する法律における健全化判断比率の状況（連結での注記は不要）
⑥利子補給等に係る債務負担行為の翌年度以降の支出予定額（連結での注記は不要）
⑦繰越事業に係る将来の支出予定額（連結での注記は不要）
⑧その他財務書類の内容を理解するために必要と認められる事項

また、貸借対照表に係るものとして次の⑨から⑱までに掲げる事項を、行政コスト計算書に係るものとして次の⑲に掲げる事項を、資金収支計算書に係るものとして次の㉑から㉕までに掲げる事項をあわせて記載する。なお、前年度末歳計外現金残高、本年度歳計外現金増減額、本年度末歳計外現金残高及び本年度末現

金預金残高について、資金収支計算書の欄外に記載する。（📄研261・財268・連手引50）

⑨基準変更による影響額等（開始貸借対照表を作成しない場合。ただし、既に財務書類を作成しているが開始貸借対照表を作成する場合であっても注記することが望まれる）（📄財46・47）

⑩売却可能資産に係る資産科目別の金額及びその範囲

⑪減価償却について直接法を採用した場合、当該各有形固定資産の科目別または一括による減価償却累計額（📄連手引50）

⑫減債基金に係る積立不足の有無及び不足額

⑬基金借入金（繰替運用）の内容

⑭地方交付税措置のある地方債のうち、将来の普通交付税の算定基礎である基準財政需要額に含まれることが見込まれる金額

⑮将来負担に関する情報（地方公共団体財政健全化法における将来負担比率の算定要素）

⑯自治法第234条の3に基づく長期継続契約で貸借対照表に計上されたリース債務金額

⑰管理者と所有者が異なる指定区間外の国道や指定区間の一級河川等及び表示登記が行われていない法定外公共物の財務情報（土地・償却資産別の取得価額等及び減価償却累計額）（地方公共団体の資産としては計上しないものの、公共施設等のマネジメントの観点から、注記することが望まれる）

⑱道路、河川及び水路の敷地について、基準モデル等に基づいた評価を当該評価額とした場合は、「資産評価及び固定資産台帳整備の手引き」63段落による評価額

⑲基準変更による影響額の内訳（開始貸借対照表を作成しない場合）

⑳純資産における固定資産等形成分及び余剰分（不足分）の内容

㉑基礎的財政収支

㉒既存の決算情報との関連性（上記で示した「②一般会計等と普通会計の対象範囲等の差異」に係るものを除く）

㉓資金収支計算書の業務活動収支と純資産変動計算書の本年度差額との差額の内訳（第2部第3章63ページ参照）

㉔一時借入金の増減額が含まれていない旨並びに一時借入金の限度額及び利子の金額

㉕重要な非資金取引

上記の他、通常の売買取引の方法に準じた会計処理を行ったリース取引に係るリース債務のうち、地方自治法第234条の3に基づく長期継続契約に係るものは、貸借対照表に計上されたリース債務の金額を注記する。（📄固30）

【基準変更による影響額等の注記】
　どのモデル等から変更しているのか、「台帳手引き」109段落に記載された経過措置適用の有無を記載した上で、基準変更により金額等を変更している勘定科目ごとに、「前会計年度の貸借対照表において、「有形固定資産」に表示していた「土地」〇〇円は有形固定資産の評価基準の変更により××円減少し、「事業用資産」の「土地」△△円、「インフラ資産」の「土地」□□円として組み替えている」といったように記載する。

第3節　当面の取扱い

【連結資金収支計算書の内訳の省略】

連結資金収支計算書については、その事務負担等に配慮して、当分の間は作成せず、連結精算表でも業務活動収支、投資活動収支及び財務活動収支といった本年度資金収支額の内訳については記載を省略することを許容する。その場合でも、全体資金収支計算書については作成する。（連手引35）

連結資金収支計算書内訳表

科目	一般会計等財務書類					全体財務書類					連結財務書類							
	一般会計	○○特別会計	総計（単純合算）	相殺消去	純計	地方公営事業会計		総計（単純合算）	連結修正等	相殺消去	純計	一部事務組合・広域連合	地方独立行政法人	地方三公社	第三セクター等	総計（単純合算）	連結修正等	相殺消去	純計
						公営企業会計	……					……	……	……	……				
業務活動収支																			
業務支出 ……																			
業務収入 ……												省略可能							
臨時支出																			
臨時収入																			
投資活動収支																			
投資活動支出 ……																			
投資活動収入 ……																			
財務活動収支																			
財務活動支出 ……																			
財務活動収入 ……																			
本年度資金収支額																			
前年度末資金残高																			
本年度末資金残高																			
前年度末歳計外現金残高																			
本年度歳計外現金増減額																			
本年度末歳計外現金残高																			
本年度末現金預金残高																			

【連結純資産変動計算書の内訳の省略】

連結対象団体（会計）においては、純資産を固定資産等形成分と余剰分（不足分）という内訳に分類していない場合も多いため、その事務負担等に配慮して、連結純資産変動計算書において当該内訳を記載しないことも許容する。（連手引36）

この場合、連結貸借対照表においては、固定資産の額に流動資産における短期貸付金及び基金等を加えた額を固定資産等形成分に記載し、他団体出資等分を連結純資産変動計算書から転記したうえで、純資産額からこれらをあわせた額を差し引いた額を余剰分（不足分）に記載する。（連手引37）

また、連結純資産変動計算書においては、連結貸借対照表における固定資産等形成分及び余剰分（不足分）の額を転記し、本年度純資産変動額には、転記されたそれぞれの額から前年度末の残高を差し引いた額を記載する。

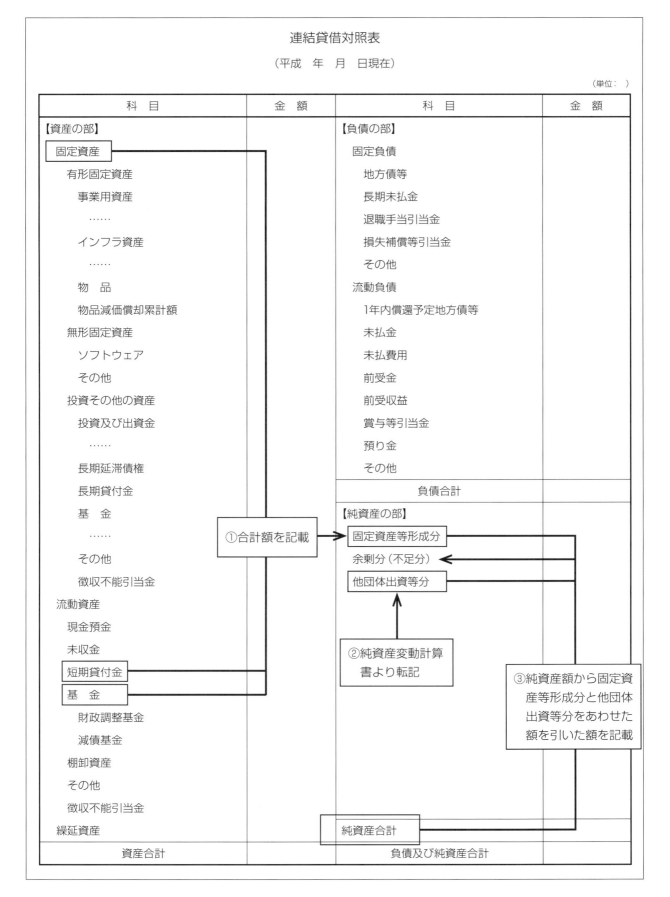

連結純資産変動計算書

自　平成　年　月　日
至　平成　年　月　日

(単位：　)

科　目	合　計	固定資産等形成分	余剰分 (不足分)	他団体出資等分
前年度末純資産残高				
純行政コスト(△)				
財　源				
税　収　等				
国県等補助金				
本年度差額				
固定資産等の変動(内部変動)			省略可能	
有形固定資産等の増加				
有形固定資産等の減少				
貸付金・基金等の増加				
貸付金・基金等の減少				
資産評価差額				
無償所管換等				
他団体出資等分の増加				
他団体出資等分の減少				
その他				
本年度純資産変動額				
本年度末純資産残高		(連結貸借対照表より転記)		

【連結附属明細書の省略】

連結財務書類は4表または3表以外にも連結附属明細書もあわせて作成することが望ましいが、連結附属明細書のうち有形固定資産の明細及び連結精算表以外については、その事務負担等に配慮して、作成しないことも許容する。(連手引39)

【繰延資産の表示】

株式会社等では社債発行費等が繰延資産として計上されているが、繰延資産は一般会計等で表示している固定資産及び流動資産のどちらにも該当しないことから、連結貸借対照表の「繰延資産」にその額を計上する。(連手引42)

【減損損失の表示】

連結貸借対照表では間接法により有形固定資産を表示することができるが、連結科目対応表の記載のとおり、企業会計等の連結対象団体（会計）で減損処理を適用している場合には、固定資産ごとに「減損損失累計額」として勘定科目を追加する。(連手引43)

第5章 連結精算表への記載の仕方

　内部取引調査票と連結精算表への記載について、地方公会計マニュアルにおいて、次のように記載例が示されている。

連結における相殺消去の例（別紙5）

取引①：一般会計と（財）〇〇事業団

　「平成26年度中に一般会計から（財）〇〇事業団に対して、新たに50の貸し付けを行い、平成26年度末の同事業団に対する貸付総額が250になった。いずれも返済期日が平成29年度以降であるため、平成27年度に（財）〇〇事業団が一般会計に返済する額はゼロである。」

　貸し付けた側である一般会計の貸借対照表に計上されている「長期貸付金」から（財）〇〇事業団に対する貸付額である「250」を消去し、借り入れた側である（財）〇〇事業団の貸借対照表に計上されている「地方債等」についても「250」を消去する。
　また、平成26年度に一般会計から（財）〇〇事業団への貸付金について資金移動（50）があるため、資金収支計算書でも移動額50を消去する。

取引②：一般会計と（株）〇〇清掃サービス

　「平成26年度中に（株）〇〇清掃サービスが一般会計に対して30を返済し、年度末の（株）〇〇清掃サービスに対する一般会計からの貸付総額が100になった。」

　貸し付けた側である一般会計の貸借対照表に計上されている「長期貸付金」から（株）〇〇清掃サービスに対する貸付額である「100」を消去し、借り入れた側である（株）〇〇清掃サービスの貸借対照表に計上されている「地方債等」についても「100」を消去する。
　また、平成26年度に（株）〇〇清掃サービスから一般会計への返済金として資金移動（30）があるため、資金収支計算書でも移動額30を消去する。

　これらの相殺消去について、内部取引調査票（「連結財務書類作成の手引き」様式第6号）及び連結精算表（同手引き様式第5号5）における記載の仕方及び考え方を以下に解説する。

内部取引調査票における記載の仕方及び考え方

【会計名：一般会計】

勘定科目	相手先	連結財務書類	
		第三セクター等	
		(財)○○事業団	(株)○○清掃サービス
貸借対照表			
長期貸付金		250	100
資金収支計算書			
貸付金支出		50	
貸付金元金回収収入			30

【会計名：(財)○○事業団】

勘定科目	相手先	一般会計等財務書類	連結財務書類
		一般会計	第三セクター等
			(株)○○清掃サービス
貸借対照表			
地方債等		250	
資金収支計算書			
地方債等発行収入		50	

【会計名：(株)○○清掃サービス】

勘定科目	相手先	一般会計等財務書類	連結財務書類
		一般会計	第三セクター等
			(財)○○事業団
貸借対照表			
地方債等		100	
資金収支計算書			
地方債等発行収入		30	

- 両団体の内部取引調査票を突き合わせ、連結内部の取引を確定させる。
- 連結精算表における記載の仕方及び考え方は次のページのとおりとなる。

連結精算表における記載の仕方及び考え方

【連結精算表（連結貸借対照表）】

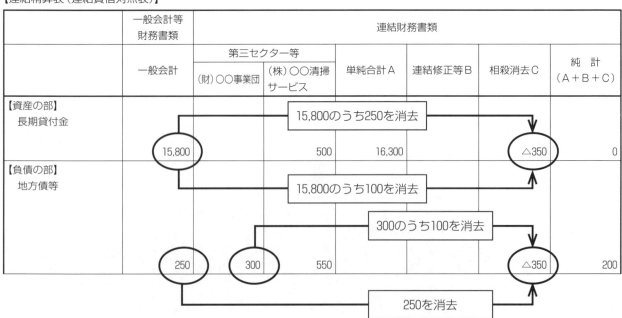

【連結精算表（連結資金収支計算書）】

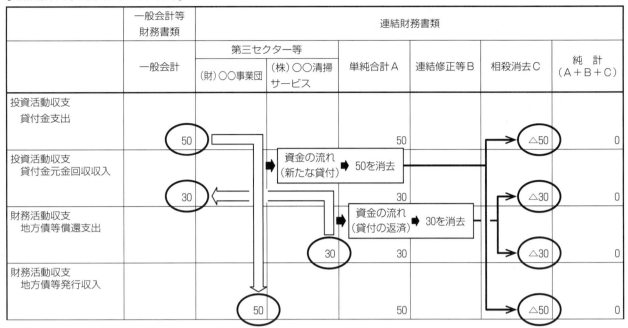

土地開発公社を連結するにあたっての作業フロー（別紙6）

1. 法定決算書類の取寄せまたは個別財務書類作成

土地開発公社においては、経理基準要綱に基づき、貸借対照表、損益計算書、キャッシュ・フロー計算書が作成されているので、手許に準備する。

2. 法定決算書類の読替

連結科目対応表を参照しながら科目読替を行い、連結貸借対照表内訳表の土地開発公社の列に記入する。

3. 法定決算書類の連結修正その1（資産、負債等の修正）

「連結財務書類作成の手引き」61段落において、法定決算書類の計上基準が統一的な基準と異なる場合は、統一的な基準で求められている基準で算定した金額に修正することが望ましいとされているが、同修正を実施する場合は、連結修正が必要な項目について再評価等を行い、評価差額を連結精算表の（連結修正等）の列に記入する。

4. 法定決算書類の連結修正その2（出納整理期間中の現金の受払等の調整）

平成26年度に帰属する取引について、出納整理期間中に資金の授受がある場合に、年度内に支出したものとして調整する。

5. 純計処理（単純合計と内部取引の相殺消去等）

一般会計と土地開発公社間の取引を確定させ、相殺消去を行う。

一般会計及び土地開発公社が記入した内部取引調査票を照合して、相殺消去の対象となる取引を確定させ、取引ごとに相殺消去の対象となる連結財務書類の科目と減額する数値を確定させる。

法定決算書類の読替

法定決算書類の連結修正その1

【連結貸借対照表内訳表】　　　　　　　　　　　　　　　　　　　　　　　　　　　　　　　　　（単位：千円）

	一般会計	……	土地開発公社	連結修正等	相殺消去	純　計
資産合計			2,064,926			
固定資産			5,072	400,728		
有形固定資産			72	400,728		
事業用資産				231,489		
土　地				231,489		
インフラ資産				169,239		
土　地				169,239		
物　品			100			
物品減価償却累計額			△28			
投資その他の資産			5,000			
その他			5,000			
流動資産			2,059,854			
現金預金			385,253			
未収金			22,848			
棚卸資産			1,651,160	△400,728		
その他			593			
負債・純資産合計			2,064,926			
負債合計			1,576,393			
固定負債			1,552,698			
地方債等			1,552,698			
流動負債			23,695			
未払金			23,695			
純資産合計			488,533			
固定資産等形成分			5,072	400,728		
余剰分（不足分）			483,461	△400,728		

「使途に応じて振分け」

棚卸資産として読み替える公有用地、代行用地、市街地開発用地、観光施設用地については、その使途が明確なものはその使途に応じて「事業用資産」あるいは「インフラ資産」に連結修正する。特定土地については、「事業用資産」に連結修正する。

法定決算書類の連結修正その2

【内部取引調査票】　　　　　　　　　　　　　　　　　　　　　　　　　　　　　　　　会計名：一般会計

相手先 勘定科目	連結財務書類	
	土地開発公社	……
貸借対照表		
土　地	800	
行政コスト計算書		
補助金等	100	
資金収支計算書		
補助金等支出	100	
公共施設等整備費支出	800	

　　　会計名：土地開発公社

相手先 勘定科目	一般会計等財務書類	
	一般会計	……
貸借対照表		
未収金	800	
行政コスト計算書		
経常費用		
物件費等		
その他	800	
経常収益		
その他	800	
純資産変動計算書		
国県等補助金	100	
資金収支計算書		
業務収入		
国県等補助金収入	100	

　　内部取引調査票を確認し、土地開発公社の貸借対照表に未収金800が計上されているが、出納整理期間中（4月30日）に一般会計から支払いがなされ、精算されているため、年度内に受払いがされたものとして調整し、その調整による計上数値の異動を連結精算表のうち該当する表の連結修正等の列に記入する。また、同様の調整を内部取引調査表にも行っておく。
　　出納整理期間中の取引の有無は、一般会計側の執行データ等により漏れがないか確認する。

（注：土地開発公社の行政コスト計算書では、売却した土地の帳簿価額が事業原価として「物件費等」の「その他」に計上されている。しかしながら、土地開発公社から一般会計への土地売却は内部取引のため、連結財務書類上は土地売却が無かったものとみなし、土地開発公社の事業収益と事業原価をいずれも取り消すことになる。このため、「物件費等」の「その他」800を内部取引に係る相殺消去の対象として内部取引調査票に記入している。）

【一般会計が買い戻した土地代金として出納整理期間中に土地開発公社に支払われた場合】
一般会計側……既に支払が済んだものとして計上されており、調整は不要
土地開発公社側……貸借対照表の未収金を減額し（△800）、現金預金を増額（＋800）

※資金収支計算書において、一般会計側の公共施設等整備費支出に対応する収入は、土地開発公社に4月30日に支払われており、土地開発公社のキャッシュ・フロー計算書（法定決算書類）に計上されていないため、連結精算表の資金収支計算書の土地開発公社の列の「業務収入」の「その他の収入」に800を一旦計上する。資金移動の相殺は「5．純計処理」で行う。

【連結貸借対照表内訳表】 （単位：千円）

	一般会計	……	土地開発公社	連結修正等	相殺消去	純　計
資産合計			2,064,926			
固定資産			5,072	400,728		
有形固定資産			72	400,728		
事業用資産				231,489		
土　地				231,489		
インフラ資産				169,239		
土　地				169,239		
物　品			100			
物品減価償却累計額			△28			
投資その他の資産			5,000			
その他			5,000			
流動資産			2,059,854			
現金預金			385,253	800		
未収金			22,848	△800		
棚卸資産			1,651,160	△400,728		
その他			593			
負債・純資産合計			2,064,926			
負債合計			1,576,393			
固定負債			1,552,698			
地方債等			1,552,698			
流動負債			23,695			
未払金			23,695			
純資産合計			488,533			
固定資産等形成分			5,072	400,728		
余剰分（不足分）			483,461	△400,728		

【連結資金収支計算書内訳表】 （単位：千円）

	一般会計	……	土地開発公社	連結修正等	相殺消去	純　計
業務収入						
国県等補助金収入			○○○			
その他の収入			○○○	800		

純計処理

確定した内部取引

【取引A】一般会計が補助金100を土地開発公社に交付した。
【取引B－①】一般会計が土地開発公社から土地800を買い戻した。
【取引B－②】一般会計から土地の代金800が支払われた。

相殺消去作業の具体化

【取引A】
〈一般会計側〉
　行政コスト計算書　「補助金等」を減額（△100）
　資金収支計算書　　「補助金等支出」を減額（△100）
〈土地開発公社側〉
　純資産変動計算書　「国県等補助金」を減額（△100）
　資金収支計算書　　「業務収入」の「国県等補助金収入」を減額（△100）

【取引B－①・②】
〈一般会計側〉
　資金収支計算書　　「公共施設等整備費支出」を減額（△800）
〈土地開発公社側〉
　行政コスト計算書　「経常費用」の「物件費等」の「その他」を減額（△800）
　　　　　　　　　　「経常収益」の「その他」を減額（△800）
　資金収支計算書　　「業務収入」の「その他の収入」を減額（△800）

※取引された土地については、土地開発公社の貸借対照表から除かれる一方、一般会計に計上されているため相殺消去は不要。
※資産売却損益が発生する場合には、購入側（一般会計）の貸借対照表の「固定資産」に資産売却損益相当額を加算または減額する必要があるが、上記例は簿価で買い戻しており資産売却損益は生じていないため、調整は不要。

ここでは一般会計と土地開発公社の連結を例としているので、以下のように相殺消去する科目と金額について、直ちに連結精算表の相殺消去欄に記載しているが、連結対象団体（会計）が複数ある場合は、個別の連結対象団体（会計）に係る相殺消去額を「連結財務書類作成の手引き」様式第7号「相殺消去集計表」において集計し、同手引き様式第5号5「連結精算表」の各内訳表の「相殺消去」の列に転記する。

【連結行政コスト計算書内訳表】　　　　　　　　　　　　　　　　　　　　　　　　　　　　　　　　　　（単位：千円）

	一般会計	……	土地開発公社	連結修正等	相殺消去	純　計
経常費用	×××		○○○		△900	
物件費等	×××		○○○		△800	
その他	×××		○○○		△800	
移転費用	×××		○○○		△100	
補助金等	×××		○○○		△100	
経常収益	×××		○○○		△800	
その他	×××		○○○		△800	

【連結純資産変動計算書内訳表】　　　　　　　　　　　　　　　　　　　　　　　　　　　　　　　　　（単位：千円）

	一般会計	……	土地開発公社	連結修正等	相殺消去	純　計
国県等補助金	×××		○○○		△100	

【連結資金収支計算書内訳表】　　　　　　　　　　　　　　　　　　　　　　　　　　　　　　　　　　（単位：千円）

	一般会計	……	土地開発公社	連結修正等	相殺消去	純　計
業務活動収支	×××		○○○		△800	
業務支出	×××		○○○		△100	
移転費用支出	×××		○○○		△100	
補助金等支出	×××		○○○		△100	
業務収入	×××		○○○		△900	
国県等補助金収入	×××		○○○		△100	
その他の収入	×××		○○○	800	△800	
投資活動収支	×××		○○○		△800	
投資活動支出	×××		○○○		△800	
公共施設等整備費支出	×××		○○○		△800	

科目ごとに合算し連結

第7部

新地方公会計制度の今後の活用

第7部の内容

　第1章では、財務書類の公表に当たり留意すべき事項について、平成19年10月17日付総務省通知「公会計の整備推進について」（総財務第218号）がわかりやすいので、全文を掲載している。これは、財務諸表の作成にあたり、「新地方公会計制度研究会報告書」（平成18年5月公表）と「新地方公会計制度実務研究会報告書」（平成19年10月公表）を活用してその推進に取り組むべき旨通知された、根拠となるものであった。

　第2章では、洗い出しされた固定資産データの活用について記述している。例えば、将来の施設更新必要額の推計、施設別収支表を作成することによる予算編成への活用、施設の統廃合計画への活用、受益者負担額の適正化、地方議会での活用である。

　第3章では、作成した財務書類の活用について記述している。第2部でも記したように財務書類は、個人で言えば健康診断書に相当する。財務書類の数値自体で指標になるもの、財務書類分析の視点で示したように数値の組み合わせにより指標になるもの、一般会計等、全体会計、連結会計という異なる集計単位により指標となるもの等、様々な指標、若しくは診断結果が示される。

　第4章では、第1節で、「地方公共団体の財政の健全化に関する法律（健全化法）」（平成19年6月22日）の健全化判断指標について、分母に用いる基準値について説明している。
　第2節では、外部監査人による監査について説明している。地方公会計財務書類について、地方自治法が定める外部監査人による監査は義務づけられていない。しかし、財務書類に開示される情報の信頼性を確保する見地から、将来的には、職業的専門家である公認会計士による外部監査を受けることが有益と考えられる。

　なお、マニュアルの中で表示されているパワーポイントによる事例1から11について、必要に応じて順番を入れ替えたり削除した部分があることに注意のこと。

第1章 財務書類公表に当たり留意すべき点

平成19年10月の局長通知には、公表に当たっての留意点がまとめられているので、それを引用する。

第1節 開示に当たり留意すべき点

地方公共団体は、住民等の地域の構成員及び利害関係者から負託された資源の配分と運用の状況を説明する責任を有しているとともに、地方公共団体の行政活動により自らの社会経済活動に影響を受ける利害関係者にとって有用な財務情報を提供することが重要である。

財務書類を開示するに当たり最も重要な点の1つは、「理解可能なものであること」である。

民間企業の財務に関する開示情報は、会計に関する一定の知見を有する投資家や債権者等の理解可能性を前提とすることができるのに対して、地方公共団体の公会計による開示情報の受け手は、会計に関し一定の知見を有するとは限らない住民等をはじめとした幅広い利害関係者であるため、投資家等のような理解可能性を前提とすることは不適当である場合が少なくない。

今回、「新地方公会計制度実務研究会報告書」（以下「報告書」）により提示された財務書類は、地方公共団体特有の事象に配慮しながら、発生主義を活用し、複式簿記の考え方を導入したものである。従って、企業会計の考え方に十分な知見のない開示対象者に対しては、従来の地方公共団体の財務情報に加えてどういった情報が新たに提供されるかを明らかにする必要があるとともに、民間企業会計に知見のある開示対象者には、地方公共団体の公会計に特有の考え方について明らかにする必要がある。例えば、資産には「将来、行政サービスの提供能力があるもの」も計上されることや、民間企業会計における「売上」や「利益」が意味する企業経営の成果に相当する財務数値が、地方公共団体の場合には必ずしも「税収」や「収入と行政コストとの差額」とは言えないことなどに配慮した解説が重要である。

報告書では、一定の雛形での財務書類の作成と必要な注記や附属明細書を求めているが、地方公共団体の幅広い開示対象者に理解されるためには、簡潔に要約された財務書類の作成と平易な解説が重要である。

第2節　財務書類の説明・分析のあり方

第1項　財務書類が示す情報の意味

　企業会計の考え方に十分な知見のない住民等に対しては、簡潔に要約された財務書類を提示するとともに、財務書類によりどのような情報が提示されるのかについても平易に説明する必要がある。その際、報告書でも言及があるが、「地方公共団体の財政の健全化に関する法律」（以下「地方公共団体財政健全化法」）の健全化判断比率についても、附属明細書や財務書類の注記を活用し、提示することが望ましい。

　貸借対照表は、地方公共団体がどれほどの資産や債務を有するかについて情報を示すものである。公共資産を「将来の経済的便益の流入が見込まれる資産」、「経済的便益の流入は見込まれないものの、行政サービス提供に必要な資産」、「売却が可能な資産」に区分し、その保有状況を住民に開示することができる。また、地方公共団体財政健全化法の将来負担比率の算定について、連結貸借対照表の注記等を活用し、貸借対照表に示される数値も引用しながら説明することが望ましい。

　行政コスト計算書は、地方公共団体の経常的な活動に伴うコストと使用料・手数料等の収入を示すものである。コストの面では、人件費等の人にかかるコスト、物件費等の物にかかるコストといった区分を設けており、住民への説明に当たっては当該コストの性質について簡潔に説明することができる。

　純資産変動計算書は、地方公共団体の純資産、つまり資産から負債を差し引いた残余が、一会計期間にどのように増減したかを明らかにする。総額としての純資産の変動に加え、それがどういった財源や要因で増減したのかについての情報も示される。

　資金収支計算書は、現金の流れを示すものであり、その収支を性質に応じて、経常的収支、公共資産整備収支、投資・財務的収支などと区分して表示することで、地方公共団体のどのような活動に資金が必要とされているかを説明することができる。また、基礎的財政収支も説明することができる。さらに、地方公共団体財政健全化法の実質赤字比率、連結実質赤字比率及び実質公債費比率の算定について、資金収支計算書または連結資金収支計算書に示される数値も引用しながら説明することが望ましい。

第2項　分析の視点

　簡潔に要約された財務書類を作成し、財務書類により示される情報の意味を平易に説明した上で、さらに、財務情報を分析し、類似団体や近隣団体との比較も行いながら、住民等に対して説明することも期待される。

第2章 固定資産データの活用

【行政内部での活用】

　固定資産データの活用としては、当該地方公共団体の全体としての財政指標の設定や適切な資産管理といったマクロ的なもの、事業別・施設別のセグメント分析といったミクロ的なものが想定されるところであり、これらの活用を積極的に推進することにより、地方公共団体のマネジメント機能を向上させ、ひいては、人口減少が進む中で限られた財源を「賢く使うこと」などにつなげることが期待される。

【行政外部での活用】

　行政外部での活用としては、住民や議会等に対する情報開示が想定されるところであり、アカウンタビリティを適切に果たすために財務書類等をわかりやすく公表することが期待される。なお、財政指標の設定や適切な資産管理、セグメント分析については、行政内部での活用だけでなく情報開示においても有用なものである。

第1節　将来の施設更新必要額の推計

　統一的な基準による財務書類を作成するためには、固定資産台帳の整備が前提となるが、当該台帳には公共施設等の耐用年数や取得価額等が記載されているため、これらの情報を活用することにより、一定の条件の下で将来の施設更新必要額を推計することができる。

　このように、公共施設等の老朽化対策という課題を将来の施設更新必要額という数値データで「見える化」することにより、庁内だけでなく、広く住民や議会も巻き込んだ形で課題を共有することができる。

　また、当該データを公共施設等総合管理計画の充実・精緻化に活用することで、公共施設等の更新時期の平準化や総量抑制等を図るための適切な更新・統廃合・長寿命化を行うことにもつながる。なお、当該推計された将来の施設更新必要額は、あくまでも法定耐用年数等に基づくものであるため、個々の公共施設等の老朽化対策に当たっては、実際の損耗状態、過去の修繕履歴等を踏まえる必要がある。（☞事例3　336ページ参照）

適切な資産管理（将来の施設更新必要額の推計）

事例3

 事例 将来の施設更新必要額の推計（東京都稲城市）

背景・目的

○国・地方公共団体共通の課題として、インフラを含む公共施設等の老朽化対策がある。
○当該課題を数値として把握するために、将来の施設更新必要額のシミュレーションをすることとした。

事例概要

○財務書類を作成するために整備した固定資産台帳のデータを活用し、次の①・②を前提条件として、将来の施設更新必要額を推計した。
　①全ての施設を再調達価額で更新する。
　②耐用年数終了時に施設の更新を行う。
○時期によって施設更新必要額にバラツキがあり、また、全体として施設更新に相当なコストが必要なことが判明した。
○施設の更新時期の平準化や総量抑制等を図るため、適切な更新・統廃合・長寿命化を実施することが必要である。

将来の施設更新必要額（推計）[H25.3]　　（単位：億円）

年　度	建　物	公共施設（道路含む）	その他	合　計	年平均
～2011	10	15	11	36	
2012～2016	23	16	8	48	10億円
2017～2021	38	50	10	98	20億円
2022～2026	74	18	4	96	19億円
2027～2031	50	27	3	80	16億円
2032～2036	59	42	2	103	21億円
2037～2041	69	88	1	158	32億円
2042～2046	45	152	0	197	39億円
2047～2051	51	43	0	94	19億円
2052～2056	26	113	0	139	28億円
2057～2061	11	36	0	47	9億円
2062～2066	0	5	0	5	1億円
2067～2076	0	0	0	0	0億円
～2076	456	605	39	1,101	

この他に公債の返済、新設備の建設費が必要である。
（全ての資産を現在価格で作り直す。耐用年数終了時に設備の更新を行う）の2つの前提をして集計している。

効果等

○公共施設等の老朽化対策という課題を「見える化」することにより、庁内で問題意識を共有することができた。
○当該推計結果等も活用しつつ、公共施設等総合管理計画の策定を進めていくこととしている。

第2節　施設別収支の活用

　本節の第2項から第5項まで施設別収支を作成し、それぞれの目的に応じて活用した例を示しているが、基本は**施設別収支表の作成から始まる**ことに留意しなければいけない。

第1項　概　論

　従来は現金収支ベースのみで事業別管理が行われてきたが、今後は、有形固定資産を金額ベースで管理し、発生主義に基づいて減価償却計算をすることが求められようになるため、新規事業を立ち上げる際、投下する資金に係る将来の採算が予測できるようになる。民間企業では、将来の採算がプラスであることが資金投下の前提となるが、自治体では必ずしもプラスでなければ資金投下の意思決定をできないということは意味していない。資金投下に際して、採算ラインを基準に自治体がどの割合で負担するかを判断するための情報が事前に把握できる点が重要である。

　このように、地方公会計制度が導入されることで、従来の現金主義ベースの財務情報に発生主義ベースの情報が付加されて多面的な情報が提供されるようになり、自治体の施設別管理においても有効かつ的確な意思決定が適時に行われるようになると期待される。

第2項　予算編成への活用

　我が国で人口減少・少子高齢化が進展している中、財務書類等を管理会計的なマネジメント・ツールとして予算編成に積極的に活用し、地方公共団体の限られた財源を「賢く使うこと」は極めて重要である。

　後述の施設の統廃合、受益者負担の適正化、行政評価との連携についても、予算編成への活用につながるものであるが、その他にも、施設建設に係る予算編成過程において、建設費用だけでなくランニングコストも踏まえた議論を行うため、当該施設が建設された場合の施設別行政コスト計算書を試算して審査資料として活用したり、直営の場合と民間委託の場合でそれぞれ試算した事業別・施設別の行政コスト計算書等を比較して民間委託の検討に活用したりすることなどが想定される。

　また、例えば、施設の統合整備や照明のＬＥＤ化など、初年度にはある程度のコストが掛かるものの、中長期的にはコストの縮減につながることが施設別行政コスト計算書等の試算によって「見える化」するものについて、首長等がイニシアティブを発揮して、通常の予算要求枠とは別途の予算要求特別枠を設定し、財務書類等を予算編成に活用するという意識を醸成していくことも考えられる。（☞事例5　340ページ参照）

第3項　施設の統廃合への活用

　公共施設等総合管理計画では、公共施設等の供用を廃止する場合の考え方や他の公共施設等との統合の推進方針を記載することとされているが、具体的な個別施設の統廃合を検討するに当たっては、施設別の行政

コスト計算書等を作成してセグメント分析を実施することが有効である。

　施設別の行政コスト計算書等を作成することにより、利用者一人当たりのコストを把握することができるが、例えば、同類型の個別施設のデータを並列することにより、どの施設が高コストなのかが一目瞭然となる。もっとも、施設の統廃合に当たっては、このようなコスト情報だけでなく、地理的条件や将来の人口動態等、地域の実態を踏まえた丁寧な議論が必要だが、施設別コスト情報の「見える化」を契機として、統廃合に向けた議論が広く住民や議会を巻き込んだ形でなされることが期待される。

　なお、公共施設等の統廃合を検討するに当たっては、ＧＩＳ（地理情報システム）を活用して、地図上に将来の人口動態等のデータを重ねながら、エリアマーケティングの考え方を用いた分析を行うことも考えられる。（☞事例６　341ページ参照）

第4項　受益者負担の適正化への活用

　使用料・手数料等については、当該施設の維持管理費や減価償却費、当該サービスに要する経費等を基礎として算出されるべきものであるが、行政コスト計算書を活用して使用料・手数料等の改定につなげることもできる。

　具体的には、事業別・施設別の行政コスト計算書を作成することで、減価償却費や退職手当引当金等も含めたフルコストで利用者一人当たりのコストを算出し、当該データを使用料・手数料等の改定の基礎データとすることができる。

　なお、使用料・手数料等の算定に係る受益者負担割合は、施設やサービス等の性質によって異なるべきものであることから、施設やサービス等の類型ごとに受益者負担割合を設定することも考えられる。（☞事例７　342ページ参照）

第5項　行政評価との連携への活用

　行政コスト計算書は、一会計期間における減価償却費や退職手当引当金等も含めたフルコストを計上するものであるため、事業別・施設別の行政コスト計算書等を作成して行政評価と連携させることにより、フルコスト情報に基づいたより精緻な行政評価が可能となる。

　なお、行政評価については、評価のための評価とするのではなく、評価結果を予算編成に上手く結び付けることが重要であり、最初から全ての事業別・施設別の行政コスト計算書等を網羅的に作成するのではなく、まずはできるところから作成していき、段階的に対象範囲を拡大していくといった工夫も有効である。（☞事例８　343ページ参照）

第6項　人件費等の按分基準の設定

　第２項から第５項までのようなセグメント分析を行うに当たっては、通常、事務事業費とは別途計上されるなどしている人件費や減価償却費、地方債利子等を各事務事業に適切に按分することで、より正確なコストによる精緻なセグメント分析を行うことができる。

　ただし、人件費等の按分をあまりにも精緻に行うことにより、過度の事務負担が発生してしまうことも懸

念されるため、セグメント分析の趣旨・目的に照らしながら、一定程度の事務作業の簡素化に務めることも重要である。(☞**事例9　344ページ参照**)

セグメント分析（予算編成への活用）

事例5

事例 予算要求特別枠の創設（想定事例）

背景・目的

○公共施設等の老朽化が喫緊の課題とされる一方で、厳しい財政状況の下、予算要求枠が制限されているため、思い切った老朽化対策を講じることができていなかった。
○また、財務書類については、作成・公表するだけに留まっており、予算編成への活用が十分に図られていなかった。

事例概要

○財務書類を活用して中長期的なコスト減につながる事業については、通常の予算要求枠とは別途、知事特別枠として「予算要求特別枠」を設定した。
○当該特別枠に係る予算要求については、審査資料として施設別の行政コスト計算書等を提出してもらうこととした。
○各部局からは、当該特別枠を活用して、以下のような予算要求が行われた。
　✓老朽化した小規模警察署の統合整備（下図参照）
　✓県立高校の照明器具のまるごとLED化等

警察署の統合整備

旧警察署A　　旧警察署B

↓ 統合整備

新警察署C

施設別の行政コスト計算書を用いたコスト比較　　（単位：千円）

	現状のまま (旧警察署A・B)	統合整備案 (新警察署C)	差　額
減価償却費	0	20,000	20,000
維持修繕費	40,000	10,000	▲30,000
合計	40,000	30,000	▲10,000

※新警察署Cは、建設費10億円、耐用年数50年

> 行政コスト計算書を活用して減価償却費の考え方を採り入れることにより、老朽化したA・Bの警察署を維持し続けるよりも、両者を統合して機能強化された新警察署を建設した方が中長期的なコスト減につながることが「見える化」される。

効果等

○照明のLED化や施設の統合整備等、限られた財源を「賢く使うこと」により、中長期的なコストの縮減につながった。
○予算要求特別枠を創設することにより、財務書類を予算編成に積極的に活用するという意識の醸成が図られた。

セグメント分析（施設の統廃合）

事例6

 セグメント分析による公民館の統廃合（熊本県宇城市）

背景・目的

○熊本県宇城市では、行政コスト計算書の他団体比較で物件費等が多いことが判明し、物件費を市全体で平成21年度までに毎年2,500万円削減する目標を設定
○平成17年9月に、これを含む「宇城市行政改革大綱」を策定し、市内にある約220施設の管理運営等の合理化案を定め、全ての施設の現状や役割・管理運営等を検証し、施設の適正配置や効率的・効果的な管理運営のあり方を検討

事例概要

○平成20年3月に「施設白書」を策定し、全ての施設についてバランスシートと行政コスト計算書（下表参照）を作成し、施設の現状把握と将来展望、施設群による比較を実施

【施設群名：公民館】施設別バランスシート

（単位：千円）

整理No.	16 - 1	16 - 2	16 - 3	16 - 4	16 - 5
施設名称	○○公民館	××公民館	△△公民館	□□公民館	●●公民館
【資産】					
建物等	401,016	157,456	212,534	3,423	29,248
土地	34,814	36,278	33,912	59,718	55,035
資産合計	435,830	193,734	246,446	63,141	84,283
【負債】					
市債	20,673				
【純資産】					
純資産	415,157	193,734	246,446	63,141	84,283
負債・純資産合計	435,830	193,734	246,446	63,141	84,283

施設別行政コスト計算書

（単位：千円）

【行政コスト】					
人件費	18,558	12,237	19,103	11,675	10,316
退職手当コスト	1,890	1,170	1,890	1,080	1,080
委託料	2,373	1,391	1,056	636	1,908
需用費	2,705	631	5,145	1,477	2,207
減価償却費	9,548	6,056	7,857	407	1,828
その他	298	1,450	1,495	4,120	787
行政コスト合計	35,372	22,956	36,546	19,395	18,126
【収入】					
使用料	209	255	131	363	154
その他	35	31	177	147	228
収入合計	244	286	308	510	382
受益者負担割合	0.7%	1.2%	0.8%	2.6%	2.1%
利用者一人当たりコスト	1,656円	1,398円	**2,289円**	1,258円	1,459円

効果等

○以上のようなセグメント分析や検討の結果、平成21年度に公民館1施設の統廃合を実施
○今後、中央公民館と各地域の分館方式で公民館事業を行い、施設管理のみを民間委託する方向でも検討

セグメント分析（受益者負担の適正化）

事例7

事例 セグメント分析による施設使用料の適正化（千葉県浦安市）

背景・目的

○平成16年8月、浦安市行政改革推進委員会より「使用料等基準に関する意見書」の提言を受け、受益と負担の原則に基づき公正かつ透明性の高い受益者負担制度の運用に資するため、「使用料等設定及び改定基準について（指針）」を策定

事例概要

○施設別行政コスト計算書（右表）の経常費用の金額等を活用して、使用料等算定表（下表）に基づきトータルコストを算出
○当該トータルコストに対して施設類型毎の受益者負担率を設定し（100％、75％、50％、25％、0％の5段階）、これを基にあるべき使用料等を算定

【使用料等算定表】
（例）施設名　文化会館
　（算式）〈大会議室〉
　・使用面積に対する1時間当たり使用料
　　＝　経常費用　×　使用床面積／建物延面積　÷　年間利用可能日数　÷　1日利用可能時間
　　＝　359,017千円　×　179／8,688　÷　271　÷　12　＝　2,275円
　・1時間当たり現行使用料（全日利用ベース）11,760　÷　12　＝　980円

| 算定額：2,275円 | 受益者負担率：50％ | 負担率後額：1,137円 | 現行使用料：980円 |

施設別行政コスト計算書（文化会館） （単位：千円）

	H17（改定前）
【経常費用】	
1.経常業務費用	358,989
①人件費	0
②物件費	129,793
減価償却費	128,409
その他	1,384
③経費	223,738
④業務関連費用	5,458
2.移転支出	28
経常費用合計	359,017
【経常利益】	
経常業務収益	25,425
①業務収益	25,425
②業務関連収益	0
経常収益合計	25,425
純経常費用（純行政コスト）	333,592

効果等

○現行使用料（980円）とあるべき使用料（1,137円）を比較し、改定率を1.2として改定後使用料を決定した。

セグメント分析（行政評価との連携・予算編成への活用）

事例8

 セグメント分析による図書館の行政評価等（静岡県浜松市）

背景・目的

○施設別の行政コスト計算書等による行政評価は既に実施していたが、当該評価結果を活用して具体的な予算編成につなげることが課題となっていた。

事例概要

行政評価における活用

行政コスト計算書 （単位：千円）

項　目	25年度決算	18年度決算	増　減
人にかかるコスト	40,706	43,431	△2,725
人件費	37,866	39,714	△1,848
退職手当引当金繰入	2,840	3,717	△877
物にかかるコスト	53,090	71,653	△18,563
物件費	24,784	43,908	△19,124
維持補修費	811	250	561
減価償却費	27,495	27,495	0
その他のコスト	7,006	12,653	△5,647
公債費利子	7,006	12,653	△5,647
合　計	100,802	127,737	△26,935
内訳　貸出サービス	71,569	89,416	△17,847
施設サービス	10,080	12,774	△2,694
講座サービス	19,153	25,547	△6,394

利用状況等

図書等貸出サービス業務			0
貸出利用者数（人）	74,139	95,031	△20,892
貸出冊数（冊）	303,292	334,949	△31,657
施設サービス業務			0
施設利用回数（回）	7,275	10,086	△2,811
講座サービス業務			0
講座受講者数（人）	2,111	2,866	△755

評価指標 （単位：円）

貸出利用者1人当コスト	965	941	24
貸出1冊当コスト	236	267	△31
施設サービス利用1回当コスト	1,386	1,267	118
講座サービス受講者1人当コスト	9,073	8,914	159

【図書館開館直後のH18と直近のH25で比較】
・貸出1冊当たりコスト
　✓　267円→236円（▲31円）
・貸出利用者数
　✓　95,031人→74,139人（▲20,892人）

○貸出1冊当たりのコストは下がっているが、貸出利用者数が減少している。
○今後はコスト削減が貸出利用者数の減少を招かないような工夫が必要である。

予算編成における活用

行政コスト計算書（指定管理料を物件費に一括計上） （単位：千円）

項　目	26年度予算	25年度決算	増　減
人にかかるコスト	0	40,706	△40,706
人件費	0	37,866	△37,866
退職手当引当金繰入	0	2,840	△2,840
物にかかるコスト	91,574	53,090	38,484
物件費	62,979	24,784	38,195
維持補修費	1,100	811	289
減価償却費	27,495	27,495	0
その他のコスト	5,967	7,006	△1,039
公債費利子	5,967	7,006	△1,039
合　計	97,541	100,802	△3,261
内訳　貸出サービス	69,254	71,569	△2,315
施設サービス	9,754	10,080	△326
講座サービス	18,533	19,153	△621

利用状況等（26年度は25年度決算と同数と仮定）

図書等貸出サービス業務			0
貸出利用者数（人）	74,139	74,139	0
貸出冊数（冊）	303,292	303,292	0
施設サービス業務			0
施設利用回数（回）	7,275	7,275	0
講座サービス業務			0
講座受講者数（人）	2,111	2,111	0

評価指標 （単位：円）

貸出利用者1人当コスト	934	965	△31
貸出1冊当コスト	228	236	△8
施設サービス利用1回当コスト	1,341	1,386	△45
講座サービス受講者1人当コスト	8,779	9,073	△294

○予算編成に当たり、アウトソーシング化（指定管理者制度への移行）を検討
○H26に指定管理者制度に移行した場合の行政コスト計算書等を作成して比較検討

○H26に指定管理者制度に移行することで、コスト削減と市民サービス向上の両立が可能となった。
　✓　コスト削減（▲3,261千円）
　✓　休館日（毎週月曜日）廃止

効果等

○施設別の行政コスト計算書等を行政評価に活用するとともに、当該評価結果を予算編成に活用することによって、図書館のアウトソーシング化（指定管理者制度への移行）を行い、コスト削減と市民サービス向上の両立を図ることが可能となった。

セグメント分析（人件費等の按分基準の設定）

事例9

 セグメント分析のための人件費等の按分（大阪府）

背景・目的

○財務書類の活用に当たっては、事務事業別といった必要な単位に応じた精緻なセグメント分析が有効である。
○正確なコストを把握するためには、事務事業費とは別立てで計上されている人件費等を各事務事業に適切に按分する必要がある。

事例概要

○人件費等を按分するための実務指針を作成し、各事務事業に人件費等を適切に按分している。

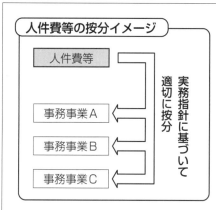

人件費の按分の考え方

原則として以下の算式に基づいて按分

（職階別平均給与額）×（事務事業別職員数）

※職階別平均給与額を用いることで、事務事業側ではコントロールできない要素（配置された職員の年齢差等に基づく所与の単価差）をできるだけ排除
※総務・管理部門の費用については、関係する事務事業すべてに按分するのではなく、総務・管理部門として独立した事務事業単位を設定し区分する。（総務・管理部門職員の人件費、庁舎の減価償却費など）

効果等

○各事務事業について、人件費等も含めたコストを適切に算定することで、より正確なセグメント分析を実現しており、予算編成や政策評価等への活用につなげていくこととしている。

第3節　施設別収支表の作成方法

　施設別収支は、本章第2節第3項に記載のように、施設の統廃合のための個別案件についてリストアップされた段階での議論に対して、数値情報を提供することになる。また、「受益者負担の割合」の算定にも活用できる。

　施設別収支表は、各施設の標準的な収支を見るのが目的であり、同じ施設の収支表を毎年度作成する必要がないことに留意すべきである。

（1）リストアップした案件
346ページのような案件リストが作成されるものと考えられる。

（作成上の留意点）
- コスト計算書の勘定科目については、統一的な基準の勘定科目により作成している。
- 注記で記した以外の数値は、自治体における作成の便宜を考え、組替表の数値を連動させている。

（2）歳入歳出データの集計値を統一的な基準による科目へ仕訳変換表（346～347ページ参照）。

（作成上の留意点）
- 案件毎に、財務会計システムの「節」の集計値をフィルター検索する。
- 資産計上データは、集計値から除外しなければならない。
- 複合施設の場合、事前に金額を按分しておく必要がある。
- 小学校等案件毎に登録していない場合、「節」の集計値をフィルター検索できない場合が生ずる。

案件リストシート

(単位：円)

勘定科目		公民館A	公民館B	公民館C	公民館D
経常業務費用		364,547,302			
人件費	職員給料	94,908,748			
	退職手当引当金繰入額(注1)	5,000			
	その他の人件費	3,727,000			
物件費	物件費	264,631,692			
	維持補修費	1,255,560			
	減価償却費(注2)	19,102			
	その他の物件費	0			
業務費用	支払利息(注3)	200			
	その他の業務費用	0			
移転費用		253,000			
	その他の移転費用	253,000			
	経常費用合計(総行政コスト)	364,800,302			
経常業務収益		35,934,800			
	使用料手数料	28,755,000			
	その他の経常収益	7,179,800			
	経常収益 合計	35,934,800			
	純経常費用(純行政コスト)	328,865,502			
一人当たりのコスト情報	住民数	45,000			
	住民数一人当たりコスト	7,308			
	利用者数	286			
	利用者数一人当たりコスト	1,151,450			
	実利用者数	102			
	実利用者数一人当たりコスト	3,224,172			
負担割合情報	受益者負担割合	9.9%			
	自治体負担割合	90.1%			

(注1) 退職手当引当金繰入額は、平均的な勤続年数に基づき概算で作成する。
(注2) 減価償却費は、固定資産台帳より記入する。
(注3) 施設毎の支払利息の算定は難しいので、別途貸出資料が必要である。

案件別組替シート

(単位：円)

区分	分類	当該施設の「節」合計	計上先 決算額	経常業務費用 職員給与費	経常業務費用 その他の人件費	経常業務費用 物件費	経常業務費用 維持補修費	経常業務費用 その他の物件費	経常業務費用 その他の業務費用	経常業務費用 その他の移転費用	経常業務収益 使用料及び手数料	経常業務収益 その他の経常収益
歳出	1	報　酬	3,727,000	−	3,727,000	−	−	−	−	−	−	−
	2	給　料	51,077,000	51,077,000	−	−	−	−	−	−	−	−
	3	職員手当等	28,719,000	28,719,000	−	−	−	−	−	−	−	−
	4	共済費	12,862,000	12,862,000	−	−	−	−	−	−	−	−
	7	賃金	2,252,000	2,250,748	−	1,252	−	−	−	−	−	−
	8	報償費	4,644,000	−	−	4,644,000	−	−	−	−	−	−
	9	旅費	48,000	−	−	−	−	−	−	−	−	−
	11	需用費	44,494,000	−	−	44,490,440	3,560	−	−	−	−	−
	12	役務費	18,901,000	−	−	18,901,000	−	−	−	−	−	−
	13	委託料	181,234,000	−	−	181,234,000	−	−	−	−	−	−
	14	使用料及び賃借料	15,076,000	−	−	15,076,000	−	−	−	−	−	−
	15	工事請負費	1,252,000	−	−	−	1,252,000	−	−	−	−	−
	16	原材料費		−	−	0	−	−	−	−	−	−
	17	公有財産購入費		−	−	0	−	−	−	−	−	−
	18	備品購入費	285,000	−	−	285,000	−	−	−	−	−	−
	19	負担金・補助交付金	42,000	−	−	−	−	−	42,000	−	−	−
	22	補償補填及び賠償金		−	−	−	−	−	0	−	−	−
	23	償還金利子及び割引料	211,000	−	−	−	−	−	211,000	−	−	−
	27	公課費		−	−	−	−	−	0	−	−	−
歳入	22	使用料・手数料	28,755,000	−	−	−	−	−	−	28,755,000	−	−
	25	財産収入		−	−	−	−	−	−	−	0	−
	29	諸収入	7,179,800	−	−	−	−	−	−	−	−	7,179,800
		合計	328,841,200	94,908,748	3,727,000	264,631,692	1,255,560	0	253,000	28,755,000	7,179,800	
		差引（歳出－歳入）＝					364,776,000				35,934,800	

第3章 財務書類データの活用

第1節 財政指標の設定

【有形固定資産減価償却率（資産老朽化比率より呼称変更）】

近年、我が国では公共施設等の老朽化対策が大きな課題となっているが、決算統計や地方財政健全化法における既存の財政指標では、資産の老朽化度合いまでを把握することはできなかった。しかしながら、貸借対照表を作成することで、有形固定資産のうち償却資産の取得価額等に対する減価償却累計額の割合を算出し、有形固定資産減価償却率（資産老朽化比率）として把握することができるようになっている。

有形固定資産減価償却率（資産老朽化比率）を算出することにより、当該地方公共団体の資産全体としての老朽化度合いを把握することができるようになるだけでなく、小学校や保育所といった施設類型別や個別施設ごとの資産老朽化比率を算出することにより、老朽化対策の優先順位を検討する際の参考資料の1つとすることができ、当該優先順位を踏まえたメリハリのある予算編成につなげることも期待される。（☞事例1　358ページ参照）

【その他の財務指標】

有形固定資産原価償却率だけでなく、住民一人当たり資産額や歳入額対資産比率といった資産形成度に係るその他の指標を設定することにより、資産の老朽化度合いのみならず、資産の適正規模等も含めた幅広い検討を行うことができる。

資産形成度に係る指標だけでなく、併せて、世代間公平性や持続可能性（健全性）、効率性、弾力性、自律性に係る指標を設定することによって、より多角的な視点からの分析を行うことが可能となる。

決算統計や地方財政健全化法における既存の財政指標等（将来負担比率及び実質公債費比率）も組み合わせることによって、例えば、将来負担比率が低くても資産老朽化比率が高ければ、老朽化対策の先送りという将来負担が潜在している可能性があるなど、より総合的な分析を行うことができる。（☞事例2　359ページ参照）

(1) 将来負担比率と資産老朽化比率の組合せ

○将来負担比率について、資産老朽化比率と組み合わせて分析することにより、老朽化対策の先送りという将来負担も含め、将来負担をより総合的に捉えることができる。

○例えば、**将来負担比率が低くても資産老朽化比率が高ければ、老朽化対策の先送りという将来負担が潜在している可能性が判明する。**

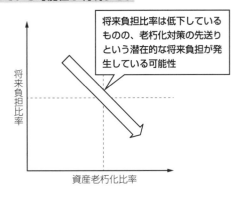

将来負担比率は低下しているものの、老朽化対策の先送りという潜在的な将来負担が発生している可能性

(2) 将来負担比率と実質公債費比率の組合せ

○将来負担比率について、実質公債費比率と組み合わせて分析することにより、フローとストックの両面から将来負担を捉えることができる。

○例えば、将来負担比率が高い場合に実質公債費比率も高いのはある意味当然であるが、**実質公債費比率が高くても将来負担比率が低ければ、実質公債費比率が今後は低下していく可能性が判明する。**

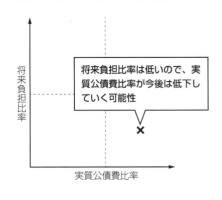

将来負担比率は低いので、実質公債費比率が今後は低下していく可能性

第2節 財務書類分析比率の計算

第1項 財務書類分析の視点

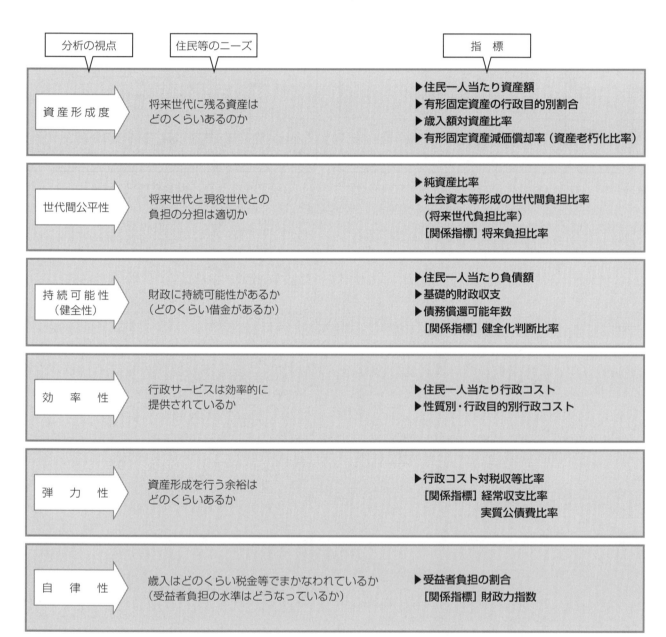

第2項 資産形成度

資産形成度は、「将来世代に残る資産はどのくらいあるか」といった住民等の関心に基づくものである。

資産に関する情報は、歳入歳出決算に添付される財産に関する調書（地方自治法施行令第166条第2項及び同施行規則第16条の2）においても、公有財産（土地及び建物、山林、動産、物権、無体財産権、有価証券、出資による権利並びに財産の信託の受益権）、物品、債権及び基金の種別に提供されている。しかし、土地及び建物並びに山林は地積や面積で測定され、動産も個数で表示されるなど、地方公共団体の保有する資産の価値に関する情報を得ることはできない。

また、決算統計では、財政力指数や経常収支比率、地方財政健全化法では、実質赤字比率、連結実質赤字比率、実質公債費比率、将来負担比率といった財政指標が既にあるが、いずれも資産形成度を表す指標ではないため、資産形成度に関する指標は財務書類を作成することによって初めて得られるものである。

貸借対照表（BS）は、資産の部において地方公共団体の保有する資産のストック情報を一覧表示しており、これを住民一人当たり資産額や有形固定資産の行政目的別割合、歳入額対資産比率、資産老朽化比率といった指標を用いてさらに分析することにより、住民等に対して新たな情報を提供するものといえる。

（1）住民一人当たり資産額

資産額を住民基本台帳人口で除して住民一人当たり資産額とすることにより、住民等にとってわかりやすい情報となるとともに、他団体との比較が容易になる。

【計算式】 資産の部合計（BS） ÷ 住民基本台帳人口

（2）有形固定資産の行政目的別割合

有形固定資産の行政目的別（生活インフラ・国土保全、福祉、教育等）の割合を算出することにより、行政分野ごとの社会資本形成の比重の把握が可能となる。これを経年比較することにより、行政分野ごとに社会資本がどのように形成されてきたかを把握することができ、また、類似団体との比較により資産形成の特徴を把握し、今後の資産整備の方向性を検討するのに役立てることができる。

【計算式】 生活インフラ用有形固定資産(注) ÷ 有形固定資産合計（BS）
　　（注）有形固定資産を行政目的別に計算した場合

（3）歳入額対資産比率

当該年度の歳入総額に対する資産の比率を算出することにより、これまでに形成されたストックとしての資産が、歳入の何年分に相当するかを表し、地方公共団体の資産形成の度合いを測ることができる。

【計算式】 資産の部合計（BS） ÷ 歳入総額

（4）有形固定資産減価償却率（資産老朽化比率より呼称変更）

有形固定資産のうち、償却資産の取得価額等に対する減価償却累計額の割合を算出することにより、耐用年数に対して資産の取得からどの程度経過しているのかを全体として把握することができる。さらに、固定資産台帳等を活用すれば、行政目的別や施設別の資産老朽化比率も算出することができる。

【計算式】 減価償却累計額（BS） ÷ {(有形固定資産合計（BS） － 建設仮勘定 － 土地)
　　　　　＋ 減価償却累計額（BS）}

第3項　世代間公平性

　世代間公平性は、「将来世代と現世代との負担の分担は適切か」といった住民等の関心に基づくものである。これは、貸借対照表上の資産、負債及び純資産の対比によって明らかにされる。

　世代間公平性を表す指標としては、地方財政健全化法における将来負担比率もあるが、貸借対照表は、財政運営の結果として、資産形成における将来世代と現世代までの負担のバランスが適切に保たれているのか、どのように推移しているのかを端的に把握することを可能にするものであり、純資産比率や社会資本等形成の世代間負担比率（将来世代負担比率）が分析指標として挙げられる。

　ただし、将来世代の負担となる地方債の発行については、原則として将来にわたって受益の及ぶ施設の建設等の資産形成に充てることができるものであり（建設公債主義）、その償還年限も、当該地方債を財源として建設した公共施設等の耐用年数を超えないこととされている（地方財政法第5条及び第5条の2）。したがって、地方財政においては、受益と負担のバランスや地方公共団体の財政規律が一定程度確保されるように既に制度設計されていることにも留意しておく必要がある。なお、地方債の中には、その償還金に対して地方交付税措置が講じられているものがあるため、この点にも留意が必要である。

（1）純資産比率

　地方公共団体は、地方債の発行を通じて、将来世代と現世代の負担の配分を行う。したがって、純資産の変動は、将来世代と現世代との間で負担の割合が変動したことを意味する。例えば、純資産の減少は、現世代が将来世代にとっても利用可能であった資源を費消して便益を享受する一方で、将来世代に負担が先送りされたことを意味し、逆に、純資産の増加は、現世代が自らの負担によって将来世代も利用可能な資源を蓄積したことを意味すると捉えることもできる。ただし、純資産は固定資産等形成分及び余剰分（不足分）に分類されるため、その内訳にも留意する必要がある。

【計算式】　純資産の部合計（BS）　÷　資産の部合計（BS）

（2）社会資本等形成の世代間負担比率（将来世代負担比率）

　社会資本等について将来の償還等が必要な負債による形成割合（公共資産等形成充当負債の割合）を算出することにより、社会資本等形成に係る将来世代の負担の比重を把握することができる。

【計算式】　地方債（BS）　÷　｛有形固定資産合計　＋　無形固定資産合計（BS）｝

第4項　持続可能性（健全性）

　持続可能性（健全性）は、「財政に持続可能性があるか（どのくらい借金があるか）」という住民等の関心に基づくものであり、財政運営に関する本質的な視点である。これに対しては、第一に、地方財政健全化法の健全化判断比率（実質赤字比率、連結実質赤字比率、実質公債費比率及び将来負担比率）による分析が行われるが、これに加えて財務書類も有用な情報を提供することができる。

　地方公共団体の負債に関する情報については、現行の予算に関する説明書においても、債務負担行為額及び地方債現在高についてそれぞれ調書が添付されているが（地方自治法施行令第144条及び同施行規則第15条の2）、貸借対照表においては、この他に退職手当引当金や未払金など、発生主義により全ての負債を

捉えることになる。
　財政の持続可能性に関する指標としては、次のとおりである。

（1）住民一人当たり負債額
　負債額を住民基本台帳人口で除して住民一人当たり負債額とすることにより、住民にとってわかりやすい情報となるとともに、他団体との比較が容易となる。
　【計算式】　負債の部合計（BS）　÷　住民基本台帳人口

（2）基礎的財政収支（プライマリーバランス）
　資金収支計算書（CF）上の業務活動収支（支払利息支出を除く）及び投資活動収支の合算額を算出することにより、地方債等の元利償還額を除いた歳出と、地方債等発行収入を除いた歳入のバランスを示す指標となり、当該バランスが均衡している場合には、経済成長率が長期金利を下回らない限り経済規模に対する地方債等の比率は増加せず、持続可能な財政運営であるといえる。
　なお、基礎的財政収支については、国の財政健全化目標にも用いられているが、地方の場合は国とは異なって、前述の建設公債主義等がより厳密に適用されており、自己判断で赤字公債に依存することができないため、国と地方で基礎的財政収支を一概に比較すべきでないことにも留意する必要がある。
　【計算式】　業務活動収支　＋　投資活動収支　－　支払利息支出（いずれもCF）

（3）債務償還可能年数
　実質債務（地方債残高等（退職手当引当金等を含む）から充当可能基金等を控除した実質的な債務）が償還財源上限額（資金収支計算書における業務活動収支の黒字分（臨時収支分を除く））の何年分あるかを示す指標で、債務償還能力は、債務償還可能年数が短いほど高く、債務償還可能年数が長いほど低いといえる。
　債務償還可能年数は、償還財源上限額を全て債務の償還に充当した場合に、何年で現在の債務を償還できるかを表す理論値であるが、債務の償還原資を経常的な業務活動からどれだけ確保できているかということは、債務償還能力を把握する上で重要な視点の1つである。
　【計算式】（将来負担額　－　充当可能基金残高）　÷　（業務収入等　－　業務支出）
　　（注）「地方財政の健全化及び地方債制度の見直しに関する研究会報告書」によれば、
　　　・分子は、ともに、健全化法総括表④将来負担比率の状況による。
　　　・分母の「業務収入等」は、
　　　　　業務収入（CF）　＋　減収補填債特例分発行額　＋　臨時財政対策債発行可能額
　　　・分母の「業務支出」は、業務支出（CF）による。

（4）地方債等償還可能年数
　地方債等残高が利払後基礎的財政収支（資金収支計算書における業務活動収支と投資活動収支を足したもの）の何年分あるかを示す指標で、地方債等償還能力は、地方債等償還可能年数が短いほど高く、地方債等償還可能年数が長いほど低いといえる。
　地方債等償還可能年数は、償還財源上限額を全て地方債等の償還に充当した場合に、何年で現在の地方債等を償還できるかを表す理論値であるが、地方債等の償還原資を経常的な業務活動及び投資活動からどれだけ確保できているかということは、地方債等償還能力を把握する上で重要な視点の1つである。
　債務償還可能年数と異なる点は、分母に、地方自治体に財政運営に必須な投資活動を加えたものである。

地方自治体の財政状況の健全性分析で筆者が最も活用する指標である。

【計算式】 地方債等（ＢＳ） ÷ ｛（業務活動収支（ＣＦ） ＋ 投資活動収支（ＣＦ）｝

（5）住民一人当たり実質借入額

地方債残高から基金等を控除した実質借入残高を住民基本台帳人口で除して住民一人当たり借入額とすることにより、住民にとってわかりやすい情報となるとともに、他団体との比較が容易となる。

【計算式】 ｜地方債等（ＢＳ） － 基金等（ＢＳ）｜ ÷ 住民基本台帳人口

第5項 効率性

効率性は、「行政サービスは効率的に提供されているか」といった住民等の関心に基づくものである。地方自治法においても、「地方公共団体は、その事務を処理するに当っては、住民の福祉の増進に努めるとともに、最少の経費で最大の効果を挙げるようにしなければならない」とされているものであり（同法第２条第14項）、財政の持続可能性と並んで住民の関心が高い視点である。

行政の効率性については、多くの地方公共団体で取り組んでいる行政評価において個別に分析が行われているものと考えられるが、行政コスト計算書は地方公共団体の行政活動に係る人件費や物件費等の費用を発生主義に基づきフルコストとして表示するものであり、行財政の効率化を目指す際に不可欠な情報を一括して提供するものである。

行政コスト計算書においては、住民一人当たり行政コストや性質別・行政目的別行政コストといった指標を用いることによって、効率性の度合いを定量的に測定することが可能となる。

（1）住民一人当たり行政コスト

行政コスト計算書（ＰＬ）で算出される行政コストを住民基本台帳人口で除して住民一人当たり行政コストとすることにより、地方公共団体の行政活動の効率性を測定することができる。また、当該指標を類似団体と比較することで、当該団体の効率性の度合いを評価することができる。

なお、住民一人当たり行政コストについては、地方公共団体の人口や面積、行政権能等により自ずから異なるべきものであるため、一概に他団体と比較するのではなく、類似団体と比較すべきことに留意する必要がある。

【計算式】 純行政コスト（ＰＬ） ÷ 住民基本台帳人口

（2）性質別・行政目的別行政コスト

行政コスト計算書では、性質別（人件費、物件費等）の行政コストが計上されており、また、附属明細書では、行政目的別（生活インフラ・国土保全、福祉、教育等）の行政コストが計上されている。これらを経年比較することにより、行政コストの増減項目の分析が可能となる。

なお、性質別・行政目的別行政コストを住民基本台帳人口で除して住民一人当たり性質別・行政目的別行政コストとすることにより、地方公共団体の行政活動に係る効率性を測定することができる。また、この指標を類似団体と比較することで、当該団体の効率性の評価が可能となる。

【計算式】 生活インフラ用純行政コスト[注] ÷ 住民基本台帳人口

（注）行政目的別に行政コスト計算書を作成している場合。

第6項 弾 力 性

弾力性は、「資産形成等を行う余裕はどのくらいあるか」といった住民等の関心に基づくものである。

財政の弾力性については、一般に、経常収支比率（経常経費充当一般財源の経常一般財源総額に占める比率）等が用いられるが、財務書類においても、弾力性の分析が可能である。

すなわち、純資産変動計算書（NWM）において、地方公共団体の資産形成を伴わない行政活動に係る行政コストに対して地方税、地方交付税等の当該年度の一般財源等がどれだけ充当されているか（行政コスト対税収等比率）を示すことができる。

これは、当該団体がインフラ資産の形成や施設の建設といった資産形成を行う財源的余裕度がどれだけあるかを示すものといえる。

（1）行政コスト対税収等比率

税収等の一般財源等に対する行政コストの比率を算出することによって、当該年度の税収等のうち、どれだけが資産形成を伴わない行政コストに費消されたのかを把握することができる。この比率が100％に近づくほど資産形成の余裕度が低いといえ、さらに100％を上回ると、過去から蓄積した資産が取り崩されたことを表す。

【計算式例】　純行政コスト（PL）　÷　財源（NW）

第7項 自 律 性

自律性は、「歳入はどのくらい税収等で賄われているか（受益者負担の水準はどうなっているか）」といった住民等の関心に基づくものである。

これは、地方公共団体の財政構造の自律性に関するものであり、決算統計における歳入内訳や財政力指数が関連するが、財務書類についても、行政コスト計算書において使用料・手数料などの受益者負担の割合を算出することが可能であるため、これを受益者負担水準の適正さの判断指標として用いることができる。

（1）受益者負担の割合

行政コスト計算書の経常収益は、使用料・手数料など行政サービスに係る受益者負担の金額であるので、これを経常費用と比較することにより、行政サービスの提供に対する受益者負担の割合を算出することができる。地方公共団体の行政サービス全体の受益者負担の割合を経年比較したり、類似団体比較したりすることにより、当該団体の受益者負担の特徴を把握することができる。

また、これを事業別・施設別に算出することで、受益者負担の割合を詳細に分析することもできる。

【計 算 式】　使用料及び手数料（PL）　÷　純経常行政コスト（PL）

第3節 行政外部での活用（アカウンタビリティ）

第1項 住民への公表や地方議会での活用

【わかりやすい公表】

　地方公共団体の財務書類を公表するに当たって、最も重要な点の1つは、財務書類の利用者にとって「理解可能なものであること」である。前述のとおり、地方公共団体の財務書類については、住民をはじめ幅広い利用者が想定されるが、これら地方公会計による開示情報の受け手は、地方財政や会計に関する一定の知見を有するとは限らないため、企業会計における投資家や債権者等のような理解可能性を前提とすることができない。

　したがって、まず、財務書類はわかりやすく公表することが重要であり、前述の財務指標の設定や適切な資産管理、セグメント分析を情報開示にも活用するとともに、財務書類そのものについても、要約した上でわかりやすい説明を加えるといった工夫が考えられる。

【財務書類の議会における認定】

　地方公共団体の財務状況に関する説明責任は、住民とともに議会に対しても果たさなければならない。現行制度においては、地方公共団体の長は、歳入歳出決算を議会の認定に付する際、会計管理者から提出された歳入歳出決算事項別明細書、実質収支に関する調書、財産に関する調書及び主要な施策の成果を説明する書類を併せて提出することとされているが（地方自治法第233条）、当該決算に係る財務書類についても、決算を認定する議会に併せて提出することが考えられる。これにより、議会における地方公共団体の財務状況に関する審議を深めることができ、議会審議の活性化につながることが期待される。（☞**事例10　360ページ参照**）

第2項 地方債IRへの活用

　地方債の借入先については、近年、公的資金の割合が減少する一方で、市場公募債と銀行等引受債の発行割合が増加し、資金調達手段の多様化が進んでいる。市場公募債については、共同発行市場公募地方債や住民参加型市場公募地方債を含む市場公募債が発行されており、各団体の工夫のもと積極的にIR説明会が実施されている。

　財務書類は、発行団体の財務状況を投資家等の市場関係者に対してわかりやすく示すものであり、発行団体においては、これをIR説明会の基礎資料として活用することで、地方債の信用力の維持・強化を図ることが期待される。（☞**事例11　361ページ参照**）

第3項　PPP／PFIの提案募集への活用

　地方公共団体の財政負担を極力抑えつつ公共施設等の効果的かつ効率的な整備・運営を行っていくためには、民間の資金・ノウハウを活用したPPP／PFIの導入も有効な選択肢の1つである。

　前述のセグメント分析を活用した予算編成や行政評価等によってPPP／PFIの導入が進んでいくことが考えられるが、さらに固定資産台帳を公表することでPPP／PFIに関する民間事業者からの積極的な提案につなげていくことも期待される。

　なお、PPP／PFIに関する民間事業者からの提案が積極的になされるためには、固定資産台帳に利用状況やランニングコストといった記載項目の追加を検討することも重要であり、また、地域完結型のPPP／PFIを推進する観点からは、設計、建設、設備といった関連分野の地域企業を地域金融機関が積極的にコーディネートしていくことも期待される。（**参考事例　362ページ参照**）

　PPPとは、Public Private Partnershipの略で、公共サービスの提供に民間が参画する手法を幅広く捉えた概念で、民間資本や民間のノウハウを利用し、効率化や公共サービスの向上を目指すものをいう。

　PFIとは、Private Finance Initiativeの略で公共施設等の建設、維持管理、運営等を民間の資金、経営能力及び技術的能力を活用することで、効率化やサービス向上を図る公共事業の手法をいう。（**参考事例　362ページ参照**）

財政指標の設定（資産老朽化比率）

事例1

事例 資産老朽化比率の公共施設等マネジメントへの活用（東京都○○市）

背景・目的

○市全体の老朽化比率だけでなく、施設類型別の老朽化比率を把握することで、公共施設等のマネジメントに活用する。

事例概要

○有形固定資産のうち、償却資産の取得価格に対する減価償却累計額の割合を計算することにより、耐用年数に対して資産の取得からどの程度経過しているのかを全体として把握することができる。
○市全体の資産老朽化比率は43.3%であるが、小学校は38.1%、市立保育園は52.4%となっており、市立保育園の老朽化比率が高くなっている。

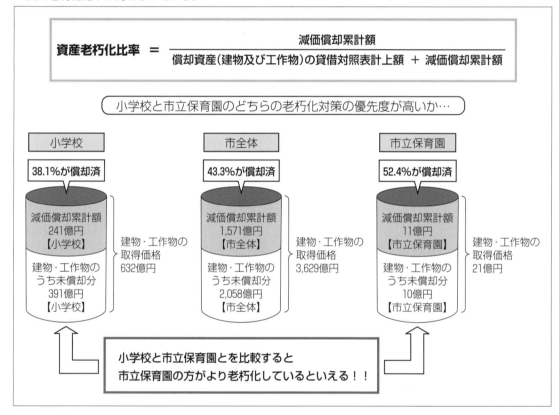

効果等

○当該老朽化比率や実際の損耗状況等も踏まえつつ、公共施設等総合管理計画の策定を進めていくこととしている。
○公共施設等の老朽化対策の優先度を踏まえたメリハリのある予算編成につなげることも期待される。

財政指標の設定（その他の指標）

事例2

 各種財政指標による類似団体比較（静岡県浜松市）

背景・目的

○発生主義・複式簿記に基づく財務書類の作成によって把握可能となる各種財政指標を住民に示す必要がある。
○当該団体の各種財政指標を類似団体の各種財政指標と併せて示すことで、住民にとってわかりやすい情報開示を行う。

事例概要

○市民一人当たり資産額、歳入額対資産比率等の各種財政指標について、他の政令指定都市（基準モデル）の各種財政指標と比較して表示

浜松市の財政指標（例）

- ✓ 市民一人当たり資産額（2,459千円） → 他の4市の平均値と概ね同じレベルである。
- ✓ 歳入額対資産比率（6.8年） → 他の4市の平均値と比べて高くなっており、その分、資産の維持管理コストが必要になる。
- ✓ 市民一人当たり負債額（415千円） → 他の4市の平均値と比べて低くなっている。

行政コスト計算書

区　分	単位	H25 浜松市	H24 浜松市	H24 4市平均	H24 川崎市	H24 新潟市	H24 堺市	H24 広島市
市民一人当たり資産額	千円	2,459	2,463	2,402	2,979	1,650	2,434	2,543
	指数	100	100	98	121	67	99	103
歳入額対資産比率	年	6.8	7.1	5.4	7.0	4.0	5.8	4.7
	指数	100	104	79	103	59	85	69
純資産比率	％	83.1	83.2	68.7	74.0	59.9	79.8	61.2
	指数	100	100	83	89	72	96	74
将来世代負担比率	％	9.0	9.0	20.5	17.8	25.5	10.8	28.0
	指数	100	100	228	198	283	120	311
市民一人あたり負債額	千円	415	415	730	776	663	492	987
	指数	100	100	176	187	160	119	238
資金収支計算書における基礎的財政収支	百万円	1,214	11,414	△20,902	△11,864	△28,440	△15,822	△27,480
	指数	100	940	△1,722	△977	△2,343	△1,303	△2,264
市民一人当たりの純経常行政コスト	千円	263	255	318	282	330	319	341
	指数	100	97	121	107	125	121	130

※1　年度末人口は3月31日現在の住民基本台帳人口
※2　4市平均は単純平均値
※3　指数は、H25浜松市を100としたときの割合を反映した数字

各種財政指標は概ね問題ないレベルであるが、「歳入額対資産比率」が他の4市を上回っていることから、今後、資産の過半を占めるインフラ資産のあり方等を検討する必要がある。

効果等

○各種財政指標を用いて類似団体との比較をすることで、自市の財政状況をわかりやすく住民へ説明することができた。
○資産規模が比較的過大であるという可能性を踏まえ、公共施設等総合管理計画の策定過程で議論を深めることとなった。

情報開示（地方議会での活用）

事例10

事例 地方議会での活用（岐阜県美濃加茂市）

背景・目的

○議会に対する予算説明資料では、各事業にかかる人件費や減価償却費等が見えにくいことから、事業別にフルコストを表示したアニュアルレポートを作成し、議会に報告することとしている。

事例概要

○財務書類やセグメント分析の概要をわかりやすくまとめたアニュアルレポートを作成・公表し、議会にも提出している。（別途、財務書類も議会に提出している。）
○アニュアルレポートには、全てのセグメント分析の結果を掲載するのではなく、任意で抽出した数事業を例示として掲載することにより、議会や住民に関心を持ってもらうことにしている。
○実際に議会での質疑応答も行われている。

議員

A地区交流センターとB地区交流センターでは、利用者1人当たりの行政コストに2倍以上の差がある。市民サービスや行政コスト等の観点から、今後どのような運営をしていくのか。

民間委託等も含めて、地区交流センターの運営方法を検討していきたい。

担当課

A地区交流センター（単位：千円）

行政コスト	収入
①人にかかるコスト 9,829(52.0%)	①特定の財源 232(1.2%)
②物にかかるコスト 9,070(48.0%)	②その他の財源（純行政コスト） 18,667(98.8%)
③業務関連コスト 0(0.0%)	
④移転支出的なコスト 0(0.0%)	
18,899(100.0%)	18,899(100.0%)

【利用者一人当たりのコスト】
1,429円 （H23年度利用者数13,227人）

【市民一人当たりの税金等投入額】
336円 （平成24年4月1日人口：55,505人）

B地区交流センター（単位：千円）

行政コスト	収入
①人にかかるコスト 9,829(70.0%)	①特定の財源 9(0.1%)
②物にかかるコスト 4,203(30.0%)	②その他の財源（純行政コスト） 14,023(99.9%)
③業務関連コスト 0(0.0%)	
④移転支出的なコスト 0(0.0%)	
14,032(100.0%)	14,032(100.0%)

【利用者一人当たりのコスト】
3,567円 （H23年度利用者数3,934人）

【市民一人当たりの税金等投入額】
253円 （平成24年4月1日人口：55,505人）

効果等

○財務書類やセグメント分析等のアニュアルレポートにより議会での審議が活発化した。
○議会での審議内容も踏まえ、地区交流センターの運営の民間委託が検討されることとなった。

情報開示（地方債IRへの活用）

事例11

地方債IR資料としての活用（東京都等）

背景・目的

○地方債計画において、民間等資金の円滑な調達を図るため、市場公募地方債等の発行が推進されている。
○財政状況を投資家等の市場関係者に正確に理解してもらうことで、市場公募地方債の安定した消化につなげる。

事例概要

○投資家等の市場関係者に馴染みがあって理解されやすい連結財務書類等を地方債IR説明会の資料として活用
○平成26年度の第13回市場公募地方債発行団体合同IR説明会では、半数程度の団体が貸借対照表等の財務書類を資料として活用

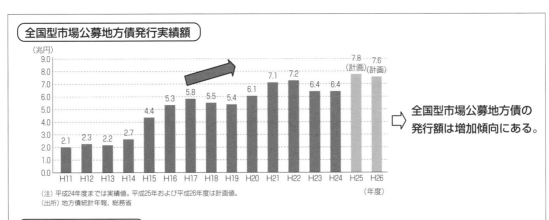

全国型市場公募地方債発行実績額

（注）平成24年度までは実績値。平成25年度および平成26年度は計画値。
（出所）地方債統計年報、総務省

⇒ 全国型市場公募地方債の発行額は増加傾向にある。

東京都全体の財務報告

【東京都全体の財務諸表】

〈対象範囲〉
東京都本体分……普通会計（一般会計及び13の特別会計）、普通会計の対象でない2つの特別会計、11の公営企業会計
東京都以外の団体……33の監理団体及び3つの地方独立法人

（単位：億円）

科　目	25年度	26年度	増　減
資産の部合計	475,243	473,087	2,156
Ⅰ　流動資産	31,203	29,251	1,952
Ⅱ　固定資産	443,980	443,773	207
Ⅲ　繰延資産	59	62	△3
負債の部合計	141,530	146,780	△5,250
Ⅰ　流動負債	19,436	17,983	1,452
Ⅱ　固定負債	122,093	128,796	△6,703
正味財産の部合計	333,713	326,306	7,406
負債及び正味財産の部合計	475,243	473,087	2,156

（平成26年度　東京都IR資料より）

資産 47.6兆円／負債 14.2兆円／正味財産 33.4兆円

・正味財産は33兆3,713億円で、前年度末対比7,406億円の増加となった。
・正味財産比率（資産に対する正味財産の割合）は、70.2%であり、前年度末対比1.2ポイント増加した。
・今後も、東京都全体の財務状況を的確に把握して、将来にわたる都の財政負担を適正なものとしていくことが重要である。

効果等

○既存の予算・決算情報、健全化判断比率等に加えて、投資家等の市場関係者が理解しやすい連結財務書類等を地方債IR資料として活用することで、財政状況の透明性をより一層高めることができている。

| 情報開示（PPP／PFIの提案募集） | 参考事例 |

事例　PPP／PFIの民間提案制度（福岡県福岡市）

背景・目的

○公共サービス水準の向上、公共負担の削減及び公共資産の有効活用の観点から、民間事業者の創意工夫やノウハウを活用することが有効・有益である。

事例概要

○地域完結型のPPPを実現するため、市と関連地域企業からなる「福岡PPPプラットフォーム」を設置し、PPP／PFIセミナーを継続的に開催している。
○事業の実施自体について政策的な意思決定がなされているものを対象として、民間事業者からPPP／PFIの提案等を求めるための対象事業リストを毎年度作成・公表している。
○平成26年度には、PPP／PFI民間提案等ガイドブックを策定し、民間提案等を受け付ける体制を整備した。

対象事業リスト（平成26年度公表分からの抜粋）

事業名	事業概要
市営住宅の建替	老朽化した市営住宅を計画的に建替えることにより、将来にわたって、安定的な供給を行う。
老朽化した学校の校舎等の建替	老朽化が進む学校施設（校舎、講堂兼体育館、プール等）の建替を行う。
公園等の有効活用（みどり活用推進事業）	公園や緑地、街路樹などの資産を有効活用し、賑わいの創出や憩いの場の提供、地域コミュニティの場としての魅力を高める。

福岡PPPプラットフォーム（官民の対話の場） ※地元企業が参加

◆PPPのノウハウ取得
◆企画提案力・技術力の向上
◆個別事業の情報提供と意見交換
◆異業種間のネットワークの形成

効果等

○以上の取組等により、PPP／PFIが積極的に推進されているところであるが、今後、固定資産台帳を整備し、その内容を公表した場合、さらに積極的かつ実効性の高い民間提案等につながることが期待される。

第4章 その他の活用

第1節 健全化判断指標

第1項 計算式

地方公共団体財政健全化法において、地方公共団体が公表すべき健全化判断比率として「実質赤字比率」、「連結実質赤字比率」、「実質地方債費比率」、及び「将来負担比率」の4つの指標が示されている。これら4つの指標は、フロー指標とストック指標に分類され、その計算式の概要は次のとおりである。

【フロー指標】

① 実質赤字比率（一般会計等）　　　　　　　　　＝　実質赤字額　　　　÷　標準財政規模
② 連結実質赤字比率（全体に相当する）　　　　　＝　全体実質赤字額　　÷　標準財政規模
③ 実質地方債費比率（一般会計等の3年平均）　　＝　実質地方債費　　　÷　標準財政規模

【ストック指標】

④ 将来負担比率（連結）　＝　連結将来負担すべき実質負債　÷　標準財政規模

第2項 計算式の分母に用いる基準値

① 前項に記載のとおり、地方公共団体財政健全化法が定める健全化判断比率の算定にあたり、各指標の計算式の分母に「標準財政規模」（民間企業においては「売上高」に相当する数値）の数値が使用される。他方、民間の財政の健全性を算定する計算式では、基準となる分母の数値に「総資産」を用いることが多い。銀行業において算定される「自己資本比率」は、まさに「総資産」に対する「純資産」の割合を意味している。また、効率的に利益を得られているのか否かについての民間企業における収益性を測定する際には、「売上高」や「営業利益」の数値を分母に置く例が多い。

② 今回、統一的な基準として固定資産の整備方法が統一されたが、筆者は地方公共団体の健全化判断比率の算定の基準に「総資産」を用いることにも限界があると考える。民間企業においては、株主及び債権者等から必要な資金を調達し、利益目標を設定し、その目標を達成するために必要な資産を購入することを通じて、金銭に裏付けられた利益を生むことを事業経営の目的としている。

このように民間企業の財務書類に反映された「総資産」は、事業経営の目的と直接的に結び付いていると

捉えることができる。民間企業において、将来的に購入した資産が不要になれば、経営者の判断で売却し金銭に置き換えることも可能であり、その意味においても財務書類に集計された「総資産」の数値は、利益・損失及び資金に裏付けられた値といえよう。

③ 一方、地方公共団体が所有する「資産」は、住民に対するサービスの提供の観点から取得されてきた経緯があり、当該自治体の現在の利益状況及び資金状態とは直接関係づけられない。処分可能性の観点からも、例えば面積が広大な地方自治体であっても、不要な資産という観点から該当する土地等を自治体の裁量で処分することは認められない。また、時代の変遷に伴い、ある自治体の地域の中心地について、旧市街地から新市街地へと人口等の比重が移り過疎化が生じた場合であっても、過疎化した地域を自治体の裁量で処分することはできない。

その意味で、地方公共団体の財務書類に集計された「総資産」の値は、自治体が過去に提供してきた、もしくは将来的に提供する住民サービスに係るコストが集約された値として、その特質をとらえることができる。

このような特質を踏まえると、地方自治体の健全化判断比率を算定する際の計算式の分母として、「総資産」の値を用いることの意義と目的を明確にして使用することが必要である。

第2節 監査との関係

地方公会計制度により開示される財務書類を有効に活用するためには、財務書類に反映される情報の信頼性を確保することが何より重要である。財務情報の信頼性を確保する方策としては、地方公共団体が公表する財務書類の正確性に関する外部監査人による監査制度の構築が考えられる。

地方公会計制度の下で開示が義務づけられる財務書類は、地方自治法が定める「包括外部監査」及び「個別外部監査」において義務づけられていない。しかし、包括外部監査は、地方自治法第252条の37第1項の規定により、「地方公共団体の財務に関する事務の執行及び経営に係る事業の管理のうち、包括外部監査人が必要と認める特定の事件について実施すること」とされている。また、長からの請求等に基づく個別外部監査は、「監査請求等をする者に応じて、監査の対象となる事務の範囲は異なるが、概ね地方公共団体の事務全般について監査すること」とされている。

したがって、地方公共団体が財務書類を作成する事務について、包括外部監査人または個別外部監査人による監査の対象とすることまでが妨げられるものではない。

今回、地方公共団体の財務書類の様式が、統一的な基準として公表されたので、作成マニュアルに準拠して適切に作成されているかどうかの検証を実施するということは、有益と考えられる。

用語集

▶**一般会計等**（25ページ）

　地方公共団体の財政の健全化に関する法律における実質赤字比率の対象となる会計で、地方公共団体の会計のうち、地方公営事業会計以外のものをいう。これは、地方財政状況調査において用いられている普通会計とほぼ同様の範囲であるが、地方財政状況調査において行っているいわゆる「想定企業会計」の分別（一般会計において経理している公営事業に係る収支を一般会計と区分して特別会計において経理されたものとする取扱い）は行わないこととしている。

▶**普通会計**（25ページ）

　地方公共団体における地方公営事業会計以外の会計で、一般会計のほか、特別会計のうち地方公営事業会計に係るもの以外のものをいう。個々の地方公共団体ごとに各会計の範囲が異なっているため、財政状況の統一的な掌握及び比較が困難であることから、地方財政状況調査上便宜的に用いられる会計区分である。

▶**地方公営事業会計**（25ページ）

　地方公共団体の経営する公営企業、国民健康保険事業、後期高齢者医療事業、介護保険事業、収益事業、農業共済事業、交通災害共済事業及び公立大学附属病院事業に係る会計の総称をいう。

▶**公正価値**（62ページ）

　地方公共団体における財務書類の目的である決算情報の開示と住民による財政規律を達成する上で、資産・負債管理というストックの側面でも有効・適切な財政運営を行うことが必要不可欠である。地方公共団体の保有する資産に係るサービス提供能力の評価としては、公正価値（ここでの公正価値とは、例えば、資産取得時において、市場取引を通じて当該資産を取得した場合はその取得原価、適正な対価を支払わずに当該資産を取得した場合には適正と考えられる価額を指す。）が最も適切と考えられる。

▶**将来の経済的便益**（62ページ）

　将来の経済的便益とは、市場での売却等による実現可能価値、または将来の経済的便益の割引現在価値として、測定が可能な資源を意味する。他方、潜在的なサービス提供能力とは、その貨幣的評価は不可能であるが、公共目的への貢献それ自体に存在意義が認められることから、再調達原価等による計算擬制（見積り）をもって、公会計上の測定値とすべきものをいう。（報44）

▶**行政サービス提供能力**（62ページ）

　その貨幣的評価を直接的に行うことは不可能であるが、公共目的への貢献それ自体に存在意義が認められることから、再調達原価等による計算擬制（見積り）をもって、公会計上の測定値とすべきものを意味する。

▶**土地信託**（77ページ）

（1）意　義

　委託者（土地所有者）が土地の運用管理を目的として、受託者（信託銀行）に土地を信託し、受託者が資

金を調達して賃貸用不動産等を建設し、賃料収入から借入金返済・諸費用・信託報酬を控除した残額を信託配当として受益者に交付することを内容とする信託契約である。

委託者と受益者が同一である場合、信託財産は信託終了時に委託者に返還される。

土地信託の概要は、以下の図のとおりである。

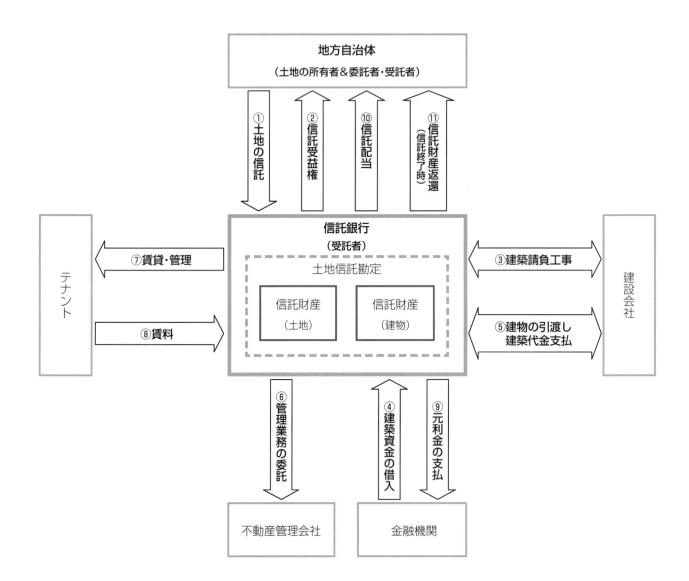

（2）留意事項

土地信託に基づく信託配当は、賃料収入から借入金返済・諸費用・信託報酬を控除した残額がある場合に得られるものであり、信託事業の収支が悪化した場合、配当が得られないばかりか賃料収入を原資とする債務返済が困難となり、地方自治体の債務が累積することにつながる。

▶**償却原価法**（83ページ）

償却原価法とは、金融資産または金融負債を債権額または債務額と異なる金額で計上した場合において、当該差額が主に金利の調整部分に該当するときに、これを弁済期または償還期に至るまで毎期一定の方法で取得価額に加減する方法をいう。なお、この場合、当該加減額を受取利息または支払利息に含めて処理する（金融商品に関する会計基準より）。

▶**現金預金・資金**（90・123ページ）
　現金及び現金同等物をいう。現金とは、手許現金及び要求払預金を意味する。他方、現金同等物とは、①容易に換金可能であり、かつ、価値の変動について僅少なリスクしか負わない短期投資のほか、②出納整理期間中の取引により発生する資金の受払いを意味する。

▶**資金収支の状態**（123ページ）
　地方公共団体の内部者（首長、議会、補助機関等）の活動による資金の期中取引高を意味する。資金収支の状態は、地方公共団体の資金利用状況及び資金獲得能力を評価する上で有用な財務情報である。

▶**公共施設等**（131ページ）
　公共施設、公用施設その他の当該地方公共団体が所有する建築物その他の工作物をいう。具体的には、いわゆるハコモノの他、道路・橋りょう等の土木構造物、公営企業の施設（上水道、下水道等）、プラント系施設（廃棄物処理場、斎場、浄水場、汚水処理場等）等も含む包括的な概念である。

▶**維持管理**（131ページ）
　施設、設備、構造物等の機能の維持のために必要となる点検・調査、補修などをいう。

▶**更　　新**（131ページ）
　老朽化等に伴い機能が低下した施設等を取り替え、同程度の機能に再整備すること。

▶**ＰＦＩ**（176ページ）
（１）意　　義
　公共事業を実施するための手法の１つで、民間の資金と経営能力・技術力（ノウハウ）を活用し、公共施設等の設計・建設・改修・更新や維持管理・運営を行う公共事業の手法である。あくまで地方公共団体が発注者となり、公共事業として行うものであり、ＪＲやＮＴＴのような民営化とは異なる。正式名称を、Private‐Finance‐Initiativeというが、頭文字をとってＰＦＩという。

（２）導入の目的
　１．事業全体のリスク管理が効率的に行われることや、設計・建設・維持管理・運営の全部または一部を一体的に扱うことによる事業コストの削減が期待できる。
　２．官民の適切な役割分担に基づく新たな官民パートナーシップが形成されていくことが期待される。
　３．民間の事業機会を創出することを通じ、経済の活性化に資すること。

（３）事業方式
いずれの方式も、民間事業者が資金調達して施設等を建設することは共通である。
　・ＢＴＯ方式（Build Transfer Operate）
　　民間事業者が施設等を建設し、施設完成直後に公共施設等の管理者等に所有権を移転し、民間事業者が維持・管理及び運営を行う事業方式。
　・ＢＯＴ方式（Build Operate Transfer）
　　民間事業者が施設等を建設し、維持・管理及び運営し、事業終了後に公共施設等の管理者等に施設所

有権を移転する事業方式。
- ＢＯＯ方式（Build Own Operate）
  民間事業者が施設等を建設し、維持・管理及び運営し、事業終了後も民間事業者が施設所有権を維持し、事業終了時点で施設を解体・撤去する等の事業方式。
- ＲＯ方式（Rehabilitate Operate）
  民間事業者が施設等を改修し、管理・運営する事業方式。所有権の移転はなく、地方公共団体が所有者となる方式。（内閣府ＨＰより）

ＰＰＰ（357ページ）

公民が連携して公共サービスの提供を行うスキームをいう。Public‐Private‐Partnershipの頭文字をとってＰＰＰ：公民連携と呼ぶ。ＰＦＩは、ＰＰＰの代表的な手法の１つで、指定管理者制度、市場化テスト、公設民営（ＤＢＯ）方式、さらに包括的民間委託、自治体業務のアウトソーシング等も含まれる。（日本ＰＦＩ・ＰＰＰ協会ＨＰより）

あとがき

　平成21年、私は、公会計の実務に関する解説本『自治体担当者のための公会計基準モデル財務書類4表作成の実務』を世に送り出した。文章を書くことを得意としない私であったが、基準モデルに関する適切な解説本が出版されず、この種の解説本を渇望していた私自ら、ペンを執ったものである。

　その後、制度の改正により、「統一的な基準による地方公会計マニュアル」が出されたが、この制度の解説本を手掛けることも、自分の使命と考え、本書の出版に至った。はたして、本書が再度その期待に応えうるものになったかどうかは、読者のご判断に委ねるより他はないが、著者としては、広く読まれて役立つものになることを期待している。

　また、必要に応じて改訂版を出版していく所存である。

　平成28年9月12日、私の監査法人時代の師で、公認会計士の中嶋敬雄先生が亡くなられた。厳しくご指導をいただいたお陰で、現在の私が居ると思っている。本書を先生の御霊に捧げる。

　最後になったが、本書執筆にあたっては、次の四氏の力添えが大きい。

片桐秀子氏（公認会計士）
井口一成氏（公認会計士）
栗原智之氏（公認会計士）
畑川康生氏

　加えて、塚原登美子・杉澤悦子・石川由紀氏他事務所スタッフをはじめ、自治体関係者の方々に深甚の感謝を捧げたい。また、前回に引き続き、編集・出版のプロとしてご協力をいただいた佐藤修一・村上憲加の両氏にはお礼の言葉もない。

平成29年3月　　　　　　　　　　　　　　　　　　　　　　　　　　　著　者

【著者紹介】

落合 幸隆
(おちあい・ゆきたか)

落合公認会計士事務所代表・公認会計士

昭和27年、佐賀県唐津市生まれ。昭和50年、中央大学商学部経営学科卒業後、新和監査法人、あずさ監査法人（新和監査法人と朝日会計社等が合併）を経て、平成2年「落合公認会計士事務所」を開設。監査法人在籍時代には、銀行業、建設業、製造業、小売業、大学、病院等の監査業務に従事し、連結決算並びに資金収支表の作成指導等を先行して行ってきた。

現在は、中小同族会社から大企業に至る会計並びに税務に関する顧問業務、事業計画の策定、資産の評価及び組織再編成業務等の幅広い業務を執行。平成18年からは総務省が公表した「地方公共団体財務書類に関する基準モデル」の倉敷市における試行に外部協力者として参加、活動の場を自治体部門へと広げる。現在、豊富な知識・経験を踏まえた専門性を基礎として、多くの自治体の固定資産整備支援並びに連結財務書類の作成受託・作成指導を行っている。

〈問い合わせ先〉

固定資産の整備並びに統一的な基準に基づく財務書類（一般会計等・全体・連結）の作成および指導支援等に関するお問い合わせは、下記ホームページ内の「お問い合わせ」にアクセスしてください。

［ホームページ］http://www.opcc.jp
［E-mail］ochiai@opcc.jp

自治体担当者のための公会計の統一的な基準による財務書類の作成実務

平成29年4月1日　初版発行

著　者	落合　幸隆
発　行	落合公認会計士事務所
	〒105-0004　東京都港区新橋2丁目15番17号　タマキビル8階
	ＴＥＬ：03-3593-4111　　ＦＡＸ：03-3593-4112
発　売	株式会社 ぎょうせい
	〒136-8575　東京都江東区新木場1丁目18-11
	ＴＥＬ：03-6892-6666　　フリーコール：0120-953-431
	ＵＲＬ：https://gyosei.jp

※乱丁・落丁本はお取り替えいたします。
©2017　Yukitaka Ochiai, Printed in Japan　ISBN 978-4-324-80088-1

(5300271-00-000) 略号「公会計財務書類」

本書掲載記事の無断転載および複製を禁じます。